Steffen Damm

Die Archäologie der Zeit

Steffen Damm

Die Archäologie der Zeit

Geschichtsbegriff und Mythosrezeption
in den jüngeren Texten von Botho Strauß

Westdeutscher Verlag

Die Deutsche Bibliothek – CIP-Einheitsaufnahme

Damm, Steffen:
Die Archäologie der Zeit : Geschichtsbegriff und Mythosrezeption in
den jüngeren Texten von Botho Strauß / Steffen Damm. – Opladen :
Westdt. Verl., 1998
  ISBN 3-531-13165-6

Der Westdeutsche Verlag ist ein Unternehmen der Bertelsmann Fachinformation GmbH.

http://www.westdeutschervlg.de

Höchste inhaltliche und technische Qualität unserer Produkte ist unser Ziel. Bei der Produktion und Verbreitung unserer Bücher wollen wir die Umwelt schonen: Dieses Buch ist auf
säurefreiem und chlorfrei gebleichtem Papier gedruckt. Die Einschweißfolie besteht aus
Polyäthylen und damit aus organischen Grundstoffen, die weder bei der Herstellung noch bei
der Verbrennung Schadstoffe freisetzen.

Umschlaggestaltung: Christine Huth, Wiesbaden
Druck und buchbinderische Verarbeitung: Rosch-Buch, Scheßlitz
Printed in Germany

ISBN 3-531-13165-6

Die vorliegende Untersuchung wurde im Winter 1996 vom Fachbereich Germanistik der Freien Universität Berlin als Dissertation anerkannt. Ich danke Herrn Professor Dr. Klaus Siebenhaar, der das Projekt betreut und gefördert hat. Die Arbeit ist meinen Eltern gewidmet.

Inhaltsverzeichnis

Einleitung 9

Vorsätze 9
Traditionslinien 12
Die mythische Denkform 17
Zum Aufbau der Studie 21
Zur Textauswahl 23
Methodische Überlegungen 25
Anmerkungen zur Strauß-Forschung 27

I. Vor dem Sucher. Zur Theorie der Photographie 34

Belichtungen (1): Im Nachtraum der Geschichte 34
Belichtungen (2): Die Zeit in der Photographie 41
Kontingenz 45
Erinnerungsformen 47
Augenblick 49
Das reproduzierbare Subjekt: *Peer Gynt* 51
Die Überwältigung des Photographen: *Schlußchor* 56

II. Vor dem Spiegel. Zur Theorie des Versehens 62

Der Blick des Anderen 62
„Blick zurück im Besserwissen 65
Belichtungen (3): Der circulus creativus 67
Mimesis ans Diffuse: Flecken und Falten 71
Butter auf dem Kopf: Gedächtnisschwund und Erfahrungsverlust ... 75
Schaltkreise 78
Der Traum der Vernunft: Lockerungsübungen 80
Die Badende 83
Nach dem Versehen 86

III. Vor dem Bildschirm. Zur Theorie des Fernsehens 88

Alte Bekannte 88
Tachogene Weltfremdheit 89
Namensgebung: Zur Sprache finden 92
Empfangsstörungen 94
Simulation: Zur Krise der Anschauung 96
Der Verdächtige 98

Der „Drill des Vorübergehenden" 99
Vernetzungsdichte 102
Langeweile 105
Vom Hundertsten ins Tausendste 109

IV. Auf Sendung. *Anschwellender Bocksgesang:* **Anmerkungen
zum Verhältnis von Ästhetik und Politik** **112**

Läßliche Verfehlungen: Der Renegat 112
Tabuzonen (1): Grenzverletzungen 116
Exkurs: Handke in Serbien 121
Unheilsgeschichte 126
Negative Theologie 129
Historischer Augenblick: Strauß, Enzensberger, Müller 130
Der gefiederte Mythenbalg 137
Zeitgeschichte: Von realer Gegenwart 141
Gegenaufklärung 144
Das Heilige und das Profane 146
Vergeßlichkeit 148
Tabuzonen (2): Grenzbestimmungen 151
Urbanes Schaugewerbe: Aspekte der Theatralität 152
Gegenwelt: Bühne und Gedächtnis 155
Rückkehr zum Normativen 157
Kulturschock 161
Das Gleichgewicht: Zur Konstruktion einer Idealfigur 166
Kunstreligion: Zur „Metaphysik des Ästhetischen" 167
Der Geheime: Zur Typologie des Dichters 172

V. Im Portus. Zwischenzeit und Krise: Ein *Ithaka*-**Kommentar** **178**

Haus ohne Hüter 179
Todsünden 181
Vergangene Zukunft 183
Lethargie: Die Wartenden 184
Der Fremde 185
Sphären des „Zwischen" 188
Zivilisationskritik 192
„Terror des Vorgefühls" 194
Wiederherstellung der alten Ordnung 198
Heimkehr 201

Bibliographie **204**
Werk- und Siglenverzeichnis 204
Literaturverzeichnis 208

Konkordanz **222**

Einleitung

Vorsätze

Im Rahmen der nachfolgenden fünf Kapitel soll vor jeweils unterschiedlichem thematischen Hintergrund der Nachweis erbracht werden, daß die Auseinandersetzung mit dem Phänomen der Zeit eines der zentralen Motive, wenn nicht *das* zentrale Motiv im Werk des Dramatikers und Prosaisten Botho Strauß darstellt. Eine systematisch-rubrizierende Lektüre der Prosatexte und Theaterstücke, deren Resultate in einer Konkordanz im Anhang der Studie verzeichnet sind, hat zu der Einsicht geführt, daß diese Beschäftigung nicht nur im gesamten Œuvre des Autors ihre Spuren hinterlassen hat, sondern darüber hinaus auch einen nachhaltigen Einfluß auf die poetologische Konzeption seiner Texte ausübt.

Strauß' Werk, so lautet die Ausgangsthese der Untersuchung, erschließt sich erst im ständigen Rekurs auf den spezifischen Zeitbegriff, der seinen Schriften inhaltlich wie auch strukturell zugrunde liegt. Der Radius seiner Auseinandersetzung mit der Zeit reicht von allgemeinen, unmittelbar zugänglichen Reflexionen über den flüchtig-transitorischen Charakter historischer Abläufe (vor allem in den Prosabänden *Paare, Passanten, Niemand anderes, Beginnlosigkeit* und *Wohnen Dämmern Lügen*) bis hin zur subtil vermittelten Darstellung subjektiver Zeiterfahrungen im Kontext einer befristeten Lebenszeit, die in einem dauerhaften Spannungsverhältnis zu überzeitlichen, außerhistorischen Bezugsgrößen steht. Dies festzustellen wäre allein jedoch nicht allzu aufschlußreich, zählt doch die Erfahrung einer grundlegenden Differenz zwischen Lebenszeit und Weltzeit zu den prägenden Erfahrungen der ästhetischen Moderne. Lebenszeit und Weltzeit fallen neuzeitlich auseinander und konturieren sich gegenseitig zu einer Erfahrung, die in keinem Dasein vermieden werden kann und die daher auch für die Geschichte der modernen Literatur konstitutiv ist.[1] Bemerkenswert an Strauß' Werk ist nicht, daß es die Inkongruenz von subjektiver Zeiterfahrung und abstrakten, meßbaren zeitlichen Abläufen im dichterischen Medium nachvollzieht; bemerkenswert ist vielmehr, daß die allgemeinen und übergeordneten zeitlichen Bezugsgrößen in Strauß' Werk dem mythologischen Denken entstammen, das durch seine literarische Adaption eine moderne Aktualisierung erfährt. Seine Texte werden daher im folgenden als Arbeit am und mit dem Mythos verstanden und interpretiert.

Grundsätzlich ist zunächst festzuhalten, daß Strauß zwischen dem objektiv-chronologischen Orientierungsmodell der Uhrzeit oder des Kalenders, das den formlosen Ablauf der Zeit in eine normativ-monokausale Struktur überführt, und dem sprunghaften subjektiven Zeitbewußtsein seines Personals einen kategorischen Unterschied veranschlagt. Selbst in Texten, die Chronos im Titel führen (*Die Zeit und das Zimmer, Beginnlosigkeit, Diese Erinnerung an einen, der nur einen Tag zu Gast war, Der junge Mann*),

---

[1] Vgl. Hans Blumenberg: Lebenszeit und Weltzeit. Frankfurt/M. 1986[3].

geht es ihm in erster Linie um die Modalitäten der Zeitwahrnehmung und -verarbeitung. Dabei wird der für Strauß kennzeichnende mythologische Zeitbegriff zum einen in seinen unmittelbaren Auswirkungen auf den jeweiligen Handlungsverlauf erkennbar, zum anderen verdeutlichen die Einstellungsmuster und Verhaltensweisen seines Personals das ungeklärte Verhältnis der Moderne gegenüber ihren mythologischen Ursprüngen. Strauß' Personal unterliegt in der Sphäre der Dichtung, die als Gegentopographie zur modernen Welt verstanden wird, einer raumzeitlichen Verfahrensordnung, die mit modernen, aufgeklärten oder logozentrischen Instrumentarien nicht erklärt werden kann und die als übergeordnetes Prägemuster maßgeblichen Einfluß auf den Handlungsverlauf seiner Texte nimmt. Aufgrund dieser Abhängigkeit der Gegenwart von ihren vergessenen oder verdrängten archetypischen Vorbildern wäre zu sagen: die in Strauß' Werk vollzogene Arbeit am und mit dem Mythos stellt zugleich einen Beitrag zur *Archäologie* der Moderne dar, der sich als Kritik des rationalen Denkens artikuliert. Indem Strauß von der simultanen, gleichzeitigen Präsenz unterschiedlicher Zeitebenen in der Gegenwart ausgeht, formuliert er seine Skepsis gegenüber dem Absolutheitsanspruch historisch-linearer Erkenntnismodelle, die aus seiner Sicht einer Reduktion der Zeitwahrnehmung auf ein wissenschaftlich fixiertes, eindimensionales Richtmaß gleichkommen und insofern von der totalitären Selbstbezogenheit des aufklärerischen Denkens zeugen.

„Mit der Zeit kommen die Menschen immer noch am wenigsten zurecht. Den Raum haben sie sich leichter verfügbar gemacht, jedenfalls den ihnen zugemessenen, den erdumschließenden. Zeit aber bleibt Teil des kosmischen Überschwangs. Mit ihr können die Irdischen nicht nach ihrem Belieben umspringen, können sie weder erobern noch zerstören und nicht zu dem Ihren zählen. So mußten sie denn allerlei behelfsmäßige Uhren einrichten, die abergläubischen und die geschichtlichen, die biografischen und die ideologischen, so daß aus der unfaßlichen Zeit die mächtigsten Täuschungen und Stimmungen des Menschengeschlechts hervorgingen. Mal war es die Endzeit, mal die Neuzeit. Mal war die Vorzeit grau, mal war sie golden. Mal lebte man in der Heils-, dann wieder in der Katastrophen-Erwartung vom Ende aller Tage. Geschichtliche Schockwellen. Sehnsuchtswechsel. Nichts Reales dran. Und oft war dann nur eine Weltbildgefahr im Verzuge, wo man wie gebannt auf die Weltbrandgefahr gestarrt hatte. Die Zeit ist ein Kind, sagt Heraklit, ein Kind beim Brettspiel, ein Kind auf dem Throne." (DjM, 7f.) Bereits aus diesem einleitenden Abschnitt des Romans *Der junge Mann* (1984) geht die Problemstellung hervor, die in den folgenden Abschnitten sowohl an ausgewählten Textbeispielen als auch in übergeordnetem Zusammenhang dargestellt und kommentiert werden soll: Was hat der historisch denkende und aufgeklärte Mensch in erkenntnistheoretischer Hinsicht aufzubieten, um seinen neuzeitlichen Status als isoliertes und orientierungsbedürftiges Mängelwesen zu kompensieren und weitmöglichst vergessen zu machen? Er begibt sich, so Strauß' Diagnose, in die Obhut vorläufiger Weltbilder, die ihm seine Situation auf historischer Grundlage erklären und ihn dadurch von der Notwendigkeit einer eigenständigen Standortbestimmung, die unter modernen Vorzeichen dem anhaltenden Risiko eines „Gehens ohne Grund"[2] gleichkäme, entlasten. Doch was immer der moderne Mensch

---

[2] Vgl. Gerhard Schulze: Gehen ohne Grund. Eine Skizze zur Kulturgeschichte des Denkens. In: Andreas Kuhlmann (Hg.): Philosophische Ansichten der Kultur der Moderne. Frankfurt/M. 1994. S.79-130.

an Welterklärungsmodellen aufbietet, es wird für Strauß stets eine der zahlreichen Ideenkonstruktionen wider die Zumutungen des Ausgeliefertseins in der Zeit bleiben, die erst in dem Moment erforderlich wurden, da man den Orientierungsrahmen des Mythos durch den Eintritt in die Geschichte hinter sich zu lassen glaubte. Erst als die Verbindungsstränge zur Tradition unterbrochen waren, begann jener Zustand der subjektiven Heilsvergessenheit, der in Strauß' Texten exemplarisch zur Sprache gebracht wird.

In diesem thematischen Spektrum, das eine Konzentration der Sujets auf die Erscheinungsformen der Jetztzeit zur Folge hat und das zugleich auch die kultur- und geistesgeschichtlichen Implikationen seines Werks erkennen läßt, ist vermutlich die Ursache dafür zu finden, daß die Strauß-Forschung ihr Augenmerk bislang vor allem auf die gegenwartskritischen Akzente seines Œuvres gerichtet hat. Spiegeln seine Texte auf phänomenaler Ebene doch ohne Zweifel die Verfassung einer Gesellschaftsformation wieder, die die Folgen ihrer modernen Verzeitlichung auf dem universellen Markt der Zerstreuungen und kurzfristigen Erlebnisangebote auszugleichen und zu entschärfen trachtet. Strauß' Personal belegt die Einbußen an kultureller und identitätstiftender Substanz in der Moderne. In ihrer Vereinzelung und Indifferenz, in der Haltlosigkeit ihrer Mitteilungen, die letztlich nur den Verlust verbindlicher Referenzbezüge zum Ausdruck bringen und eines Gegenübers kaum mehr bedürfen, sowie in ihrer Angleichung an Rollenklischees oder Attitüden werden seine Figuren zu flüchtig-transitorischen und oft auch komischen Abbildern einer unverbindlichen Epoche. Und genau als solche werden sie in aller Regel auch rezipiert: Es ist die moderne Abbildstruktur seiner Theaterstücke und Prosatexte, die Strauß bis zu seinem umstrittenen Essay *Anschwellender Bocksgesang* (1993) den Ruf eines kritischen Gegenwartsautors eingebracht hat. Weitgehend unbeantwortet blieb dabei jedoch die Frage, auf welcher poetologischen Grundlage die spezifischen raumzeitlichen Gegebenheiten seines Werks konzipiert sind. Unter welchen Voraussetzungen wären, um nur ein Beispiel zu nennen, jene seltsamen Personalmetamorphosen und Gestaltverwandlungen zu erklären, die seine Texte seit dem Frühwerk durchziehen? Wie ist das Zeitverständnis beschaffen, dem hier zur Geltung verholfen wird? Und welche Auswirkungen hat dieses Zeitverständnis auf die inhaltliche und formale Struktur seines dichterischen Entwurfs? Oder anders gefragt: Weshalb ist bei Strauß die Welt noch voller Götter?

Im Verlauf der hier vorgelegten Analyse wird zu belegen sein, daß Strauß' Werk als Übertragungsversuch mythologischer Zeit- und Raumvorstellungen auf die Gegenwart, und zwar im Medium des Dichterischen, zu verstehen ist. Damit ist der gattungstheoretische Anspruch der Untersuchung formuliert: Dichtung wird von Strauß tektonisch (oder räumlich) als Gegensphäre zur modernen Lebenswelt aufgefaßt. Über den konkreten Inhalt der jeweiligen Erzählung hinaus erfüllt die „sphärische Geschlossenheit" der Dichtung (Eberhard Lämmert) nach seiner Auffassung eine bergende, sichernde Funktion, die sich über den angesprochenen kulturellen wie spirituellen Substanzverlust in der Moderne legitimiert. Diese Bergungsgeste ist das zentrale und exzeptionelle Element in Strauß' poetologischer Konzeption. Ihr Alleinstellungsmerkmal besteht in einer kalkulierten Hereinholung der äußeren Welt, deren Erscheinungsformen in der Gegensphäre der Dichtung (respektive der Kunst) dem Einfluß überzeitlicher, mythischer Konstanten ausgesetzt werden. Diese Funktion fällt insbesondere bei Strauß' dramaturgischen Überlegungen ins Auge. Wie die Dichtung insgesamt wird das Theater, genauer: die Bühne, als Schwellen- oder Übergangstopographie gekennzeichnet, die aufgrund ihrer besonderen raumzeitlichen Beschaffenheit als Passage zwischen „Einst und Jetzt", zwischen Gegenwart und Mythos definiert ist. Vor diesem Hintergrund erfährt auch der für Strauß charakteristische Typus des Passanten, der in der Forschung zumeist als Repräsentant unserer partikularen, wurzellosen Gesellschaft interpretiert wurde, eine ergänzende Bewertung als Zeitreisender, der zwischen der profanen Lebenswelt, der er als Typus entstammt, und der mythischen Sphäre changiert.

Da es sich bei der Zeit um ein „geheimnisvolles Etwas" handelt, „dessen Maß die menschengeschaffenen Instrumente (...) bestimmen"[3], hängt alles vom Standpunkt ihres Beobachters und Interpreten ab. „Zeiterfahrung, Zeitauffassung und Zeitbewußtsein sind sehr weite Begriffe, unter denen ein breites Spektrum teils zusammenhängender, teils zu unterscheidender Sachverhalte behandelt wird. Die Formen der Wahrnehmung von geschichtlichem Wandel als kreisförmiger Bewegung, als Aufstieg und Niedergang, als unendlichem Fortschritt, als beschleunigt oder verzögert, beinhalten jeweils verschiedene Vorstellungen von der Beziehung von Vergangenheit, Gegenwart und Zukunft."[4] Die hier angedeutete enge Verzahnung des Zeitbegriffs mit grundlegenden weltanschaulichen Positionsbestimmungen verdeutlicht den Stellenwert, der bei entsprechender Akzentuierung den unterschiedlichen zeitlichen Optionen in der Literatur zukommen kann. Es geht letztlich um die Frage nach der Bezüglichkeit der Gegenwart im Reflexionsmedium der Dichtung. Erst die bewußte Integration des literarischen Werks in ein allgemeines Interpretations- und Orientierungsmuster (sei es nun kreisförmig, wellenförmig oder linear) läßt den übergeordneten Zusammenhang erkennen, vor dessen Hintergrund die Jetztzeit bewertet und verarbeitet wird. Indem die Literatur einem zeitlichen Modus folgt, der die Gegenwart als dauerhaftes Schema überlagert, handelt sie zugleich von der Verfassung dieser Gegenwart selbst.

Traditionslinien

Strauß' literarischer Einspruch gegen die Vorherrschaft der linearen Zeit in der Moderne ist indessen nicht als Einzelfall zu bewerten. Rudolf Wendorff hat in seiner umfassenden Studie über die Geschichte des Zeitbewußtseins in Europa die neuerliche „Zeitsensibilität in den modernen Künsten" als „eine der Romantik verwandte Stimmung" zu charakterisieren versucht. Bereits in Laurence Sternes 1760-1767 veröffentlichtem Roman *Tristam Shandy* sei der chronologisch geordnete Zeitablauf durch eine „ganz zufällig anmutende Folge von Gesprächen, Erinnerungen, Betrachtungen" oder Exkursen ersetzt und damit ein Wegweiser für nachfolgende Generationen geschaffen worden. „Ganz im Sinne der gleichzeitigen Opposition Rousseaus gegen die Uhrenzeit wendete sich Sterne im Rahmen des Romans ausdrücklich gegen 'time' im Sinne einer mechanisch-äußerlichen Uhren und Kalenderzeit und wertete 'duration' als

---

[3] Norbert Elias: Über die Zeit. Arbeiten zur Wissenssoziologie II. Hrsg. von Michael Schröter. Frankfurt/M. 1988. S.X.

[4] Gerhard Dohrn van Rossum: Die Geschichte der Stunde. Uhren und moderne Zeitordnungen (1992). München 1995. S.13.

die vom Menschen erlebte Zeit."[5] Dieser romantischen Sperre gegen das Diktat einer chronologischen Zeitauffassung zugunsten des freien und ungebundenen Empfindens korrespondiert zu Beginn des 20. Jahrhunderts eine Tendenz zur Subjektivierung der Zeit in der Literatur, die sich insbesondere über die Kategorie des Augenblicks als dem Medium einer „ästhetischen Utopie" legitimiert. Es geht dabei vor allem um die „Auflösung der historischen Kontinuität und ihre Ersetzung durch den Begriff von diskontinuierlicher Zeit"[6], wie sie exemplarisch in Marcel Prousts „mémoire involontaire", in James Joyces „Epiphanie" oder in Robert Musils „anderem Zustand" erkennbar wird. Eine sinnfällige Parallele zu Strauß' dichterischem Programm, das über das Werk hinaus auch eine soziale Abgrenzungsgebärde des Dichters als „Absperrung gegenüber dem 'Profanen',"[7] umfaßt, besteht dabei in einer nachgerade „aristokratischen Isolation innerhalb einer immer demokratischer werdenden Gesellschaft, wie sie Musils 'Ulrich', Joyces 'Stephen' und auch Prousts Ich-Erzähler kennzeichnet"[8]. Karl Heinz Bohrer weist in seiner wegweisenden Untersuchung zu diesem Thema an verschiedener Stelle darauf hin, daß derartige Abgrenzungs- und Unterscheidungstendenzen stets in erster Linie als Bestandteile einer ästhetischen Gesamtkonzeption zu bewerten sind, die in ausdrücklicher Opposition zu Formen historischer Integration auf die Entfaltung von „Diskontinuität und Nichtidentischem"[9] ausgerichtet ist. „Die totale Nicht-Deckung von Fiktion und Geschichte" lade dabei „sozusagen die leer gewordene Utopie neu auf: mit einer hypothetischen Antizipation". Allerdings liege in dieser „Ablehnung des Paradigmas auch eine nihilistische Konsequenz", die nur vermeidbar sei, wenn „an die Stelle des Paradigmas das ästhetische Mythologem"[10] trete. Die ästhetisch gewordene Augenblicks-Utopie ist nun nicht mehr geschichtsphilosophisch, sondern nur noch anthropologisch und psychologisch zu qualifizieren. „Telos, Ethik und regulative Idee, die zur begrifflichen Fassung der traditionellen Utopie-Formen verwendbare Kategorien sind, helfen hier nicht weiter. Das Kriterium des Inkommensurablen teilt der utopische 'Augenblick' mit dem Phänomen des Ästhetischen selbst."[11]

Strauß' dichterisches Programm kann zwar gewiß nicht bruchlos mit den von Bohrer kommentierten Wegbereitern der ästhetischen Moderne in Einklang gebracht werden. Nichtsdestoweniger wird in seinem Versuch des Entkommens aus dem egalisierenden Gleichmaß der chronologisch-linearen Zeitrechnung die Herkunft seines literarischen Gegenentwurfs zur Zeitauffassung in der Moderne ersichtlich. Seit Beginn des 19. Jahrhunderts vollziehen sich die Veränderungen im Zeitbewußtsein der europäischen Literatur nicht mehr einheitlich, sondern entwickeln sich nebeneinander und somit auf eine Weise, die „dem vielfältigen, differenzierten Wesen des Zeitphänomens entspricht. Querschnitte durch die Kultur machen sichtbar, daß auch in bezug auf das Zeitbewußtsein Europa nicht einseitig ist, sondern daß an kritischen Punkten der Entwicklung korrigierende Gegenkräfte hervortreten. Auf der vorherrschenden

---

[5] Rudolf Wendorff: Zeit und Kultur. Geschichte des Zeitbewußtseins in Europa. Opladen 1985³. S.574.
[6] Karl Heinz Bohrer: Utopie des „Augenblicks" und Fiktionalität. Die Subjektivierung der Zeit in der modernen Literatur. In: Plötzlichkeit. Zum Augenblick des ästhetischen Scheins. Frankfurt/M. 1981. S.180.
[7] Ebd., S.214.
[8] Ebd.
[9] Vgl. etwa ebd., S.7.
[10] Ebd., S.218.
[11] Ebd.

einen Seite ist Zeitbewußtsein verbunden mit Linearität, Kontinuität, Gerichtetheit, Optimismus, Zukunftsbezogenheit, gleichmäßiger Gliederung, kausaler Verknüpfung und Dynamik. Auf der anderen Seite treten in der modernen Literatur dem gegenüber eine neue Hervorhebung des Gegenwartserlebnisses des einzelnen, eine Intensivierung und Isolierung des Augenblicks oder seine Verstärkung durch Rückbezüge auf verwandte Stimmungen in der Vergangenheit, dessen Vertiefung bis ins zeitentrückte ekstatische Erleben oder mystisch-religiöse bzw. platonisch-philosophische Beziehung auf Zeitlosigkeit, gelegentlich eine Zusammenziehung vielfältigster Erlebnisse und Geschehnisse auf einen ganz engen Zeitraum oder auf Gleichzeitigkeit, Entwertung der zeitlichen Gliederung und Folge. Gedankliches Hilfsmittel ist dabei die beliebter werdende Unterscheidung von äußerer, mechanischer, toter oder leerer Zeit einerseits und innerer Erlebniszeit andererseits, in der das 'Eigentliche' und das Wertvolle gesehen wird. Der freie, willkürliche, vor allem dem Gesetz des kontinuierlichen Zusammenhangs entzogene Umgang mit der Zeit ist zunächst das offensichtlichste Merkmal dieser Einstellung"[12].

Reiht man Strauß in diese Traditionslinie moderner Zeitskeptiker ein, so fällt neben den zahlreichen motivisch-thematischen wie auch intentionalen Überschneidungen als Besonderheit vor allem der neuerliche Rekurs auf den Mythos als Gegengewicht zur traditionsvergessenen Gegenwart ins Auge, der in seinem Werk auf exemplarische Weise vollzogen wird. Für die Kennzeichnung der zentralen Bezugsgrößen ist in diesem Zusammenhang der Umstand von entscheidender Bedeutung, daß Strauß den Begriff „Mythos" ästhetisch besetzt und wiederherzustellen versucht, denn auf diese Weise läßt sich seine Rekonstruktion im Medium der Dichtung auf ein bestimmbares Datum der deutschen Literaturgeschichte zurückführen. Die Rede ist von der Frühromantik: Friedrich Schlegels *Rede über die Mythologie* (1800) gilt als der erste Begründungsversuch einer bewußt mythischen Dichtung – einer Ästhetik der „Neuen Mythologie", die sich von der vorhergehenden, lediglich mythologisierenden Dichtung durch ein utopisches Verständnis des Kunstwerks unterscheidet. „Da der Mythos ebensowenig wie die Utopie bloß als ästhetische Wert- und Handlungsorientierung gedacht werden kann, sondern als kollektiv Verpflichtendes angesehen werden muß, bedeutete das reine ästhetische Mythologem ein gedanklich nicht auflösbares Paradoxon. Deshalb kann es denn auch nicht als Geste der Privatheit verstanden werden, sondern als eine solche Institution, die durch fortgeschrittene Innovation und geringe Säkularisation solche semantische Zeichen ausbildet, die sich dem historisch nächsten und verpflichtendsten Paradigma gegenüber oppositionell verhalten. Das ist im Falle Friedrich Schlegels, verkürzt gesprochen, das politische Paradigma der Französischen Revolution und das projektive Paradigma der ästhetischen Utopie als geschichtsphilosophischer Entwurf von der unendlichen Perfektibilität des Menschen."[13]

Das Wiedererstarken des Mythos in der Sphäre des Ästhetischen wäre demnach als Reflex auf politische und gesellschaftliche Verhältnisse zu verstehen, die hinsichtlich ihrer „Transformierbarkeit" (Strauß) als defizitär und ergänzungsbedürftig angesehen werden. Friedrich Schlegels „neue Mythologie" ist in ihrer rhetorischen Ausrichtung gesellschaftsbezogen, zielt jedoch sowohl in der esoterischen Struktur ihrer Begrün-

---

[12] Rudolf Wendorff: Zeit und Kultur. A.a.O., S.576.
[13] Karl Heinz Bohrer: Friedrich Schlegels Rede über die Mythologie. In: Ders. (Hg.): Mythos und Moderne. Begriff und Bild einer Rekonstruktion. Frankfurt/M. 1983. S.52.

dung als auch in ihrer Terminologie auf eine radikale Aufwertung des Ästhetischen, die mit einer Abschwächung moralischer Argumente einhergeht. „Das nach der Revolution auf den Augenblick seiner Verinnerlichung zurückgeworfene, ästhetisch gewordene Subjekt bedarf als Gegenstrategie einer neuen Objektivierung, eines neuen 'Mittelpunkts'. Diese Objektivierung geschieht im Entwurf der 'neuen Mythologie', nicht als Rückzug auf Archaisches, sondern als Artefakt. In dieser Dialektik bleibt die Intersubjektivität erhalten. Sie beruht aber nun nicht mehr auf dem Paradigma der 'Idee' beziehungsweise der 'Institution', sondern auf der Künstlichkeit des aus der künstlerischen Phantasie kommenden ästhetischen Konstrukts."[14]

Daß das Bedürfnis nach einer Rekonstruktion des Mythos (als Kunstmythos) gerade aus seinem Abbau, aus seiner Verdrängung durch den vereinfachenden, antagonistisch-analytischen Geist herrührt, dessen Ausgangspostulat in der Rückführung komplexer Zusammenhänge auf einfache und überschaubare Elemente besteht, und das mithin von einer paradoxen Beziehung der Begriffe Mythos und Moderne gesprochen werden muß, erscheint in der neueren Forschung zu diesem Gegenstand als unstrittig. Auf diese Komplementärfunktion ist letzlich auch die „virulente Offenheit" des Mythos „für kulturkritische Operationen"[15] zurückzuführen, auf die vor Karl Heinz Bohrer bereits Hans Blumenberg, Odo Marquard oder Hans Poser[16] hingewiesen haben. Der Mythos, über dessen spezifische Strukturiertheit gleich noch zu reden sein wird, steht seit seiner frühromantischen Wiederbelebung aus dem Geist des Anciene Régime als alternative Bezugsgröße zur Verfügung, wenn es um literarisch-ästhetische Einsprüche gegen die herrschenden Verhältnisse geht. Daher kann es kaum verwundern, daß seine Rekonstruktion im Medium der Dichtung zu einem Zeitpunkt erfolgte, als sich im historischen Kontext unter dem Einfluß des wissenschaftlich-rationalen Denkens die Totalitäten aufzulösen begannen: „Sie enthüllten sich als Anhäufungen elementarer Teilchen von unveränderlicher Natur. Eines von ihnen war das 'Wesen des Menschen', unendlich kombinationsfähig, aber von invarianter Beschaffenheit und nach dem theoretischen Modell des Atoms konzipiert."[17] Vor dem Hintergrund dieses nüchternen, götterlosen Himmels, der die Neuzeit fortan überspannen sollte, erscheint der Bedarf nach sinnstiftenden Rekursen auf die vorrationalen Ursprünge der Moderne nur allzu plausibel. Bezeichnenderweise waren es vor allem die Dichter und Dichtungstheoretiker (Herder, Hamann, Klopstock, die Vertreter des Sturm und Drang), die von einer Sinnkrise des aufgeklärten Zeitalters sprachen und „mit einer Art von heiligem Entsetzen bemerkten, daß mit der totalen Auflösung der Religion und des Mythos die kaum in Umrissen sich abzeichnende neue Gesellschaft das traditionelle Mittel ihrer eigenen Legitimation aus der Hand gegeben hatte. Zugleich sieht sich die

---

[14] Ebd., S.53f.

[15] Karl Heinz Bohrer: Vorwort zu: Mythos und Moderne. A.a.O., S.8.

[16] Vgl. Hans Blumenberg: Arbeit am Mythos. Frankfurt/M. 1990⁵; Odo Marquard: Lob des Polytheismus. Über Monomythie und Polymythie. In: Abschied vom Prinzipiellen. Philosophische Studien. Stuttgart 1991. S.91-116; Hans Poser (Hg.): Philosophie und Mythos. Ein Kolloquium. Berlin 1979.

[17] Manfred Frank: Die Dichtung als „Neue Mythologie". In: Karl Heinz Bohrer (Hg.): Mythos und Moderne. A.a.O., S.21; Manfred Frank hat sich darüber hinaus in zwei publizierten Vorlesungsreihen mit der Mythen-Renaissance in Kunst und Gesellschaft auseinandergesetzt, auf die an dieser Stelle nur hingewiesen werden kann: Vgl. Der kommende Gott. Vorlesungen über die Neue Mythologie. I. Teil. Frankfurt/M. 1982; Gott im Exil. Vorlesungen über die Neue Mythologie. II. Teil. Frankfurt/M. 1988.

Dichtung des Stoffes beraubt, aus dessen Ressourcen sie bis dahin weitgehend hatte schöpfen können"[18].

Es sind die hier angezeigten Sinndefizite des logozentrischen Denkens – eines Denkens, das davon ausgeht, sein System aus eigenen Mitteln und ohne Rückgriff auf Traditionen fundieren zu können – die die Dichter der Frühromantik dazu veranlaßte, über die Funktionsbestimmung der Poesie in einer zusehends rationaler werdenden Welt neu nachzudenken. „Keine Epoche gilt in gleichem Maße als mythenfeindlich wie die europäische Aufklärung. Ist der kritischen Vernunft doch gleichermaßen die poetische Autorität der antiken Mythologie wie die symbolische Wahrheit der christlichen Offenbarung zum Opfer gefallen. So scheint es auf den ersten Blick. (...) Doch geschah dies um den Preis, daß aus der Auflösung der alten Mythen bald auch wieder neue Mythen hervorgingen, begleitet von einem neuen, wissenschaftlichen Interesse am Ursprung der Mythologie."[19] Wie kein anderes Medium erschien die Dichtung dazu geeignet, die Legitimationsrückstände der analytischen Vernunft auszugleichen und dadurch eine fundamentale Verlusterfahrung innerhalb der rationalen Welt zu kompensieren. Auf diesen kompensatorischen Anspruch stützt sich noch heute die These von der „Unvermeidlichkeit der Geisteswissenschaften", die nach Ansicht Odo Marquards in erster Linie als „erzählende" Disziplinen zu gelten haben: „Sie erzählen 1. Sensibilisierungsgeschichten. Dabei geht es – kompensatorisch zur farblos werdenden Welt – um den lebensweltlichen Farbigkeitsbedarf. Die Modernisierung wirkt als 'Entzauberung' (Max Weber); diese moderne Entzauberung der Welt wird – modern – kompensiert durch die Ersatzverzauberung des Ästhetischen." Die Geisteswissenschaften erzählen 2. „Bewahrungsgeschichten. Dabei geht es – kompensatorisch zur fremd werdenden Welt – um den lebensweltlichen Vertrautheitsbedarf", und sie erzählen 3. „Orientierungsgeschichten. Dabei geht es – kompensatorisch zur undurchschaubar und kalt gewordenen Welt – um den lebensweltlichen Sinnbedarf"[20].

Der frühromantische Rückgriff auf die identitätsstiftenden Potentiale des Mythos folgt letztlich dem gleichen Bedürfnis nach Orientierung und Bewahrung, das auch den modernen Rekonstruktionsversuchen der zerstörten mythischen Totalität im Medium des Ästhetischen zugrunde liegt. „Nietzsches und Gottfried Benns Formulierung von der 'ästhetischen Rechtfertigung des Lebens' ist nur ein später Ausdruck der romantischen Einsicht, daß Daseinsvollzüge aus sich selbst zwar erklärt, aber nicht begründet werden können. Indem der analytischen Vernunft ihr eigener Grund entgleitet, avanciert die Poesie zur 'ersten und höchsten aller Künste und Wissenschaften', so Fr. Schlegel , ja zum 'einzig wahren und ewigen Organon zugleich und Dokument der Philosophie' (so Schelling), indem sie eine von keinem Begriff überbietbare (wenn auch grundsätzlich instabile und von zukünftigen Interpretationen überholbare) Ausgelegtheit des Seins erreicht."[21] Aus dieser Funktionsbestimmung der Dichtung als

[18] Ebd.

[19] Hans Robert Jauß: Mythen des Anfangs. Eine geheime Sehnsucht der Aufklärung. In: Studien zum Epochenwandel der ästhetischen Moderne. Frankfurt/M. 1989. S.23.

[20] Odo Marquard: Über die Unvermeidlichkeit der Geisteswissenschaften. In: Apologie des Zufälligen. Philosophische Studien. Stuttgart 1986. S.105f.

[21] Manfred Frank: Die Dichtung als „Neue Mythologie". A.a.O., S.23f.; zu Friedrich Nietzsche vgl. Werke. Hrsg. von Paul Schlechta. Bd.1. München 1969[6]. S.14; zu Gottfried Benn vgl. Bodo Bleinagel: Absolute Prosa. Ihre Konzeption und Realisierung bei Gottfried Benn. Bonn 1969; das Zitat von Friedrich Schlegel findet sich in der Kritischen Ausgabe seiner Schriften. Hrsg. von Ernst Behler. Bd. III., S.7; der Nachweis zu

(utopischer) Gegenentwurf zum rationalen Automatismus der Aufklärung ist die dezidiert antimodernistische Grundhaltung abzuleiten, über die Botho Strauß seine neuerliche Arbeit am und mit dem Mythos motiviert. Auch in seinem Werk geht es um die Etablierung einer ästhetisch-elitären Gegensphäre zur technisierten Gesellschaft, die sich von ihrer eigenen Herkunft losgesagt hat und die ihre eklatanten Sinndefizite durch profane Kulte der Zerstreuung überblendet. „Das Aufblühen mythischer Weltansichten in aufgeklärten Zeiten ist darum nie einfacher Rückschritt oder Reaktion: es deutet auf ein Unvermögen der Staaten, den Begründungsansprüchen ihrer Bürger zu genügen."[22]

Die Frage, die im Verlauf dieser Studie beantwortet werden soll, hat demnach eine doppelte Ausrichtung. Erstens: Welchen Einfluß nimmt das bei Strauß vorherrschende mythologische Zeitverständnis auf die immanente Struktur seiner Dichtung? Und zweitens: Wie ist die Gegenwartsanalyse beschaffen, die aus dieser Auffassung resultiert? Dabei soll der Ausgangsthese, daß gleichsam unterhalb der historischen Zeit eine Vielzahl sedimentierter Zeitschichten existieren, daß mithin von einer *Archäologie der Zeit* bei Botho Strauß gesprochen werden kann, im Rahmen der vorliegenden Untersuchung durch eine stufenweise und vergleichende Diskussion der Begriffe Mythos und Geschichte Rechnung getragen werden. Denn im Zusammenhang dieses Werkes werden die spezifischen, im mythologischen Denken fundierten raumzeitlichen Gegebenheiten ausdrücklich als Gegenmodell zur Historiographie verstanden. Immer wieder greift Strauß zur Veranschaulichung seiner raumzeitlichen Präferenzen auf mythologische, das heißt vorgeschichtliche Bezugsgrößen zurück. Sein gesamtes Œuvre könnte als Versuch betrachtet werden, die als mythen- oder herkunftsvergessen angesehene bundesdeutsche Gegenwart mit ihren verschütteten Ursprüngen im Mythos kurzzuschließen. Es ist daher zur terminologischen Verständigung unabdingbar, den nachfolgenden Überlegungen eine Erläuterung wesentlicher Grundzüge des mythischen Denkens voranzustellen.

Die mythische Denkform

Wie bereits erwähnt ist der Logos, an dem die moderne, rationalisierte Welt sich orientiert, als Verdrängungsmodell des Mythos zu verstehen. Deshalb hält sein Einfluß auch nur so lange vor, „wie er seine Ohnmacht unter Kontrolle behält: mit den immer wachen Augen eines Argos Panoptäs muß er das bannen oder dem erliegen, wovon er sich freigekämpft hat und von dessen Anblick der listige Hermes ihn abzubringen versucht. Wenn der hermetische Ursprung des Logos jedoch nicht selbst 'Wort' ist, Wort im Sinne einer geordneten Rede, die von einer Axiologie der Wahrheit gemeistert wird , was ist er dann? Die griechische Sprache hält einen zweiten Ausdruck für 'Wort' bereit: (...) 'Mythos' ist 'Wort' gleichsam im Zustande seiner Wildheit, noch nicht ans Licht der Wahrheit gezogenes Wort oder: Fabel, die vom Ritual (in dem sie gründet) nicht abgespalten ist. (...) Der Logos kommt mithin als des Mythos eigener Logos zur Welt. Er ist von Geburt Mythologie, in einem der Tod und die Verinnerung

Friedrich Schelling entstammt der Ausgabe seiner Sämtlichen Werke. Hrsg. von K.W.F. Schelling. 1. Abt., Bd.3. Stuttgart 1856. S.627f.
[22] Ebd., S.35.

des Mythos. Mächtig ist er als überwundenes Eingedenken seiner Abkunft. Doch ist ihm bestimmt, selbst in Gestalt des Mythos zu existieren, sobald er diesen Zusammenhang vergißt"[23]. Der Logos geht aus dem Mythos hervor, ebenso wie umgekehrt der Mythos als „ein Stück hochkarätiger Arbeit des Logos"[24] erscheint. Aus der etymologischen Gemeinsamkeit von Mythos und Logos als unmittelbares, respektive distanzierendes „Wort" leitet sich die erste und vorrangige Funktion des Mythos ab: „Mythen sind ganz elementar justament dieses: Geschichten. Man mag sagen: Ein Mythos ist fiktiver als eine 'history' und realer als eine 'story'; aber das ändert nichts am Grundbefund: Mythen sind Geschichten."[25]

Über die narrative Struktur des Mythos hinaus ist für eine Kennzeichnung der mythischen Denkform von entscheidender Bedeutung, daß die Geschichten, die der Mythos erzählt, in aller Regel ohne eine zeitliche oder räumliche Konkretisierung auskommen. Anders als der Logos zählt der Mythos zu den symbolischen Ausdrucksformen, das heißt: zu den nichtbezeichnenden. Das Erklärungsbedürfnis ist in seinen Geschichten stillgelegt. „Im Gegensatz zum Zeichen ist das Symbol nicht eindeutig; es ist nicht kodiert und hat keinen festen Verweisungsbezug"[26], und eben diese Vagheit und begriffliche Unbestimmtheit macht die Attraktivität des Mythos als Bezugsreservoir für dichterische Adaptionen aus. Die Bedeutsamkeit seiner beispielhaften Geschichten läßt sich erläutern, aber nicht im strikten Sinne definieren. „Der Mythos ist seiner Natur nach keiner abstrakten Dogmatik, die die lokalen und temporalen Besonderheiten hinter sich ließe, fähig. Im Gegenteil ist er gerade auf diese angelegt."[27] Was ihn auszeichnet, ist die Erzählung besonderer, vorbildhafter, archetypischer Geschichten, die sich einem verallgemeinernden Zugriff entziehen und zugleich auf ihre Variation hin angelegt sind. Die Geschichtsschreibung arbeitet der Indifferenz der Zeit und des Raums entgegen. Doch je mehr sie dabei ihre Mittel der „Verdichtung, Besetzung, Datierung, Gliederung und Zustandsbeschreibung" einsetzt, um so stärker setzt sie sich dem Verdacht aus, „nominelle Artefakte im Dienst der methodischen Aufbereitung des Stoffs zu erzeugen". Die mythische Denkform arbeitet demgegenüber „auf Sinnfälligkeit der Zeitgliederung hin; sie kann es, weil nie nach ihrer Chronologie gefragt wird. Ihr sind außer Anfang und Ende noch Gleichzeitigkeit und Präfiguration, Nachvollzug und Wiederkehr des Gleichen frei verfügbar"[28]. Diese wesentliche Indifferenz gegenüber jeder zeitlichen und räumlichen Bestimmtheit hält den Mythos offen sowohl für Projektionen als auch für eine dichterische Aktualisierung seiner Verfahrensordnungen. Voraussetzung hierfür ist die Vieldeutigkeit mythischer Symbole, die selbst dann erhalten bleibt, wenn sie verstanden werden. Sie treten nur „im Übergang zum Imaginären hervor. Die Imagination aber ist eine Bewußtseinshaltung eigener Art: sie nimmt das Zeichen oder eine Kette von Zeichen zum Anlaß von Sinnprojektionen, die deren gewöhnliche Bedeutung unsichtbar überlagern. Darin kommen Ritual und Dichtung überein. Beide gehen mit dem Sinn im Zustand seiner Latenz vor oder jenseits seiner Kodierung um"[29].

---

[23] Ebd., S.17.
[24] Hans Blumenberg: Arbeit am Mythos. A.a.O., S.18.
[25] Odo Marquard: Lob des Polytheismus. A.a.O., S.93.
[26] Manfred Frank: Die Dichtung als „Neue Mythologie". A.a.O., S.18.
[27] Hans Blumenberg: Arbeit am Mythos. A.a.O., S.110.
[28] Ebd., S.113f.
[29] Manfred Frank: Die Dichtung als „Neue Mythologie". A.a.O., ebd.

Ernst Cassirer hat im zweiten Band seiner *Philosophie der symbolischen Formen* die hier angesprochene narrative Unbestimmtheit mythischer Erzählungen in ihren Auswirkungen auf die räumlichen und zeitlichen Gegebenheiten wiefolgt charakterisiert: „Der Mythos hält sich ausschließlich in der Gegenwart seines Objekts, in der Intensität, mit der es in einem bestimmten Augenblick das Bewußtsein ergreift und von ihm Besitz nimmt. Ihm fehlt daher jede Möglichkeit, den Augenblick über sich selbst zu erweitern, über ihn voraus und hinter ihn zurückschauen, ihn als einen besonderen auf das Ganze der Wirklichkeitselemente zu beziehen. Statt der dialektischen Bewegung des Denkens, für die jedes gegebene Besondere nur der Anlaß wird, es an ein anderes anzuknüpfen, es mit anderen zu Reihen zusammenzuschließen und es auf diese Weise zuletzt einer allgemeinen Gesetzlichkeit des Geschehens einzuordnen, steht hier die bloße Hingabe an den Eindruck selbst und an seine jeweilige 'Präsenz'. Das Bewußtsein ist in ihm, als einem einfach Daseienden befangen – es besitzt weder den Antrieb noch die Möglichkeit, das hier und jetzt gegebene zu berichtigen, zu kritisieren, es in seiner Objektivität dadurch einzuschränken, daß an einem Nicht-Gegebenen, an einem Vergangenen oder Zukünftigen gemessen wird. Fällt aber dieser mittelbare Maßstab fort, geht alles Sein, alle 'Wahrheit' und Wirklichkeit in die bloße Präsenz des Inhalts auf, so drängt sich damit notwendig alles überhaupt Erscheinende in eine einzige Ebene zusammen. Es gibt hier keine verschiedenen Realitätsstufen, keine gegeneinander abgegrenzten Grade objektiver Gewißheit. Dem Bilde der Realität, das auf diese Weise entsteht, fehlt somit gleichsam die Tiefendimension – die Trennung von Vordergrund und Hintergrund, wie sie sich im empirisch-wissenschaftlichen Begriff, in der Scheidung des 'Grundes' vom 'Begründeten', in so charakteristischer Weise vollzieht."[30]

Aus dieser durchaus kritischen Bestimmung der Bedingtheiten mythischen Denkens geht neben der Zirkelstruktur eines abgeschlossenen Horizonts, der über die konkrete Gegenwart nicht hinausweist, auch die Zeitform der Dauer als ewiger Gegenwart des mythischen Ereignisses hervor. Im Unterschied zur historischen Zeit ist die mythische als Ursprungszeit gekennzeichnet: Sie brach „mit einem Schlag" an, „ohne daß ihr eine andere Zeit vorausgegangen wäre", denn im mythischen Denken gibt es keine Zeit „vor der Erscheinung der im Mythos berichteten Realität"[31]. Mit diesem Anspruch ist die Überwindungs- und Distanzierungsleistung angezeigt, deren Manifestation der Mythos darstellt. „Der Mythos repräsentiert eine Welt von Geschichten, die den Standpunkt des Hörers in der Zeit derart lokalisiert, daß auf ihn zu der Fundus des Ungeheuerlichen und Unerträglichen abnimmt."[32] Dazu gehören unter anderem die Übergangsgestalten zwischen Tier und Mensch, die auf bezeichnende Weise noch das Werk von Botho Strauß bevölkern. Der Mythos repräsentiert ein System des Willkürentzugs, bei dem das zurückliegende Chaos in eine kosmologische Struktur überführt und das Unbekannte mit Namen belegt wurde – insofern kann er, wie erwähnt, als Arbeit des Logos angesehen werden. Er depotenziert jene unbekannte Übermacht, die *vor* seiner Durchsetzung den Menschen beherrschte, und er defokussiert das Interesse der Götter am Menschen.

---

[30] Ernst Cassirer: Philosophie der symbolischen Formen. Zweiter Teil: Das mythische Denken. Darmstadt 1987[8]. S.47f.
[31] Mircea Eliade: Das Heilige und das Profane. Vom Wesen des Religiösen. Frankfurt/M. 1990. S.65f.
[32] Hans Blumenberg: Arbeit am Mythos. A.a.O., S.131.

Da Mythen – und zwar fundamental – als Geschichten zu charakterisieren sind, ist die Mythologie ein Teilbereich der allgemeinen Erzählforschung. Die einzige Schwierigkeit besteht darin, in der Fülle vorhandener Erzählformen die 'echten' Mythen auszugrenzen und positiv zu bestimmen. Zwei Definitionen haben sich nach Ansicht Walter Burkerts für diese Bestimmung als brauchbar erwiesen, „ohne grundsätzlicher Kritik (...) entzogen zu sein: Mythos sei Erzählung von Göttern und Heroen (...) oder aber Erzählung vom Ursprung der Welt und ihren Einrichtungen 'einmal in jener Zeit' (...). Beide Definitionen sind zumindest für den griechischen Befund zu eng, erst recht die noch weiter einschränkende, Mythos sei grundsätzlich 'heilige', sakralisierte Erzählung. Die einzelnen Erzählungen respektieren die von der Theorie gezogenen Grenzen kaum und treten wechselnd als 'echte' Mythen, als Märchen, Sagen, Legenden oder Schwänke auf und sind doch auch in dieser Form durchaus bedeutsam. Darum empfiehlt sich, die Besonderheit des Mythos nicht im Inhalt, sondern in der Funktion zu suchen"[33]. Diese Funktion macht Burkert in der Handlungsbezogenheit mythischer Erzählungen fest: „Mythos ist angewandte Erzählung (...), Erzählung als Verbalisierung komplexer, überindividueller, kollektiv wichtiger Gegebenheiten. In diesem Sinne ist Mythos begründend – ohne daß darum explizit von Urzeit die Rede sein muß – als 'Charta' von Institutionen, Erläuterung von Ritualen, (...) und überhaupt als wegweisende Orientierung in dieser und der jenseitigen Welt. Mythos in diesem Sinne existiert nie 'rein' in sich, sondern zielt auf Wirklichkeit; Mythos ist gleichsam eine Metapher auf dem Niveau der Erzählung."[34]

Im Verlauf der vorliegenden Studie wird nachzuweisen sein, daß die hier versammelten, sukzessive zu erweiternden Definitionsansätze auf spezifische Weise ihren Niederschlag in Strauß' dichterischem Werk gefunden haben. Der Mythos bündelt sein kulturelles „Wissen in Geschichten"[35], deren Sinnstruktur innerhalb der Moderne als vorbildhaft angesehen wird und die in der Sphäre des Ästhetischen – *als Dichtung* – eine Aktualisierung erfährt. Bei Strauß firmiert der Mythos, dessen ästhetische Wertigkeit hier zur Diskussion steht, vereinfacht gesagt als die schattige, doch jederzeit präsente Rückseite, das ausgeblendete *Andere* der historischen Jetztzeit – als eine Art erfahrungs- und erinnerungslastiges Korrektiv zur leichtgewichtigen Bilderflut des Medienzeitalters. Aufgrund des überdurchschnittlichen Stellenwertes, den das prekäre Verhältnis der Moderne zum Mythos in seinen Texten einnimmt, schien es angezeigt, die Kommentierung dieses Sachverhalts nicht lediglich auf ein einzelnes Kapitel zu beschränken, um jederzeit darauf rekurrieren zu können. Mit dieser formalen Entscheidung zur Lockerung der argumentativen Stringenz geht die inhaltliche Intention einher, durch eine wiederholte und perspektivisch variierte Thematisierung und Fokussierung der alternativen Zeitmaße des Mythos und der Geschichte die Umrisse des hier wirksamen Zeitverständnisses angemessen nachzeichnen zu können.

---

[33] Walter Burkert: Mythos und Mythologie. In: Propyläen Geschichte der Literatur. Bd.I. Berlin 1988. S.12.
[34] Ebd.
[35] Vgl. ebd.

Zum Aufbau der Studie

Neben diesem vorrangigen, übergeordneten Anliegen soll entwickelt werden, daß Strauß den für ihn charakteristischen Zeitbegriff vor allem wahrnehmungstheoretisch und erkenntniskritisch legitimiert. Aus diesem Grund orientiert sich die Abfolge der Argumentation in den ersten Abschnitten an den spezifischen Rezeptions- und Verarbeitungsformen, die das Phänomen der Zeit in unterschiedlichen visuellen Medien erfährt. Auf der Grundlage dreier wahrnehmungs- und erkenntniskritisch angelegter Kapitel zur Theorie der Photographie (I) – dem gattungsreflexiven Komplementärstück zu den Ansätzen einer Theorie der Dichtung und des Dichters am Ende des IV. Kapitels –, zur Theorie des Sehens als „Versehen" (II) sowie zur Theorie des Fernsehens (III), werden anläßlich des Essays *Anschwellender Bocksgesang* Strauß' Reflexionen zum Modus geschichtlicher Verläufe, zum Verhältnis von Ästhetik und Politik wie auch seine neuerdings ins Zwielicht geratene intellektuelle Zeitgenossenschaft einer kritischen Befragung unterzogen (IV). Darüber hinaus verfolgen diese wahrnehmungs- und erkenntnistheoretischen Abschnitte den Plan, durch Verweise auf die verschiedenartigen Relationsverhältnisse von Innen- und Außenräumen in der Moderne exemplarisch den Prozeß der Verinnerlichung und Verformung der äußeren Welt im Bewußtsein nachzuvollziehen, der in Platons „Höhlengleichnis" seinen ersten dokumentierten Niederschlag findet und der noch für die subjektive Zeiterfahrung im Kabelgeflecht des „globalen Dorfes" kennzeichnend zu sein scheint. Der entscheidende medientheoretische Akzent liegt hier auf der Etablierung künstlicher Imaginarien, in denen die unmittelbare Erfahrung der Wirklichkeit durch ästhetische Surrogate oder kognitive Projektionsleistungen überlagert und damit ersetzt wird.

Die Betitelung der einzelnen Abschnitte nach dem Muster topographischer Subjekt-Objekt-Konstellationen ist nicht zuletzt der doch recht unterschiedlichen Wertschätzung geschuldet, die Strauß den hier verhandelten Medien nebst den dazugehörigen Rezeptionsformen angedeihen läßt. Insofern dokumentiert die Abfolge der Kapitel von den technischen Reproduktionsmedien Photographie und Fernsehen bis hin zum Theater, zur Dichtung und zum Mythos einen stetigen Zugewinn an Identifikationspotentialen seitens des traditionsbewußten Autors. Überdies erschien ein solcher Verweis auf mediale Raumstrukturen schon deshalb gerechtfertigt, weil sich die gedanklichen Grundlagen seines Werkes innerhalb eines räumlich-physikalischen Koordinatensystems erschließen, zu dem das als „archäologisch" bezeichnete Zeitschichtenmodell ebenso gehört wie die in den jüngeren Texten dominierende Idealfigur des „Gleichgewichts", die als „Apologie der Schwebe" auf ein ausbalanciertes, stimmiges Kräfteverhältnis zwischen den Zeiten abzielt und somit vertikal angelegt ist. Strauß ist ein vertikaler Denker; die Gegenwart verkörpert in seinem Werk lediglich die sichtbare Spitze eines Eisberges, dessen Bewohner nicht mehr wissen, was sich unter der Wasseroberfläche befindet. Sein Rollenverständnis als Dichter geht von einer Vermittlungsleistung aus, die sich auf jener transparenten Schnittstelle zwischen Gegenwart und Vergangenheit vollzieht, die sein Werk darstellt.

In der formalen wie inhaltlichen Ausrichtung dieser Studie nimmt der Essay *Anschwellender Bocksgesang* eine zentrale Stellung ein: Die Mehrzahl der Kapitel beziehen sich explizit auf seine im Kontext des übrigen Werks bislang wohl unmißverständlichsten Verlautbarungen zu gesellschaftlichen, sozialen, kulturgeschichtlichen und artistischen Problemstellungen. Im Rahmen des hier verhandelten Themenfeldes erklärt sich die ausführliche, thematisch ausgreifende Kommentierung gerade dieses Textes durch seine Ausrichtung als kulturkritischer Gegenwartsbefund. Deutlicher als anderswo wird hier das gestörte Relationsverhältnis zwischen Geschichte und Mythos in Form eines differenzierten und mehrschichtigen Krisenszenarios zur Sprache gebracht. Über die zahlreichen motivischen Anknüpfungspunkte hinaus schien eine umfassendere Besprechung dieser streitbaren kulturkritischen Sendung aber auch deshalb angezeigt, weil ihre gedankliche Struktur vor dem Hintergrund aufgeregter feuilletonistischer Repliken bislang noch nicht recht zur Geltung gebracht wurde.[36]

Anschwellender Bocksgesang ist nicht nur in werkimmanenter Hinsicht ein Schlüsseltext: Bezogen auf die Genese des Straußschen Œuvres markiert er eine Modifikation des thematischen Spektrums, die als Reflex auf aktuelle gesellschaftliche Entwicklungen zu verstehen ist und sich von seiner künstlerischen Auseinandersetzung mit dem gesellschaftlichen Ist-Zustand der achtziger Jahre unterscheidet. Hier wären insbesondere die Tendenzen zur Verabschiedung des weit gefaßten Kulturbegriffs zu nennen, dem in wachsendem Maße mit einer neuerlichen Betonung der ästhetischen „Grenze" entgegnet wird. Dieses strikte, traditionalistische Kunstverständnis ist in Strauß' bisherigem Werk zwar angelegt und an verschiedener Stelle ausdrücklich formuliert, erfährt jedoch im Zusammenhang eines allgemeinen ästhetischen Paradigmenwechsels eine neue Gewichtung und Brisanz, die sich stärker als zuvor auch in der Rezeption seiner Texte niederzuschlagen beginnt. Vor dem Hintergrund eines neuen, alten Wertkonservatismus in der Kunst, der im veränderten gesellschaftlichen Umfeld (auch) als politisches Votum zur Abgrenzung und Bewahrung der kulturellen Eigenständigkeit aufgefaßt wird, treten seine Äußerungen über den hermetischen, numinosen Status des Kunstwerks in schärferem Kontrast als bisher hervor. Diese deutlichere Profilierung eines von der Strauß-Forschung bis dato offenbar als zweitrangig eingestuften ästhetischen Programms vermag die Überraschung zu erklären, die seine im Grunde bekannte Haltung gerade bei den vermeintlichen Bundesgenossen des Autors hervorgerufen hat. Strauß ging es immer in erster Linie um den Status des Ästhetischen, dessen Behauptung und Abgrenzung im Rekurs auf gesellschaftliche Gegebenheiten vorgenommen wurde. Mit der Veränderung dieses Umfeldes im Gefolge der deutschen Wiedervereinigung – eines Umfelds, das mit der Situation der achtziger Jahre kaum mehr zu vergleichen ist – geht auch eine neuerliche Standortbestimmung des Dichters und seines ästhetisch-poetologischen Anliegens einher. Dieses im *Bocksgesang* vorgetragene Anliegen unterscheidet sich, wie gezeigt werden soll, in seinem Kern nicht von Strauß' früheren Überzeugungen; indem seine Stellungnahme jedoch mit anderen, ähnlich gelagerten Äußerungen zum Verhältnis von Kunst und Gesellschaft korrespondiert, kann sein Votum als Indiz einer allgemeinen Trendwende interpretiert werden.

Markante Anknüpfungspunkte vor allem an die gesellschaftlichen Diagnosen des *Anschwellenden Bocksgesang*s bietet Strauß' bis dato jüngstes Theaterstück *Ithaka*, das im Juli 1996 zur Uraufführung gebracht wurde. Als dramatische Adaption eines mythischen Stoffes läßt dieses Schauspiel sowohl in formaler als auch in inhaltlicher Hin-

---

[36] Eine Ausnahme bildet hier ein von Sigrid Berka herausgegebenes Sonderheft der Weimarer Beiträge, Heft 2 (1994), das sich unter Berücksichtigung früherer Strauß-Texte mit den politischen, gesellschaftlichen und artistischen Problemstellungen des Anschwellenden Bocksgesangs auseinandersetzt.

sicht aufschlußreiche Rückschlüsse auf die intentionale Ausrichtung des jüngeren Werkes insgesamt zu, so daß eine umfassendere Analyse im Rahmen der vorliegenden Untersuchung gerechtfertigt erschien (V). *Ithaka* ist als szenischer Kommentar zu den Krisenbefunden des *Anschwellenden Bocksgesangs* zu verstehen – ein gegenwartsbezogener Metakommentar, der auf charakteristische Art und Weise das Verhältnis von mythologischer und geschichtlicher Zeit thematisiert und zugleich den Stellenwert des mythischen Denkens in seinem Werk zum Ausdruck bringt. Als „eine Übersetzung von Lektüre in Schauspiel" (Ith, 7) ist das „nach den Heimkehr-Gesängen der Odyssee" entstandene Stück als Arbeit mit dem Mythos zu verstehen: Seine Kernaussage besteht dabei in der exemplarischen Gestaltung einer Apokatastase – der Wiederherstellung einer alten, als geheiligt angesehenen Gesellschaftsordnung –, die während einer Phase des allgemeinen Wert- und Sittenverfalls zwischenzeitlich außer Kraft gesetzt war. Es geht in *Ithaka* in erster Linie um die Restitution einer mythischen Sinnstruktur, die mit der Heimkehr des Protagonisten szenisch vollzogen wird. Über die zentralen Motive der zyklischen Wiederholung als Regeneration eines überzeitlichen und mithin ahistorischen Orientierungsrahmens sowie der Kreisschlüssigkeit als Element einer bedeutsamen Horizontverengung knüpft der Handlungsverlauf des Stücks an archetypische Vorbilder an.

Zur Textauswahl

Wie im Untertitel annonciert, setzt sich die hier vorgelegte Abhandlung in erster Linie – aber keineswegs ausschließlich – mit dem jüngeren Werk von Botho Strauß auseinander. Diese Fokussierung auf die zurückliegende Dekade (Mitte der achtziger bis Mitte der neunziger Jahre) hat eine inhaltliche und eine pragmatische Ursache. Ihr Pragmatismus ist darin zu sehen, daß sich die Forschungsliteratur zu Strauß einstweilen noch auf die in der ersten Hälfte der achtziger Jahre entstandenen Schriften konzentriert und somit ein weitgehend unbetretenes, lediglich von Rezensionen, Theaterkritiken und feuilletonistischen Einzelbeiträgen beleuchtetes Terrain ausgelotet werden konnte. Das inhaltliche Motiv für eine chronologische Eingrenzung des Untersuchungsradius wiegt ungleich schwerer: Es resultiert aus der Beobachtung, daß Strauß – nicht erst seit kurzem, aber offenbar in wachsendem Maße – den ihm zugewiesenen Kompetenzbereich des Dichterischen zugunsten einer interdisziplinären, auch außerästhetische Diskurse streifenden Rezeptionshaltung erweitert. So ist, um nur zwei Beispiele neueren Datums zu nennen, der naturwissenschaftlich inspirierten Prosa- und Aphorismensammlung *Beginnlosigkeit* (1992) oder dem bereits erwähnten mentalitätsgeschichtlichen Essay *Anschwellender Bocksgesang* mit dem probaten Rüstzeug literaturwissenschaftlicher Textauslegung kaum noch beizukommen. Strauß hofft offenbar „auf eine ganz neue Konvergenz zwischen ästhetischem und naturwissenschaftlichem Wahrnehmen"[37]. Resultierend aus einer werkimmanenten Modifikationsbewegung drängt sich hier eine Erweiterung der fachspezifisch verengten Perspektive förmlich auf. Auch die Frage nach dem Relationsverhältnis von Ästhetik und Politik, die Strauß

---

[37] Volker Hage: Schreiben ist eine Séance. Begegnungen mit Botho Strauß. In: Michael Radix (Hg.): Strauß lesen. München, Wien 1987. S.210.

im Hinblick auf die Institution Theater bereits in seinen frühen Schriften formuliert hat, stellt sich unter veränderten gesellschaftlichen Vorzeichen aufs Neue. Sein jüngeres Werk ist aufgrund seiner vielfältigen und ausdifferenzierten gedanklichen Prägungen in einem breiter abgezirkelten kultur-, und medientheoretischen Kontext zu positionieren, als seine früheren Schriften; einem umfassenderen Kontext wohlgemerkt, als er einem im strengen Sinne philologischen Diskurs geläufig ist.

Das hier angesprochene Relationsverhältnis von Ästhetik und Politik, dessen neuerliche Thematisierung in Strauß' jüngeren Schriften im übrigen auf eine strukturelle Kreisschlüssigkeit hinsichtlich einzelner Themenschwerpunkte schließen läßt, scheint auf den ersten Blick das Postulat von der Einhaltung der ästhetischen Grenze zu unterlaufen, das für den hier in Frage stehenden Dichtungsbegriff elementar ist. Dazu ist anzumerken, daß die soeben genannten außerästhetischen Bezugsfelder in seinen Texten ästhetisch reflektiert werden. Dieses dichterische Aneignungsverfahren wird im Zusammenhang der vorliegenden Untersuchung insbesondere an Strauß' ästhetischem Verständnis geschichtlicher Verläufe veranschaulicht. Dabei wird zu zeigen sein, daß etwa seine auf den „historischen Augenblick" bezogene Gegenwartsanalyse wie auch sein im *Bocksgesang* entwickeltes „Kulturschock"-Szenario maßgeblich auf Kriterien zurückzuführen sind, die dem Bereich des ästhetischen (respektive des religiösen) Denkens entstammen und die im Kontext eines kritischen Gegenwartsbefundes auf eine konkrete gesellschaftliche Formation übertragen werden. So wäre festzuhalten, daß die interdisziplinäre Ausrichtung seiner jüngeren Texte vor dem Hintergrund eines streng poetologischen Bezugsrahmens stattfindet, dessen Demarkationslinie zur Geschichtsschreibung oder zu den positiven Wissenschaften nicht überschritten wird, sondern der im Gegenteil für die Erkenntnisfähigkeit des ästhetischen Denkens einsteht.

Da sich im jüngeren Werk des Autors kein grundlegender Paradigmenwechsel intentionaler oder struktureller Art vollzieht, bleibt auch im Rahmen dieser Studie der Rekurs auf das Frühwerk obligatorisch. Ein solcher Vergleich der jüngeren mit den älteren Schriften kann zum einen die argumentative Stringenz und Kontinuität eines in sich schlüssigen dichterischen Entwurfs verdeutlichen, der im Ganzen gesehen die formale Geschlossenheit jedes einzelnen Texts wiederholt. Zum anderen vermag er die werkimmanenten Entwicklungslinien aufzuzeigen, auf denen etwa auch Strauß' auf den ersten Blick befremdlich wirkende Stellungnahme zur Lage der Nation gründet. Die eilfertigen feuilletonistischen Expertisen zum *Anschwellenden Bocksgesang* krankten unter anderem daran, daß sie den Text nicht als Resultat eines langjährigen geistigen Prozesses aufgefaßt haben, sondern ihm mit außerästhetischen Kriterien beizukommen versuchten. So hatte denn auch die publizistische Debatte, die sich, wenn man die ideologisierenden Vorberichte recht interpretiert[38], anläßlich des Schauspiels *Ithaka*

---

[38] Vgl. u.a. Christine Dössel: Anschwellende Aufregung. Kammerspielschauspieler Griem will nicht in Strauß' „Ithaka" spielen. In: Süddeutsche Zeitung vom 22.5.1996; abgesehen von den kritischen Rezensionen zur Münchner Uraufführung des Stücks sind die Reaktionen bis zum Oktober 1996 als eher verhalten zu bezeichnen. Es vermittelte sich der Eindruck, als habe seitens der Kulturkritik kein allzu großes Interesse an der Wiederholung bereits vorgetragener Argumente bestanden. Abgesehen von wenigen Kommentaren (wie z.B. Richard Herzingers Beitrag: Die Heimkehr der romantischen Moderne. Über „Ithaka" und die kulturphilosophischen Transformationen von Botho Strauß. In: Theater heute 8 (1996), S.612) konzentrierte man sich auf einen Vergleich des Stücks mit Peter Handkes Königsdrama „Zurüstungen für die Unsterblichkeit", um die beiden Autoren gemeinsame Suche nach einem neuen „Souverän" zu thematisieren. Vgl. i.d.Z.: Thomas

erneut entzünden dürfte, mit dem eigentlichen Objekt der kritischen Einlassungen wenig zu tun.

Die Unangemessenheit einer solchen Herangehensweise verweist in methodischer Hinsicht auf die Notwendigkeit eines gegenstandsbezogenen Deutungsansatzes. Aus diesem Grund orientiert sich die vorliegende Analyse an einem philologisch-komparatistischen und hermeneutischen Interpretationsverfahren, das sich von der spezifischen Argumentationsstruktur des ins Auge gefaßten Gegenstandes leiten läßt. Dabei gilt unter anderem, was der Philosoph Hans Blumenberg im Hinblick auf den von ihm repräsentierten Forschungsansatz formuliert hat: „Hermeneutik, dies vor allem, geht nicht auf Eindeutigkeit dessen, was sie ihrer Auslegungskunst unterzieht, also nicht auf die 'Qualität', die einer Mitteilung oder gar einer Offenbarung auch dann eigen sein muß, wenn der faktische Umgang damit die Prämisse nicht bestätigt, Über-mittlung sei die Absicht gewesen. Hermeneutik geht auf das, was nicht nur einen Sinn haben und preisgeben soll und für alle Zeiten behalten kann, sondern was gerade wegen seiner Vieldeutigkeit seine Auslegungen in seine Bedeutung aufnimmt. Sie un-terstellt ihrem Gegenstand, sich durch ständig neue Auslegung anzureichern, so daß er seine geschichtliche Wirklichkeit geradezu darin hat, neue Lesarten anzunehmen, neue Interpretationen zu tragen. Nur durch die Zeit und in geschichtlichen Horizonten wird realisiert, was gar nicht auf einmal in simultaner Eindeutigkeit da sein und gehabt werden kann."[39]

Methodische Überlegungen

Mit diesem Votum ist weder einem Verzicht auf methodische Stringenz das Wort geredet, noch soll durch den Verweis auf die interdisziplinären Prägungen des Unter-suchungsgegenstandes zu unbekümmert dilettierenden Streifzügen durch den Reigen der benachbarten Fachdisziplinen angeregt werden. Es wird hier lediglich für eine Rezeptionshaltung plädiert, die sich, anstatt vorab fixierte Erkenntnisinteressen zu verifizieren, an der Verfassung ihres Gegenübers schult, ohne dabei ihre kritische Distanz und prinzipielle Reserviertheit preiszugeben; die sich ihren Gegenstand nicht zurichtet, sondern ihn prozeßhaft – sowie aus unterschiedlicher Perspektive – zu er-schließen trachtet und die im notwendigen Rekurs auf angrenzende Forschungsfelder zu einer fortwährenden Überprüfung ihrer eigenen Instrumentarien gelangt. Kritik an Dichtung ist immer auch Selbstkritik der Interpretation[40]. Ein derart variables Text-auslegungsverfahren erscheint nicht zuletzt deshalb angemessen, weil Strauß' Werk, so offen und aufnahmefähig es sich außerliterarischen Einflüssen gegenüber darstellen mag, einen in sich schlüssigen Radius um einen konsistenten Kern beschreibt. Dieser strukturellen Selbstbezüglichkeit eines Œuvres, das extrapoetische Motive adaptiert, um sie den eigenen Anforderungen gemäß zu verarbeiten, wird am ehesten eine Re-zeptionshaltung gerecht, die nicht ihrerseits hermetisch auftritt, sondern uneigennützig

---

Assheuer: Die Ornamente der Ordnung. Antimoderne und politischer Mythos im Königsdrama: Botho Strauß und Peter Handke suchen den Souverän. In: Die Zeit, Nr.10 vom 28.2.1997. S.47f.

[39] Hans Blumenberg: Die Lesbarkeit der Welt. Frankfurt/M. 1986. S.21.

[40] Zu dieser Einschätzung gelangt sinngemäß Hans-Georg Gadamer im Zusammenhang seiner Guardinikri-tik in: Kleine Schriften II. Interpretationen. Tübingen 1979. S.178-187.

jene Fragen zu stellen versucht, deren Antworten die Texte bereithalten.[41] Um das Replik-Modell des Verstehens mit Odo Marquard ironisch zu paraphrasieren: „Hermeneutik ist die Kunst, aus einem Text herauszukriegen, was nicht drinsteht: wozu – wenn man doch den Text hat – brauchte man sie sonst?"[42]

Versteht man Strauß' Werk, indem man es als Antwort auf eine Frage versteht, so hat sich der interpretative Ehrgeiz vor allem anderen damit zu befassen, die mit den Texten beantworteten Fragen ausfindig und kenntlich zu machen – unter anderem auch jene Frage, die ein literarischer Text „an den Interpreten stellt. Auslegung enthält insofern stets den Wesensbezug auf die Frage, die einem gestellt ist. Einen Text verstehen, heißt diese Frage verstehen"[43]. Welche Probleme formaler wie inhaltlicher Art werden in den analysierten Schriften zu welchen Lösungen geführt? Im Hinblick auf das eingangs unterstellte zentrale „Problem" im Werk von Botho Strauß heißt das konkret: Auf welche Art und Weise verhält sich der Autor gegenüber den Anforderungen historischer wie ahistorischer Zeitlichkeit? Sollte die übergeordnete Frage tatsächlich die nach dem spezifischen Verhältnis von Mythos und Geschichte sein, dann wäre den je unterschiedlichen Texten bei näherem Hinsehen die für Strauß charakteristische „Antwort" zu entnehmen. Grundlegend für das Selbstverständnis dieser am „Verstehen" sich orientierenden Interpretationsmethode ist dabei der Umstand, daß sie vom Gegenstand aus zu argumentieren versucht. „Wer verstehen will, muß (...) fragend hinter das Gesagte zurückgehen. Er muß es als Antwort von einer Frage her verstehen, auf die es Antwort ist. So hinter das Gesagte zurückgegangen, hat man aber notwendig über das Gesagte hinausgefragt. Man versteht den Text ja nur in seinem Sinn, indem man den Fragehorizont gewinnt, der als solcher notwendigerweise auch andere mögliche Antworten umfaßt."[44]

Bei dieser Herangehensweise fällt den „Antworten" eines literarischen Textes im Zuge der Analyse eine durchaus sekundäre Rolle zu. Es kommt in erster Linie darauf an, die Frage zu rekonstruieren, auf die der Text eine Antwort gibt – erst in zweiter Instanz und unter den zuvor geschaffenen methodisch-instrumentellen Voraussetzungen erscheint eine inhaltliche Bewertung überhaupt sinnvoll. Konzentrierte man sich, wie seit einiger Zeit im Falle Strauß ebenso üblich wie wohlfeil, zuerst ideologiekritisch auf die Aussage oder Botschaft eines Textes, wäre ein interpretativer Zugang zu seinen intentionalen Voraussetzungen und argumentativen Strategien verstellt. Eines der wichtigsten Resultate der hier skizzierten Interpretationsmethode besteht demgegenüber in der Erkennbarkeit oder Lesbarkeit eines Werkes auf der Basis einer unverwechselbaren Problemlösungsstrategie. Genau dies soll im folgenden angegangen

---

[41] Neben anderen Vertretern der Forschungsgruppe Poetik und Hermeneutik hat Hans Robert Jauß die von R. G. Collingwood und Gadamer stammende Struktur des Frage-Antwort-Schemas (das „Replik-Modell des Verstehens") als hermeneutisches Basisschema der Rezeptionstheorie geltend gemacht; vgl.: Überlegungen zur Abgrenzung und Aufgabenstellung einer literarischen Hermeneutik. In: Ders. / Manfred Fuhrmann / Wolfhart Pannenberg (Hgg.): Text und Applikation. Theologie, Jurisprudenz und Literaturwissenschaft im hermeneutischen Gespräch. München 1981 (Poetik und Hermeneutik 9). S. 459-482, sowie im selben Band: Der fragende Adam – Zur Funktion von Frage und Antwort in literarischer Tradition, S.551-560; vgl. auch Odo Marquard: Frage nach der Frage, auf die die Hermeneutik die Antwort ist. In: Abschied vom Prinzipiellen. A.a.O., S.117-146, bes. S.118f.

[42] Odo Marquard: Frage nach der Frage, auf die die Hermeneutik die Antwort ist. A.a.O., S.117.

[43] Hans-Georg Gadamer: Wahrheit und Methode. Grundzüge einer philosophischen Hermeneutik (Gesammelte Werke, Bd.1, Hermeneutik I). Tübingen 1990[6]. S.375.

[44] Ebd.

werden. Das Erkenntnisinteresse der vorliegenden Untersuchung richtet sich in erster Linie auf die gedanklich-strukturelle Beschaffenheit vor allem der jüngeren Texte, die sich am deutlichsten an der Genese zentraler Motive und Metaphern im Werk von Botho Strauß nachvollziehen läßt. Dabei sind die motivgeschichtlichen Aspekte stets vor dem Hintergrund ihrer strukturellen Zuordnung, ihrer Konfiguration und Funktion innerhalb eines als konsistent angesehenen weltanschaulichen Zirkels zu diskutieren.

Anmerkungen zur Strauß-Forschung

Da eine literaturwissenschaftliche Analyse zum Werk von Botho Strauß trotz ihrer dem Gegenstand geschuldeten Partizipation an anderen Fachdisziplinen auf bereits erbrachten germanistischen Forschungsleistungen beruht, erscheint es naheliegend, die bisherigen methodischen Überlegungen an dieser Stelle um einige grundsätzliche Anmerkungen zum gegenwärtigen Stand der Strauß-Forschung zu erweitern. Wie bereits erwähnt setzt sich die Mehrzahl der vorliegenden Untersuchungen mit Strauß' in den achtziger Jahren entstandenen Schriften auseinander. Im Mittelpunkt stehen dabei mit der Erzählung *Die Widmung* (1977), dem Roman *Der junge Mann*, dem Prosaband *Paare, Passanten* (1981) sowie den frühen Theaterstücken – insbesondere *Trilogie des Wiedersehens* (1976), *Bekannte Gesichter, gemischte Gefühle* (1979), *Groß und klein* (1978) – jene Texte, auf denen aus literaturwissenschaftlicher Sicht die Reputation des Autors als „kontrovers diskutierter" zeitgenössischer Schriftsteller[45] gründet. Als Themenschwerpunkt wird dabei überwiegend der Zustand des isolierten, beziehungslosen Individuums in der modernen Gesellschaft ausgemacht, das in seiner „Daseinsverzweiflung" und „Daseinsverfehlung"[46] nach Perspektiven suche, ohne freilich einen Ausweg aus seiner Misere finden zu können.[47]

Der in solchen Untersuchungen herausgestellte Befund einer grundlegenden Halt- und Orientierungslosigkeit, die den prekären Status moderner Subjektivität kennzeichne, trägt in aller Regel zu einer Unterbewertung der poetologischen Aspekte in Strauß' Schriften bei. So bemerkt etwa Fritz Wefelmeyer anläßlich einer Sichtung der publizistischen Reaktionen auf *Paare, Passanten* völlig zurecht, der „eigentliche Skandal in der Literaturkritik zu diesem Buch" bestehe darin, „daß offenbar niemand es für nötig gehalten hat, seine ästhetische Form ernst zu nehmen. Statt dessen reden alle frank und frei davon, daß Botho Strauß an dieser oder jener Stelle in seinem Buch dieses oder jenes festgestellt oder kritisiert habe. Zur allgemeinen Meinung gehört dabei auch

---

[45] Vgl. Michael Radix: Vorwort. In: ders. (Hg.): Strauß lesen. A.a.O., S.7.

[46] Thomas Koebner: Tendenzen des Dramas. In: Ders. (Hg.): Tendenzen der deutschen Gegenwartsliteratur. Stuttgart 1984. S.332.

[47] Zu einem solchen Befund kommen etwa auch Hans Wolfschütz: Botho Strauß. In: Kritisches Lexikon zur deutschsprachigen Gegenwartsliteratur. Hrsg. von Heinz Ludwig Arnold. München 1979, Fritz J. Raddatz: Die Nachgeborenen. Leseerfahrungen mit zeitgenössischer Literatur. Frankfurt/M. 1983, sowie Michael Schneider: Botho Strauß, das bürgerliche Feuilleton und der Kultus des Verfalls. Zur Diagnose eines neuen Lebensgefühls. In: Den Kopf verkehrt aufgesetzt oder die melancholische Linke. Aspekte des Kulturverfalls in den siebziger Jahren. Darmstadt, Neuwied 1981. Bei Schneider findet sich der bezeichnende Vorwurf, Strauß unterschlage in seinen Texte die Ursachen der in ihnen thematisierten Realitäts-, Identitäts- und Beziehungsverluste (vgl. S.243), so daß die Darstellung des „melancholischen und depressiven Lebensgefühls" kaum zur Analyse der Gesellschaft tauglich sei.

die Behauptung, der Autor setze sich in seinem Buch mit Theodor W. Adorno, insbesondere mit dessen 'Minima Moralia' auseinander. Aber gerade die Art, in der auf Adorno Bezug genommen wird, hebt deutlich die Bedeutung der ästhetisch-literarischen Form des Buches hervor. Von 'Auseinandersetzung' im Sinne eines theoretischen Diskurses kann bei diesem Buch nicht gesprochen werden. Es handelt sich weder um ein Werk der Sekundärliteratur noch um eine philosophische Streitschrift"[48]. Allzu kurzschlüssig, so lautet das Fazit von Wefelmeyers zutreffender Analyse, werde in einer Vielzahl von Literaturkritiken – unter Verkennung des primär ästhetischen Anspruchs der Werke – von den getroffenen Aussagen zur Rolle des Individuums in der modernen Gesellschaft auf den Autor selbst geschlossen, dem, wie etwa auch Volker Hage oder Henriette Herwig betonen, nichts ferner liege als eine derartige Identifikation mit seinen Schriften. Strauß schreibe nach eigenem Bekunden „einzig, 'um das Geschriebene fortzusetzen'. Das sei eine Art Energiesystem. 'Es gibt eine Existenzform der Schrift, die ist komplett'. Das Persönliche an seinem Schreiben hält er für ganz sekundär. Er habe im Grunde noch nie eine autobiographische Zeile verfaßt"[49].

Henriette Herwigs Einwand gegen eine reduktionistische Auslegungspraxis beruft sich vor allem auf die Dialogstruktur in Strauß' Theaterstücken. Der dramatische -Dialog, auf dessen Besonderheiten sich Herwig konzentriert, sei „nie nur stilisierte und kondensierte Wiedergabe von Alltagskommunikation, sondern zugleich auch Zitat und Verfremdung literarischer Form und Ausdruckstraditionen. Manchmal ist sogar die Form des Sagens von ungleich größerer Bedeutung als der Inhalt des Gesagten. Form und Inhalt, Setzung und Aussparung, stehen mindestens in spannungsreicher Wechselrelation"[50]. Einspruch scheint hingegen bei Herwigs These angezeigt, die „Zeitkrankheit des universellen Geschichts- und Kommunikationsverlustes", die Strauß auf der Figurenebene seiner Stücke gestalte, werde „durch die Art, wie er die abgeschnittenen historischen Wurzeln in seine Texte wieder einbaut, aufgehoben. Gewissermaßen ist die Form des Sagens schon die Therapie der Krankheit, die der Inhalt diagno- stiziert"[51]. Gegen die Feststellung einer Korrelation formaler und inhaltlicher Elemente ist gewiß nichts einzuwenden, doch erspart sich Herwig eine über die Dialog-struktur hinausgehende Analyse jener Form, die derartiges zu leisten vermag. Ihr Rekonstruktionsversuch zeigt überzeugend Charakteristika wie auch Defizite der handelnden Personen auf der Ebene der sprachlichen Interaktion auf, bindet diese jedoch nicht in eine zusammenhängende formale Konzeption der Texte ein. Auch geht es bei Strauß nicht um eine Stärkung der „abgeschnittenen historischen Wurzeln", sondern um eine Konfrontation mit außerhistorischen, mythologischen Bezugs-

---

[48] Fritz Wefelmeyer: Worauf bei Botho Strauß zu blicken wäre. Hinweise zur Rezeption. In: Botho Strauß. Text + Kritik 81 (1984). Hrsg. von Heinz Ludwig Arnold. S.90; Wefelmeyer verweist in diesem Zusammenhang insbesondere auf W. Martin Lüdke: Die Physiognomie dieser Zeit. In: Frankfurter Rundschau vom 17.10.1981; Reinhard Baumgart: Über „Paare, Passanten". In: Die Zeit, Nr. 40 vom 26.9.1981 sowie auf Günter Blöcker: Zwei Fußbreit über der Leere. In: Frankfurter Allgemeine Zeitung vom 26.9.1981; wieder in: Michael Radix (Hg.): Strauß lesen. A.a.O., S.258-262.

[49] Volker Hage: Schreiben ist eine Séance. Begegnungen mit Botho Strauß. In: Michael Radix (Hg.): Strauß lesen. A.a.O., S.208.

[50] Henriette Herwig: Verwünschte Beziehungen, verwebte Bezüge. Zerfall und Verwandlung des Dialogs bei Botho Strauß. Tübingen 1986. S.10.

[51] Ebd., S.10f.

größen innerhalb der eigens zu diesem Zweck konstituierten dichterischen Form. Zu einer Funktionsbestimmung der Dichtung als Ausweg aus dem Korsett des linearen historischen Denkens hätte es in Herwigs Untersuchung über die sprachliche Analyse hinaus einer Berücksichtigung der räumlichen und zeitlichen Koordinaten bedurft, in die Strauß seine in der Tat nicht als alltagskonform zu bezeichnenden Dialoge einbettet.[52]

Auf der Grundlage dieses hermetischen Dichtungsverständnisses wird Strauß zum Mitwirkenden an einem überzeitlichen Dialog, den die Werke untereinander aufrechterhalten und bei dem der Figur des Autors eine nurmehr sekundäre, partizipative Rolle zukommt. Er initiiert mit seiner Tätigkeit – die einer „Séance" gleicht, bei der er „mit Stimmen und Geistern auf die innigste Weise in Verbindung" tritt[53] – lediglich die Teilhabe seines Werks an einer Form des geistigen Austauschs, der von den Zeitläuften unberührt bleibt und der sich daher auch ohne sein Zutun vollzöge. Die sofortige Lösung des Autors von seinem Werk, das fortan als Bestandteil eines nicht mehr individuellen Diskurses fortbesteht (Strauß schaut nach eigener Aussage nach Fertigstellung der Korrekturfahnen keines seiner Bücher mehr an und wohnt nach Abschluß der Proben auch keiner Aufführung seiner Theaterstücke bei[54]), zeugt von einem Verständnis der Dichtung als autonomes poetisches Gebilde, dessen gesellschaftliche Bezüge gegenüber einem hermetischen Formpostulat in den Hintergrund treten. Mit dieser Einstellung korrespondiert die vollständige Verweigerung jeglichen Zugeständnisses an den Publikumsgeschmack, als dessen Anwalt sich die biographisch, moralisch oder politisch argumentierende Literaturkritik versteht. „Der Literaturkritiker" so Strauß in Volker Hages aufschlußreichem Gesprächsprotokoll, „will die gesellschaftskritische Literatur"[55], doch trägt die hieraus resultierende Bewertung der Texte nach außerästhetischen Kriterien nur bedingt zum Verständnis ihrer intentionalen Ausrichtung bei. In ihrer Eigenschaft als Repräsentationsformen einer dezidiert ahistorischen räumlichen und zeitlichen Ordnung, die sich in der Dichtung selbst manifestiert, bleiben Strauß' Texte gegenüber einer gesellschaftsbezogenen, politischen, sozialen, moralischen oder psychologischen[56] Befragung verschlossen.

Eine Analyse der poetologischen Grundlagen im Werk von Botho Strauß haben in den achtziger Jahren unter anderem Stefan Bollmann[57] und Roland Jost vorgenommen. Letzterer erkennt in der Erzählung *Die Widmung* den Versuch eines „filmischen

---

[52] Der gleiche Einwand wäre gegen Marlene Fabers Studie: Stilisierung und Collage. Sprachpragmatische Untersuchung zum dramatischen Werk von Botho Strauß. Frankfurt/M. 1994 vorzubringen. Auch diese Analyse verbleibt auf der Ebene der Dialoge (z.B. Floskeln, Allgemeinplätze), um aus ihnen allgemeine Konversationsstrategien in Strauß' Theaterstücken abzuleiten.

[53] Volker Hage: Schreiben ist eine Séance. A.a.O., S.209.

[54] Vgl. ebd., S.190.

[55] Ebd., S.213.

[56] Eine psychologische Interpretation der Prosatexte versucht Walter Rügert in seiner Untersuchung: Die Vermessung des Innenraums. Zur Prosa von Botho Strauß. Würzburg 1991. Als zentrales Thema stellt Rügert neben der „Trennungserfahrung" eine „Ästhetik des Verlusts" in den Mittelpunkt, die „weniger auf die Auflösung einer Beziehung, sondern auf das Subjekt selbst, als Bedrohung durch seinen Selbstverlust", bezogen sei (S.8f.). Unter Einbeziehung des psychoanalytischen Instrumentariums bemüht sich Rügert um eine „Vermittlung von Psychischem und Gesellschaftlichem, vor allem auch unter dem Blickwinkel der Identität als 'Knotenpunkt' der Vermittlung des Besonderen mit dem Allgemeinen" (S.9).

[57] Stefan Bollmann: Kaum noch etwas Zur Poetik von Botho Strauß. In: J. Hörisch / H. Winkels (Hgg.): Das schnelle Altern der neuesten Literatur. Düsseldorf 1985; die Formel „Kaum noch etwas" steht bei Bollmann für die aktuelle Lage der Subjektivität, die zur Selbstaufhebung tendiere (vgl. S.89f.).

Erzählens", das auf der Montage verschiedenartiger Stilformen beruhe, während der Roman *Der junge Mann* als Umsetzung einer neuen Erzählformation durch seine kontrastive Gegenüberstellung des filmischen Erzählens mit der frühromantischen Erzähltradition einer „progressiven Universalpoesie" zu verstehen sei.[58] Fritz Wefelmeyer arbeitet dagegen die kategorialen Begriffe „Erinnerung" und „Überbietung" als zentrale Prinzipien der Stoffverarbeitung heraus: „Die Figuren sind nicht als mehr oder weniger eindeutige Charaktere angelegt, sondern man könnte sie als Kreuzungspunkte verschiedener moralisch geistiger Anschauungen und Einstellungen und sozialer und typenmäßiger Verhaltensweisen bezeichnen. Das ist allerdings schon aus der Realität bekannt. Die Überbietung beginnt dort, wo die Figuren so in den Handlungskontext gestellt sind, daß es keine Vereinbarkeit oder Versöhnung der jeweils relevanten Anschauungen und Verhaltensweisen gibt. Selbst da, wo Übereinstimmung entsteht, muß sich im anschließenden Handlungsverlauf nur ein um so größerer Bruch in und zwischen den Figuren zeigen. Das Höchste muß sich mit dem Banalsten, das Sinnlichste mit dem Unfaßbarsten zu diesem Zwecke verbinden."[59]

In thematischem Zusammenhang mit der vorliegenden Untersuchung, in der die Frage nach der poetischen Form als Voraussetzung inhaltlicher Interpretationsversuche angesehen wird, steht die Arbeit von Michael Kämper van den Boogaart, der im Rahmen seiner ambitionierten und vielschichtigen „Ästhetik des Scheiterns" am Beispiel der *Widmung* auf die medienkritischen Implikationen in Strauß' früher Erzählung hinweist. Seine Befunde sind für eine Analyse der jüngeren Texte auch deshalb aufschlußreich, weil in ihnen das Medium Fernsehen über die „beschriebene Wirklichkeitsdiffusion"[60] hinaus in seinen Auswirkungen auf das subjektive Zeitbewußtsein kenntlich gemacht wird. „Angesichts einer völligen Inkludenz des Subjekts muß es als unsicher gelten, ob das demaskierte Reale tatsächlich steter Ausdruck desselben Pattern ist oder ob das demaskierende Denken dazu führt, daß immer wieder dasselbe Muster wahrgenommen wird. Mit der These von toten Winkel des schematischen Blicks wendet Strauß / Schroubek seine Krisenmeditation: Ein zuvor geschichtsphilosophisch gefaßtes Theorem erscheint nun als ein epistemologisches."[61]

Wie Kämper van den Boogaart nehmen auch Gerhard vom Hofe und Peter Pfaff in ihrer Untersuchung zur „Poetik der Endzeit" bei Botho Strauß die in der *Widmung* erzählte Geschichte jenes abessinischen Eingeborenen, der einen wichtigen Mythos seines Stammes vergessen hatte, zum Anlaß einer zitatreichen Reflexion über den Verlust der „metaphysische(n) Bedeutsamkeit der heilsgeschichtlichen Überbleibsel"[62], der als das Hauptthema seines Werks anzusehen sei. Zu den wesentlichen Erfahrungen der Existenz zähle bei Strauß eine Abhängigkeit, „wie sie fundamentaler nicht

---

[58] Roland Jost: Botho Strauß' „regressive Universalpoesie". Von der Erzählung „Die Widmung" bis zum Roman „Der junge Mann". In: Ders. / Hansgeorg Schmidt-Bergmann (Hgg.): Im Dialog mit der Moderne. Zur deutschsprachigen Literatur von der Gründerzeit bis zur Gegenwart. Frankfurt/M. 1986.

[59] Fritz Wefelmeyer: Pan als Allegoriker. Erinnerung und Überbietung im Werk von Botho Strauß. In: Michael Radix (Hg.): Strauß lesen. A.a.O., S.79.

[60] Michael Kämper van den Boogaart: Ästhetik des Scheiterns. Studien zu Erzähltexten von Botho Strauß, Jürgen Theobaldy, Uwe Timm u.a. Stuttgart 1992. S.206.

[61] Ebd., S.213.

[62] Gerhard vom Hofe / Peter Pfaff: Botho Strauß und die Poetik der Endzeit. In: Das Elend des Polyphem. Königstein / Ts. 1980. S.110; wieder in: Michael Radix (Hg.): Strauß lesen. A.a.O., S.37-63; vgl. in diesem Zusammenhang auch Christoph Türcke: Auferstehung als schlechte Unendlichkeit. Theologisches bei Botho Strauß. In: Frankfurter Hefte 4 (1982). S.50-56.

vorzustellen ist: nicht nur können wir nicht allein sein; wir können auch allein nicht sein. Insofern zählt der Bezug auf ein Anderes als den Grund des Selbstseins unter die existentialen Schemata, die auch das Verhältnis zu einem transzendenten Absoluten, den Glauben, strukturieren"[63]. Doch wird, und hier weichen die Befunde der beiden Autoren von den Thesen der vorliegenden Untersuchung ab, diese Transzendenz als eine „erotische" aufgefaßt, über die sich „die Mannigfaltigkeit der Fabel und Situationen in den Geschichten und Dramen von Botho Strauß"[64] entwickeln lasse. Einen ähnlichen Standpunkt vertritt auch Michael Radix im Vorwort des von ihm herausgegebenen Bandes *Strauß lesen*: „Im Zentrum der Straußschen Theater und Prosaarbeiten steht das Erotische in seiner Verlustform: die Problematik zwischenmenschlicher Beziehungen, jene 'Unüberwindliche Nähe', mit all ihren Verlustängsten und Trennungserfahrungen. Für Strauß Ausdruck und Resultat einer gesellschaftlichen Sinnkrise, deren Ursprung im Überangebot von Denkmodellen, Meinungen und Rollenangeboten zu suchen ist. 'Der einzelne ist heute ungeheuer gefährdet'. Vor dem Hintergrund einer radikalen Absage an die Medien- und Konsumwelt unserer Tage erweist sich Strauß' Rückgriff auf Mythen und Allegorie wie religiöse und romantische Motive als Versuch, die Allgegenwart medialer Gleichzeitigkeit zu durchbrechen. Mit der Verbindung von 'Einst und Jetzt', aktuellen und historischen Formen und Inhalten, öffnet er den Blick auf die 'abgehauenen Wurzeln' unserer modernen Gesellschaft."[65]

Aussagen wie diese verweisen auf eine kategoriale Ungenauigkeit, die sich wie ein roter Faden durch die Rezeption von Strauß' Prosatexten und Theaterstücken zieht. Auf der Grundlage existentieller Verlusterfahrungen, deren Thematisierung nicht in Zweifel zu ziehen ist und von denen auch die nachfolgenden Überlegungen ausgehen, werden Strauß' Anknüpfungsversuche an verlorene Traditionslinien in der Moderne als Reaktion auf aktuelle Entfremdungsprozesse gedeutet. Dabei kommt es – nicht nur bei Radix – häufig zu einer synonymen Verwendung der Begriffe Mythos und Geschichte; eine verallgemeinernde Auffassung, die letztlich zur Verschleierung der spezifisch mythischen Verfahrensordnungen beiträgt. Die Ursache für diese egalisierende Betrachtungsweise scheint vor allem darin zu bestehen, daß sich die Mehrzahl der Interpretationen den jeweils ins Auge gefaßten Werken ausschließlich von der Gegenwart aus nähert, auf deren Verfaßtheit hin die Dichtung befragt wird. Aus dieser Perspektive erscheint dann alles, was sich zeitlich gesehen *vor* der Gegenwart ereignet hat, gleichermaßen als Gegenstand der Erinnerung, die bei Strauß stets mit Verlusterfahrungen einhergeht – seien es nun historische oder mythische Vorgänge. Da sowohl der Mythos als auch die Geschichte als Telos des literarischen „Rückgriffs" angesehen werden, in dessen Feststellung sich die investigative Neugierde einer Vielzahl von Analysen bereits erschöpft, braucht hier nicht weiter differenziert zu werden. Mythos und Geschichte fallen im Sammelbegriff des „Einst" ununterscheidbar zusammen.

Die beiden bislang einzigen Untersuchungen, in denen der Einfluß der spezifisch mythischen Denkform in den Texten von Botho Strauß ernst genommen wird, stammen von Susanne Marschall und Sigrid Berka. „Strauß setzt den Mythos als narratives Modell der Welterfahrung innerhalb seiner Werke gezielt ein, um eine Gegenwelt darzustellen und damit ein dem modernen Menschen unzugänglich gewordenes Erfahrungspotential

---

[63] Ebd., S.113.
[64] Ebd.
[65] Michael Radix: Vorwort. A.a.O., S.7.

wieder zu eröffnen", bilanziert Susanne Marschall in ihrer Abhandlung über die Metamorphosen des Mythos bei Peter Handke und Botho Strauß. Darüber hinaus beweise die Tatsache, „daß der Mythos auf die Gegebenheiten der heutigen Welt noch anwendbar ist, seine Unzerstörbarkeit und Aktualisierbarkeit"[66]. Was die Strauß-Forschung, so Sigrid Berka in der Einleitung ihrer ausgreifenden und materialreichen Studie, „bisher als Zonen der 'unüberwindlichen Nähe' hauptsächlich am Geschlechterkampf zwischen Mann und Frau, aber auch zwischen gleichgeschlechtlichen Paaren und Passanten, festgemacht" habe, gestalte Strauß „in seinen späteren Theaterstücken (von *Der Park* an) und seiner Prosa (ab *Der junge Mann*) als eine viel grundsätzlichere Unerreichbarkeit des Anderen oder Fremden: als Kluft zwischen der narzißtischen Ideologie der Gegenwärtigkeit und ihrem verdrängten Grund, dem Mythos. Strauß' Figuren werden gerade wegen ihrer Ignoranz gegenüber dem Anderen zu Medien der Vergegenwärtigung mythischer Schichten"[67]. Berkas Diagnose ist in unserem Zusammenhang vor allem auch deshalb von Bedeutung, weil sie Strauß' Arbeit am und mit dem Mythos vor dem Hintergrund der gegenwärtigen, hochtechnisierten Gesellschaftsformation diskutiert. „Strauß gedenkt, indem er seinerseits den Mythos an der Gegenwart arbeiten läßt, der 'Übermächtigkeit des Anderen' ein, die Hans Blumenberg in seiner *Arbeit am Mythos* zum Ausgangspunkt aller Mythenbildungen bestimmt hat. Dienen Mythen für Blumenberg dem 'Abbau des Absolutismus der Wirklichkeit', so zeigt Strauß, wie sich ein ganz anderer Absolutismus der Wirklichkeit wieder aufbaut: zum einen, weil bestimmte Mythen der westlichen Zivilisation zum Fetisch der bürgerlichen Gesellschaft geworden sind: Aufklärung, Fortschrittsglaube und Demokratismus. Indem Strauß' Mythenumschrift der Gegenwart Blumenbergs Dichotomie 'Terror und Poesie' umkehrt, entwirft er die Moderne (...) als Konstrukt einer Dialektik der Aufklärung."[68] Um die Remythisierung einer „höchst entwickelten Welt" vor Augen zu führen, bediene sich Strauß zudem bewußt eines „analogisierenden Denkens, das Jürgen Habermas als den Kern der magisch-animistischen Grundzüge mythischer Weltbilder herausgestellt hat"[69].

Es sei offensichtlich, so Berka bilanzierend, „daß in Strauß' Texten die neuen Medien mit ihrer Macht der Simulation die Welt auf die Stammesstufe haben regredieren lassen, ja, daß sie die eigentlichen Götter unserer Zeit sind. Folglich muß jede Theorie der Mythos-Rezeption die Massenmedien mit einbeziehen, wenn sie danach strebt, eine Erklärung für den 'kommenden Gott' zu finden, wie es Manfred Frank in seiner hermeneuti-

---

[66] Susanne Marschall: Mythen der Metamorphose – Metamorphose des Mythos bei Peter Handke und Botho Strauß. Mainz 1994. S.225; ähnlich wie für Berka zeigt Strauß auch für Marschall „einen Weg auf, wie die 'Arbeit am Mythos' (...) in der Postmoderne noch vonstatten gehen" könne (ebd.); vgl. auch Lothar Pikulik: Mythos und „New age" bei Peter Handke und Botho Strauß. In: Wirkendes Wort 38 (1988). S.235-252. Eine ähnliche Zuschreibung findet sich schließlich in einem kurzen Beitrag von Hans-Thies Lehmann: Mythos und Postmoderne – Botho Strauß und Heiner Müller. In: Akten des VII. internationalen Germanisten-Kongresses. Bd.10. Göttingen 1985. S.249-255: Das „Bedürfnis nach neuer Triebhaftigkeit, der Wunsch nach irrationaler Verausgabung", stellten „bei Strauß die Quellen für das postmoderne Interesse an der ästhetisch feinsinnigen Bricolage mit dem Mythos dar" (ebd., S.254).

[67] Sigrid Berka: Mythos-Theorie und Allegorik bei Botho Strauß. Wien 1991. S.25; als Beispiel für die Betonung des Geschlechterkampfes bei der Kommentierung von Strauß' Texten führt die Autorin Verena Plümers Untersuchung: Zur Entwicklung und Dramaturgie der Dramen von Botho Strauß. Frankfurt/M. 1987 an.

[68] Ebd., S.25f.; die Verweise auf Hans Blumenberg beziehen sich auf dessen Arbeit am Mythos. A.a.O., S.9,13.

[69] Ebd., S.26; vgl. auch Jürgen Habermas: Theorie des kommunikativen Handelns. Bd.1. Frankfurt/M. 1982. S.78.

schen Rekonstruktion der romantischen Mythologie versucht"[70]. Diese These wird in der vorliegenden Untersuchung berücksichtigt. Berkas Ansicht allerdings, daß Strauß sein Projekt der „Mythenumschrift der Gegenwart" unter Bezugnahme auf poststrukturalistische Theorien durchführe (auf poststrukturalistische Lesarten dessen, was Postmoderne sei[71]), muß hingegen ausdrücklich widersprochen werden. Vergleichbar ist hier lediglich die Beschreibung einer unüberschaubaren Gegenwart als „Hyperrealität" (Jean Baudrillard), nicht jedoch die Konsequenzen, die Strauß in poetologischer Hinsicht aus diesem Zustand zieht. Sein Roman *Der junge Mann*, an dem Berka ihre These zu exemplifizieren versucht, ist keineswegs schon deshalb als postmodern zu bezeichnen, weil „er eine neue Lesart der Moderne vorschlägt" und damit „das Anliegen und die Bühne poststrukturalistischer Theorie" teile: „eine Bühne, die mit modernen Philosophen ausstaffiert ist (von Derrida bis zu Heidegger und Freud, von Foucault bis zu Artaud und Nietzsche). Eine ganze Serie moderner Autoren (von Baudelaire und Genet bis zu Thomas Mann und Proust) gehören dementsprechend in Strauß' postmodernes Revier. Andere moderne Vorgänger (Benjamin) tauchen auf den intertextuellen Bahnen allegorischen Schreibens auf oder auf denen eines symbolischen oder mythischen Schreibens (Hofmannsthal und Rilke)"[72]. Strauß' Rekurs auf „die Summe von Literatur, die ich kenne oder die überhaupt existiert"[73], ist nur auf den ersten Blick mit einem verfügenden Rückgriff auf den Fundus der Literatur- oder Philosophiegeschichte zu verwechseln. Das „große Archiv"[74] steht ihm als ein Reservoir verbindlicher, zeitloser und beständiger Sinnstrukturen zur Verfügung, das durch die Initiationsriten des Schreibens oder des Lesens betreten werden kann. „Strauß durchschreitet mutterseelenallein den Kosmos der literarischen Vergangenheit und sucht sich Verbündete, Vorbilder, Ahnen."[75] Dabei geht es nicht um einen marktschreierischen „Einzug in die postmoderne Arena"[76], sondern um die kontemplative, weltabgewandte Selbstvergewisserung eines Gegenaufklärers, der seinen Standort als ephemerer Beobachter der modernen Gesellschaft auf seinem Zugang zur „großen Zeit" begründet. Seine Aufgabe besteht nicht in der Rekombination beliebiger Elemente des Vergangenen, sondern in der Vermittlung ihrer Bedeutungsgehalte: „Der Poet wird die Metaphern einer entzückten Nüchternheit nicht noch einmal übertragen. Er, der Verbinder der Zeiten, der hochintegrierte Archivar, der Labyrinthier, der Modelle-, Ideen-, Paradigmen-, Äonen-Verrechner, die enorme Hälfte, zur Ergänzung klaffend, bis beide, Wissen und Schauen, mit ihren offenen Enden sich berühren, der Poet, der Ergänzer der technischen Metapher, von dieser selbst auf den Plan gerufen, um sie zu brechen, zu öffnen, wieder einschweigbar zu machen und den Geist vor eine abrupte, unergründliche Schönheit zurückzuführen." (FdU, 47f.)

---

[70] Ebd., S.205; zu Manfred Frank vgl. Fußnote 17.
[71] Vgl. ebd., S.27.
[72] Ebd., S.206.
[73] Volker Hage: Schreiben ist eine Séance. A.a.O., S.195.
[74] Ebd.
[75] Ebd., S.209.
[76] Sigrid Berka: Mythos-Theorie und Allegorik bei Botho Strauß. A.a.O., S.206.

I. Vor dem Sucher. Zur Theorie der Photographie

Belichtungen (1): Im Nachtraum der Geschichte

Die Photographie ist eine Erfindung des 19. Jahrhunderts. Damit fällt ihre Entstehung in eine Epoche, in der eine nur kurze Zeit zuvor ins Leben gerufene Disziplin ihre größten Erfolge zu verzeichnen hatte. Die Rede ist von der „Geschichte", die gegen Ende des 18. Jahrhunderts den Plural „Geschichten" durch die Etablierung der Historiographie als Wissenschaft abzulösen begann. Die Herausbildung des modernen „Kollektivsingulars 'Geschichte'," ist als ein „semantischer Vorgang" zu verstehen, „der unsere neuzeitliche Erfahrung erschließt. Mit dem Begriff 'Geschichte schlechthin' wird die Geschichtsphilosophie freigesetzt, innerhalb derer die transzendentale Bedeutung von Geschichte als Bewußtseinsraum und von Geschichte als Handlungsraum kontaminiert werden"[77]. Historie als Wissenschaft zeichnet sich durch ihre Methoden und Regularien aus, mit deren Hilfe die Ausgangsfrage historischer Erkenntnis – die Frage nach den Zeitstrukturen – beantwortet und überprüft werden kann; ein Modell zur Erklärung und Kontextualisierung der Vergangenheit.

Mag die zeitliche Koinzidenz von Geschichte und Photographie auch zufällig erscheinen: aus heutiger Sicht ist dem parallelen Auftreten sowohl der teleologischen Geschichtsschreibung als auch des technischen Reproduktionsmediums jene auf den ersten Blick widersprüchliche Epochensignatur zu entnehmen, die der Philosoph Walter Benjamin im Bild der Passage veranschaulicht hat. Passagen sind exemplarische Orte, die durch eine spezifische Verbindung aus Magie und Rationalität gekennzeichnet sind – Konsumtempel, in denen der moderne Tauschwert der Dinge als Fetisch verehrt wird „und Orte, an denen sich Menschen dem Dingcharakter der Ware angleichen"[78]. Ähnlich komplementär stellt sich das Verhältnis zwischen Geschichtsschreibung und neuem Medium im ausgehenden bürgerlichen Zeitalter dar. Denn was die Historiographie an kausalen Sinnzusammenhängen wider den drohenden Orientierungs- und Traditionsverlust zu Beginn der industriellen Epoche aufbietet, wird von der Entwicklungs- und Rezeptionsgeschichte der Photographie fundamental in Zweifel gezogen. Indem es die Organisation der Wahrnehmung – vor allem der Wahrnehmung zurückliegender Zeiten – grundlegend modifiziert, wird das photographische

---

[77] Reinhart Koselleck: Geschichte, Geschichten und formale Zeitstrukturen. In: Vergangene Zukunft. Zur Semantik geschichtlicher Zeiten. Frankfurt/M. 1979. S.130; der Beitrag findet sich bereits in dem von Koselleck und Wolf-Dieter Stempel herausgegebenen Band: Geschichte – Ereignis und Erzählung. (Poetik und Hermeneutik 5). München 1973. S.211-222; vgl. im selben Band die Diskussionsbeiträge von Odo Marquard: Die Geschichtsphilosophie und ihre Folgelasten, S.463-469 (insbes. S.466f.) und Jacob Taubes: Geschichtsphilosophie und Historik. Bemerkungen zu Kosellecks Programm einer neuen Historik, S.490-499.

[78] Norbert Bolz / Willem van Reijen: Walter Benjamin. Frankfurt/M., New York 1991, S.65; vgl. auch Winfried Menninghaus: Schwellenkunde. Walter Benjamins Passage des Mythos. Frankfurt/M. 1986 sowie Pierre Missac: Walter Benjamins Passage. Frankfurt/M. 1991.

Medium zum Sprengsatz derselben Ordnung, die sich als chronologisches Schema in der Geschichtsschreibung des Historismus etabliert hatte. „Enthusiastisch begrüßt als Fortschrittszeichen der Modernität, hat dieses fotografische Prinzip im 19. Jahrhundert bis dahin unvertraute und ungeahnte Vorstellungen der Wirklichkeit und ihrer Aufzeichnung begründet und dabei den Status des Realen selbst verändert."[79]

Leopold von Ranke sah sich, als eine Art Stellvertreter Gottes auf Erden, für die Ordnung und Übersichtlichkeit der gesamten Schöpfung zuständig. Das Fassungsvermögen seines Archivs gilt als legendär.[80] Rankes Nachfolger haben indessen aus gutem Grund die Würde des Vicarius Dei niedergelegt. Bestand die zentrale Erfahrung des Historismus darin, daß zwar alles auch hätte anders kommen können, daß aber nichts zu ändern sei, so lautet seine bescheidene Lehre: „Alles kann man historisch erklären, aber nichts daraus lernen."[81] Denn selbst der wohlorganisierte, universalistisch geschulte Archivar vergangener Zeiten sah sich bei der Darstellung historischer Sachverhalte dem Problem einer interpretativen Aneignung und Rekonstruktion zurückliegender Ereignisse gegenüber. Um zu beweisen, „wie es eigentlich gewesen", waren stilistische Mittel erforderlich, die ausreichenden Anlaß geboten hätten, den selbstbewußten Geltungsanspruch einer „objektiven" Wissenschaft in Zweifel zu ziehen. „In Rankes eigener Zeit", stellte unlängst der Historiker Anthony Grafton fest, „überzeugte seine Rhetorik die meisten"[82]. Seine virtuose Handhabung umfangreicher Quellenmaterialien ging auf ein ebenso zielsicheres wie subjektives Auswahlverfahren zurück, bei dem Dokumente intuitiv verworfen oder für wichtig befunden wurden. „Inmitten des undurchdringlichen Durcheinanders seiner Bibliothek, der größten in Deutschland, hörte er seinen jungen Sekretären zu, die ihm Exzerpte aus den Urkunden, die er nicht mehr selbst zu lesen vermochte, laut vorlasen – und unterbrach sie, kaum hatten sie damit begonnen, wenn ihm sein unheimlicher sechster Sinn verriet, daß ein bestimmtes Dokument bedeutsam war und was es bedeutete."[83]

Rankes Intuition bei der Auswahl und Zusammenstellung der Quellen, seine rhetorische Raffinesse der Schilderung, die nicht selten auf einer zielgerichteten, kalkulierten Dramatisierung der Ereignisse beruhte, verweisen auf einen inneren, genuinen Zusammenhang zwischen Geschichtsschreibung und Dichtung – einer Gattung also, von der sich die Historiographie schon aus legitimatorischen Erwägungen stets substantiell zu unterscheiden bemühte. Nicht von ungefähr wurden gerade in den letzten Jahren, da die Grundsatzentscheidung zugunsten der Struktur-, der Mentalitäts- oder der Ereignisgeschichte innerhalb der Branche programmatisch unentschieden bleibt[84], zahlreiche Untersuchungen vorgelegt, die den fiktiven Charakter historiographischer

---

[79] Bernd Busch: Belichtete Welt. Eine Wahrnehmungsgeschichte der Fotografie. München, Wien 1989; hier zit. nach Frankfurt/M. 1995. S.8.

[80] Zu Rankes wissenschaftlich-methodischem Selbstverständnis vgl. Anthony Grafton: Die tragischen Ursprünge der deutschen Fußnote. Berlin 1995. Kap. 2 u. 3.

[81] Patrick Bahners: Die Ordnung der Geschichte. Über Hayden White. In: Merkur 6 (1992). S.251.

[82] Anthony Grafton: Die tragischen Ursprünge der deutschen Fußnote. A.a.O., S.71.

[83] Ebd., S.69.

[84] Vgl. Gustav Seibt: Der beinerne Gast. Schaugewerbe: Die Historiker in Hannover. In: Frankfurter Allgemeine Zeitung vom 28.9.1992: „Die Fragen lauteten schon wieder und noch immer: Strukturgeschichte oder Ereignisgeschichte? Sozialwissenschaft oder Erfahrungsgeschichte? Gesellschaftsgeschichte oder Politikgeschichte? Sowohl als auch, lautete in allen Fällen die wenig überraschende Antwort."

oder kunsthistorischer Investigationen in den Vordergrund stellen[85]. Von ihnen ist zu lernen, daß die Geschichte, ebenso wie die Künste nach dem übertragbaren Verdikt Arnold Gehlens, auslegungs- und kommentarbedürftig ist. „Die Geschichtsschreibung ist ein wesentlicher Teil der Literatur überhaupt", stellt der George-Schüler und Warburgianer Friedrich Gundolf fest, „mehr als bisher sollten die Historiker auch in der deutschen Literaturgeschichte angesehen werden auf ihre bildschaffende Kraft, die bestimmt wird durch ihr gesamtmenschliches Sehertum, wovon das wissenschaftliche Merken, Sammeln und Ordnen nur eine Einzelfunktion ist, und durch ihre Gabe, ihre Gesichte und Wahrnehmungen sprachlich kund zu machen."[86]

Geschichtsschreibung drängt die Phänomene ins kategorische Schema und versieht mit Sinn, was vorher keinen hatte: Eine Begradigungsleistung als Gattungsreflex auf die zunehmende Unübersichtlichkeit der Welt; Versuche interpretativer Aneignung eines kaum mehr erklärbaren Gegenstandes. Denn solange wir wissen, woher wir kommen und wie alles zusammenhängt, erscheint die Lage nicht gänzlich hoffnungslos. Aus der existentiellen lebensweltlichen Erfahrung unaufhaltsamer Veränderungsschübe, die sich vor allem als subjektive Verlusterfahrungen niederschlagen, resultiert in der Literatur des 19. Jahrhunderts ein negativ besetztes Bewußtsein von Zeit, die als „zerstörende Macht im Zuge permanenter Akzeleration"[87] verstanden wird. Gegen die objektiv sich fragmentierende Wirklichkeit stellen etwa die Dichter des poetischen Realismus (Theodor Fontane, Gottfried Keller, Wilhelm Raabe, Adalbert Stifter oder Theodor Storm) einen Zusammenhang der Dinge[88], der innerhalb der ästhetischen Sphäre „die Entzweiung zwischen Ich und Welt nicht in toto aufhebt, aber erträglich macht. Ausgleichung, Entlastung, Harmonie und Verschonung durchziehen das Programm des poetischen Realismus in Deutschland wie Haltegriffe gegen den substanzverzehrenden Umbruch der Erfahrungsorganisation. Nah und fern, eng und weit,

---

[85] Vgl. etwa die geistreiche Untersuchung von Paul Barolsky: Warum lächelt Mona Lisa? Vasaris Erfindungen. Berlin 1995, in der ein kanonisches Werk der Kunstgeschichtsschreibung – Giorgio Vasaris „Lebensläufe" („Viten") berühmter Maler, Bildhauer und Architekten – als Ausgangspunkt „des historischen Romans" eingestuft und kommentiert wird; „ein wegweisendes, höchst einflußreiches und dauerhaftes Monument der Literaturgeschichte, das die Kämpfe und Triumphe des Künstlers zelebriert" (S.13, 16). Der Historiker Hayden White handelt in seiner „Metahistory", Frankfurt/M. 1991, von der „historischen Einbildungskraft im 19. Jahrhundert in Europa".

[86] Friedrich Gundolf: Anfänge deutscher Geschichtsschreibung von Tschudi bis Winckelmann. Aufgrund nachgelassener Schriften Friedrich Gundolfs bearbeitet und herausgegeben von Edgar Wind. Frankfurt/M. 1992. S.9.

[87] Klaus Siebenhaar: Aprèslude. Abschiedsgesten in der Prosaliteratur des 19. Jahrhunderts: Storm, Raabe, Fontane. In: Internationales Archiv für Sozialgeschichte der deutschen Literatur 2 (1994). S.79.

[88] In Theodor Fontanes Roman Effi Briest wird die Behauptung eines Zusammenhangs der Dinge über das subjektive Bedürfnis nach Vertrautheit und Kontinuität legitimiert. Mit ihrem Tod tritt die Protagonistin in ein ewiggültiges, natürlich-zyklisches Kontinuum des Werdens und Vergehens ein, das als Fluchtpunkt ihres biographischen Leidensweges dargestellt wird. Dabei symbolisiert das Rondell als letzte Ruhestätte die kreisschlüssige Verschränkung von Anfang und Ende, während den überlebenden Eltern das „zu weite Feld" bleibt – in „Fontanes 'impliziter Poetik des Raums' Ausdruck offener Horizonterfahrung mit Erwartungsungewißheit und enigmatisierter Ratlosigkeit (Klaus Siebenhaar: Aprèslude. A.a.O., S.84; vgl. auch Gotthard Wunberg: Rondell und Poetensteig. Topographie und implizite Poetik in Fontanes Stechlin. In: Literaturwissenschaft und Geistesgeschichte. Tübingen 1981. S.458-473). In Fontanes letztem Roman Der Stechlin steht der gleichnamige See für ein dauerhaftes, räumlich begrenztes Ordnungszentrum in symbolischem Gegensatz zum Beschleunigungswandel des Zeitalters. Vgl. hierzu die grundlegende Studie von Walter Gebhard: „Der Zusammenhang der Dinge". Weltgleichnis und Naturverklärung im Totalitätsbewußtsein des 19. Jahrhunderts. Tübingen 1984. S.447-469.

Mikro- und Makrokosmos rücken gleichberechtigt nebeneinander, um einem gemeinsamen Ziel zu dienen: der ästhetischen 'Produktion von Wirklichkeit in ausreichender Fülle',.[89].

Es mag der Logik oder dem Credo ihrer Disziplin zuzuschreiben sein, daß der Historiker auch nach dem proklamierten „Abschied vom Prinzipiellen" (Odo Marquard) unter modernen Vorzeichen ein Ordnungshüter geblieben ist. Sein intentionales Vorgehen, so differenziert, methodisch ausgereift und problembewußt es sich im einzelnen darstellen mag, ist in jedem Fall Setzung und Konstruktion – ein Modell zur Erklärung der Welt unter anderen möglichen Modellen. Dieser Perspektivismus, die unhintergehbare Verwandtschaft mit dem Fiktionalen, macht sein Fach verdächtig. Genau hier liegt die Skepsis begründet, die, wie zu zeigen sein wird, Botho Strauß gegenüber der „Geschichte" und ihren professionellen Sachwaltern an den Tag legt. Damit teilt er jene Skepsis gegenüber einem unbedingten Fortschrittsenthusiasmus, die im 19. Jahrhundert vorformuliert wurde und noch im späten 20. Jahrhundert in modifizierter Form anzutreffen ist. Georg Lukács hat in seiner *Theorie des Romans* darauf hingewiesen, daß die Zeit in der Epik erst dann konstitutiv werden kann, wenn transzendentale Bindungen nicht mehr gegeben sind. „Zeiterlebnisse: die Hoffnung und die Erinnerung", seien daher „zugleich Überwindungen der Zeit (...): ein Zusammensehen des Lebens als geronnene Einheit ante rem und sein zusammensehendes Erfassen post rem. Und wenn das naiv-selige Erlebnis des in re dieser Form und ihren gebärenden Zeiten versagt sein muß, wenn diese Erlebnisse auch zur Subjektivität und zum Reflexivbleiben verurteilt sind, das gestaltende Gefühl des Sinnerfassens kann ihnen nicht genommen werden; sie sind die Erlebnisse der größten Wesensnähe, die dem Leben einer von Gott verlassenen Welt gegeben sein können."[90] Die Thematisierung solcher Zeiterlebnisse wäre demnach als ein Versuch zu verstehen, den Verlust der transzendentalen Bindungen „wettzumachen oder wenigstens zu ergründen"[91].

Als einer der ersten hat Dolf Sternberger die Geschichtsschreibung des 19. Jahrhunderts als Budenzauber charakterisiert und damit eine ihrer beiden wesentlichen Affinitäten zur Photographie aufgedeckt: die Notwendigkeit der Illumination. Geschichte und Photographie werden in der „Lichtphantasie des 19. Jahrhunderts"[92] aus den gleichen künstlichen Beleuchtungsquellen gespeist. Denn „ganz ebenso wie das tagsüber fahle, abends rings farbig oder dicklich überzogene bürgerliche Interieur" den bevorzugten Hintergrund der Portraitisten darstellte, „ganz ebenso wurde die sonst dunkel gewordene Geschichte, als die letzten Sternchen von Hoffnung, Freiheit, Aufklärung, Humanität, Weltfrieden, blind und kalt geworden waren, künstlich illuminiert mit den Blitzen des Genies"[93]. Beethoven (bei Wagner) oder Cäsar (bei Treitschke)

---

[89] Klaus Siebenhaar: Aprèslude. A.a.O., S.82; vgl. auch Dieter Kimpel: Historismus, Realismus und Naturalismus in Deutschland. In: Propyläen Geschichte der Literatur. Bd.5. Frankfurt/M., Berlin, Wien 1984. S.303-334.

[90] Georg Lukács: Die Theorie des Romans. Ein geschichtsphilosophischer Versuch über die Formen der großen Epik (1920). Darmstadt, Neuwied 1971. S.110.

[91] Eberhard Lämmert: Zum Wandel der Geschichtserfahrung im Reflex der Romantheorie. In: Reinhart Koselleck / Wolf-Dieter Stempel (Hgg.): Geschichte – Ereignis und Erzählung. A.a.O., S.509.

[92] Zur technischen Entwicklung wie zu den theoretisch-philosophischen Implikationen künstlicher Beleuchtung vgl. auch Wolfgang Schivelbusch: Lichtblicke. Zur Geschichte der künstlichen Helligkeit im 19. Jahrhundert. München, Wien 1983. Zit., S.11.

[93] Dolf Sternberger: Panorama oder Ansichten vom 19. Jahrhundert (1938). Frankfurt/M. 1974. S.193.

sind die neuen Fixsterne „im Nachtraum der Geschichte"[94]. Doch ist der entscheidende Aspekt weniger in den Ausstattungselementen des historischen oder bürgerlichen Planetariums zu sehen als vielmehr in einer epochenspezifischen Überführung der äußeren Welt in den hermetisch-wetterfesten Innenraum der Imagination. Dieser Prozeß der Verinnerlichung im 19. Jahrhundert, der sich von den architektonischen Gestaltungsprinzipien[95] bis hin zur systematischen Erkundung des Seelenlebens durch die Psychoanalyse nachvollziehen läßt, hat einen guten anthropologischen Grund: Der organisierte, künstlich geschaffene und vollständig ausdefinierte Innenraum bedient das menschliche Grundbedürfnis nach Orientierung, Schutz und Sicherheit, indem er Risikofaktoren minimiert, Störungen und Irritationen ausschließt und so zur Entlastung[96] des sinnlich wie kognitiv überforderten Menschen beiträgt. Innenräume bieten Sicherheitsfiktionen in einer durch Vertrautheitsschwund, Kontingenz und Rationalisierung gekennzeichneten Welt. Ihr Verhältnis gegenüber der Natur ist eines der intentionalen Anverwandlung und Überbietung. Die äußere, störungsanfällige Welt wird hereingeholt und mit technischen und ästhetischen Mitteln optimiert, so daß von einer Simulation der Natur auf höherem Standard gesprochen werden kann. In den künstlichen Paradiesen, die im 19. Jahrhundert entstehen und in denen das für die Moderne gültige Relationsverhältnis von Innen und Außen konstituiert wird, erscheint die Welt noch lesbar und verständlich wie ein aufgeschlagenes Buch. Solange die Demarkationslinie nach draußen nicht überschritten wird, gleicht der innere Bezirk einem befriedeten, vollkommen erklärten Universum, für dessen Genealogie die Geschichtsschreibung verantwortlich zeichnet.

Sein topographisches Vorbild findet dieser „einsperrende und selber eingesperrte Zirkel"[97], den der nach außen verriegelte Innenraum verkörpert, in der platonischen Höhle, deren Bewohner in einer Art medientheoretischen Urszene die Trugbilder des Feuerscheins an den Wänden mit der Wirklichkeit selbst verwechseln.[98] Im Panorama, dessen Blütezeit ins letzte Drittel des 19. Jahrhunderts fällt, sieht Sternberger eine konsequente Fortführung und Zuspitzung des im Höhlengleichnis präfigurierten Prinzips der subjektiven Weltbebilderung auf der Basis von Projektionen. Hans Blumenberg, der Sternbergers „ikonisch-physiognomische" Untersuchung in diesem Sinne kontextualisiert hat, vermerkt in seinem Kommentar: „Der Panoramabesucher war wieder der Günstling der Erscheinungen, wie es sich im Theoriebegriff bis zu Kopernikus verstand: Alles bezog sich auf ihn, lag ihm vor und vor ihm, als sei es für ihn. Etwas Unwiederbringliches kam ihm nach und holte ihn ein: als Simulation, und gerade als die des verlorenen Horizonts, da die des verlorenen Himmels technisch noch nicht erreichbar war. (...) Das Prinzip der Projektion sublimierte die Schaulust zur Vereinigung von Bestaunung und Belehrung, wurde zugleich aber zur neuen absoluten

---

[94] Ebd., S.194.

[95] Vgl. die umfassende Untersuchung von Johann Friedrich Geist: Passagen, ein Bautyp des 19. Jahrhunderts. München 1982⁴; Claude Mignot: Architektur des 19. Jahrhunderts. Köln 1994, sowie zur aktuellen Diskussion Reinhard Knodt: Das Prinzip „Mall". In: Merkur 2 (1992). S.114-124.

[96] Zur Kategorie der Entlastung, der in diesem Zusammenhang eine zentrale Funktion zukommt, vgl. Arnold Gehlen: Der Mensch, seine Natur und seine Stellung in der Welt (1940). Frankfurt/M. 1978¹²; Kap.8; Anthropologische und sozialpsychologische Untersuchungen. Reinbek 1986. S.157-160.

[97] Dolf Sternberger: Panorama oder Ansichten vom 19. Jahrhundert. A.a.O., ebd.

[98] Das „Höhlengleichnis" findet sich in Platons Politeia, Buch VII, 106.a-106.c, in: Sämtliche Werke, neu hrsg. von Ursula Wolf. Bd.2. Reinbek 1994. S.420-424.

Metapher für das Innen-Außen-Verhältnis, zuerst in der Neurophysiologie, dann in der Psychopathologie. Im metaphorischen Übergebrauch von 'Projektion' werden die Höhlengenossen selbst zu Erzeugern ihrer Schatten, betreiben ihre innere Rhetorik als Außenverhältnis, konstituieren Zentrum und Horizont zugleich. Mit dem Erfolg der technischen Projektion als psychischer Metapher bekommt die ästhetische Weltbebilderung aus dem Anthropomorphismus heraus ihren 'existentiellen' Ernst als Besorgung der Selbsterhaltung durch Abwehr von Innerem zu Äußerem. Nicht mehr die Götter machen die Träume, sondern die Träume die Götter."[99]

Den Besuchern der Panoramen wurde demnach zweierlei geboten: Die ästhetische Neuetablierung des „verlorenen Horizonts", und, damit einhergehend, die vollständige Ausrichtung des Dargestellten auf die Bedürfnisse des souveränen Betrachters. Wurde mit der Neuzeit das Primat der Zentralperspektive eigentlich gebrochen, so erfuhr der diskreditierte Feldherrenstandpunkt in den Panoramen eine neuerliche Aufwertung – auch wenn, wie Albrecht Koschorke anmerkt, im absoluten Bildraum der Rundgemälde „die zentralperspektivische Ausrichtung des Tafelbildes auf einen einzigen Augpunkt entfällt. (...) Im Panorama verliert folglich das zentralperspektivische Postulat der Simultanschau seine Gültigkeit. Nur indem der Betrachter sich um sich selbst dreht, nicht mit festgestellten Augen nach dem Muster der Camera obscura, kann er den gesamten, ihn einschließenden Bildraum überblicken"[100]. Entscheidend für Koschorkes Argumentation ist die mit den Panoramen ins Werk gesetzte „Vereinnahmung des Betrachters", der distanzlos einem „totalen" Bildraum ausgeliefert ist. Diese neuartige Rolle erzwinge „eine Rezeptionshaltung, die von der aufklärerischen Sehweise, mit ihrer kategorialen Trennung zwischen Subjekt und Objekt des Sehaktes, grundsätzlich unterschieden ist. Die externe Steuerung des Sehens durch ein der Anschauung vorgängiges und nachgeschaltetes Räsonnieren fällt aus. Die sinnliche Anschauung ist kein jederzeit zu schließendes Fenster in der Camera obscura der Verstandestätigkeit mehr"[101].

Der hier angedeutete Paradigmawechsel von der Rahmenschau zu einem scheinbar entgrenzten Sehen, das die panoramatische Raumstruktur suggeriert, hat seitens des Betrachters eine totale Auslieferung an den nunmehr emanzipierten, „absoluten" Bildraum zur Folge, der, da er absolut ist, kein Jenseits mehr kennt. „Es gibt keine auktoriale Wahrheit 'am Bild vorbei', keinen sprachlichen Ort auf der anderen Seite des Rahmens, von dem her das Bildgeschehen einen verbürgten Sinn erhielte."[102] Besteht demnach die mit dem Medium des Panoramas einsetzende, dezidiert „bürgerliche" Innovation in einer die Standesgrenzen überwindenden „Demokratisierung des Blicks"[103], so nimmt zugleich ein in die Zukunft weisender Prozeß der ästhetischen Ersatzbebilderung seinen Anfang, an dessen strukturellen Grundbedingungen sich bis heute wenig verändert hat:

Die ehemals gültige, vom ordnenden Verstand vollzogene kategoriale Trennung zwischen Subjekt und Objekt des Sehens wird zugunsten spontaner visueller Organi-

[99] Hans Blumenberg: Höhlenausgänge. Frankfurt/M. 1989. S.675.
[100] Albrecht Koschorke: Die Geschichte des Horizonts. Grenze und Grenzüberschreitung in literarischen Landschaftsbildern. Frankfurt/M. 1990. S.165; vgl. i.d.Z. auch Stephan Oettermann. Das Panorama. Die Geschichte eines Massenmediums. Frankfurt/M. 1980.
[101] Ebd., passim und S.166.
[102] Ebd., S.171.
[103] Stephan Oettermann: Das Panorama. A.a.O., S.20.

sationsformen außer Kraft gesetzt. Der scheinbar erweiterte oder entrahmte Bildraum appelliert weniger an den Verstand als vielmehr an die Sinne des Rezipienten. Dem entspricht im späten 20. Jahrhundert das Kommunikationsmodell von „Sound and Vision – der inszenierte Ton und das inszenierte Bild"[104].

Das ehemals normative Verhältnis zwischen natürlichem und ästhetischem Raum verliert im totalen panoramatischen Bildraum, bei dem wie in der zyklischen Zeit das Ende zugleich für den Anfang steht, zusehends an Bedeutung. Die ästhetisch und technisch gestalteten Raumverhältnisse verlagern die Natur nach innen und annullieren zugleich jeden Referenzbezug nach draußen. Durch diese Ausblendung gelingt dem ästhetisch-technischen Raum eine Selbstfeier als gelungenes Naturverhältnis. Dem entspricht im späten 20. Jahrhundert das „Prinzip Mall die hereingeholte Welt (...), ästhetisch eine Performance, eine inszenierte Verbindung zum Licht und zur Wärme und zum gelungenen Leben – bis der Strom ausfällt"[105].

Die Aktualität von Dolf Sternbergers physiognomisch beschreibender Darstellung, die im übrigen nichts weniger sein will, als summierende „Geschichtserzählung"[106], liegt vor allem darin, daß sie den künstlichen Horizont des Rundgemäldes als frühes Belegstück einer kalkulierten ästhetischen Simulation ausweist. War in Platons Höhlengleichnis noch ein optisch-physikalisches Zufallsprodukt, der Schattenwurf des Feuers an den Wänden, für die Erzeugung der flackernd bewegten Bilder verantwortlich, deren sekundärer Charakter als Abbild nicht erkannt wurde und die folglich auch nicht beeinflußt werden konnten, so setzt mit fortschreitender technischer Perfektionierung ein bis heute offener Prozeß der planmäßigen und seriellen Bildreproduktion ein – die „Fabrikation der Fiktionen" (Carl Einstein). Bezeichnenderweise hat das 19. Jahrhundert eine ganze Reihe von Schauplätzen hervorgebracht, deren kultur- und wahrnehmungstheoretisch noch längst nicht erschlossene Signifikanz fürs Säkulum in einer „neuartigen Komplikation von Natürlichkeit und Künstlichkeit"[107] besteht. Die „optische Zuordnung der Komponenten zu Realität und Illusion"[108] tritt an derart exemplarischen Orten zurück. Neben dem Panorama, der Simulation des verlorenen Horizonts, und der Passage als architektonischem Zeugnis einer „latenten Mythologie"[109], wären hier unter anderem die Oper, das Museum, das Warenhaus oder die künstlichen Paradiese der Zoologischen Gärten[110] zu nennen. Die ausgewiesene Künstlichkeit der dort präsentierten Bilderwelten, ihr Charakter als urbaner Mikrokosmos, als großes Welttheater im verkleinerten Maßstab, kennzeichnen solche Illusionsmaschinerien als Abbilder einer verriegelten Epoche.

Ihr kleinster gemeinsamer Nenner besteht in der sinnstiftenden Rekonstruktion eines kausalen Ordnungsgefüges, das im Verlauf der Neuzeit in immer stärkerem Maße diskreditiert wurde. Ihr zentrales Anliegen ist die Hereinholung der Welt, die, nachdem der Geschichtsverlauf ganz andere Perspektiven aufzeigt, nunmehr unter künstlichen

---

[104] Vgl. Norbert Bolz / David Bosshart: Kult-Marketing. Die neuen Götter des Marktes. Düsseldorf 1995. S.249.

[105] Reinhard Knodt: Das Prinzip „Mall". A.a.O., S.124.

[106] Vgl. Dolf Sternberger: Panorama oder Ansichten vom 19. Jahrhundert. A.a.O., S.8.

[107] Hans Blumenberg: Höhlenausgänge. A.a.O., S.674.

[108] Ebd., S.675.

[109] Walter Benjamin: Das Passagen-Werk. Bd. 2. Frankfurt/M. 1983. S.1002.

[110] Vgl. Steffen Damm: „Lose schreiten Einsamkeiten im Tiegerknie". Anmerkungen zu Dichtern und Tieren. In: Ders. (Hg.): Der Poet im Affenhaus. Zoogeschichten. Berlin 1994. S.134-141.

Bedingungen das Versprechen der Conditio humana einzulösen vorgibt. Dem Umstand freilich, daß im Treibhausklima des bürgerlichen Pandämoniums hinter jeder Stellwand die Angst vor der Leere – der blanke Horror vacui – lauert, daß das überbordende Interieur eines sichernden Gehäuses zugleich auch seine Phantome beherbergt, haben aus gutem Grund vor allem Kriminalschriftsteller zur Geltung verholfen. Unter dem Dach von Gaston Leroux' Pariser Opernhaus finden Himmel und Hölle Asyl. Der Makrokosmos der Großstadt spiegelt sich im Mikrokosmos eines einzigen Gebäudes, dessen Bewohner die „Scheinwelt mit prächtigeren Farben" ausstatten, „als die Natur sie je hervorbringen" könnte.[111] Die Überbietung der Natur im wetterfesten Innenraum, ihre Ersetzung durch den Schein von Natur, dessen Gewebe bisweilen durchlässig wird oder reißt – dies ist die beklemmende Botschaft, der eigentliche Zeitbefund des Romans.

Belichtungen (2): Die Zeit in der Photographie

Allen bisher genannten Räumlichkeiten des 19. Jahrhunderts ist eines gemeinsam: sie lassen sich auf das architektonische Muster eines geschlossenen Zirkels oder eines nach außen abgeschotteten Ateliers zurückführen. Die äußere Wirklichkeit wird in ihnen zugunsten einer hermetisch geschlossenen Kulissenarchitektur verabschiedet. An die Stelle des Tageslichts treten künstliche Beleuchtungsquellen oder das Blitzlicht des Photographen. Galt noch im 18. Jahrhundert die Bibliothek als eine Art universales, weltumspannendes Panorama des Geistes, das im Zuge ausdauernder Lektüre und imaginativer Eigenleistung durchmessen werden mußte[112], so beginnt mit der technischen Verfeinerung der medialen Apparaturen im 19. Jahrhundert ein vorgefertigtes und in wachsendem Maße variables Bildrepertoire die subjektive Einbildungskraft zu kolonialisieren. Entscheidenden Anteil an diesem Entwicklungsschritt hatte die neuartige Möglichkeit zur technischen Vervielfältigung der Bilder, die nunmehr einem Massenpublikum zugänglich waren. Zwar war, wie Walter Benjamin in seiner grundlegenden Abhandlung zu diesem Thema anmerkt, „das Kunstwerk grundsätzlich immer reproduzierbar"; anders als beim Holzschnitt oder der Lithographie jedoch war mit der Photographie „die Hand im Prozeß bildlicher Reproduktion zum ersten Mal von den wichtigsten künstlerischen Obliegenheiten entlastet, welche nunmehr dem Auge allein zufielen. Da das Auge schneller erfaßt als die Hand zeichnet, so wurde der Pro-

---

[111] Gaston Leroux: Das Phantom der Oper. Mit einem Nachwort von Richard Alewyn. München 1980. S.114f.; zur Ähnlichkeit des Unterbaus der Oper mit Dantes Inferno vgl. S.198f.; ein Beispiel aus jüngerer Zeit findet sich in Lawrence Norfolk: Lemprière's Wörterbuch. München 1992. S.641ff.; zur Tauglichkeit des bürgerlichen Interieurs als Tatort vgl. Walter Benjamin: Einbahnstraße (Hochherrschaftlich möblierte Zehnzimmerwohnung). In: Gesammelte Schriften, Bd.IV.1. Frankfurt/M. 1980. S.88f. sowie ders.: Denkbilder (Spurlos wohnen). Ebd., S.427f.

[112] Aus der ebenso umfassenden wie zumeist am Einzelfall orientierten Literatur zur Theorie der Bibliothek vgl. aus jüngerer Zeit Robert Damien: Bibliothèque et Etat. Naissance d'une raison politique dans la France du XVIIᵉ siècle. Paris 1995 (Rezension von Alexandre Métraux: Der aufgebrochene Giftschrank. In: Frankfurter Allgemeine Zeitung vom 11.6.1996); Ulrich Raulff: Caliban in der Bücherwelt. Lehrjahre in den Bibliotheken von Paris. In: Frankfurter Allgemeine Zeitung vom 18.5.1996. Tiefdruckbeilage, S.1.

41

zeß bildlicher Reproduktion so ungeheuer beschleunigt, daß er mit dem Sprechen Schritt halten konnte"[113].

Der hier angedeuteten organischen Prioritätsverlagerung korrespondiert auf metaphorischer Ebene eine zunehmend technisch-instrumentelle Auffassung des menschlichen Wahrnehmungsapparates. Immer markanter und für die ästhetische Moderne nachgerade konstitutiv stellt sich die Identifikation des menschlichen Kopfes und seines Zentralorganes Auge mit einer geschlossenen Projektionszelle dar. Um den qualitativen Sprung dieser Neubewertung wahrnehmungsgeschichtlich zu verdeutlichen: Noch für Goethe vollzieht sich über das Relais des Auges der Brückenschlag zwischen innerer und äußerer Totalität, wobei die „leiblichen" Eigenschaften des Sinnesorgans kategorisch von denen des sogenannten „geistigen Auges" unterschieden werden. So heißt es etwa in der Einleitung zu Goethes *Farbenlehre*: „Das Auge hat sein Dasein dem Licht zu danken. Aus gleichgültigen tierischen Hülfsorganen ruft sich das Licht ein Organ hervor, das seinesgleichen werde, und so bildet sich das Auge am Lichte fürs Licht, damit das innere Licht dem äußeren entgegentrete."[114] Weit zukunftsweisender als die hier vorgeschlagene, philosophisch legitimierte Trennung von innerer (geistiger) und äußerer (natürlicher) Belichtung durch den organischen Filter des Auges mutet indessen eine Sentenz in den *Wahlverwandtschaften* an, die sich bezeichnenderweise in einem der zahlreichen Kästchen, Schatullen und Etuis des Romans, in Ottiliens geheimem Tagebuch, findet: „Ich glaube, der Mensch träumt nur, damit er nicht aufhöret zu sehen. Es könnte wohl sein, daß das innere Licht einmal aus uns herausträte, so daß wir keines äußeren mehr bedürften."[115]

Die hier vorgezeichnete Tendenz zur Überführung der äußeren Wirklichkeit – und mit ihr der Vorstellung eines chronologischen Geschichtsverlaufs – ins Gehäuse der Innerlichkeit, führt notwendig und auf direktem Wege zu jenem Repräsentations- und Bedeutungsverlust, der für die ästhetische Moderne konstitutiv geworden ist. Die den „Ausklang der Neuzeit" markierende „Erkenntnis: Es gibt keine Realien"[116] zeichnet für die als Autismus oder Isolation erfahrene Krise des Individuums ebenso verantwortlich, wie er für die Indifferenz moderner Zeiterfahrung, unter anderem in den Texten von Botho Strauß, grundlegend ist.[117] Über die im 19. Jahrhundert stattfindende antimimetische Verlagerung der räumlichen und zeitlichen Orientierungskoordinaten in den eigengesetzlich-subjektiven Projektions- und Imaginationsraum, wird auch die historische Erkenntnis vom Anspruch einer positiven Wissenschaft entbunden und, wenngleich mit Vorbehalten, in den erweiterten Reigen der schönen Künste integriert. Steht der fiktive Charakter historischer Rekonstruktion in den theoretischen Diskursen des 20. Jahrhunderts prinzipiell auch außer Frage, so fällt ihre Anerkennung als eigenständige Kunstform doch weiterhin schwer. Noch Hayden White macht seine Auffassung einer „Poetik" der Geschichtsschreibung maßgeblich am rhetorischen

---

[113] Walter Benjamin: Das Kunstwerk im Zeitalter seiner technischen Reproduzierbarkeit. In: Gesammelte Schriften, Bd. I.2. Frankfurt/M. 1980. S.436.

[114] Johann Wolfgang von Goethe: Entwurf einer Farbenlehre. In: Hamburger Ausgabe. Bd.13. München 1981. S.323.

[115] Ders.: Die Wahlverwandtschaften. In: Hamburger Ausgabe. Bd.6. München 1981. S.375; vgl. auch Herbert von Einem: Das Auge, der edelste Sinn. In: Goethe-Studien. München 1972. S.1124.

[116] Egon Friedell: Kulturgeschichte der Neuzeit. Bd.2. München 1991⁹. S.1493.

[117] Vgl. Hans Blumenberg: Gleichgültig wann? Über Zeitindifferenz. In: Frankfurter Allgemeine Zeitung vom 30.12.1987. S.III.

oder stilistischen Talent ihrer einflußreichsten Repräsentanten[118], und eben nicht am poetischen Charakter ihres Gegenstandes fest. Allzu hartnäckig haftet den methodischen Prämissen der Disziplin offenbar das Bedürfnis nach Erklärung und sinnvoller Einbettung ins Große und Ganze an, als daß sie sich umstandslos den Künsten zuschlagen ließe.

Indem dergestalt die Geschichtsdarstellung ein diskreditiertes Schwellendasein zwischen objektivem Ereignis und subjektiver Ausdeutung fristet, wiederholt sich an ihrem Beispiel die subalterne Rezeption der photographischen Darstellungsmöglichkeiten im 19. Jahrhundert. Die hier avisierte wechselseitige Erhellung von Photographie und Geschichte besteht also zum einen in der vom neuen Reproduktionsmedium vorgezeichneten Verlagerung des Wahrnehmungsfeldes in den Innenraum des Ateliers, in dem die Abkehr von der Mimesis als nachgestellte, simulierte Natur sinnfällig wird, zum anderen in einer der Technik übergeordneten Fragwürdigkeit der Darstellung, die sowohl deren Wirklichkeitsgehalt und Erkenntniswert als auch ihren Kunstcharakter betrifft. Die Photographie liefert mit der architektonischen Kopie des menschlichen Auges seit dem Prototyp der Camera obscura die technischen Voraussetzungen für eine Ersatzbebilderung der Welt. Mit der Geschichtsschreibung, die sich dieses Prinzip auf ihre Weise zunutze macht, teilt sie die Bürde der latenten Unglaubwürdigkeit.

Der Rechtfertigungsdruck und die Beweislast, der die Gattung der Photographie noch zu Beginn des 20. Jahrhunderts ausgesetzt ist, führt auf direktem Wege zu einer weiteren wesentlichen Affinität des neuen Mediums zur Geschichte. Sie besteht in ihrem gemeinsamen Generalthema: Der eigentliche Gegenstand jeder Geschichtsrekonstruktion wie auch jeder Photographie ist die Zeit. Sie ist es, die ohne Zutun des Menschen Photographien „in Momente des Pittoresken" verwandelt. „Abbild und Abgebildetes sind gewissermaßen abstrakt geworden. Wir haben es hier mit einer geronnenen, fragmentarischen 'Botschaft aus vergangener Zeit' zu tun."[119] Maßgeblichen Anteil an diesem photographischen Abstraktions- und Verfremdungsvorgang hat der offenkundige Verlust der Kategorie Erfahrung bei der technischen Wiedergabe zeitlich zurückliegender Ereignisse. Da sich die Vergangenheit im Ganzen nicht rekonstruieren läßt, lenken die stillgestellten Augenblicke oder Ausschnitte einer Photographie die Aufmerksamkeit des Betrachters auf jenen unwiederbringlichen Zusammenhang – eine Verlusterfahrung, die Theoretiker wie Siegfried Kracauer oder Dichter wie Marcel Proust an verblichenen Bildern ihrer Großeltern beschrieben haben. „Der Verlust von Erfahrung, die mit den dargestellten Personen korrespondiert, bringe nicht nur deren Integrität zum Verschwinden und lasse sie zu anonymen Figurinen der Vergangenheit erstarren, sondern mache das Bild zum Dokument der Zeitlichkeit überhaupt."[120] Durch die Ornamentik des Kostüms hindurch, aus dem die Großmutter verschwunden ist, vermeint Kracauer „einen Augenblick der verflossenen Zeit zu erblicken, der Zeit, die ohne Wiederkehr abläuft. Zwar ist die Zeit nicht mitphotogra-

---

[118] Vgl. Hayden White: Metahistory. Die historische Einbildungskraft im 19. Jahrhundert. A.a.O., S.15ff.
[119] Bernd Busch: Belichtete Welt. A.a.O., S.359; vgl. auch Susan Sontag: Über Fotografie. München, Wien 1978. S.54.
[120] Ebd., S.359f.

phiert wie das Lächeln oder die Chignons, aber die Photographie selber, so dünkt ihnen (den Enkeln der Abgebildeten, S.D.), ist eine Darstellung der Zeit"[121].

Auch wenn die ästhetischen Entwicklungsschritte der Kunstform Photographie, die heute mit den stereotypen Aufnahmetechniken ihrer frühen Jahre kaum mehr zu vergleichen ist, derart eindeutige Befunde nicht mehr zuzulassen scheinen, finden sich in der theoretischen Diskussion hinsichtlich des implizit mitabgebildeten Zeitfaktors keine ernstzunehmenden Zweifel. „Was immer auch ein Photo dem Auge zeigt und wie immer es gestaltet sein mag", vermerkt etwa Roland Barthes, „ist es doch allemal unsichtbar: es ist nicht das Photo, das man sieht".[122] Hier ließe sich konkretisieren: Da es, ähnlich wie in der Malerei, das Abgebildete selbst nicht sein kann, was auf einem Photo zu sehen ist („Ceci n'est pas une pipe"), liegt die Schlußfolgerung nahe, daß es sich um die Zeit in ihrem Zustand als vergangene handelt. Dabei fällt dem Lichtbild durch seine zweifelsfreie Verifikation einer ehemaligen Anwesenheit in der Zeit[123] eine Gedächtnisleistung zu, die anderen Darstellungsformen versagt bleibt. Walter Benjamins scharfsinnige Beobachtung, Eugène Atgets Aufnahmen der menschenleeren Pariser Straßen um die Jahrhundertwende glichen einem „Tatort"[124], läßt sich insofern auf die Gattung insgesamt übertragen: In der Photographie herrscht eine spezifische Verbindung aus objektiver Realität und Vergangenheit vor. „Die Malerei kann wohl eine Realität fingieren, ohne sie gesehen zu haben. Der Diskurs fügt Zeichen aneinander, die gewiß Referenten haben, aber diese Referenten können 'Chimären' sein, und meist sind sie es auch. Anders als bei diesen Imitationen läßt sich in der Photographie nicht leugnen, daß die Sache dagewesen ist."[125] Ohne den Erkenntniseifer einer Indizienbeweisführung an den Tag legen zu müssen, behauptet der stillgestellte photographische Augenblick als technische Einlösung des sehnsüchtigen faustischen Apells „Verweile doch, du bist so schön" den postromantischen Geltungsanspruch einer gewesenen Faktizität.

Damit sind die Extrempositionen unter den Rezipienten des photographischen Mediums benannt: Skepsis aufgrund des Bedeutungsverlustes durch die technische Reproduktion einerseits, Zuversicht aufgrund ihrer künstlerisch nicht zu überbietenden realistisch-authentischen Grundlagen andererseits. Daß über eine Verknüpfung der Photographie mit der philosophischen Kategorie des Augenblicks, von der im Rahmen dieser Untersuchung noch des öfteren die Rede sein wird, eine ästhetische Nobilitierung des neuen Mediums zu rechtfertigen sei, wurde von seiten der skepti-

---

[121] Siegfried Kracauer: Die Photographie (1927). In: Das Ornament der Masse. Frankfurt/M. 1977. S.23.

[122] Roland Barthes: Die helle Kammer. Bemerkung zur Photographie. Frankfurt/M. 1985. S.14.

[123] Die These von der zweifelsfreien Verifizierung einer zurückliegenden Anwesenheit läßt die durch die elektronische Bildverarbeitung möglich gewordenen Fälschungstechniken unberücksichtigt. Ein ebenso anschauliches wie unterhaltsames Beispiel für die nachträgliche Korrektur eines im Bild festgehaltenen Ereignisses liefert der Photograph Matthias Wähner, der sich mit technischen Mitteln als Zeuge seines visuellen Gedächtnisses in Szene setzt. Seine Bearbeitungen zeigen ihn kniend neben Willy Brandt in Warschau oder als Mitglied der Königlichen Familie vor Schloß Windsor. Vgl. u.a. Christoph Blase: Ein Mann auf den Photos. Warum sollte er nicht dabeigewesen sein: Matthias Wähner inszeniert sein Gedächtnis. In: Frankfurter Allgemeine Zeitung vom 13.5.1994. S.37.

[124] Vgl. Walter Benjamin: Das Kunstwerk im Zeitalter seiner technischen Reproduzierbarkeit. A.a.O., S.445: „Auch der Tatort ist menschenleer. Seine Aufnahme geschieht der Indizien wegen. Die photographischen Aufnahmen beginnen bei Atget Beweisstücke im historischen Prozeß zu werden." Vgl. auch ders.: Kleine Geschichte der Photographie. In: Gesammelte Schriften. Bd. II.1. Frankfurt/M. 1980. S.385.

[125] Roland Barthes: Die helle Kammer. A.a.O., S.86.

schen Traditionalisten stets mit dem Hinweis auf die mangelnde „Essenz" einer photographischen Darstellung zurückgewiesen. Nur zwei Beispiele seien für die Vorbehalte der etablierten Künste gegenüber dem neuartigen Reproduktionsmedium erwähnt, da sie in kategorialer Hinsicht auch für die medienkritisch ausgerichtete argumentative Strategie in den Texten von Botho Strauß bezeichnend sind.

Kontingenz

In seiner *Ästhetik auf realistischer Grundlage* klassifiziert der Philosoph Julius Hermann von Kirchmann 1868 die Photographie als eine mechanische Kopie kontingenter und mithin bedeutungsloser Ereignisse. Da es in der Kunst aber darauf ankomme, die Realität zu „idealisieren" und von zufälligen oder marginalen Erscheinungen zu „reinigen", um in ihrer Phänomenalität dem Wesentlichen zur Sichtbarkeit zu verhelfen, müsse einem Medium der Rang eines Kunstwerkes versagt bleiben, das wie die Photographie „das Nebensächliche mit derselben Genauigkeit" darstelle, „wie das Wichtigere"[126]. Anders als etwa Roland Barthes, der die Momentaufnahme als eine transparente Hülle der Kontingenz kennzeichnet und eben deshalb ihre Überführbarkeit in den philosophischen Diskurs schlechthin bestreitet[127], bleibt das Zufällige dem am idealistischen Maßstab geschulten Kunstrichter prinzipiell suspekt. „Die philosophische Betrachtung", verfügt kurz und bündig der Empiriker Hegel, „hat keine andere Absicht, als das Zufällige zu entfernen".[128] Durch ein solches Diktum bringt sich die Philosophie, wie der Philosoph Odo Marquard nachzuweisen nicht müde wird, um ihre schönsten Resultate. Denn das „Zufällige entfernen: das hieße (...) aus der Philosophie die Philosophen entfernen; es gibt aber keine Philosophie ohne Philosophen"[129].

Ähnlich wie der Philosoph, dem am Fortbestand seiner Disziplin gelegen ist, kommt auch der Historiker nicht umhin, den kaum zu kategorisierenden menschlichen Faktor in seine Erwägungen einzubeziehen. Gemessen am Modell naturwissenschaftlicher Gesetzmäßigkeit macht der Zufall das Wesen aller Geschichte aus, obgleich die zeitliche Bedingtheit solcher Thesen auf der Hand liegt. „Je nach Standort des Betrachters kann ein Ereignis als zufällig erscheinen oder nicht. Damit hebt sich auch die faule Antithese von Notwendigkeit oder Zufall historiographisch auf. (...) Zufall wird zu einem Perspektivbegriff."[130] In temporaler Hinsicht wird, was als Zufall zu gelten hat, jeweils in der Gegenwart festgelegt. „Weder aus dem Erwartungshorizont für die

---

[126] Julius Hermann von Kirchmann: Der Begriff der Idealisierung. In: Ästhetik auf realistischer Grundlage. Bd.1. Berlin 1868. S.266-272; hier zit. nach Gerhard Plumpe (Hg.): Theorie des bürgerlichen Realismus. Stuttgart 1985. S.76 passim; zur Rezeptionsgeschichte der Photographie in Deutschland vgl. Gerhard Plumpes umfassende Untersuchung: Der tote Blick. Zum Diskurs der Photographie in der Zeit des Realismus. München 1990.

[127] Vgl. Roland Barthes: Die helle Kammer. A.a.O., S.12.

[128] Georg Wilhelm Friedrich Hegel: Die Vernunft in der Geschichte. Hrsg. von G. Lasson. Hamburg 1955. S.29.

[129] Odo Marquard: Apologie des Zufälligen. Philosophische Überlegungen zum Menschen. In: Apologie des Zufälligen. A.a.O., S.117.

[130] Reinhart Koselleck: Der Zufall als Motivationsrest in der Geschichtsschreibung. In: Hans Robert Jauß (Hg.): Die nicht mehr schönen Künste. Grenzphänomene des Ästhetischen (Poetik und Hermeneutik 3). München 1968. S.129.

Zukunft ist er ableitbar, es sei denn als dessen Durchbrechung; noch als Ergebnis vergangener Gründe ist er erfahrbar: wäre er das, so wäre er schon kein Zufall mehr. Soweit also die Geschichtsschreibung darauf zielt, Zusammenhänge in ihrer zeitlichen Erstreckung aufzuhellen, bleibt der Zufall eine ahistorische Kategorie. Deshalb ist die Kategorie noch nicht ungeschichtlich. Der Zufall ist vielmehr geeignet, das Bestürzende, das Neue, das Unvorhergesehene und was immer dieser Art in der Geschichte erfahren wird, zu umschreiben. So mag ein Zusammenhang erst aus einem Zufall gestiftet werden, oder ein brüchiger Zusammenhang bedarf des Zufalls als Lückenbüßer. Wo immer der Zufall historiographisch bemüht wird, indiziert er zunächst eine mangelhafte Konsistenz der Vorgegebenheiten. Gerade darin kann das spezifisch Geschichtliche erhalten sein."[131]

Was nun die zufällige Befestigung oder Stillstellung des Zeitflusses durch das photographische Medium betrifft, so liegt der von der Gattungskritik deterministisch bezweifelte Erkenntnisgewinn im beiläufigen Nachweis eines prinzipiell sprunghaften, diskontinuierlichen und insofern unzuverlässigen Wahrnehmungsapparates. Gerade über das Zufällige und scheinbar Willkürliche der photographischen Bildauswahl ist der Anspruch einer authentischen Kunstform auf realistischer Grundlage zu rechtfertigen. Denn der Zufall, mag man diesen Umstand bedauern oder nicht, reguliert über natürliche oder geschichtliche Gegebenheiten unser gesamtes Leben: „Wir Menschen sind stets mehr unsere Zufälle als unsere Wahl."[132] Das Charakteristische einer photographischen Darstellung besteht jedoch darin, daß der über ihre Kontingenz vermittelte Erkenntniseffekt nur um den Preis einer Mortifikation des Abgebildeten durch das Kamera-Auge zu haben ist. Roland Barthes hat darauf hingewiesen, daß der Tod das eidos der Photographie sei. Als ein „malheur, ein Unglück zur Unzeit"[133] wird der Tod in der Photographie nicht nur ritualisiert und zivilisiert, sondern auch in eine zivilisatorische „Strategie der Bewahrung"[134] überführt. „Die Zeit, organisierende Form des Wirklichen, hat in der Fotografie ein Werkzeug gefunden, das ihren Lauf anhält und die so der Aufeinanderfolge entzogenen Phänomene der intensiven Beobachtung überantwortet. So wie die Perspektive in den Raum eindringt, so erschließt die Fotografie die Tiefe der Zeit – sie verwandelt Zeit in Raum, indem sie in die Gegenwart eindringt und die Dinge als starre, nebeneinander gestellte vor und posieren läßt."[135]

Ähnlich erkenntnisfördernde Eigenschaften, wie sie Walter Benjamin in seinem Kunstwerk-Aufsatz den bewegten Bildern des Mediums Film zugesprochen hat, ließen sich von der kontingenten Beschaffenheit einer photographischen Darstellung ableiten. Indem der Film, vor allem durch die Techniken des Schnittes und der Montage, die moderne Welt als fragmentarisierte ausweist, verkörpert er ein Angebot zur Schulung und Erweiterung der menschlichen Wahrnehmung auf der Höhe ihrer Zeit. Die Photographie hingegen reflektiert in ihren verdinglichten Abbildungen implizit auf die allgemeinen Existenzgrundlagen in der Moderne – „je offensichtlicher der verding-

---

[131] Ebd.; vgl. i.d.Z. auch Hans Blumenbergs Artikel: Kontingenz. In: Die Religion in Geschichte und Gegenwart. Bd.3. Tübingen 1959³. Sp.1793f.

[132] Vgl. Odo Marquard: Apologie des Zufälligen. A.a.O., S.127ff.

[133] Vgl. Philippe Ariès: Geschichte des Todes. München 1993⁶. S.777.

[134] Vgl. Bernd Busch: Belichtete Welt. A.a.O., S.364.

[135] Ebd.

lichte Charakter der Bilder hervortritt, desto eher können sie auch Zeugnis vom Zustand der Welt geben, deren Produkte sie sind"[136]. Darüber hinaus befördert der zufällige Charakter einer Photographie die Einsicht in die Vergänglichkeit alles Gegenwärtigen. Die „Beliebigkeit der fotografischen Aussage weist darauf hin, daß die Realität letztlich unklassifizierbar ist. Realität wird in eine Summe von beiläufigen Bruchstücken zusammengefaßt – eine unaufhörlich verlockende, streng reduzierende Methode, mit der Welt fertig zu werden. Während sie einerseits jene – teils von Überschwenglichkeit, teils von Herablassung geprägte – Beziehung zur Welt offenbart, (...) weist die Beharrlichkeit, mit der der Fotograf alles für real erklärt, andererseits darauf hin, daß das Reale eben doch nicht genügt"[137].

Angesichts solcher Beobachtungen mag es zunächst verwundern, daß Botho Strauß in seinen medienkritischen Stellungnahmen zur Photographie dem Faktor Kontingenz keinerlei eigenständigen Erkenntniswert beizumessen scheint. Als integraler Bestandteil seiner traditionalistisch inspirierten Abrechnung mit allen technischen Reproduktionsmedien werden der photographischen Darstellung in seinem Werk lediglich mortifizierende Eigenschaften zugesprochen, ohne daß er aus diesem Befund erkenntnistheoretische Schlüsse zöge. Diese Verkürzung der medialen Potentiale erstaunt gerade deshalb, weil der „Querschlag des Zufalls" (Dolf Sternberger) zum Repertoire seiner Texte zu zählen ist. Seien es die fluktuierenden Äonenwirbel in *Beginnlosigkeit*, die sich wie zufällig konfigurieren und wieder auflösen, die flüchtig-transitorischen Begegnungen in *Paare, Passanten* oder die überraschenden Personalkonstellationen in den Theaterstücken – der gesamte Ereignishorizont seines Œuvres wäre zufallstheoretisch zu erschließen, wäre die Diskussion des Kontingenzfaktors nicht in einen deterministischen, monokausalen Gesamtzusammenhang eingebettet. Strauß' jüngstes Theaterstück *Ithaka* erscheint vor diesem Hintergrund geradezu als Paradebeispiel für eine programmatische Ausblendung des Zufalls zugunsten des mythologischen Fatums. Das Neue, Überraschende und gänzlich Unerwartete, das die Kategorie des Zufalls verbürgt, ist bei Strauß stets die Wiederholung des Alten. Deshalb fällt der Kontingenz in seinem an Zufallskonstellationen so reichen Werk lediglich eine phänomenale, keineswegs jedoch eine substantielle Bedeutung zu. Der Zufall gehört in der Logik seines Denkens der Ebene der oberflächlichen Erscheinungen an, die aufgrund ihrer metaphysischen Haltlosigkeit ebenso rasch verschwinden, wie sie aufgetreten sind. Hier ist die Ursache dafür zu sehen, daß Strauß kein erkenntnistheoretisches Kapital aus ihm schlägt.

Erinnerungsformen

Bereits zu Beginn des 20. Jahrhunderts stellt die zufällige Wahl der photographischen Sujets für die Kunstkritik kein Problem mehr dar. Weiterhin jedoch orientiert sich die Skepsis an der Erkenntnisfähigkeit des photographischen Verfahrens an der unterstellten Oberflächlichkeit und Eindimensionalität ihrer Resultate. Einen ihrer prominentesten Fürsprecher findet die auf Autonomie und distinktionale Abgrenzung ge-

---

[136] Ebd.
[137] Susan Sontag: Über Photographie. A.a.O., S.78.

genüber den positiven Wissenschaften ausgerichtete Kunstphilosophie dieser Jahre in Marcel Proust.[138] Artikuliert sich dessen Versuch einer Rettung der Kunst im technischen Zeitalter doch maßgeblich unter dem Einfluß der dynamisch sich entwickelnden neuen Medien, allen voran der Photographie, die mit ihrem Angebot authentischer Abbildungen das traditionelle Verständnis von Kunst als einer Mimesis des Lebens zu überprüfen zwang. Prousts Rettungsversuch basiert im wesentlichen auf einer Kritik des unmittelbaren Zugriffs, von dem die photographische Abbildung ausgehe; einer Art kriegerisch-martialischer Inbesitznahme, die ihren Gegenstand jedoch notwendig verfehle. Demgegenüber sei die Dichtung eine mittelbare Erkenntnisform, deren Überlegenheit darin bestehe, daß in ihr das subjektive Bewußtsein des Darstellenden gleich mit zur Sprache gebracht werde – in summa also eine Wahrheit mehr, als der Photographie zugetraut wird.

Prousts Kritik der Unmittelbarkeit findet Halt in einer Theorie der Kunst als einer bildhaft-ikonischen, unbegrifflichen und unendlich-infiniten Vermittlung von Subjekt und Objekt. Nicht anders erschließt sich in der *Recherche* die Welt, als in den Bildern, die der Betrachter sich von ihr macht. Infolgedessen kann ihre Darstellung nur in der Darstellung des subjektiven, fortwährend sich verändernden Bewußtseins bestehen. Dabei eignet sich die Dichtung in besonderer Weise als Projektionsfläche für das Verhältnis des Menschen zur Welt, weil sie für Proust in erster Linie eine Rede in Bildern ist. Ein Beispiel unter vielen, das den regulierenden Bewußtseinsfilter zwischen wahrnehmendem Subjekt und äußerer Welt in einer bezeichnenden räumlichen Metapher veranschaulicht: „War nicht die Welt meiner Gedanken selbst wie eine (...) Hütte, in deren Tiefe ich sogar auch dann verborgen blieb, wenn ich einen Blick auf die Dinge warf, die sich draußen zutrugen? Sobald ich einen Gegenstand außerhalb von mir wahrnahm, stellte sich das Bewußtsein, daß ich ihn sah, trennend zwischen mich und ihn und umgab ihn rings mit einer geistigen Schicht, die mich hinderte, seine Substanz unmittelbar zu berühren; vielmehr verflüchtigte diese sich jedesmal, wenn ich den direkten Kontakt damit suchte, so wie ein glühender Körper, den man an etwas feuchtes hält, niemals die Feuchtigkeit selbst berührt, weil dazwischen immer eine Dunstzone liegt."[139]

Es braucht kaum eigens betont zu werden, daß Prousts technikfeindliche Annahme, die photographische Fiktion verstelle oder blockiere die emotionale Vielschichtigkeit des Subjekts und bringe bestenfalls eindimensionale Abbilder der Realität zustande, einen zeitgenössischen Reflexionsstand spiegelt, über den die Theorie und auch die Praxis der Photographie inzwischen längst hinaus sind. Ihr Erkenntniswert hinsichtlich einer vermittelten Visualisierung der Zeit wäre mit Prousts erzählerischer Absicht einer „retrospektiven Intuition", so möchte man heute meinen, durchaus in Verbindung zu bringen. Erscheint doch das, was sich dem Ich-Erzähler im Augenblick der unmittelbaren Erinnerung (mémoire involontaire) offenbart, einem Augenblick, „der es aus der Ordnung der Zeit befreit, paradoxerweise nicht (als) zeitloses Sein, sondern

---

[138] Die folgenden Überlegungen nehmen neben den genannten Quellen Bezug auf ein unveröffentlichtes Typoskript Gert Mattenklotts, das im Sommersemester 1987 als Grundlage einer Vorlesung zur Theorie des Romans an der Philipps-Universität Marburg/Lahn diente.
[139] Marcel Proust: Auf der Suche nach der verlorenen Zeit. Bd.1 (In Swanns Welt). Frankfurt/M. 1979. S.115.

(als) die Substanz der Zeit selbst, die (er) bisher nicht wahrnehmen konnte"[140]. Da die „Substanz der Zeit" als solche nur in bildhafter Form, nicht aber begrifflich zu fassen ist, kommt für Proust alles darauf an, sich in der „Hütte" (oder Höhle) seiner Gedanken auf jene seltenen Augenblicke vorzubereiten, in denen ein befristeter Zugang zur Vergangenheit in ihrem „lebendigen Zusammenhang" möglich erscheint. Hierzu sind jedoch Stimulanzfaktoren wie Geräusche (der Sohlen auf dem Pflaster, des Löffels an der Teetasse), Gerüche oder der Geschmack eines bestimmten Gebäckstücks vonnöten, von deren unmittelbarem Auftreten zwar retrospektiv erzählt werden kann, die aber nicht gezielt zu regulieren oder gar auszulösen sind.

Prousts Intention besteht in der nachträglichen Vergegenwärtigung eines zeitlich zurückliegenden Zustandes in seiner maximalen Erlebnisdichte und -intensität; eine Erinnerungsleistung, die er der technisch vermittelten Aufbereitung, Konservierung und Isolierung vergangener Ereignisse in der Momentaufnahme abspricht. „Wenn es sich (...) anstatt unseres Auges um ein rein stoffliches Objekt handelt, eine photographische Platte, (...) dann wird das, was wir zum Beispiel auf dem Hof des 'Institut de France' sehen, nicht das Heraustreten eines Mitglieds der Akademie sein, der eine Droschke herbeirufen will, sondern sein stolpernder Gang, sein vorsichtiges Bemühen, nicht hintenüber zu fallen, die Kurve des Sturzes, die der berühmte Mann vollzieht, als wäre er betrunken oder der Boden mit Glatteis bedeckt."[141] Die fixierte Person erscheint nicht kontextualisiert, sondern aus dem Zusammenhang gerissen und daher in einem höheren Sinne instabil. Entscheidend ist dabei die Beobachtung, daß mit der Entwicklung des technischen Reproduktionsmediums der subjektive Vorgang der Erinnerung und des Eingedenkens, der bis dahin dem Gedächtnisraum (der Hütte der Gedanken) vorbehalten war, gleichsam veräußerlicht wird. „Mit der Photographie beginnt der Ausstellungswert den Kultwert auf der ganzen Linie zurückzudrängen."[142] Der hier evozierten Besetzung oder Enteignung der Imagination durch äußere, verobjektivierte Bilder entspricht die Sorge, die photographische Darstellung könne „etwas vom Sein des Menschen zerstören"[143] oder abziehen – ein Glaube, der in abgewandelter Form noch heute das magisch-vorrationale Verhältnis einiger Naturvölker zur technischen Apparatur bestimmt, und der, wie im letzten Abschnitt dieses Kapitels zu zeigen sein wird, auch in Botho Strauß' Verarbeitung des Mediums eine nicht zu unterschätzende Rolle spielt.

Augenblick

Mag „als ein wichtiger Anlaß für die Durchsetzung der Photographie der Versuch betrachtet werden", die als vergänglich erkannte „Realität einzufangen und zu konservieren"[144], so besteht aus heutiger Sicht ihre eigentliche Leistung doch vorrangig in der Wiedergabe und immanenten Reflexion des in der Moderne obwaltenden flüchtig-

---

[140] Hans Robert Jauß: Zeit und Erinnerung in Marcel Prousts „A la Recherche du temps perdu". Ein Beitrag zur Theorie des Romans. Frankfurt/M. 1986. S.253.
[141] Zit. nach Bernd Busch: Belichtete Welt. A.a.O., S.359.
[142] Walter Benjamin: Das Kunstwerk im Zeitalter seiner technischen Reproduzierbarkeit. A.a.O., S.445.
[143] Thomas Kleinspehn: Der flüchtige Blick. Sehen und Identität in der Kultur der Neuzeit. Reinbek 1989. S.263.
[144] Ebd., S.262f.

dynamischen Realitätsprinzips. Selbst das offenbar Statische gerät in der Zeitschleuse einer photographischen Darstellung in Bewegung. Die spezifische Zeitansage einer Photographie, ihr mediales Alleinstellungsmerkmal, besteht in der Abbildung und Vergegenwärtigung einer vergangenen Jetztzeit, deren temporaler Modus lautet: dies ist gewesen! Sie absorbiert und isoliert den konkreten raumzeitlichen Standort ihres Gegenstands und führt ihn jenem dubiosen Zwischenraum zu, für den seit Platons Definition im *Parmenides*[145] die philosophische Kategorie des Augenblicks oder des Plötzlichen zuständig ist. Dubios oder „wunderlich" ist dieser Zeitpunkt deshalb, „weil er, zwischen Ruhe und Bewegung befindlich, keiner Zeit angehört und weil das Eine in ihm weder sich bewegt noch ruht, weder ist noch nicht ist"[146].

Auf ganz ähnliche Weise wäre eine Photographie als Momentaufnahme zu beschreiben, die eine selbst nicht sichtbare Bewegung darstellt – ein Übergangs- oder Zwischenstadium also, das „weder ist noch nicht ist". Die Photographie ist definiert als „das Dazwischen, weder hier noch dort – ein in der Bewegung suspendierter Zeitsprung"[147]. Kaum eine künstlerische Darstellungsform erscheint geeigneter, den Werdegang, und das heißt vor allem: die Rezeption, des Augenblicks in der Moderne zu dokumentieren, als die photographische. Markiert doch die mit dem Augenblick verknüpfte zeitliche Modalität des Plötzlichen eben jene Sperre, die das Kunstwerk im Prozeß der Moderne gegen einen geschichtsphilosophisch fundierten Zeitbegriff aufbietet. „Das Zeichen 'plötzlich' erfährt mit Ausgang des 19. Jahrhunderts eine Dramatisierung seiner Zeitansage, die dem Beschleunigungsgefälle der Moderne entspricht (...). Diese Differenz ist aber nicht kompatibel mit dem Modell von fortschreitender Geschichte. Sie belegt eher die Nichtidentität von ästhetischem Ereignis und historischem Sinn."[148] Trotz dieser offenkundigen thematisch-motivischen Gemeinsamkeiten wurde der exemplarische temporale Status der Photographie in der Moderne von den übrigen Künsten nur bedingt zur Kenntnis genommen. Ähnlich wie im Falle Prousts bestätigt auch die Adaption des Mediums durch Botho Strauß, daß diese zutiefst wertkonservative Zurückhaltung vor allem auf die technischen Grundlagen der photographisch ins Werk gesetzten Erinnerungsarbeit zurückzuführen ist. In der Reserviertheit der etablierten, vortechnischen Kunstformen gegenüber einem Medium, das wie kein zweites den Augenblick schlechthin zum Gegenstand hat, drückt sich bis heute eine im Grunde antimodernistische Demarkationslinie zwischen Geist und Technik aus, die allen gegenteiligen Beteuerungen zum Trotz das kategoriale Wertgefälle zwischen „echten" und „falschen" Bildern festschreibt.

In der Tradition des hier skizzierten, im Verlauf des 19. Jahrhunderts durch den konfrontativen Diskurs zwischen Kunst und Technik erneut festgeschriebenen Rangunterschiedes bei der Bewertung erinnerungstauglicher oder -resistenter Bildangebote steht die wertkonservative Verarbeitung des photographischen Mediums in den Texten von Botho Strauß, die im folgenden an zwei ausgewählten Beispielen verdeutlicht und überprüft werden soll. Zunächst an seiner Bearbeitung des Schlußtableaus

---

[145] Vgl. Platon: Sämtliche Werke. Neu hrsg. von Ursula Wolf. Bd.3. Reinbek 1994. S.132f., 155e-157b.

[146] Michael Theunissen: Augenblick. In: Historisches Wörterbuch der Philosophie. Hrsg. von Joachim Ritter. Bd.1. Darmstadt 1971. S.649.

[147] Hubertus von Amelunxen: Sprünge: Zum Zustand gedanklicher Unabhängigkeit in der Photographie. In: Sprung in die Zeit. Bewegung und Zeit als Gestaltungsprinzipien in der Photographie von den Anfängen bis zur Gegenwart. Berlin 1992. S.31.

[148] Karl Heinz Bohrer: Plötzlichkeit. A.a.O., S.10.

von Henrik Ibsens *Peer Gynt* für Peter Steins Schaubühneninszenierung aus dem Jahr 1971. Sodann an der gattungsreflexiven Eingangsszene seines Dreiakters *Schlußchor* von 1991. Nur am Rande sei vorab bemerkt, daß die Forschungsliteratur zu Botho Strauß dieses nur scheinbar randständige Motiv bislang außen vor gelassen hat. Die beiden folgenden Abschnitte versuchen zu zeigen, daß die spezifisch literarische Adaption des visuellen Mediums als integraler Bestandteil, wenn nicht als Ausgangspunkt der Strauß'schen Medienkritik insgesamt zu bewerten ist und somit in den Kontext der für sein Werk zentralen Gattungsdiskussion gehört. Der thematisch klar umgrenzte Diskurs der Photographie in seinen Texten läßt darüber hinaus eine fokussierte medientheoretische Analyse jener Basismotive zu, auf die sich Strauß in seiner Diagnose des telegenen Zeitalters bezieht.

Das reproduzierbare Subjekt: *Peer Gynt*

Eine systematische Bestandsaufnahme der Gattungen, die in Henrik Ibsens 1867 erschienenem „dramatischen Gedicht" *Peer Gynt*[149] verhandelt werden, wird, sofern die eindimensional angelegte Szenerie nicht bereits zuvor zu denken gibt, spätestens im fünften Akt auf die Photographie stoßen. „In Paris ist man vor kurzem darauf gekommen, Porträts mit Hilfe der Sonne herzustellen" (Ibs, 147); eine sowohl in technischer als auch in sujetbezogener Hinsicht zutreffende Feststellung des „Knopfgießers", einer Figur, die bei Ibsen eine Personifikation des Teufels darstellt. „Entweder kann man direkte – positive – Bilder machen oder auch die sogenannten Negative, die genausoviel wert sind, nur daß auf ihnen Licht und Schatten vertauscht sind. Das Objekt, der fotografierte Gegenstand, ist auf beiden Bildern derselbe oder zumindest ein ähnlicher. Nur muß das Negativ noch behandelt werden, es wird gebadet in Säuren und Laugen und erscheint am Ende ebenfalls positiv. Das heißt jetzt in unserem Zusammenhang: ausgesprochen negative Persönlichkeiten, große Sünder und Verbrecher, werden von uns keineswegs verworfen, sondern sie werden in einem speziellen Entwicklungsverfahren zu positiven Persönlichkeiten umgemünzt." (Ebd.) Nicht von ungefähr zieht Mephistopheles, der in dieser nordischen Variation des faustischen Prinzipienstreites zwischen Gut und Böse auf die Seele des Protagonisten aus ist, das photographische Reproduktionsverfahren zum Vergleich heran: Welche Seite der Persönlichkeit hervortritt, ist nach dieser Auslegung letztlich eine Frage der chemischen Behandlung. Die Person selbst erscheint dabei als eine disponible Größe ohne genuinen Stellenwert, als multiple Projektionsfläche für Belichtungen aller Art.

Neben der Genremalerei, die bei Ibsen jedoch nirgends explizit zur Sprache gebracht wird, ist dieser Verweis auf die Photographie der zweite folgenreiche szenisch-literarische Übergriff in den Einflußbereich der bildenden Künste. Daß er am Ende des Stücks erfolgt, kann kaum verwundern. Umfaßt doch die erzählte Zeit[150] ein gan-

---

[149] Zu den gattungsgeschichtlichen Problemstellungen dieses Stücks vgl. Steffen Damm: Der Passagier. Henrik Ibsens „Peer Gynt" auf dem Weg in die Moderne. In: Blätter des Deutschen Theaters 18 (1991). S.591-597.

[150] Vgl. Eberhard Lämmert: Bauformen des Erzählens. Stuttgart 1991⁸. V.a. S.23, 32 u. 211; die in Korrelation zur „Erzählzeit" stehende epische Kategorie der „erzählten Zeit" kann in unserem Zusammenhang aufgrund der epischen Zeitstruktur des Dramas bei Ibsen herangezogen werden, auf die Peter Szondi in

zes Menschenleben und mithin auch ein historisches Entwicklungsstadium. So kann innerhalb derselben Fabel, dank der epischen Einrichtung des Stoffes, die eingangs dominierende ländliche Idylle – so gefährdet sie hier bereits erscheinen mag – mit ihrem industriellen Gegenstück konfrontiert werden. Indem Ibsen seinem Stück die mit der Möglichkeit zur technischen Bildreproduktion einhergehenden neuen Formen der visuellen Weltaneignung im 19. Jahrhundert einschreibt, eröffnet er, den zeitgenössischen Debatten analog, innerhalb seiner eigenen darstellerischen Mittel ein Verhältnis der Konkurrenz: eine differenzierte werkimmanente Gattungsreflexion, die der hierzulande ohnehin recht zurückhaltenden Ibsen-Forschung[151] bislang entgangen zu sein scheint. Die Thematisierung des photographischen Verfahrens fungiert in *Peer Gynt* aber nicht bloß inhaltlich als historisch verbürgter Indikator der Epochenschwelle; sie ermöglicht darüber hinaus auch eine interessante medienreflexive Blickverschiebung: Inspiriert von einem grundsätzlichen „Funktionswandel der Kunst"[152], der sich etwa in der Mitte des 19. Jahrhunderts vollzieht und der im Verlauf der erzählten Zeit nachvollzogen wird, befragt der Stoff vom Ende her seine eigene Genese.

Während freilich im historischen Kontext der technisch-industrielle Progreß eine paradigmatische Abkehr vom tradierten mimetischen Kunstbegriff einleitet, wird im Handlungsverlauf von *Peer Gynt* jener Übergangsprozeß zwar angezeigt, zugleich aber in einem in mehrfacher Hinsicht merkwürdigen Schlußtableau transzendiert. Beinahe hat es den Anschein, als stemme sich hier ein Kunstwerk mitsamt seiner Kunstfigur gegen den drohenden Verlust der „Einzigkeit" und Originalität, den die Reproduktionstechnik verheißt. Nach Walter Benjamin löst diese ja „das Reproduzierte aus dem Bereiche der Tradition ab" und zerstört seine Aura. „Die Einzigkeit des Kunstwerks ist identisch mit seinem Eingebettetsein in den Zusammenhang der Tradition"[153] – eine Verknüpfung, die der als eindimensional klassifizierten photographischen Abbildung verschlossen bleibt. Sie steht für „die Ausrichtung der Realität auf die Massen"[154], für die Dominanz des Allgemeinen und Gleichgültigen über das auratisch Besondere, auch und vor allem in der Kunst. Für Benjamin ist „von entscheidender Bedeutung, daß diese auratische Daseinsweise des Kunstwerks niemals durchaus von seiner Ritualfunktion sich löst. Mit anderen Worten: der einzigartige Wert des 'echten' Kunstwerks ist immer theologisch fundiert"[155]. Ibsens Protagonist belegt im Verlauf der Handlung die These von der moderne Reproduzierbarkeit des Subjekts, das im Zuge permanenter Rollenwechsel seiner selbstbewußt proklamierten Identität verlustig geht. Ähnlich wie im Zusammenhang der Gattungsfrage (Ibsen schreibt Dramen als Epiker) besteht jedoch seine Intention in der finalen Rettung des zuvor gründlich diskreditierten Protagonisten. Dieser innere Widerspruch, der Ibsens theatergeschichtlichen Standort präzise markiert, spiegelt sich im Schlußtableau von *Peer Gynt* im Versuch einer Transzendierung der Technik.

---

seiner Theorie des modernen Dramas (1880-1950). Frankfurt/M. 1963. S.22-31, sowie vor ihm Georg Lukács: Schriften zur Literatursoziologie. Neuwied 1961. S.261-295, hinweisen.

[151] Die Mehrzahl der deutschsprachigen Publikationen zu Henrik Ibsen setzen sich mit Fragen der Bühnenadaption, der Aufführungspraxis sowie dem Einfluß seiner Stücke vor allem auf die naturalistische Bewegung in Deutschland auseinander.

[152] Walter Benjamin: Das Kunstwerk im Zeitalter seiner technischen Reproduzierbarkeit. A.a.O., S.444.

[153] Ebd., S.438 u. 441.

[154] Ebd., S.440.

[155] Ebd., S.441.

Mit der Heimkehr des verlorenen Sohnes[156], die in ein ikonographisch leicht zu identifizierendes Pietà-Zitat mündet, schließt sich die kreisförmige Anlage des Stückes und bestätigt so auf formaler Ebene den hermetischen Charakter der einzelnen szenischen Tableaus. Der Horizont des Helden ist von ihren panoramatischen Dekorationen ebenso verbaut, wie der Horizont der Moderne vom Ausgang des Stückes verbaut ist. Auf diesen artifiziellen Stellwandcharakter, der vom Stoff ausgeht, nimmt, nebenbei bemerkt, bereits die Literaturauswahl bezug, die Strauß und Stein zur Kontextualisierung der Schaubühnenbearbeitung von *Peer Gynt* zusammengestellt haben: Neben der obligatorischen Lektüre von Dolf Sternbergers *Panorama oder Ansichten vom 19. Jahrhundert* wurde im Zuge einer kollektiven Erschließungsphase unter anderem Karl May zu Rate gezogen, dessen Technik der kolportagehaften Konstituierung exotischer Szenarien für die Bühnenfassung von 1971 verbindlich wurde (vgl. Ibs, 43-46).[157] Gegen die vorwärtsschreitende Geschichte verschließen sich die Figuren in einer retrospektiven Innerlichkeit; eine Isolation, die im Augenblick des Wiedersehens – das kein Wiedersehen ist – ihre dramatisch-sinnfällige Vollendung erreicht. Dabei liefert die tatsächliche Erblindung der Protagonistin Solvejg den dramaturgischen Anlaß eines inneren Sehens, das aufs Eigentliche zielt. Sie hat ein Jugendbildnis Peer Gynts in ihrem Gedächtnis aufbewahrt, das „der Daten nicht (achtet), es überspringt die Jahre oder dehnt den zeitlichen Abstand. (...) Gleichviel, welcher Szenen sich ein Mensch erinnert: sie meinen etwas, das sich auf ihn bezieht, ohne daß er wissen müßte, was sie meinen. Im Hinblick auf das für ihn Gemeinte werden sie aufgehoben. Sie organisieren sich also nach einem Prinzip, das sich von dem der Photographie seinem Wesen nach unterscheidet. Die Photographie erfaßt das Gegebene als ein räumliches (oder zeitliches) Kontinuum, die Gedächtnisbilder bewahren es, insofern es etwas meint. (...) Die Bedeutung der Gedächtnisbilder ist an ihren Wahrheitsgehalt geknüpft"[158].

Während die Photographie nach Siegfried Kracauers Ansicht lediglich „Fragmente um ein Nichts" versammelt und in der „räumlichen Konfiguration eines Augenblicks"

---

[156] Das Thema des verlorenen Sohnes, der nach langjähriger Irrfahrt endlich heimfindet, wird von Strauß in Ithaka erneut aufgegriffen, hier jedoch entgegen der epischen Vorlage in strenger Einhaltung der aristotelischen Einheiten von Raum, Zeit und Handlung. In ihrer Eigenschaft als passagere Existenz, die ohne eigenes Zutun landet, wohin es sie verschlägt, wird die Figur des Peer Gynt erkennbar zu einem Nachfahren des Odysseus, ohne freilich seinen modernen Status als Transitreisender vollends einlösen zu können. Anstatt seinen Helden, der bereits deutlich die Züge einer identitäts- und eigenschaftslosen, multiplen Persönlichkeit trägt, in den haltlosen Zustand einer modernen Existenz zu entlassen, zwingt ihn sein Autor noch in das Korsett einer auf der Handlungsebene längst eingebüßten Transzendenz. „Der strenge Dichter", so Theodor W. Adorno über Ibsen, „verhält sich wie der große Nikolaus, der die Kinderbilder der Moderne in sein großes Tintenfaß tunkt, sie anschwärzt mit ihrer Vorgeschichte, als zappelnde Marionetten wiederum heraufzieht und dergestalt Gerichtstag hält über sich selbst" (in: Minima Moralia. Reflexionen aus dem beschädigten Leben. Frankfurt/M. 1987. S.114). Auch in dem Stück Das Gleichgewicht findet sich eine Variante des Heimkehr-Motivs: Anstelle des Sohnes erreicht Christoph Groth, Gatte der Protagonistin Lilly Groth, nach einer längeren Gastprofessur in Übersee – Canberra, Australien: dem „dumpfsten Flecken der Welt" (Gl, 49) – in verändertem Zustand die heimatliche Sphäre. Unter dem Einfluß des ZenBuddhismus stehend, übt sich der geläuterte Heimkehrer wie Odysseus in der Kunst des Bogenschießens und verwundet dabei seine Frau, deren Treue wie bei Homer in Frage steht und die mit Penelope verglichen wird (ebd., 23), beinahe tödlich (vgl. ebd., S.62f.).

[157] Vgl. i.d.Z. auch Volker Klotz: Ausverkauf des Abenteuers. Karl Mays Kolportageroman „Das Waldröschen". In: Fritz Martini (Hg.): Probleme des Erzählens in der Weltliteratur. Stuttgart 1971. S.159-194.

[158] Siegfried Kracauer: Die Photographie. A.a.O., S.24f.

die Summe dessen abbildet, was von einem Menschen abzuziehen ist[159], bewahrt das Gedächtnisbild „Gehalte, die das als wahr erkannte betreffen. Zu diesem Bilde, das mit gutem Recht das letzte heißen darf, müssen sich sämtliche Gedächtnisbilder reduzieren, da nur in ihm das Unvergeßliche dauert"[160]. Die Photographie gleicht nach diesem Verständnis einer Verlustrechnung, einer summarisch-nachahmenden, oberflächlichen Kopie der Wirklichkeit ohne Tiefenschärfe und ohne Verlustempfindlichkeit, indes das Gedächtnisbild, das letzte zumal, eine Art Quintessenz der geistigen Substanz darstellt. Genau diese Differenz wird im Schlußtableau von *Peer Gynt* zum Ausdruck gebracht. Eingeschlossen in der Dunkelkammer ihrer Erinnerung lebt für Solvejg (die Wartende, die reine Seele) jene alles überwältigende Initiationszündung von Haegstad fort als Liebe auf den ersten – und letzten Blick. Was sie aufbewahrt, ist ein als „wahr" empfundenes Bild des jugendlichen Peer Gynt, das in schmerzhaftem Widerspruch steht zu dem heruntergekommenen Greis, der seinerseits alles vergessen hat.[161]

Solvejgs Innenschau, so wenig ambitioniert sie in theoretischer Hinsicht auch erscheinen mag, behauptet doch eines mit Nachdruck: die Unsichtbarkeit des Eigentlichen. Ihr Blick zielt durch die Oberfläche des Stücks hindurch auf einen Kern, der sich der photographischen Abbildung prinzipiell entzieht. So sehen wir die Blinde, sie jedoch sieht, wie wohl vermutet werden darf, die Sache selbst – und die ist bildlos. „Ihre bloße Betrachtung weckt Rührung, die wohltätig schmerzliche Erinnerung des verlorenen Paradieses, das doch ewig verloren bleibt. Im Paradies aber scheint machtvoll die Sonne – ungesehen, denn die Blindheit ist hier die Bürgschaft der Unschuld wie der Rührung."[162] Klar erkennbar liegt indessen die Kluft zutage, die sich zwischen Solvejgs innerem Bildfundus und der Oberfläche der sichtbaren Erscheinungen auftut. Sie wird noch vergrößert durch den stumpfen Blick Peer Gynts, der jener Wesensschau diametral entgegensteht: Trotz intakter Sinnesorgane sieht er nichts. In Relation zum „wahren" Gedächtnisbild wäre sein Gedächtnis als photographisch „falsches" zu bezeichnen. Er bleibt ohne echte Erinnerungen, weil sich im Leben der passageren Existenz nichts festgesetzt hat, das als „Stachel"[163] wirksam werden könnte. Das Leben der Wartenden ist eine einzige Erinnerung, dem Passagier hingegen gerät jede Erinnerung zur Station. Sein flüchtiger, touristischer Blick, der an keinem Gegenstand haften bleibt, findet seine reinste Entsprechung in der Ansichtskarte, die an die Stelle eigener Erfahrungen eine standardisierte, serielle Erfahrung setzt.

Diesen substantiellen Erfahrungsverlust des Protagonisten in der Überfülle äußerer Eindrücke nehmen Strauß und Stein zum Anlaß, ihn am Ende selbst zu einem Objekt der Reproduktion werden zu lassen. Das Schlußbild wird, so die Regieanweisung,

---

[159] Ebd., S.32.

[160] Ebd., S.25.

[161] Als eine Paraphrase dieser Wiederbegegnung nach Jahren der Trennung ist der ebenfalls im Gebirge angesiedelte „Zwischenakt" von Kaldewey, Farce (T II, 44-47) anzusehen, der bezeichnenderweise mit der Frage „Darf ich Sie fotografieren" eingeleitet wird. Wie Solvejg in Peer Gynt leidet die Frauenfigur dieser Szene an einer Sehschwäche, der hier jedoch kein inneres, wahres Sehen mehr korrespondiert. Ihr Gegenüber („DER MANN: Sie wissen nicht, wer ich bin? DIE FRAU: Sie sind wer?", S.44) wird durch das Kameraauge 'identifiziert'.

[162] Dolf Sternberger: Panorama oder Ansichten vom 19. Jahrhundert. A.a.O., S.196.

[163] Roland Barthes: Die helle Kammer. A.a.O., S.36, bezeichnet als „Stich" das „punctum" (im Gegensatz zum „studium") einer Photographie; „das ist jenes Zufällige an ihr, das mich besticht (mich aber auch verwundet, trifft)".

„nachgestellt und fotografiert" (ebd., 147). Markanter noch als die mit Hilfe eines Zerhackers realisierte Bühnenfassung nimmt sich eine Beschreibung der Szene mit den Schauspielern Bruno Ganz und Jutta Lampe aus, die während der langwierigen Konzeptionsphase der Inszenierung erstellt wurde. Sie unterstreicht die intentionale, offenbar von Adornos und Horkheimers Begriff der Kulturindustrie theoretisch inspirierte Anlage des Schlußtableaus: „Die Arbeiter-Schauspieler machen sich daran, den Berg mit der Hütte und der Solvejg-Peer-Pietà davor abzubauen. Währenddessen erscheinen Maschinen, wirkliche Maschinen, die etwas herstellen können, z.B. bestimmte Peer-Gynt-Souvenirs, Druckerzeugnisse usw. und die von anderen Arbeiter-Schauspielern mit ernstem Fleiß bedient werden. Auf langen Förderbändern wird die fertige Ware – serielle Reproduktionen von Peer-Gynt-Kitsch – ausgefahren und, in Klarsichtpackungen abgeheftet, an die Zuschauer verteilt. (...) Das Ganze wäre dann eine lebendige Allegorie auf das anachronistische Verhältnis von Peers Individualismus-Mythos zu dem tatsächlichen Entwicklungsstand der Produktionssphäre schon zu seiner Zeit." (Ebd., 73) Unter dem Einfluß der Kulturindustrie, so wird hier ganz in der Tendenz des Stückes unterstellt, degeneriert das Besondere und Einmalige zum Träger des allgemeinen Reproduktionsprozesses. Das „Schicksal im Zeitalter der Aktiengesellschaften"[164] besteht in einer egalisierenden Vermassung der Subjektivität. In der auf dem Prinzip der Tauschabstraktion beruhenden Warengesellschaft wird aber selbst die Imagination zur Ware, denn „nur so kann ein Gebrauchswert der Dinge hinter der Erscheinung suggeriert werden"[165]. Der Triumph der Kulturindustrie wäre nach dieser Einschätzung ein doppelter: „Was sie als Wahrheit draußen auslöscht, kann sie drinnen als Lüge beliebig reproduzieren."[166]

Über seine kulturkritischen Gehalte hinaus ist dem Schluß-Bild von *Peer Gynt* aber auch ein theaterästhetischer Bezug zu entnehmen, der auf den inneren Zusammenhang zwischen Drama und bildender Kunst verweist und zugleich eine formale Verbindung zum Eröffnungs-Bild von *Schlußchor* herstellt. Im Schluß-Bild von *Peer Gynt* kommt die Handlung zum Stillstand, im Eröffnungs-Bild von *Schlußchor* geht die Handlung aus einer Ruhestellung hervor. Beide sind im Sinne der Definition, die Denis Diderot in seinen ästhetischen Schriften vorschlägt, als „tableau" (Gemälde) zu bezeichnen, das als Gegenbegriff zum „coup de théâtre" (dem Theaterstreich) eingeführt wird: „Ein unvermuteter Zufall, der sich durch Handlung äußert und die Umstände der Personen plötzlich verändert, ist ein Theaterstreich. Eine Stellung dieser Personen auf der Bühne, die so natürlich und so wahr ist, daß sie mir in einer getreuen Nachahmung des Malers auf der Leinwand gefallen würde, ist ein Gemälde."[167]

Entscheidend ist hier insbesondere der rezeptionsästhetische Aspekt, denn ein Tableau – eine szenische Situation im Zustand der Stillstellung oder Erstarrung – folgt einer doppelten Anschauungsstrategie: „Der Dramaturgie der Blicke zwischen den Akteuren im fixierten Bild entspricht der Blickappell an den Zuschauenden, für den die Szene arrangiert und festgehalten worden ist."[168] Der gleichsam gefrorene Hand-

[164] Dolf Sternberger: Panorama oder Ansichten vom 19. Jahrhundert. A.a.O., S.197.
[165] Thomas Kleinspehn: Der flüchtige Blick. A.a.O., S.273.
[166] Max Horkheimer, Theodor W. Adorno: Dialektik der Aufklärung. Frankfurt/M. 1969. S.143.
[167] Denis Diderot: Dorval und ich. In: Ästhetische Schriften. Bd.1. Hrsg. von Friedrich Bassenge. Berlin, Weimar 1967. S.172.
[168] Klaus Siebenhaar: Lichtenbergs Schaubühne. Imaginarium und kleines Welttheater. Opladen 1994. S.97.

lungsaugenblick überträgt im Schlußtableau von *Peer Gynt* die Verfahrenstechniken der bildenden Kunst in Form einer differenzierten, gattungsreflexiven und medienkritischen Dramaturgie auf die Bühne des Theaters; eine pantomimische Darstellung jener existentiellen Verlusterfahrungen, die am Ende der Fabel mit dem technischen Fortschritt einhergegangen sind. Durch seine Absicht, den Zug der Zeit zumindest für einen Augenblick anzuhalten, stellt sich das Tableau dabei auch in den Dienst der empfindsamen, rückwärtsgewandten Erinnerung, die an dem vergeblichen Versuch des Verharrens, der befristeten Aufhebung des chronologischen Verlaufs, ansetzen kann. „Es ist, als wollte darüber die Zeit, wie im Bild, stehenbleiben. Walter Benjamin hat einmal diese Affinität von Rührung und tableau in dem Satz angedeutet, Sentimentalität sei 'der erlahmende Flügel des Fühlens, das sich irgendwo niederläßt, weil es nicht weiterkann'."[169]

Die Überwältigung des Photographen: *Schlußchor*

Richtete sich Peer Gynts Trachten vor allem darauf, er „selbst" sein zu wollen, auf die hartnäckige Leugnung seiner Zwiebelnatur, die um den proklamierten Identitätskern des „gyntischen Ichs" lediglich Schalen aufzuweisen hat , so läßt sich inzwischen mit einiger Gelassenheit konstatieren: „Du bist nicht identisch" (Pa, 176). Man mag den rapiden Schwund verbindlicher Persönlichkeitsmerkmale im 20. Jahrhundert bedauern oder als Voraussetzung neuartig-multipler Kombinationsmöglichkeiten begrüßen: er kennzeichnet die subjektiven Krisenerfahrungen der ästhetischen Moderne seit Arthur Rimbauds Dekonstruktion der ersten Person Singular („Ich ist ein anderer"), Stéphane Mallarmés Befreiung der Sprache von den Fesseln äußerer Referenzbezüge („L'absence de toute rose") oder Paul Valérys entschlossenen Vivisektionen am eigenen Bewußtsein („Ich will niemand sein"[170]). Bereits hier ist zu erkennen, wie traditionell im Grunde Botho Strauß argumentiert, wenn er postgyntisch vermerkt: „Die Identität, nach der man sucht, existiert nicht. Abgesehen von einigen äußeren, behördlichen Erkennungsmerkmalen gibt es nichts, was für die Existenz eines zusammengefaßten Einzelnen spräche. (...) Es ist die Fülle mikroskopischer Details aus ganz verschiedenen Wahrnehmungsmustern, in der wir eben noch das Reale vermuten können. Unter solchen Bedingungen nach dem Selbst zu fragen, endet beim Schema des Wahnsinnigen, der sich von 'fremden Wesen' bevölkert und aufgelöst fühlt." (Ebd.) Ein halbes Jahrhundert vor Öffnung der „Traumfabrik" war Ibsens innerem Orient bereits anzusehen, daß die tragischen Untergänge im Medienzeitalter vor den Bildschirmen stattfinden würden. Nach dem Verlust der metaphysischen Verankerung droht uns „matt Bestrahlten" (ebd., 178) jegliche Referenz verloren zu gehen. Identität, die eines Gegenübers ebenso konstitutiv bedarf wie einer Vergangenheit, mutiert in der totalen Gegenwart synthetisch-kollektiver Bilder zu einer variablen Größe.

---

[169] Peter Szondi: Tableau und coup de théâtre. Zur Sozialpsychologie des bürgerlichen Trauerspiels bei Diderot. Mit einem Exkurs über Lessing. In: Schriften. Bd.II. Hrsg. von Jean Bollack. Frankfurt/M. 1978. S.209; das Benjamin-Zitat entstammt seinem unter dem Pseudonym Detlef Holz veröffentlichten Briefkompendium Deutsche Menschen. In: Gesammelte Schriften. Bd.IV.1. Frankfurt/M. 1980. S.198.
[170] Paul Valéry: Cahiers / Hefte. Hrsg. von Hartmut Köhler und Jürgen Schmidt-Radefeldt. Bd. 1. Frankfurt/M. 1987. S.103.

Immer wieder greift Strauß in seinen späteren Texten auf Topoi oder Motive des Ibsenschen Œuvres zurück. Noch der Titel seiner Büchner-Preisrede aus dem Jahr 1989, *Die Erde ein Kopf*, ist als geheime Reminiszenz an den norwegischen Moralisten und Vormodernen zu identifizieren. Liegt der entscheidende Akzent seiner dramaturgischen Bearbeitung des Schlußtableaus von *Peer Gynt*, bilanzierend gesagt, in der Vermassung des einzelnen, so dürfte er umgekehrt beim ersten Bild von *Schlußchor* in der Vereinheitlichung der Masse zu sehen sein. „Ich fotografiere euch so lange, bis ihr ein Gesicht seid. Ein Kopf – ein Mund – ein Blick. Ein Antlitz!" (T II, 422) Mit diesem Umkehrschluß soll keineswegs ein intendierter Zusammenhang des Schluß-Bildes von *Peer Gynt* mit dem Eröffnungs-Bild von *Schlußchor* unterstellt werden – eine womöglich gezielte Verkoppelung des jüngeren Werkes mit der Bühnenpraxis der Frühphase. Vielmehr fällt die Ähnlichkeit der medien- und erkenntnistheoretischen Erträge ins Auge, die dem Thema seit seiner ersten (episch-)dramatischen Verarbeitung abgetrotzt werden. Letztlich gleicht die Bilanz der Leistungen, die Strauß dem photographischen Medium zutraut, eher einer horrenden Verlustrechnung denn einer wertfreien Bestandsaufnahme. Die negativen Zuschreibungen reichen von der Cadrage des Gesichtsfeldes, die die Wahrnehmung willkürlich „begrenzt" und einengt (Na, 159), bis hin zum faden Beigeschmack der Prostitution, der Befürchtung der Preisgabe und „infektiösen Berührung" mit der Menge, die allein „die Anwesenheit der Fotografin" (ebd., 164) verursacht.

Durchgängig wird dem eindimensionalen Abbild der Realität seine Unfähigkeit quittiert, das Wesentliche adäquat zum Ausdruck zu bringen. Einzig im kubistischen Simultané, das dem zeitlichen und räumlichen Perspektivismus des Betrachters in der Moderne entspricht, „in hundert Augenblicken hingeblättert", seien einem Portrait „die zerstreuten Spuren eines mächtigen Antlitzes" zu entnehmen, „das in dem kleinen Gesicht nur ein ärmliches Asyl gefunden hatte" (ebd., 166). Thomas Kleinspehn hat in seiner Untersuchung über den Zusammenhang von Sehen und Identität in der Kultur der Neuzeit auf die Auswirkungen des Zivilisationsprozesses hinsichtlich der Wahrnehmung des Gegenübers hingewiesen: Immer mehr werde in „das Bild des Anderen" hineingelesen, „doch sein 'wahres' Gesicht bleibt dahinter ebenso verborgen, wie das 'Leben' hinter den Fassaden verschwindet. So gehören die Physiognomik, die klaren, offenen Konturen in Architektur und Städtebau sowie die Photographie von ihren Wurzeln her sehr eng zusammen. Sie alle tragen die Hoffnung einer Aufhebung der Subjekt-Objekt-Spaltung in sich, der Öffnung und Durchschaubarkeit der Welt. Eine Hoffnung jedoch, welche sich nur auf Kosten der Reduktion der Wahrnehmung und der Durchsetzung einer scheinbaren Objektivität erfüllen konnte. Im Zuge dieser Rationalisierung des Bildes relativiert sich die Täuschung auch zu ihren naturalistischen Gehalten hin. (...) Solchermaßen verobjektiviert, ist der Blick auf die Realität in anderer Weise unsicher. Denn einerseits erscheint diese meßbar, kann photographisch festgehalten werden, auf der anderen Seite ist nunmehr das Bild selbst bedrohlich, denn es könnte etwas vom Sein des Menschen zerstören"[171].

Die erkenntniskritische Aufwertung von Gleichzeitigkeit und Simultaneität verweist auf das Grund- und Orientierungsmuster einer gestaltlosen Flächigkeit, das Strauß in jedem Fall – seit *Beginnlosigkeit* auch mit systemtheoretischem Beistand –

---

[171] Thomas Kleinspehn: Der flüchtige Blick. A.a.O., S.263.

einer chronologisch-linear geprägten Weltanschauung vorzieht. Seinen reinsten Ausdruck findet diese raumzeitliche Option im sogenannten Steady state, dem Stadium einer stetigen und gleichmäßigen Simultanpräsenz. „Es ist alles da. Allzeit. Erst die Organe takten die Folgen und Verläufe, das Werden und Vergehen hinein." (Beg, 41) Vor diesem Hintergrund werde die Welt zu einem Rezeptionsproblem, dem allenfalls durch eine entgrenzte Wahrnehmung, aber gewiß nicht photographisch beizukommen sei. Indem das Reproduktionsmedium einen beliebigen Ausschnitt als das Ganze präsentiere, verschleiere es die Vielschichtigkeit des Realen. Genau in diesem Punkt unterschätzt Strauß jedoch die Möglichkeiten der Photographie, denn paradoxerweise liegt der Zeitpunkt der avisierten Entgrenzung in eben jenem „Augenblick", den auch das Blitzlicht des Photographen festhält. Bei aller gebotenen Trennschärfe zwischen Sinnesorgan und technischer Apparatur fördert ein unvoreingenommener Vergleich dieser beiden visuellen Medien doch zumindest die Gemeinsamkeit einer augenblicklichen, mehr oder minder nachhaltigen Entbindung von Diktat der Zeitlichkeit zutage. Strauß' Haupteinwand gegen die Photographie besteht im Vorwurf einer gewaltsamen Fixierung, Entkontextualisierung und Veröffentlichung ihrer Gegenstände. Gänzlich unberücksichtigt bleibt dabei der Umstand, daß die Photographie aufgrund ihrer spezifischen Veranlagung als „stehender Zeitpfeil" ihrem Betrachter die Erfahrung seiner eigenen Endlichkeit ermöglicht. Ob diese Erfahrung noch im strengen Sinne „ästhetisch" zu nennen ist, oder nicht vielmehr „existentiell" oder „philosophisch", wofür im Unterschied zu Roland Barthes etwa Vilém Flusser plädiert[172], ob desweiteren die Kategorie der ästhetischen Erfahrung schon allein deshalb auf die Photographie zu übertragen ist, weil diese als Teildisziplin der bildenden Künste in den Zuständigkeitsbereich der Ästhetik fällt, gehört nach wie vor zu den offenen Fragen des Gattungsdiskurses.

Ästhetische Erfahrung beinhaltet stets den utopischen Aspekt einer „Freiheit von der Zeit"[173]. Sie ist „lebendig vom Objekt her", und zwar „in dem Augenblick, in dem die Kunstwerke" unter dem Blick ihres Betrachters „selbst lebendig werden"[174]. Der Verdacht, daß das Lichtbild etwa aufgrund seiner längeren Haltbarkeit der ästhetischen Epiphanie an Erlebnisqualität und -intensität den Rang ablaufen könnte, käme einer Reduzierung der unter keinen Umständen zu konservierenden, vitalen und prozessualen Erfahrung des Ästhetischen auf den Materialwert ihres Vermittlers gleich und darf somit ausgeschlossen werden. Da hier alles vom Standpunkt und von der Einstellung des Betrachters abhängt, spielt selbst der Einwand einer zielgerichteten Weltaneignung durch die Photographie eine untergeordnete Rolle, muß doch zwischen der Betrachtung eines Lichtbildes und der Handhabung des Apparates kategorisch unterschieden werden. Resultiert im Falle der Bildbetrachtung der potentielle ästhetische Erfahrungsgewinn aus einer zunächst einmal intentionslosen Anschauung, in deren Verlauf der Betrachter gleichsam vom Blitz getroffen wird, so gilt das „Knipsen" des Photo-

[172] Vgl. Vilém Flusser: Für eine Philosophie der Fotografie. Göttingen 1983; vgl. auch ders.: Gesten. Versuch einer Phänomenologie. Düsseldorf und Bensheim 1991. S.127-150 (Die Geste des Fotografierens).
[173] Vgl. Michael Theunissen: Freiheit von der Zeit. Ästhetisches Anschauen als Verweilen. In: Negative Theologie der Zeit. Frankfurt/M. 1991. S.285-298; zuerst in Wieland Schmied (Hg.): GegenwartEwigkeit. Spuren des Transzendenten in der Kunst unserer Zeit. Berlin 1990. S.35-40. Utopisch ist die augenblickliche Erfahrung einer Gegenwart der Ewigkeit in dem Sinne, daß sie weder eine eindeutige Realität noch einen konkreten Ort aufzuweisen hat.
[174] Theodor W. Adorno: Ästhetische Theorie. Frankfurt/M. 1973. S.262.

graphen als schlechthin intentional. „Wer viel photographiert, weiß, wie despotisch der Suchblick jede andere Wahrnehmungsweise zurückzudrängen sucht, dergestalt, daß sich die Antizipation des Gedächtnisbildes bereits virtuell an die Stelle des eben erst Wahrzunehmenden setzt: ich sehe nur noch, was ich gesehen haben kann, ein Sortieren der Wirklichkeit nach den Kriterien ihrer Konservierbarkeit."[175]

Zwischen einer möglichen Verlebendigung des Bildes, die vom Betrachter ausgeht, und seiner Mortifikation durch die photographische Abbildung ist demzufolge eine grundlegende Differenz zu veranschlagen, die Strauß bei seiner dichterischen Verarbeitung des Reproduktionsmediums ignoriert. Ohne den Bedeutungshorizont der Photographie weiter auszuloten, auf deren „Bildgedächtnis" und „Lesbarkeit" erst kürzlich Anselm Haverkamp im Rekurs auf Roland Barthes und Augustinus hingewiesen hat[176], identifiziert er den Photographen als Menschenfresser und seine Apparatur als eine Art Reißwolf, von dem man sich im eigenen Interesse besser fernhält. Damit modifiziert er das Schema semantischer Oppositionen, das der Photographie bereits in der Ästhetik des 19. Jahrhunderts ihren Platz zuwies, noch bevor diese „die Möglichkeit zur Artikulierung eines 'eigenen' Selbstverständnisses hatte"[177]. Gerhard Plumpe hat in seiner umfassenden Untersuchung zum Diskurs der Photographie im Zeitalter des Realismus das seinerzeit gültige Oppositionsverhältnis zwischen Kunst und Photographie an den Gegensatzpaaren Mensch – Maschine, Wahrheit – Lüge oder Leben – Tod veranschaulicht.[178] „Innerhalb der ausdifferenzierten und hierarchisch strukturierten Kultur des 19. Jahrhunderts fand die Photographie kein Terrain vor, das sie unbedrängt hätte einnehmen können. Vielmehr traf sie von vornherein auf eine kulturelle Konstellation, in der jeder denkbare 'Platz' bereits fixiert und definiert schien. In Sonderheit traf dies für das ausdifferenzierte Teilsystem 'Kunst' zu, dessen Grenzen im ästhetischen Diskurs definiert und kontrolliert und vor 'unbefugtem Zutritt' geschützt wurden. Sensibel war diese 'dichterische Grenzkontrolle' (...) vor allem gegen technische Reproduktionsverfahren, die einer Natur verpflichtet blieben, der Kunst die Autonomie der eigengeleisteten Werke entgegensetzte. So überrascht es nicht, daß die Photographie in der philosophischen Ästhetik des 19. Jahrhunderts fast durchgängig und kategorisch als 'unkünstlerisch' abgelehnt wurde."[179] Strauß hält, wenngleich unter ausdrücklicher Vermeidung des mit diesem Schema einhergehenden ganzheitlich-kompakten Menschenbildes, an der hier vorgezeichneten Abwertung, wenn nicht gar Dämonisierung des Kameraauges fest. Damit gibt er sich als Verfechter eines traditionalistischen Kunstverständnisses zu erkennen, der in seiner Eigenschaft als notorischer Mythologe die Ungeheuer der Moderne im unverdauten Fortschritt ausmacht.

Im Hinblick auf eine möglichst präzise Beschreibung der medientheoretischen Vorgänge in den Texten von Botho Strauß erweist es sich als ebenso notwendig wie ratsam, zwischen der Rolle des Photographen, den funktionalen Eigenschaften des

[175] Gert Mattenklott: Über Geilheit. Eine Erinnerung. In: Dietmar Kamper / Christoph Wulf (Hgg.): Transfigurationen des Körpers. Spuren der Gewalt in der Geschichte. Berlin 1989. S.186.

[176] Vgl. Anselm Haverkamp: Lichtbild. Das Bildgedächtnis der Photographie: Roland Barthes und Augustinus. In: Ders., Renate Lachmann (Hgg.). Memoria. Vergessen und Erinnern (Poetik und Hermeneutik XV). München 1993. S.47-66.

[177] Gerhard Plumpe: Der tote Blick. A.a.O., S.42.

[178] Vgl. ebd., S.48.

[179] Ebd., S.42.

Apparates sowie den Darstellungsmodi des photographischen Abbildes zu differenzieren. Dokumentiert der Photograph zunächst das allenthalben zu beobachtende Primat des Taktilen in der modernen Mediengesellschaft – ein Fingerdruck genügt, um komplexe Datenprozesse auszulösen oder „ein Ereignis für unbegrenzte Zeit festzuhalten. Der Apparat erteilte dem Augenblick sozusagen einen posthumen Chock"[180] –, so erscheint er zugleich als ein „Jäger" (Na, 168), der seiner Beute „gute Stücke" aus „Zeit" und „Wesen" herauszureißen trachtet (ebd., 165). Sein begieriger Suchblick hat eine Selektion zur Konsequenz, die einer Zerlegung des komplexen Ganzen gleichkommt. Das Instrument dieses Anschlags, das bei Strauß von einer Waffe qualitativ in nichts zu unterscheiden ist, ist der Apparat. Das Abbild schließlich mortifiziert seinen Gegenstand, nachdem die Kamera ihn zuvor zugerüstet, das heißt penetriert, entmenschlicht und der Ausstellung preisgegeben hat. Ihr kalter Blick zerrt an die Oberfläche, was immer ihm zugänglich ist, um es anschließend zu Markte zu tragen: „Die von der Photographie entdeckte Verkäuflichkeit der Wahrnehmung appelliert an ein Genießen, das sich an der Wahrnehmung der Verkäuflichkeit ergötzt. Nichts anderes meint Pornographie: 'Die Vorstellung von der Ausstellung (...) vor der Kamera'. Pornographie ist die Quintessenz massenmedialer Desanthropomorphisierung."[181]

Ganz im Sinne dieses vulgär-merkantilen Deutungsansatzes gleichen die Personen (sofern man sie noch als solche bezeichnen darf), die Strauß im Eröffnungsbild zum *Schlußchor* gruppiert, nurmehr namenlos-typisierten Repräsentanten einer beschädigten Gattung. An die Stelle der Dialoge sind frei flottierende Verständigungsfragmente und Floskeln getreten, die ihre subversive, denunziatorische Absicht kaum verhehlen. Das Atelier des Photographen – und deutlicher noch seine bauliche Schwundstufe des Bahnhofshallen-Fotomaten – firmiert bei Strauß als „Todesblitzzelle" (W, 58), in der die Hinrichtung der Geschändeten symbolisch vollzogen wird; eine Art Schädelstätte des neuzeitlichen Subjektbegriffs. Dabei wird die Präsenz des Kameraauges vom fixierten Delinquenten als deus ex machina erfahren, als visuelle Überwältigung, die die eigene Wahrnehmungsfähigkeit vollständig zurückdrängt und überlagert: „Ich seh gar nichts", sagt aus der Schar der zum Gruppenbild formierten fünfzehn Frauen und Männer etwa M 15, „ich starre ins Auge des Reptils" (T II, 413). Dieser mythische Schrecken vor dem „freche(n), einäugig glotzende(n) Zyclop(en) des technischen Zeitalters"[182] entstammt der Frühzeit der Photographiegeschichte und hat über seine metaphysischen Aspekte hinaus einen handfesten kommunikationstechnischen wie anthropologischen Grund: „Vorm Objektiv geht der Blick leer aus, weil 'der Apparat das Bild des Menschen aufnimmt, ohne ihm dessen Blick zurückzugeben'."[183]

Die allemal tragischen Auswirkungen, die Strauß selbst dem arglosen Betrachter eines decouvrierenden Portraits in Aussicht stellt (vgl. Na, 171f.), scheinen nun auch auf das diffuse Selbstbild der Gruppe als „Chor" (T II, 422) einiges Licht werfen zu können. Verbürgt doch dessen Gegenwart erst jenen vorgeschichtlich-tragödienhaften Handlungshintergrund, vor dem Strauß' dramaturgische Allianz von Terror, Tod und

---

[180] Walter Benjamin: Über einige Motive bei Baudelaire. In: Gesammelte Schriften. Bd. I.2. A.a.O., S.630.
[181] Norbert Bolz: Theorie der neuen Medien. München 1990. S.79.
[182] Aby Warburg: Zeitgenössische Kunst: Böcklin (1901); hier zit. nach Ernst H. Gombrich: Aby Warburg. Eine intellektuelle Biographie. Frankfurt/M. 1984. S.194.
[183] Norbert Bolz: Theorie der neuen Medien. A.a.O., ebd.; vgl. auch Walter Benjamin: Über einige Motive bei Baudelaire. A.a.O., S.646.

Spiel plausibel wird. Nach Friedrich Schillers vorausschauendem Wort leistet der Chor „dem neuern Tragiker noch weit wesentlichere Dienste als dem alten Dichter, eben deswegen, weil er die moderne gemeine Welt in die alte poetische verwandelt"[184]. Und eben hieraus, aus einer dem Mythos entlehnten raumzeitlichen Indifferenz und Konturlosigkeit, bezieht der Chor im Eröffnungsbild seine merkwürdige Resistenz und blockartige Geschlossenheit gegenüber den zudringlichen „Kameraschüssen" (ebd., 421) des Photographen. Die Vereinheitlichung der Gruppe zur pauschalen „Individualität" (ebd.) schlägt in einen kollektiven Gegenangriff um, in dessen Verlauf der Photograph wie der Jäger Aktaion von der „Meute" (ebd., 422) seiner eigenen Hunde zerrissen wird. Weil er dem Augenblick das Wesentliche schamlos zu entreißen suchte, teilt der Photograph sein Schicksal – und verschwindet.

---

[184] Friedrich Schiller: Über den Gebrauch des Chors in der Tragödie. In: Vom Pathetischen und Erhabenen. Ausgewählte Schriften zur Dramentheorie. Hrsg. von Klaus L. Berghahn. Stuttgart 1970. S.109.

II. Vor dem Spiegel. Zur Theorie des Versehens

Der Blick des Anderen

Was der Photograph vor seiner Überwältigung dem Chor noch zu bedenken gibt, zielt auf eine theologische Rechtfertigung seiner Anwesenheit als konstituierende Bezugsgröße einer ansonsten unbeglaubigten Subjektpräsenz: „Sein ist Gesehenwerden. Selbst Gott der Allmächtige konnte nicht darauf verzichten, sich zu offenbaren. Das ganze große Universum konnte nicht darauf verzichten, ein Wesen hervorzubringen, das es beobachtet." (T II, 422f.) Erst in der zumindest potentiellen Bestätigung durch die Instanz des „Anderen", so wird hier ketzerisch vermerkt, kann sichergestellt werden, daß ein Wesen – und wäre es göttlich – überhaupt existiert. Reale Gegenwart in Raum und Zeit bedarf als Beglaubigungsinstanz eines Augenzeugen, und niemand vermag dieser Chronistenpflicht besser nachzukommen als ein Photograph. Der Auslöser seiner Apparatur ersetzt jede Indizienbeweisführung. Ketzerisch ist diese Feststellung insofern, als sie die Existenz Gottes kausal von seiner Wahrnehmung durch den Gläubigen abhängig macht. Gott ist in dieser Lesart das Resultat eines Bekenntnisses zu Gott, das sich im Zuge religiöser Anschauungen seiner spirituellen Referenzgröße versichert. Ohne den Menschen, der seine Offenbarung bezeugt, wäre er nicht, ebenso wie umgekehrt der Mensch zur Vergewisserung seiner selbst einen ideellen Beobachter benötigt.

Die Frage ist nur, wie der konstituierende Blick des Anderen beschaffen ist: teilnahmslos und kalt, wie der des Kameraauges, böse gar, oder mitfühlend, warm und teilnehmend. „Ich" könne nur gesagt werden „in Beziehung auf ein Anderes, auf ein selbständiges Gegenüber", notiert Wilhelm Michel 1928 in einem bemerkenswerten Essay[185], der in unserem Zusammenhang für eine kosmologische Wahrnehmung der Welt unter dem Aspekt des Geschöpflichen und Dinghaften einsteht. „Gläubig verweilend auf der Wirklichkeit der Obstschale"[186] versucht Michel die mystische Erfahrung einer beseelten Teilhabe am Äußeren in erneuerter Frömmigkeit zu reaktivieren. Seine kritischen Befunde gelten ähnlich wie bei Strauß einer als profanisiert erfahrenen modernen Welt, in der das Ich seiner selbst nicht mehr mächtig ist. „In sinnentleerter Automatik" falle ein dämonisches Prinzip „das geistige und seelische Leben an wie die Schlange des Bösen" und lähme seine Spontaneität. Unter solchen Vorzeichen wird das Auge zu einem „Emblem des Nihilismus. Es sitzt zwar im Leib des Menschen, blickt aus dessen Augenhöhlen und urteilt mit der Autorität eines körperhaften Ich, aber dies alles mit mephistophelischem Zynismus. Wir können sagen, daß es als das Prinzip einer totalen, einer wildgewordenen Aufklärung fungiert. Der Blick müßte sich

---

[185] Wilhelm Michel: Der Blick. Erhaltendes und zerstörendes Bewußtsein. In: Die Kreatur. 2. Jg. (1927/28). S.197. Zum Autorenkreis dieses von Martin Buber herausgegebenen ökumenischen Periodikums zählten u.a. Franz Rosenzweig, Walter Benjamin, Florenz Christian Rang oder Dolf Sternberger.
[186] Ebd., S.199.

anhalten können, um Gestalten zu sehen – hier sieht er grenzenlos; er sollte im Hier und Jetzt sich bescheiden können – statt dessen reißt er in namenloser Gier Zeit und Raum in seinen Strudel"[187].

Michels Skepsis gegenüber dem Prinzip des unersättlichen, gestaltlosen Blicks in der Moderne hat eine bewußte Begrenzung aufs lebensweltlich Überschaubare zu Folge, aus dessen Betrachtung er einen „Vorschein von unio mystica"[188] ableitet. Hier spricht sich ein weltliches Kommunionsbedürfnis aus, das etwa mit Robert Musils „anderem Zustand" in Verbindung zu bringen wäre und als das genaue Gegenteil jenes profanen, aufklärerischen Blicks firmiert, der über das Medium der Photographie alles ans Licht zu zerren trachtet. Indessen bleibt zu bedenken, daß gerade die mystische Erfahrung sowohl „dem Gegenwartswillen aufs Äußerste widerstrebt"[189] als auch einer Verkapselung in der Dunkelkammer der inspirierten, metaphysisch illuminierten Einbildungskraft gleichkommt – einer Art Projektion auf die innere Lidwand. „Das Wort mystisch (...) kommt von myein, die Augen schließen."[190] Im ethymologischen Sinne ist der Mystiker ein Blinder, der sich zugunsten seines inneren Sehens gegenüber der Außenwelt verschließt.

Grundsätzlich ist hier zunächst einmal festzuhalten, daß der Blick des Anderen in den Texten von Botho Strauß zweierlei begründet: Zum einen bildet er einen notwendigen Orientierungspunkt des menschlichen Bewußtseins von sich selbst, zugleich jedoch stellt er eine permanente Bedrohung des subjektiven Selbstbehauptungswillens dar. Ich werde gesehen – also bin ich, so wäre hier im Sinne einer cartesianischen Variation zu summieren und gleich zu ergänzen: Ich werde gesehen – also bin ich in Gefahr. Denn „Blick ist Angriff; Leben ist Blickabwehr".[191] Die anthropologischen Ursachen für diese beständige äußere Gefährdung durch den Blick des Anderen liegen im wesentlichen darin begründet, daß der Andere die durch den subjektiven Wahrnehmungsprozeß etablierte Ordnungsstruktur der Welt irritiert oder untergräbt. Das Ich verliert durch den Hinzukommenden seine zentrale Stellung bei der visuellen Organisation seiner Umgebung, da der Andere in derselben Umgebung ebenfalls Bezüge herstellt und die Dinge nach Maßgabe seiner eigenen Vorstellungen einordnet. Die Dinge lassen sich durch Distanzen festlegen, der Mensch selbst ist distanzlos, da er es ist, der die Distanzen festlegt. „Das Erscheinen des Anderen in der Welt entspricht also einem starren Entgleiten meines gesamten Universums, bedeutet eine Dezentrierung der Welt."[192] Darüber hinaus birgt ein unmittelbarer Anblick durch den Anderen jedesmal die Gefahr, unter seinem Blick zu einem Objekt im Kontext der übrigen Dinge degradiert werden zu können.

Der Blick des Anderen fungiert also zum einen als unverzichtbarer Identitätsbeweis, zum anderen als latente Bedrohung eben jener Identität durch Dezentrierung

[187] Gert Mattenklott: Der übersinnliche Leib. Beiträge zur Metaphysik des Körpers. Reinbek 1982. S.229f.
[188] Ebd., S.231.
[189] Robert Musil: Der Mann ohne Eigenschaften. Reinbek 1978. S.753.
[190] Ernst Bloch: Atheismus und Christentum. In: Werkausgabe. Bd. 14. Frankfurt/M. 1985. S.285.
[191] Wilhelm Michel: Der Blick. A.a.O., S.182.
[192] Jean-Paul Sartre: Das Sein und das Nichts. Reinbek 1962. S.341. Sartres auf Husserl und Heidegger rekurrierende Ausführungen über den Blick (le regard) finden sich an zentraler Stelle seines philosophischen Hauptwerkes im Kontext seiner Untersuchungen über das Wesen des Menschen. Sie finden hier v.a. deshalb Erwähnung, weil sie die für Strauß relevanten konstitutiven Elemente der subjektiven Blickkonfrontation auf einem allgemein-anthropologischen Reflexionsniveau veranschaulichen.

und Verobjektivierung. Was in diesem Zusammenhang die von Strauß erwähnte wechselseitige Beobachtung von Mensch und Gottheit betrifft, so dürfte ihre Affinität vor allem darin liegen, daß beide Seiten sich nur ungern in die Karten schauen lassen. Jemanden „zu durchschauen heißt im strikten Sinne, zu sein oder sein zu können wie er. Darin liegt die Zudringlichkeit, die jederman abwehrt, der sich nicht gefallen läßt, durchschaut zu werden. Darin ist der Mensch am meisten Gottes Ebenbild und Gleichnis, daß er seinem ganzen Verhalten nach Abwehr gegen das Durchschautwerden ist. Er gleicht seinem Gott als ens absconditum, das absolut verfügen will über sein esse revelatum. Der Mensch will sich mitteilen, aber dies setzt voraus, daß er verborgen und undurchsichtig ist, insoweit er es will und sich der Offenheit entzieht. Das eine ist Korrelat des anderen"[193]. Vor diesem Hintergrund erscheint das ebenso nachdrückliche wie wirkungslose Schlußwort des Photographen, „Erkannte wollen sie sein!" (ebd., 423), als ein letzter Verweis auf die identitätsbildenden Potentiale des Blicks in einer durch Technik restlos verobjektivierten Welt. Daß ein solches Argument gerade von einem Repräsentanten technisch-instrumenteller Inbesitznahme vorgetragen wird, verleiht dieser scheinbar nur ironischen Szene jenen untergründigen, existentiellen Ernst, der nicht nur für die medienkritischen Äußerungen in Strauß' Texten kennzeichnend ist.

Auf vergleichbare Weise wird bereits in dem Theaterstück *Trilogie des Wiedersehens* der Vorgang des „Erkennens" einer Person mit der szenischen Gegenwart eines Photographen, in diesem Fall ein Junge mit einer als „Teufelskasten" (T I, 324) bezeichneten Polaroidkamera, in Verbindung gebracht. Unmittelbar im Anschluß an die Zurückweisung seiner ebenso dreisten wie bezeichnend martialischen Offerte – „Ich will dich schießen" – richtet Susanne, eine der am wenigsten konsistenten Figuren des Stücks, eher an sich selbst als an den anwesenden Museumswächter die naheliegende Frage: „Sagen Sie mir: woran erkennen Sie mich eigentlich? Wie kommt es, daß Sie mich, mich Ununterscheidbare, von Mal zu Mal wiederfinden, ohne sich zu irren? Was sagt Ihnen: da ist sie ja, ... meine Susanne? Wenn ich in den Spiegel sehe, so finde ich nichts, was nicht auch in tausend anderen Gesichtern zu finden ist. Kann mir nicht vorstellen, daß Sie mich sehen!" (Ebd., 318) Die gesamte *Trilogie* unterliegt darüber hinaus auf formaler Ebene dem strukturellen Muster von Hell-Dunkel-"Blenden", so daß die einzelnen Szenen (oder „Bilder", um die es auch inhaltlich geht) mit mehr oder weniger lange belichteten Aufnahmen assoziiert werden können. Die ausgeklügelte Lichtdramaturgie dieses Stücks liefert ein anschauliches Exempel für den Stellenwert des photographischen Diskurses in Strauß' Texten, um so mehr, als hier die dialogisch zum Ausdruck gebrachte Unverbindlichkeit und fehlende Tiefenschärfe der personellen Beziehungen durch einen expliziten Verweis aufs Reproduktionsmedium kommentiert wird. Als Beweismittel für die Existenz eines verschwundenen Objekts zieht man ebenfalls ein Lichtbild heran (vgl. ebd., 326). Zudem greift Strauß den traditionellen Gattungskonflikt zwischen Malerei und Photographie in einer durchgängigen Thematisierung des Ausstellungswertes photorealistischer Maltechniken auf, über deren Rang freilich kein Einvernehmen herzustellen ist.

---

[193] Hans Blumenberg: Matthäuspassion. Frankfurt/M. 1988. S.93.

„Blick zurück im Besserwissen"

Unentwegt changiert die Wahrnehmung bei Strauß zwischen Schöpfung und Destruktion. Deshalb kommt der Figur des Stillstands – des erfüllten Augenblicks einer zeitöffnenden und raumgreifenden Potentialität – einer Apotheose des Sehens gleich, die als exponierter Sonderfall aus dem regulären Wahrnehmungsverlauf herausragt. Faßt der Betrachter die Welt im Korsett linear-chronologischer Zeitvorstellungen ins Auge, hat er sie bereits cadriert und damit entstellt. Denn Ordnung und Übersichtlichkeit herrscht allein in der Geschichte, die für Strauß ebenso wenig existiert, „wie der fliegende Pfeil des Zenon sich bewegt. (...) Geschichte erfaßt das Geschehene nicht, geschweige denn das Geschehen einer Vergangenheit. Es ist immer Katachronie, ein einziger Blick zurück im Besserwissen. Wir stürzen unsere Zeit über allen anderen nieder. Kolonialherren der Vergangenheit!" (FdU, 57). Was anderenfalls nicht zu begreifen wäre, kategorisiert der Historiker in Form geläufiger Modi. Durch den perspektivischen Zuschnitt seiner Wahrnehmung und Auslegung produziert er WeltBilder, deren inflationäres Auftreten bei Strauß nurmehr für die „Alltäglichkeit der kopernikanischen Wende" einsteht: „Heute ein neues Weltbild in der Physik, morgen ein neues Menschenbild der Neurobiologie, übermorgen die Auflösung der Erde in einem neuen Erkenntnisraster der Geologie ..." (Beg, 14)

Als Gegenmodell zu jenem „kolonialistischen" Weltaneignungsverfahren wäre in diesem Zusammenhang auf die mythologisch und erkenntniskritisch fundierte Konstante der Gleichzeitigkeit und Simultaneität in Straußens Werk zu verweisen, die sich in Formulierungen wie der folgenden manifestiert: „Auf dem leeren Markt, im Zwielicht der Zeit, steht alles bereit." (FdU, 35) Alles ist stets gegenwärtig, gleichgültig, ob der Mensch es nun zur Kenntnis nimmt oder nicht. Eine Unterstellung, die in keinem Widerspruch zur oben konstatierten Abhängigkeit Gottes von seiner Wahrnehmung durch den Menschen steht, denn Gott fungiert innerhalb dieses Denkmodells als ideelle Größe und mithin als Bestandteil eines kollektiven Willens zur monokausalen Erklärung der Welt. Gott wird von Strauß in der Zeit, nicht in ihrem „Zwielicht" angesiedelt. Er gehört nicht dem diffusen Gestaltenbabel des Mythos an, sondern ist als Manifestation seiner proklamierten Ablösung zu verstehen. Gegen *einen* (unter vielen Göttern) bekundet *ein* Gott die Distanz zum status naturalis mythischer Ermächtigung.

Daß wir in einer Welt von Welten leben, ist seit Fontenelles aufklärerischem Einspruch gegen die theologische Metaphysik die Formel für Entdeckungen, „die die philosophischen Erregungen des Jahrhunderts ausmachen. Man kann das als eine absolute Metapher lesen für die Schwierigkeiten (...), auf die alltägliche Realität unserer Erfahrung und Verstandesfähigkeit zu beziehen, was in den autonom gewordenen Regionen von Wissenschaft und Künsten (...) 'realisiert' und dem lebensweltlich verfaßten und lebenszeitlich beschränkten Subjekt 'angeboten' wird, um es schlichtweg begreifen zu lassen, in welchem Maße es unabdingbar schon 'dazu gehört'," [194]. Die institutionalisierten Erkenntnisdisziplinen stellen jedoch nur das theoretische oder handlungsbegleitende Metasystem einer modellierenden Weltaneignung zur Verfü-

---

[194] Hans Blumenberg: Einleitung. In: Wirklichkeiten, in denen wir leben. Aufsätze und eine Rede. Stuttgart 1986. S.3.

gung, deren grundsätzliche Ausrichtung bereits im subjektiven Wahrnehmungsapparat angelegt ist. Dieser primäre Prozeß der bewußten visuellen Organisation und Bebilderung der Welt, der dem der theoretischen Neugierde vorausgeht, wird von Strauß als Zusammenprall gedacht: Ein außerzeitlicher, dauerhafter und unbegrenzter Wirbel, ein rauschendes Dickicht von Erscheinungen, in dem „alles flitzt und stiebt" (Na, 142), trifft dabei auf einen Bewußtseinsfilter, dessen zentraler Impuls in der Selbstvergewisserung und -behauptung durch ordnungsstiftende Maßnahmen besteht. „Bewußtsein", definiert Strauß, „ist urneutral oder urpolar: Schöpfungsnichtung" (ebd.), da es Orientierungsschneisen in die simultane Vielfalt der Erscheinungen schlägt. In erster Instanz ist das Bewußtsein ein Mechanismus zur Komplexitätsreduzierung, ein Sicherungs- oder Schutzreflex gegen die zudringliche Übermacht des Realen. Erst dadurch jedoch, daß es dem immerwährenden Durcheinander „da draußen" – jener chaotisch „ursprüngliche(n) Unordnung, in deren unaussprechlichen Widersprüchen Raum, Zeit, Licht, Möglichkeiten und Wirkungskräfte noch unentfaltet lagen"[195] – Umriß, Form und Bedeutung abgewinnt, erst in zweiter Instanz also, wird Wahrnehmung zu einem schöpferischen Vorgang.

Bezeichnenderweise werden die Resultate dieses gestalterischen Eingriffs von Strauß als formgewordene Übersetzung einer primären, gestaltlosen Potentialität gekennzeichnet. „Nichts entsteht, was nicht ungetüm schon vorher da war. Man muß es herausformen mit hochgekrämpelten Ärmeln." (Ebd., 173) Durch diesen Modus des permanenten „Herausformens" bleibt die unterstellte Verbindung zwischen Gegenwart und Ursprung jederzeit erhalten, ohne daß sie in seinen Texten von Fall zu Fall legitimiert werden müßte. Die Bewußtseinstätigkeit ist stets von neuem mit der gleichsam demiurgischen, einem Schöpfungsakt gleichkommenden Anforderung konfrontiert, die Transformation vom Chaos zum Kosmos zu wiederholen und zu aktualisieren. Sie hat sich seit eh und je mit demselben Material, derselben ungeformten Masse auseinanderzusetzen. Hieraus wird ersichtlich, daß es in Strauß' gedanklichem Horizont nichts prinzipiell „Neues unter der Sonne"[196] geben kann. Denn alles Neue ist stets als aktuelle Transfiguration ursprünglicher Gestaltungspotentiale zu verstehen. Darüber hinaus impliziert der Wahrnehmungsmodus des Herausformens in zeitlicher wie in räumlicher Hinsicht die erreichbare Nähe einer scheinbar vergangenen mythologischen Totalität, deren Verfügbarkeit mit ihrer Präsenz zusammenhängen muß.

---

[195] Paul Valéry: Mein Faust. In: Werke (Frankfurter Ausgabe). Bd. 2. Hrsg. von Karl Alfred Blüher. Frankfurt/M. S.275.

[196] Gottfried Keller entwickelt in einem Brief an den Literaturhistoriker Hermann Hettner vom 26.6.1854 den Gedanken einer „Dialektik der Kulturbewegung", der nach Ansicht Gerhard Kaisers als ein „letzter Nachläufer der geschichtsphilosophischen Ästhetik der deutschen Klassik" zu verstehen ist. Bereits am 4.3.1851 hatte Keller gegenüber Hettner geäußert, der Dichter habe das ewig Menschliche in der jeweiligen zeitgeschichtlichen Gestalt zu fassen und die Spannung zwischen dem zeitlosen Wesen des Menschen und den konkreten geschichtlichen Erscheinungen zum Ausdruck zu bringen – eine Überlegung, die mit der Einsicht des Malers Lys im Grünen Heinrich, es gebe „nichts Neues unter der Sonne", korrespondiert. Ähnlich wie bei Strauß geht Kellers Ästhetik von einem gleichbleibenden „poetischen Ur- und Grundstoff" aus, bei dem lediglich die aktuellen Erscheinungsformen variieren. Die Vorstellung eines prozessualen, linearen Geschichtsverlaufs ist bei Keller nicht nachzuweisen. Vgl. Gerhard Kaiser: Gottfried Keller. Das gedichtete Leben. Frankfurt/M. 1981. S.211 und Fußnote, S.628; vgl. auch Walter Benjamin: Gottfried Keller. Zu Ehren einer kritischen Gesamtausgabe seiner Werke. In: Gesammelte Schriften. Bd.II.1. Frankfurt/M. 1980. S.283-295; zu Kellers Geschichtsauffasung vgl. etwa Kaspar T. Lochner: Gottfried Keller. Welterfahrung, Werkstruktur und Stil. Berlin 1985 (v.a. die Abschnitte: Das Bleibende und das Neue, S.18-23 und Das sinngebende Gefüge, S.41-44).

Belichtungen (3): Der circulus creativus

Im Kontext der von Strauß beschriebenen Weltaneignung durch Wahrnehmung wird auch der aufklärerischen Licht-Metapher eine intentionale und domestizierende Tendenz attestiert, die sowohl von der perspektivischen Beschränktheit des menschlichen Auges ausgeht als auch das weiter oben erwähnte Motiv der visuellen Zeugenschaft aufgreift. Als Beleg wird unter anderem auf den monotheistischen Schöpfungsmythos des Christentums verwiesen, der während der ersten Tage seiner Kosmogonie eine Finsternis verzeichnet, in der jede Orientierung aussichtslos erscheint. Strauß weiß, weshalb: „Der Beobachter fehlte, das lichtende Auge. Denn Licht existiert nur für jemanden. Die elektromagnetische Strahlung an sich ist schwarz. Gott sagte – wann? nicht vor dem fünften Tag, nicht vor der Geburt des ersten Lebewesens: es werde Sicht und schuf das Auge. Das nennen sie (die Vertreter des radikalen Konstruktivismus und der autopoietischen Systemtheorie, z.B. Heinz von Foerster oder Humberto Maturana, S.D.) den circulus creativus: daß statt etwas uns ein chaotisches Wehen von Teilchen und Strahlen umgibt, das erst in der Ordnungszentrale des Nervengeflechts zu Bild, Gestalt und Bedeutung gelangt. Alle physikalischen Gesetze bedürfen des Beobachters, der sie formuliert. Ein Universum, das den Menschen nicht hervorgebracht hätte, könnte gar nicht existieren. Es wäre Chaos geblieben, universales Allerlei." (Beg, 10)

Ohne weiteres wäre auch eine Geschichte der Geschichtsschreibung – letztere immer verstanden als die Setzung eines zeitlich-chronologischen Bezugsrahmens gegen den neuerlichen Einbruch der Zeitindifferenz – als Beleuchtungsgeschichte zu schreiben.[197] Denn fortwährend schlägt das historisierende Bewußtsein Lichtschneisen als Orientierungshilfen in den Nachtraum der Geschichte, damit der Blick nicht ins Leere geht. Für eben diesen Vorgang steht die Licht-Metaphorik der Aufklärung ein, deren Credo der Kupferstecher Daniel Chodowiecki 1792 im Bild der aufgehenden Sonne festgehalten hat.[198] Die Bezeichnung Chaos für die hier avisierte unaufgeklärte Gemengelage der Materie dient dabei „als bloße Metapher des Gähnens und Klaffens eines Abgrunds, der keiner Lokalisierung, keiner Beschreibung seiner Ränder oder seiner Tiefe bedarf, sondern nur der undurchsichtige Raum der Herkunft von Gestalten ist"[199]. Wer wie Strauß den uns umgebenden Raum als „unmarked space" (George Spencer Brown) versteht, dem gerät jede verstandesorientierte Entmischung und Ausdifferenzierung zu einer Art „Katastropheneinsatz" (Na, 173), bei dem die schöpferischen Aspekte mit einem permanenten Gestus der Verteidigung zusammenfallen. Schöpfung ist geradezu Distinktion, Formgebung ist Abgrenzung gegenüber dem Formlosen und ihre Intention besteht in der Vermeidung des jederzeit möglichen Rückfalls. Das bloße Sehen der Welt, das funktional mit ihrer Ausleuchtung (oder Belichtung) identisch ist, wird bei Strauß zum Synonym einer Abwehrhaltung gegen den abermaligen Einbruch eines überwunden geglaubten Rohzustandes in die Geschichte. Läßt die Sehkraft nach oder schwinden auch die übrigen Sinne, so ist für

---

[197] Vgl. Dolf Sternberger: Panorama oder Ansichten vom 19. Jahrhundert. A.a.O., S.177-198 sowie Wolfgang Schivelbusch: Lichtblicke. A.a.O., S.11f.
[198] Vgl. Klaus Siebenhaar: Lichtenbergs Schaubühne. A.a.O., S.11; Chodowieckis Kupferstich trägt den programmatischen Titel „Aufklärung".
[199] Hans Blumenberg: Arbeit am Mythos. A.a.O., S.143.

nichts mehr zu garantieren. In solchen organischen Funktionsstörungen, in Irritationen des Wahrnehmungsapparates, im plötzlichen Versagen der Rede oder der Verstandestätigkeit, das mit einem Aufweichen der äußeren Referenzbezüge korrespondiert, artikuliert sich bei Strauß eine grundlegende Skepsis gegenüber ordnungsstiftenden Weltaneignungsverfahren, die sich selbst für absolut oder universell erklären.

Seine Texte verorten demgegenüber den Ursprung allen Sehens in der Unübersichtlichkeit, die Herkunft aller Sprache im Rauschen, ohne dabei dem Dilemma entkommen zu können, selbst bildhaft-metaphorisch oder sprachlich vorzugehen. Dieser scheinbare innere Widerspruch, daß gerade dem Stilisten, als der Botho Strauß zurecht bezeichnet werden darf, an der Rechtfertigung einer Erkenntnisebene jenseits der sprachlichen Ausdrucksform gelegen sein soll, markiert präzise seinen ästhetischen Standpunkt innerhalb der deutschsprachigen Gegenwartsliteratur. Denn Stil, so geschliffen und ziseliert er von Fall zu Fall anmuten mag, wie Sprache überhaupt, bekunden in seinem Werk einen zivilisatorischen Verständigungskompromiß, der bisweilen so minimal, durchlässig und transparent erscheint, daß seine Ablösung in den Bereich des Denkbaren fällt. Strauß' Texte, die Pauschalisierung sei an dieser Stelle gestattet, zielen vor allem auf eine Kennzeichnung jener schmalen Demarkationslinie, die zwischen Gestalt und Gestaltlosigkeit verläuft und die von seinen Figuren immer wieder überschritten oder mißachtet wird. Die sprachliche Form dieses Werks ist lediglich das notwendige, glänzend oder abgeschmackt wirkende, jedoch keinesfalls zu hintergehende Vermittlungsmedium eines unmittelbareren Daseins, als Sprache es ausdrücken kann. Strauß arbeitet sprachlich an der Schwelle der Verständigung, deren Überschreitung nicht mehr darzustellen ist.

Bereits nach dem Schema des Mythos sind die in ihm erzählten Geschichten als Akte einer mühevollen Distanzierung von jenem Schrecken zu verstehen, den das Ungeheuere und Namenlose verursacht. Sie kompensieren einen vormythologischen Zustand der Halt- und Orientierungslosigkeit. Deswegen brauchen seine Geschichten „nicht bis ans letzte vorzustoßen. Sie stehen nur unter der einen Anforderung: sie dürfen nicht ausgehen"[200]. Das heißt: Solange Geschichten erzählt werden, ist der namenlose Schrecken sprachlich gebannt und unter Kontrolle. Das heißt aber auch, daß der mythologische Status räumlicher und zeitlicher Gegebenheiten, auf den sich Strauß immer wieder beruft, bereits eine Form der intellektuellen Überwindung des schlichtweg Unkalkulierbaren darstellt, die zu ihrer eigenen Stabilisierung und Absicherung sprachlicher Mittel bedarf. Im Verlauf dieser Untersuchung wird daher nachzuweisen sein, daß Strauß' Adaption des Mythos einer intentionalen Verkürzung seiner Wirkungspotentiale gleichkommt. In seinem Werk wird zwischen mythologischen und naturgeschichtlichen Komponenten nicht systematisch unterschieden, ein Umstand, der nur zum Teil mit der Entbindung literarischer Gattungen vom Anforderungspensum einer objektiven und plausiblen Beweisführung zu rechtfertigen ist. Hier ist vielmehr eine innere Divergenz zu beobachten, die sich folgenreich auf die Argumentationsstruktur seiner Texte auswirkt, so daß zu überprüfen wäre, *welche* Aspekte des Mythos für diesen spezifischen dichterischen Entwurf attraktiv und verwertbar erscheinen und wo die Ursachen für den hier obwaltenden Reduktionismus zu finden sind.

---

[200] Ebd.

Hinter der belichteten Vorderseite des künstlerischen wie historischen Bollwerks, einer ebenso notwendigen wie trügerischen Fassade, die in seinen Schriften vorläufig und in Ermangelung kategorialer Alternativen mit der Wirklichkeit gleichgesetzt wird, ortet Strauß in vernunftkritischer Tradition die gähnende Leere eines gleichgültigen, gottlosen Universums, in dem sich nach astrophysikalischem Kenntnisstand zeitlos Materie bildet; eine formlose Zusammenballung aus „blobs and hops" (Beg, 9), die sich erst im ordnenden Bewußtsein zu überschaubaren Einheiten der Erfahrung fügt.

Eine entscheidende Bedeutung fällt bei dieser Systematisierungsleistung der kognitiven Distinktion und sprachlichen Etikettierung zu, denn „ohne Unterscheidungen und Bezeichnungen läuft nichts, ja nicht einmal nichts"[201]. Die konturlose Schwingung von Materie markiert das natürliche Ende jeder Anschauung, die in solch ursprünglichem Rumoren auf keinen dingfesten Referenten mehr hoffen darf. Um jedoch „Welt überhaupt beobachten zu können, muß man Grenzen ziehen, differenzieren, formen. (...) Am Anfang war die Kontingenz; nämlich das Daß einer Unterscheidung. (...) Draw a distinction, lautet deshalb die fundamentale Anweisung von Systembildung – unterscheide durch Linien im Chaos. Das ist das Urphänomen der Grenzziehung"[202]: Ein versehentlicher, zufälliger Eingriff ins Gestaltlose, den Strauß als Auslöser und Initiator aller späteren Welterklärungsversuche in seinen Texten gegenwärtig hält. „Jede Entwicklung in der Biosphäre", heißt es etwa in dem Roman *Rumor* (1980), sei „aus Tippfehlern der genetischen Übertragung entstanden (...), aus puren Zufällen, Mißgriffen, Kopierstörungen, denn das Projekt, der Traum einer jeden Lebenszelle ist es, sich zu verdoppeln und sonst gar nichts. Alle Veränderungen sind im Grunde Versehen, die durch Mutationen ausgelöst und durch Selektion erprobt werden. Ein solches Weltbild ist nichts für Kinder und nichts für Christen und schon gar nichts für Marxisten. Es bedroht jede Philosophie, die den Menschen in ihren Mittelpunkt stellt, indem es die tatsächliche Abseitigkeit seiner Existenz in der Naturgeschichte verkündet. Und wenn der Mensch mit den berühmten Worten Monods , wenn der Mensch die Wahrheit, diese Wahrheit seiner Biosphäre annähme, dann müßte er aus dem tausendjährigen Schlaf aller Ideologien und Religionen endlich erwachen und seine totale Verlassenheit, sein totales Außenseitertum erkennen." (R, 141)

Strauß' Erzählungen vom langsamen Entgleiten der äußeren Referenzbezüge, in dessen Verlauf die Verbindlichkeit sprachlicher Mitteilungen nachläßt und zusehends einem aus der Fassung geratenen Stammeln oder „Plappern" weicht, handeln im Grunde von Rückfällen der rhetorischen Beschreibungs-, Deutungs- und Weltaneignungskompetenz in eine unbestimmte sprachliche Grauzone – von plötzlich auftretenden Zerfallserscheinungen des probaten weltanschaulich-ideologischen Orientierungsrahmens, der bis zu seiner Erschütterung sprachlich und visuell stabilisiert wurde. Bekker, dem in *Rumor* dergleichen widerfährt, befindet sich gegen Ende des Romans im Vorstadium des Autismus: Der Informationsgehalt seiner kryptischen Äußerungen tendiert gegen Null, weil die Preisgabe einer feststehenden Beobachterperspektive einen nicht mehr zu vermittelnden Multiperspektivismus befördert. Die eindimensionale und monokausale Ordnung der Dinge erweist sich als Konstrukt, das unter „absonderlichen Verrichtungen" ausgehöhlt, distanziert und nunmehr als Kon-

[201] Niklas Luhmann: Soziologische Aufklärung. Konstruktivistische Perspektiven. Bd. 5. Opladen 1990. S.92.
[202] Norbert Bolz: Die Welt als Chaos und als Simulation. München 1992. S.11.

strukt begutachtet wird. So finden wir Bekker „auf den Knien am Boden hocken, wie er mit den Fingerspitzen die Teppichfransen auskämmt: er macht ihr (seiner Tochter, S.D.) das Fernsehzimmer zurecht, damit sie aus dem Geschäft kommend es zuhause ordentlich habe. Beängstigend auch das häufige Einnicken, wo immer er sitzt und liest, und er hält sich oft den ganzen Tag über an der Zeitung fest, in der er gelesene Artikel ankreuzen muß, um sie nicht wieder und wieder zu lesen" (ebd., 222f.).

Wenn die Dinge ihre Vertrautheit verlieren, nimmt der kompensatorische Bedarf an symbolisch-materiellen Haltegriffen zu. Das Kreuzchen am Artikel wird zu einem Indiz für die reale Gegenwart seines Lesers, dessen verschwimmende Identität solcher nachträglichen Bestätigungen bedarf. Gleiches gilt für den Erhalt einer Postsendung in Strauß' Theaterstück *Groß und klein*: „Mir ist", so die Protagonistin Lotte, „als wär zu Hause Post in meinem Kasten. Ich sehe ein großes Kuvert, ich sehe die Heimatadresse, handgeschrieben (...). Wer schreibt mir da? Die Buchgemeinschaft schickt ihren Jahresprospekt. So. Na. Freut mich. Besser als nichts. Nochmal knapp an keiner Post vorbeigekommen." (TI, 407) Die Passage variiert das für Strauß grundlegende Thema der Selbstvergewisserung und subjektiven Wirklichkeitsverankerung durch die äußeren Zeichen einer kontinuierlichen Teilhabe am allgemeinen Kommunikationsstrom. Wer Post erhält, kann mit Sicherheit davon ausgehen, daß er noch existiert – ein Gedanke, der Hans Blumenberg zu einer überaus scharfsinnigen, da lebensweltlich fundierten Auslegung des Begriffs „Identität" veranlaßt hat: „Ich kannte einen", so wird ein Kasus Arthur Schnitzlers zitiert, „der am Abend stets an sich selber einen Brief aufgab, nur um am nächsten Morgen zur Postzeit keine Enttäuschung zu erleiden. Aber es ist mir nie klar geworden, ob es ein Narr oder ein Weiser war". Ohne die Frage beantworten zu können oder zu wollen, zielt Blumenbergs Erläuterung auf die hier verhandelte Lösung eines elementaren Lebensproblems, der aufgrund des „gelösten Realitätsbezuges" ein symbolischer Charakter zukommt. „Der geschriebene Brief wäre die Umgehung der Nacht, der fatalen Lebensunterbrechung, und die Herstellung der Sicherheit, am nächsten Tag Anschluß zu finden: Identitätssicherung. (...) Der Schlaf ist eine Zumutung an jeden Realismus, an jede Insistenz auf Identität, sogar an jeden Leistungstrieb. Wir werden genötigt zu einem Vertrauen, das wir in anderen Dingen nicht mehr haben: Vertrauen in die Zuverlässigkeit der Welt, denn nur so ist Rückkehr zu ihr beim Erwachen möglich. So gesehen müßte der Inhalt aller Briefe das Hauptstück ihrer Absicht sein, Anschluß an sich selber zu finden, den Tag mit dem Tag nahtlos zu verbinden."[203]

Über die in der „Selbstzusendung" vollzogenen Zuspitzung des postalischen Realitätsbezuges hinaus thematisiert Blumenbergs Kommentar mit der Übergangssphäre des Schlafes und Traumes jenen Einzugs- und Wirkungsbereich einer gesteigerten Weltindifferenz und temporären Wirklichkeitsentkopplung, in dem auch Strauß' grenzgängerisches Personal anzusiedeln ist. Nicht von ungefähr erfahren wir von Bekker, daß er des öfteren einnickt. Denn im Schlaf erscheinen die bei Tageslicht gültigen Unterscheidungskriterien auf exemplarische Weise hinfällig und vage, die Rezeptoren der Verstandestätigkeit sind ihrer Abwehr- und Kontrollfunktionen ledig. Der Schlaf versetzt die Wahrnehmung in einen Zustand, der dem des „unmarked

---

[203] Hans Blumenberg: In freier Variation: Identität (Begriffe in Geschichten). In: Frankfurter Allgemeine Zeitung vom 31.1.1990.

space" ähnlich ist. Ohne sich weiterhin am kommunikativen Minimalkonsens beteiligen oder ausrichten zu können, unterliegt Bekkers wie auch Lottes traumartig gelockerte Wahrnehmung im Gewimmel der Eindrücke dem gleichen Verarbeitungsnotstand, wie er laut Strauß vor der Etablierung sprachlicher und visueller Systeme evident gewesen sein soll. Anders als unter regulären, historiographischen Bedingungen reagieren sie empfänglich auf das strukturlose Simultané der äußeren Welt; im Relativismus flottierender Erscheinungen entwickelt sich das Identitätsprinzip zu einem Anspruch, der nur noch mit äußerster Mühe einzulösen ist. Um mit Strauß' Gewährsmann Heinz von Foerster zu argumentieren: Die Als-ob-Fiktionen, auf die man sich im Zuge alltäglicher Verrichtungen zu berufen pflegt, ohne sie zu bemerken oder ihren Wirklichkeitsgehalt zu hinterfragen, sind hier weitgehend außer Kraft gesetzt. Indem sie nicht mehr greifen, werden sie bei Strauß zum Gegenstand der kritischen Reflexion.

Mimesis ans Diffuse: Flecken und Falten

„Wißt Scherben" (FdU, 56)

Heinz von Foersters „Theorem des Beobachters" richtet sich in erster Instanz gegen eine monokausale, zwischen wahrnehmendem Subjekt und wahrgenommener Umwelt kategorisch unterscheidenden Theoriebildung. Seine Überlegungen zu diesem Problem basieren auf der leicht nachzuvollziehenden Prämisse, daß „Beobachtungen (...) nicht absolut" zu nehmen sind, „sondern relativ zum Standpunkt eines Beobachters" beschrieben werden müssen.[204] Demzufolge sei, um überhaupt von Wahrnehmung sprechen zu können, zunächst einmal der Akt der Wahrnehmung selbst einer eingehenden Analyse zu unterziehen.[205] Methodisch bedeutet das: „Im Gegensatz zur klassischen Problemstellung wissenschaftlicher Forschung, die zunächst eine beschreibungsinvariante 'objektive Welt' postuliert (als ob es so etwas gäbe) und sodann versucht, deren Beschreibung anzufertigen, sehen wir uns heute herausgefordert, eine beschreibungsinvariante 'subjektive Welt' zu entwickeln, d.h. eine Welt, die den Beobachter einschließt. (...) Durchaus in Übereinstimmung aber mit der klassischen Tradition wissenschaftlicher Forschung, die ständig 'Wie?' fragt und nicht 'Was?', verlangt diese Aufgabe eine Epistemologie des 'Wie erkennen wir?' statt des 'Was erkennen wir?'."[206]

Auch wenn in Strauß' dichterischem Schaffen von einer epistemologischen Systematik der wahrnehmungskritischen Befunde keine Rede sein kann, so richtet sich sein Augenmerk doch in erster Linie auf die Modalitäten der subjektiven Wirklichkeitsverarbeitung. Sein Werk schließt nicht nur den Beobachter programmatisch ein, es verlegt die „Welt als Ereignis eines kolossalen Überschwangs in unermeßlicher Enge" gleich ganz unter die „Schädeldecke" (Beg, 11) ihres Betrachters. Im Unterschied zum

---

[204] Heinz von Foerster: Sicht und Einsicht. Versuche zu einer operativen Erkenntnistheorie. Braunschweig, Wiesbaden 1985; hier zit. nach Botho Strauß, Schlußchor. Begleitbuch zur Schaubühnen-Inszenierung von Luc Bondy. Berlin 1992. S.96.

[205] Vgl. ders.: Wahrnehmen wahrnehmen. In: Ars Electronica (Hg.): Philosophien der neuen Technologie. Berlin 1989. S.27-40; in leicht gekürzter Form ebenfalls im Begleitbuch zur Schaubühnen-Inszenierung von Schlußchor. A.a.O., S.89-95.

[206] Ders.: Sicht und Einsicht. A.a.O., S.96f.

selbstbewußt proklamierten „Gyntischen Ich" (Ibs, 139), das in seiner Ibsen-Bearbeitung aus der Fülle der Gyntischen Eindrücke hervorging, im Unterschied auch zu den Prototypen der klassischen Moderne – Lord Chandos, Monsieur Teste oder Giorgio Bebuquin[207] – gleicht das Ich bei Strauß nurmehr einem „artige(n) Höfling unter dem absoluten Souverän der Neuronenherrschaft, deren Wahlspruch lautet: Kognition ist alles, die Welt nur ein Etwas" (Beg, 11f.). In kosmischen Dimensionen wird allein „nach innen", also „hinter der Stirn" (ebd., 12) gerechnet. So gesehen erscheinen ein „Chandos, ein Monsieur Teste oder andere Pilotfiguren des modernen Bewußtseins" nurmehr als „rührende Kamingäste des Geistes angesichts des gestaltlosen Ungeheuers von zuviel neuem Sinn, zuviel sinnversprechender Literatur, das uns von allen Seiten anschnaubt" (ebd., 13). In einem eklatanten Mißverhältnis von rund 10.000 Milliarden Schaltstellen und Synapsen des Nervensystems gegenüber nur ca. 100 Millionen Sinneszellen sieht Strauß seine Vermutung bestätigt, daß wir im Inneren ungleich empfänglicher sind „als gegenüber Änderungen in unserer äußeren Umwelt" (ebd.). Was indessen für den Neurophysiologen eine Selbstverständlichkeit darstellt, gerät unter den Augen des Dichters zu einer ernstzunehmenden Herausforderung. Wie sollte denn auch „dieser Umsturz der Gewißheiten (...) einen jungen Autor, der sich sonst als fleißiger Zeitgenosse beweist, gänzlich unberührt lassen? Müßte es ihn nicht in ebenso tiefe Unruhe versetzen wie einst den Dichter Kleist die Lektüre Kants? Muß nicht ein erkenntniskritischer Zusammenbruch, ein Weltbildsturz gleichsam als Initiation der glaubwürdigen schöpferischen Tat vorausgehen?" (Ebd., 13)

Über den bereits erwähnten „schöpferischen" Akt des Sehens als Ausleuchtung und Strukturierung des genuin Unübersichtlichen hinaus läßt die vorliegende Passage aufschlußreiche Rückschlüsse auf das Verständnis des künstlerischen Schaffensprozesses bei Botho Strauß zu: Jede Schöpfung, die diese Bezeichnung verdient, hat die Ignoranz gegenüber dem Bestehenden zur Voraussetzung. Ohne diese martialische Geste des Abreißens und Zerstörens erscheint ein voraussetzungsloser Anfang, den zu formulieren dem Kunstwerk obliegt, schlechthin undenkbar. Diese Anforderung gilt umso dringlicher, je genauer der Ist-Zustand als fadenscheinige, selbstreferentielle Konstruktion entlarvt ist, die den Blick vom Wesentlichen ablenkt. Anders als die sekundären Erzeugnisse der im Gegenwärtigen befangenen Zeitgenossen hat Schöpfung in ihrem von Strauß postulierten emphatischen Sinne primär, original, kompromißlos und zwingend zu sein. Nur am Rande sei erwähnt, daß diese Position vor dem Hintergrund zahlreicher avantgardistischer Bewegungen innerhalb der Moderne nicht eben originell anmutet. Doch hieße, Originalität einzuklagen, an dieser Stelle die Intentionen des Autors gründlich zu verkennen. Strauß' Vorstellung vom Kunstwerk als gelungenem Resultat eines schöpferischen Wahrnehmungs- und Darstellungsprozesses greift auf traditionelle Einstellungsmuster zurück, die von der „Neuronenherrschaft" nicht im mindesten tangiert werden. Im Gegenteil: Mit der Einsicht in die simultanen, fluktuierenden und verstandesmäßig nicht zu bewältigenden Eigenschaften der äuße-

---

[207] Vgl. Hugo von Hofmannsthal: Ein Brief (1902). In: Gesammelte Werke in zehn Bänden. Hrsg. von Bernd Schoeller. Erzählungen, erfundene Gespräche und Briefe, Reisen. Frankfurt/M. 1979. S.461-472; Paul Valéry: Monsieur Teste (1895ff.). In: Werke (Frankfurter Ausgabe). Bd.1. Hrsg. von Karl Alfred Bühler und Jürgen Schmidt-Radefeldt. Frankfurt/M. 1992. S.209-372; Carl Einstein: Bebuquin oder die Dilettanten des Wunders (1906/09). In: Werke (Berliner Ausgabe). Hrsg. von Hermann Haarmann und Klaus Siebenhaar. Bd.1. Berlin 1994. S.92-132.

ren wie inneren Wirklichkeit, fällt der formalen Aussage eines Kunstwerks, das um solche Bedingungen weiß und womöglich auf sie reflektiert, ein besonderer Stellenwert zu. Entgegen der Lehre vom permanenten Zerfall bewahrt das Kunstwerk (nicht zuletzt auch das Bühnenkunstwerk) als eine Art Flaschenpost in dürftigen Zeiten die unhintergehbaren kulturellen Grundbestände der Nation, des Abendlandes. Insofern wird das Formpostulat bei Strauß nicht obsolet, sondern zu einem notwendigen Zerfallskorrektiv. Hiervon wird an gegebenem Ort ausführlicher zu handeln sein.

Angesichts der nachweisbaren Abhängigkeit der Sinnesorgane von vorwillentlichen Reizungen erscheint das „Eigene" nurmehr als Zufallsprodukt willkürlicher „enzymatischer Befehl(e)" (ebd., 11) und Stimuli. Die kategorialen Leistungen von Erkenntnis und Erfahrung wären als Fiktion des Verstandes identifiziert. Denn „Gottes einzige(n) Zeugen" (ebd., 10) fehlen schlicht die Rezeptoren, um auf das im Menschen verborgene subatomare Gewimmel, das naturwissenschaftlich und technisch längst erschlossen ist, angemessen reagieren zu können. Das Subjekt – eine Terra inkognita, und jedem sein innerer Orient; hieraus erklärt sich die stets aktuelle Gültigkeit und Popularität der Rimbaud'schen Formel von der Fremdartigkeit dessen, was einst als Person bezeichnet wurde. „Was wir als bewußte Wahrnehmung empfinden", sagt Strauß, „ist in Wahrheit die Focuseinstellung des Gehirns auf eigene, in einem bestimmten Augenblick besonders stimulierte interne Prozesse." (Ebd., 11) So drängt sich dem Dichter am ultimativen Endpunkt des Weltzerfalls im Neocortex die bange Frage nach den verbleibenden Möglichkeiten der Anschauung auf. Nicht irgendeiner Anschauung freilich, sondern einer, die auf Unterscheidungen Wert legt: „Wie kann der Mensch mit der Erkenntnis der absoluten Beginnlosigkeit, die eine Beginnlosigkeit nicht nur der Schöpfung, sondern, davon ausgestreut metastatisch ins Geäder des Bewußtseins, eine Beginnlosigkeit von allem und jedem sein muß – wie kann er in einem solchen Erkenntnisstand sich und die Welt erleben und welche Folgen hat dies unweigerlich für alles und jedes?" (Ebd., 8)

Eine der möglichen Antworten ist bereits der formalen Einrichtung zu entnehmen, auf die Strauß in seinen jüngeren Prosatexten zurückgreift. Waren die Kompilationen *Paare, Passanten, Niemand anderes* (1987) und *Fragmente der Undeutlichkeit* (1989) noch in der Tradition der *Minima Moralia* durch kapitelartige Binnenüberschriften strukturiert, so stehen seine *Reflexionen über Fleck und Linie* wie auch die Momentaufnahmen und fragmentarischen Geschichten in *Wohnen Dämmern Lügen* (1994) nurmehr in lockerem Verbund beieinander. Dabei rekurriert, vor allem in *Beginnlosigkeit*, die ununterbrochene und zugleich variabel anmutende Bauform der kurzen, mäandernden Prosapartikel ganz offenkundig auf die Fluktuationstendenz der behandelten Materie. Im Versuch einer Angleichung des Denkens, genauer: der Denkbewegung an das Bewegungsprinzip neuronaler Verbände, bemüht sich Strauß um die Konturierung eines Darstellungsbegriffs, dem der aktuelle Erkenntnisstand der positiven Wissenschaften inhärent wäre – um eine Art Mimesis der Darstellung ans Diffuse. Die ins Auge gefaßten Themenfelder werden nicht stringent oder folgerichtig abgehandelt, sondern in Form einer zirkulären Gedankenführung umkreist. Was die Lektüre der Bände betrifft, so erscheint unter den Vorzeichen stofflicher Beginnlosigkeit ein Einstieg an beliebiger Stelle möglich zu sein. Daß sich dabei der unterdrückte oder zurückgestellte Wille zur Gestaltung mitunter durch einen ornamentalen Stil entschädigt, wie Thomas Wagner zurecht beanstandet[208], ändert nichts an der programmatischen Absicht dieser frei flottierenden Reflexionen, das Auseinanderstrebende nicht länger zusammenzwingen zu wollen. Sprunghaftes, fraktales Denken, so wäre gattungsgeschichtlich anzumerken, gehört seit Georg Christoph Lichtenbergs skeptisch-aufklärerischer „Theorie der Falten in einem Kopfkissen"[209] zum darstellerischen Standardrepertoire der neuzeitlichen Weltaneignung. Von Lichtenberg über die Frühromantiker Jean Paul, Novalis und Friedrich Schlegel bis hin zu Walter Benjamin, Ernst Bloch oder dem späten Elias Canetti wurde das „Denken nebenbei"[210] und auf Umwegen zum Anlaß kontrollierter Ausschweifungen ins Regellose. Um unter den Vordenkern einer entbundenen, dynamischen Perspektive eine aufschlußreiche Belegstelle des notorischen Vivisekteurs Paul Valéry zu erwähnen, der ebenfalls lange vor Strauß die Verkehrsknotenpunkte des Bewußtseins vermessen hat: „In seinem Haupt oder hinter seinen geschlossenen Augen geschahen merkwürdige Umdrehungen – so verschiedenartige, so freie und doch so begrenzte Veränderungen, Lichtwirkungen wie die einer Lampe, mit der jemand ein Haus durchschritte, dessen Fenster man in der Nacht sähe (...). Es war wie das Allerheiligste und das Bordell der Möglichkeiten."[211]

Was Strauß bei aller Wahlverwandtschaft von jenen Hospitanten des Gedankenblitzes, der „Gedankenflucht" (ebd.) und der kombinatorischen Einbildungskraft unterscheidet, ist seine These von der Anschlußfähigkeit eines verfeinerten, sensibilisierten Wahrnehmungsapparates an die „totalen" (vgl. ebd., 79) raumzeitlichen Gegebenheiten des „Steady state", die in seiner Lesart denen des Mythos zum Verwechseln gleichen. „Im Mythos gibt es keine Chronologie, nur Sequenzen. (...) Es ist nur die Masse des Stoffes, die sich zwischen die frühesten und die spätesten Ereignisse schiebt, die den Eindruck der Weiträumigkeit in der Zeit, des unbestimmten zeitlichen Hintergrundes und der Ausgetragenheit des Vordergrundes erweckt."[212] Die Unbestimmtheit der Datierung und Lokalisierung im Mythos, die aufgrund ihrer erzählerischen Dichte und Bedeutsamkeit das Aufkommen von Leerräumen und Leerzeiten ausschließt, ist offenbar der Boden, auf dem Strauß die unablässige Entstehung potentiell erzählungstauglicher Materie im Steady state entwickelt: „Nichts beginnt, alles schwebt und weilt. Steady state. (...) Unter den astrophysikalischen Modellen der Gegenwart war ihm vor allem jenes ungeheuerlich geworden, das eine konstante Dichte des Raums annahm, eine zeitlose Neubildung von Materie, welche die Leere zwischen den auseinanderdriftenden Galaxien stetig auffüllte. Hier fand sich kein Platz mehr, weder für ein Nichts noch für ein aus dem Nichts Geschaffenes: der Anfang sei so, nämlich 'Im Anfang', nie geschaffen worden." (Ebd., 9) Daß „ihm" dieses Modell „ungeheuerlich" und nicht etwa bemerkenswert erscheint, hängt mit der mythologisch

---

[208] Thomas Wagner: Wir leugnen den Urknall. Botho Strauß im Geäder des Bewußtseins. In: Frankfurter Allgemeine Zeitung vom 1.8.1992.

[209] Vgl. Georg Christoph Lichtenberg: Schriften und Briefe. Hrsg. von Wolfgang Promies. Bd.1 (Sudelbücher). München 1968. S.526; vgl. auch Ernst Bloch: Lichtenbergisches herauf, herab. In: Werkausgabe. Bd. 9 (Literarische Aufsätze). Frankfurt/M. 1985. S.201-208 sowie Klaus Siebenhaar: Lichtenbergs Schaubühne. A.a.O., S.58-60 und Norbert Bolz: Die Welt als Chaos und als Simulation. A.a.O., S.44-46.

[210] Ernst Bloch: Lichtenbergisches herauf, herab. A.a.O., S.201.

[211] Paul Valéry: Monsieur Teste. A.a.O., S.350.

[212] Hans Blumenberg: Arbeit am Mythos. A.a.O., S.142.

fundierten Angst vor einem „unbesetzten Horizont der Möglichkeiten" zusammen, der nicht zu erkennen gibt, was aus ihm „herankommen mag"[213].

Der Weg der Wahrnehmung zu den Teilchen fordert dem Verstand eine Beweglichkeit und Risikobereitschaft ab, deren Einsatzgebiet sich jenseits stabiler Orientierungsmarken entfaltet. Mit dem Ende der Vorstellung vom Anfang, das der Titel *Beginnlosigkeit* verheißt, wird das vertrauenserweckende Modell einer Entwicklungsgeschichte in Etappen hinfällig. Ein Postulat, das auch dem einstmals hoch gehandelten dialektischen Denken eine Absage erteilt. Findet sich bereits in *Paare, Passanten* der skeptische Vermerk: „Ohne Dialektik denken wir auf Anhieb dümmer; aber es muß sein; ohne sie" (Pa, 115), so manifestiert sich nun die Kritik am unzeitgemäßen Schematismus kritischer Theoriebildung in einer flächigen, „fleckigen" und trudelnden Prosa, deren Programmatik in ihrer Fluktuationstendenz besteht. Die Erkenntnis der „Liquidierung des Anfangs hat die sofortige Zerstörung jeglichen Dritten Reichs, jeglicher Idee, in drei Schritten zu denken, zur Folge. Es hieße, dieses Idol des Denkens vom Sockel und anschließend das 'Bild' des Sockels selbst verstoßen" (Beg, 36).

Butter auf dem Kopf: Gedächtnisschwund und Erfahrungsverlust

Wird dergestalt das dialektische Erkenntnis- und Wahrnehmungsmodell gemeinsam mit dem linearen oder teleologischen Verständnis geschichtlicher Verläufe auf der Höhe der Zeit desavouiert, so doch keinesfalls in der Absicht seiner modifizierten Wiederaufbereitung im „fraktalen Subjekt", „das bis ins kleinste seinen elementaren Teilchen entspricht". Denn während dieses vergnügt danach trachte, „sich selber in seinen Bruchstücken anzugleichen"[214], beharrt Strauß auf seiner Bewertung des medial stimulierten Autismus als einer schlechten Immanenz. Sein zentraler Einwand gegen eine amorphe Selbstähnlichkeit des Subjekts im Zersplitterten und Fragmentarisierten richtet sich an die Adresse einer selbstherrlich auftretenden Gegenwart, unter deren Totalität und Absolutheitsanspruch jegliche Erinnerungsfähigkeit abhanden zu kommen drohe. Der „immerwährende Wechsel" (Siegfried Kracauer) synthetisch-austauschbarer Bildwelten führt aus dieser Perspektive zur Rückbildung und Verkümmerung einer Kategorie, die bei Strauß – ohne daß sie ausdrücklich so bezeichnet würde – als kulturelle Erfahrung firmiert. Es braucht kaum betont zu werden, daß damit ein wesentlicher Motivkreis nicht erst seines jüngeren dichterischen und essayistischen Werkes berührt ist. Bereits in der frühen Erzählung *Die Widmung* wurden Symptome des Gedächtnisschwunds infolge mangelnder Erfahrungen am Beispiel eines abessinischen Eingeborenen veranschaulicht, der einen wichtigen Mythos seines Stammes nicht mehr wußte und sich deshalb nicht erklären konnte, weshalb er zu verschiedenen Anlässen ein Stück Butter auf dem Kopf trug. „Wir kennen den Sinn der unzähligen Überbleibsel, in denen wir uns ausdrücken, noch sehr viel weniger. Das allermeiste ist uns Butter auf dem Kopf. Und kein Mythos, kein Romanwerk wird es uns je wieder erklären." (W, 65)

---

[213] Ebd., S.12.
[214] Jean Baudrillard: Videowelt und fraktales Subjekt. In: Aisthesis. Wahrnehmung heute oder Perspektiven einer anderen Ästhetik. Hrsg. von Karlheinz Barck u.a. Leipzig 1990. S.252.

Ganz im Gegensatz zur poststrukturalistischen Suspendierung des Subjekts der reinen Apperzeption, das aus seiner neuen Haltlosigkeit die Freiheit zu zahllosen simultanen Anknüpfungen und flüchtigen Allianzen bezieht, betont Strauß immer wieder die Notwendigkeit eines stabilisierenden Rückbezugs auf den Grundbestand der in Geschichten transportierten Erfahrungen. Sie zu verwalten und in Erinnerung zu rufen, zählt zu den vordringlichsten Anforderungen an die dichterische Kompetenz; womit bereits ein Gedanke vorweggenommen ist, der im vierten Kapitel dieser Untersuchung weiter ausgeführt werden soll: daß nämlich Erinnerung im Medienzeitalter für Strauß keine Sache der Allgemeinheit oder eines gesellschaftlichen Kollektivs mehr sein kann. Bezeichnenderweise sieht er denn auch die Chance eines medial sensibilisierten und naturwissenschaftlich inspirierten Bewußtseins in der Förderung einer neuerlichen Begabung zum Regreß. Die Voraussetzungen, die das Medienzeitalter hierfür bereit stellt, werden in seinen Texten zunächst auf phänomenal-deskriptiver Ebene im Zuge eines Gegenwartsbefundes analysiert, um sie sodann intentional auf ihre Durchlässigkeit zur „Allzeit" (ebd., 41) hin zu überprüfen, in welcher der Verstand „entgleitet" (vgl. ebd., 48). Beide Erkenntnisebenen, die deskriptive und die intentionale, fallen in seinem Werk ununterscheidbar zusammen. Strauß situiert seine Theaterstücke und Prosatexte nicht deshalb in der Jetztzeit, weil diese den abgeschlossenen Horizont des Denk- und Wahrnehmbaren verkörpert, sondern weil sie aufgrund ihrer steigenden Frequenz- und Vernetzungsdichte zu einem profanisierten Abbild mythologischer Konstanten mutiert ist. „Gegenwart als Mysterium. Man ist der Eingeweihte einer Passage, die man nicht überblickt. Man versteht alles um sich herum in etwas zu alten Begriffen. Gegenwart ist immer unentschiedene Totale, Meer. Nur die Vergangenheit läßt sich in Bahnen verfolgen, Flüssen." (Ebd., 79)

Der Hinweis auf die Beschaffenheit der Gegenwart als unüberschaubare „Passage" (frz.: Durchgang) läßt Rückschlüsse auf die Anlage seiner szenischen wie erzählerischen Topographie als eines Korridors für Transitreisende zu, die „nur einen Tag zu Gast" sind. Es geht Strauß um die Etablierung eines transparenten dichterisch-ästhetischen Übergangsstadiums, das im Zuge einer profan-religiösen, poetischen Initiation durchschritten oder passiert werden muß, um die als unzulänglich erkannte Gegenwartsfixierung zu überwinden. In dieser Ausrichtung – einem Verlassen der Jetztzeit durch das (ganz wörtlich zu nehmende) Portal des künstlerischen Raums – liegen Funktion und Stellenwert der Figur des Passanten in seinem Werk begründet, über die Karlheinz Stierle kürzlich mit Blick auf J. P. Stahl (eigentl. J. Hetzel) und Botho Strauß bemerkte, sie sei „flüchtige Erscheinung im Blick anderer Passanten. Als solche geht sie ein in die Ununterscheidbarkeit, die der Grund aller Differenz ist oder in die alle Differenz umschlägt. Als Passant ist der Andere (...), der nur für einen flüchtigen Augenblick ins Blickfeld tritt, unlesbar. Er ist Gegenstand unabsehbarer Konjekturen. (...) Mit (Stahls, S.D.) 'Les passants (à Paris, S.D.)' beginnt jener Mythos des Passanten, der in Botho Strauß' Paare, Passanten seine bisher radikalste Einlösung gefunden hat. Dem postmodernen Blick auf die moderne Metropolenkultur erscheint dort die ganze gesellschaftliche Wirklichkeit im Zeichen einer bis in die intimsten Refugien vordringenden 'verfluchten Passanten-Welt', die sich jetzt als integral gewordene Lebenswelt behauptet"[215].

---

[215] Karlheinz Stierle: Der Mythos von Paris. Zeichen und Bewußtsein der Stadt. München 1993. S.273 u. 275.

Stierles breit abgezirkeltes Diskussionspensum läßt an dieser Stelle keine differenziertere Analyse der passageren Existenzform in dem als beispielhaft herangezogenen Text zu, sonst wäre vermutlich jene zwiespältige Wertigkeit der transitorischen „Zwischenexistenz"[216] zur Sprache gekommen, die Strauß' Bearbeitung dieses urbanen Typus' eigentlich auszeichnet. „Postmodern" mag der Blick des Passanten „auf die moderne Metropolenkultur" insofern erscheinen, als er haltlos an den Oberflächenphänomenen entlanggleitet; seine Erfüllung ist dies jedoch mitnichten. Die Formel „verfluchte Passanten-Welt" zielt auf räumliche Verhältnisse, die lediglich den Ausgangspunkt für zeitliche Passagen darstellen: Sie sind mit einer Schwelle identisch, die überschritten werden muß, um von der Zeitform *Gegenwart* in die Zeitform *Dauer* zu gelangen – wobei lediglich die diesseitige Sphäre zu einem Gegenstand der Beschreibung werden kann. So wäre einerseits der Passant die konsequente typologische Einlösung einer zur Flüchtigkeit tendierenden Welt, in der nichts mehr von Dauer ist: ein Gegenwartstypus par exellance, dem nur das Hier und Jetzt etwas bedeutet; ein vergeßlicher Hedonist des Augenblicks, der Butter auf dem Kopf trägt, ohne noch den Grund dafür zu kennen. „Bei Strauß dringt die Erfahrung des Passanten, die Passantenmentalität ins Innerste und bemächtigt sich noch der intimsten Gefühle, mit denen die Paare sich begegnen, ohne es schon zu wissen, daß sie einander nur Passanten sind."[217] Andererseits stünde er für ein Bewegungsprinzip, das den „immer rascheren Wechsel der technischen Merkwelten"[218] als Starthilfe eines paradigmatischen Umdeutungsprozesses nutzt. Stierles Lesart ist auf die fluiden räumlichen Konstellationen der Passagenwelt verkürzt. Strauß' Passage dagegen ist raumzeitlich intendiert. Ähnlich wie Walter Benjamin in seinem Passagen-Buch reaktiviert er „ein Element des Mythos als Form: die Konstruktion einer bedeutenden Ordnung des Raumes"[219].

Als solche ist, wie noch auszuführen sein wird, auch die Dichtung (resp. das Kunstwerk) zu verstehen. Strauß dichtet tektonisch. Seine Texte stellen bedeutende Raumordnungen im Material profaner Erscheinungsformen dar. Besonders augenfällig tritt dieses semantisch-verweisende Raumverständnis im Falle des Theaters zutage, da hier sowohl ein eigenständiges Gebäude als auch ein vom Publikum abgesetzter Bühnenraum den Schwellencharakter eines transitorischen Schauplatzes verbürgt. „Viel anwesender" als bei der Verwendung „lächerlich(er) (...) Modernisierungen" sei „das Theater dort, wo es zum Schauplatz seines eigenen Gedächtnisses, seiner originalen Mehrzeitigkeit wird. Dem Autor aber käme es zu, ihm jetzt ein neues Imaginarium zu entdecken. Trotz der mitunter abschreckenden Wirkung von Bewußtseinsträgheit unter den Theaterleuten, es bleibt schwer verständlich, weshalb kaum ein jüngerer Autor sich dem großen, freizügigen Kunstwerk Theater verschreibt, das erneuerungsbereiter sich darbietet als etwa der Film, das Kino, frei von kommerziellem Druck und phantasieplättender Unterhaltungskonkurrenz. Ja, es ist gleichsam selbst als ein Kunstwerk anzusehen, das, wie in einem Mythos, nur existieren kann, wenn es zu jeder Zeit von Berufenen aufs neue vollendet wird; andernfalls bildet es sich zurück, verkümmert zum grauen, radikalen Werkstatt-Entwurf oder degeneriert zum Warenhaus, zur Modenschau. Wo es aber gelingt und das Fernste durch die Schauspieler in

---

[216] Ebd., S.275.
[217] Ebd.
[218] Winfried Menninghaus: Schwellenkunde. A.a.O., S.26.
[219] Ebd., S.27.

unfaßliche Nähe rückt, gewinnt Theater eine verwirrende Schönheit und die Gegenwart Augenblicke einer ungeahnten Ergänzung." (Büch, 66)

Derartige Ausführungen stützen sich auf ein wertkonservatives, an der Bedeutsamkeit verbindlicher Traditionslinien orientiertes Kunstverständnis. Die wesentliche, durch nichts zu ersetzende Funktion der Kunstform Theater ist in ihrer Ausrichtung als Korrektiv zum Warenhauscharakter des postmodernen Kulturbetriebs zu sehen. Es entbehrt daher jeder Grundlage, Strauß entweder summarisch[220] oder explizit der postmodernen Bewegung zuzuschlagen, weil in seinen Texten etwa „das Zusammendenken des Disparaten" vorbildlich gestaltet werde.[221] Bei aller Vergleichbarkeit der Gegenwartsanalysen sind die Konsequenzen und Folgerungen, die Strauß aus seinen Beobachtungen zieht, doch deutlich von den Erträgen postmoderner Theoriebildung zu unterscheiden. Um im Bild zu bleiben: Für Strauß ist die Butter auf unseren Köpfen das Zeichen eines unwiederbringlichen Verlustes; sie kündet von der Herkunfts- oder „Heilsvergessenheit" des modernen Menschen und wird so zum Sinnbild eines beklagenswerten Differenzverhältnisses zwischen Vergangenheit und Gegenwart. Aus postmoderner Perspektive wäre dasselbe Stück Butter lediglich ein mehr oder minder reizvolles Accessoire, ein Gegenstand stilistischen Empfindens, letztlich eine Geschmacksfrage. Der zentrale Unterschied zwischen Strauß und der Postmoderne liegt im Telos der mit dem Präfix „Post" annoncierten Überwindung. Zwar erscheint das als „modern" deklarierte Weltbild auch dem Dichter als ein verbrauchtes, revisionsbedürftiges; der „wissenschaftliche Geist hat sich vorgearbeitet bis zur Schwelle des – als Ersatz für das verlorene Dunkel – Unübersehbaren, des Undeutlichen, einer sich selbst organisierenden, anlaßfreien Akrokomplexität". Doch damit habe auch „das Geheimnisvolle sich auf hohem Abstraktionsgrad wieder eingestellt" (ebd., 76).

Schaltkreise

Ausgehend von einem Gegenwartsbefund, der infolge unablässiger „Weltbildstürze" (ebd., 13) als krisenhaft nur noch im parodistischen Sinne verstanden werden könne und der daher in eine Aporie der Krise mündet, plädiert Strauß für eine Rückkopplung des Bewußtseins an seine eigentliche Natur, „das ewige glissando der Erkenntnisse" (ebd., 48). „Schlechthin alles" müsse „zurückübersetzt werden in die Undeutlichkeit. (...) Zurück ins Nicht-Verstehen!" (FdU, 50) So lautet die vernunftkritische Parole einer fundamentalen kognitiven Revisionsbewegung, die das Denken ins zwanglos-entbundene Stadium seiner eigenen Ursprünge transferieren soll, von denen die mediatisierte Welt ein profanisiertes, sekundäres Abbild ist. Mit einem frei verfügenden, verwertenden oder recycelnden Rückgriff auf den Fundus der Kulturgeschichte ist der von Strauß vertretene Standpunkt einer produktiven Regeneration jedoch keinesfalls zu verwechseln. Gleicht er doch eher einem Einlenken in den komplexen überzeitlichen Sinnzusammenhang einer Vergangenheit, die nicht vergeht, sondern lediglich vergessen wird. „Alles ist immer zu allen Zeiten da. Doch wird nur ein Bruchteil aus dem Nebel gehoben, um dessen Anagramm zu bilden, Leben." (Ebd., 48)

---

[220] Wie bspw. Klaus R. Scherpe in der Einleitung seines gemeinsam mit Andreas Huyssen herausgegebenen Bandes: Postmoderne. Zeichen eines kulturellen Wandels. Reinbek 1986. S.10.
[221] Vgl. Sigrid Berka: Mythos-Theorie und Allegorik bei Botho Strauß. A.a.O., S.35.

Aus solchen Bemerkungen über die reduzierende Sicht des Wahrnehmungsapparates auf „Bruchteile" eines komplexeren Gesamtzusammenhangs wird auch der Stellenwert ersichtlich, der dem Fragmentarischen in den Texten von Botho Strauß zukommt. Bruchstücke oder Fragmente firmieren bei ihm als zerstreute Bestandteile eines alten, überzeitlichen Ordnungsgefüges, die auf den ersten Blick belanglos und austauschbar erscheinen, im Grunde aber nur aus der begrenzten Perspektive ihrer Betrachter zu selbstgenügsamen Solitären werden. Das Fragment ist bei Strauß das Resultat – und nicht die Ursache – einer fragmentarisierenden Wahrnehmung, die längst den Überblick verloren hat. Seiner optischen und verstandesmäßigen Einholung, nicht dem Fragment als solchem, haftet insofern etwas Zufälliges oder Willkürliches an. Es stammt aus einer anderen Sphäre als der von der Gegenwart besetzten, und transportiert, als eine Art Botschafter der vergessenen Überzeitlichkeit der Dinge, Teile eines im Ganzen nicht mehr zu erkennenden Sinnzusammenhangs in die Gegenwart hinein. Ähnlich wie die Figur des Passanten erfüllt das Fragment bei Strauß eine Doppelfunktion: Innerhalb eines aktuellen Bezugsrahmens wiederholt und spiegelt es die allgemeine Tendenz zur Isolation und Dekontextualisierung in der Moderne; zugleich jedoch dokumentiert es auf intentionaler Ebene den Verlust einer metaphysischen Zuordnungskompetenz, die mit den versprengten Einzelteilen etwas anzufangen wüßte.

Bereits in seinem zweiten Roman, *Der junge Mann*, bekräftigt Strauß seine Neigung zum Anschluß an die raumzeitlichen Gegebenheiten einer zyklisch-mythologischen Daseinsform in einer Metapher, die dem technisch-elektronischen Instrumentarium der Moderne eine signifikante archaisierende Deutung verleiht: „Was nun das Element der Zeit betrifft, so muß uns auch hier eine weitere Wahrnehmung, ein mehrfaches Bewußtsein vor den einförmigen und zwanghaften Regimen des Fortschritts, der Utopie, vor jeder sogenannten 'Zukunft' schützen. Dazu brauchen wir andere Uhren, das ist wahr, Rückkoppelungswerke, welche uns befreien von dem alten sturen Vorwärts-Zeiger-Sinn. Wir brauchen Schaltkreise, die zwischen dem Einst und Jetzt geschlossen sind, wir brauchen schließlich die lebendige Eintracht von adlergleichem Sachverstand und gefügigem Schlafwandel." (DjM, 11)

Mit diesem Bekenntnis wird nicht sowohl dem geschichtsphilosophischen Glauben an einen linearen Progreß in der Zeit eine grundsätzliche Absage erteilt, als vielmehr jede Semantik geschichtlicher Zeiten „zwischen Erfahrung und Erwartung"[222] überhaupt in Zweifel gezogen. Jedem Zukunftsbegriff, und sei er noch so sehr auf die jeweilige Gegenwart ausgerichtet, haftet von vornherein jene ehrgeizig projizierende, eindimensionale Ausrichtung an, vor der sich Strauß durch seine planmäßigen Rekurse auf die mythologischen Maße von Raum und Zeit zu distanzieren (oder zu „schützen") versucht. Diese Maße sind „bedeutsam" nicht im Sinne einer prozeßhaften Erneuerung des Gegebenen, sondern in der Verläßlichkeit und Dauerhaftigkeit ihres Auftretens. Von den Wirkungsmitteln, „mit denen an der Bedeutsamkeit gearbeitet wird"[223], wurden zwei der wichtigsten soeben angesprochen: Die Befreiung von der „sturen" Taktfolge des Uhrzeigers zielt auf Simultanität, auf ein gleichberechtigtes Nebeneinander unterschiedlicher temporaler Modi; die Begriffe „Rückkoppelungswer-

---

[222] Vgl. Reinhart Koselleck: Vergangene Zukunft. A.a.O., S.11.
[223] Hans Blumenberg: Arbeit am Mythos. A.a.O., S.80.

ke" und „Schaltkreise" intendieren einen geschlossenen Horizont, in dem die zyklische Wiederholbarkeit vertrauter Abläufe gewährleistet ist. Strauß operiert hier mit den zentralen mythologischen Wirkungsmitteln der Gleichzeitigkeit und der Kreisschlüssigkeit. Die übrigen, „latente Identität, (...) Wiederkehr des Gleichen, Reziprozität von Widerstand und Daseinssteigerung, Isolierung des Realitätsgrades bis zur Ausschließlichkeit gegen jede konkurrierende Realität"[224], standen und stehen im Rahmen dieser Untersuchung an verschiedener Stelle auf dem Prüfstand. Ihr verkürzter Nachweis erschien bei der Darstellung der wahrnehmungstheoretischen Grundlagen in den Texten von Botho Strauß schon deshalb angezeigt, weil erst vor solchem Hintergrund zu veranschaulichen ist, was in etwa sein Personal zu sehen bekäme – wenn es denn sähe.

Der Traum der Vernunft: Lockerungsübungen

Denn streng genommen „sieht (man) gar nichts; man mischt sich etwas zurecht, wenn man die Augen öffnet. Wir blicken in ersonnenes Sehen" (Beg, 90). Feststellungen wie diese erklären das Gesichtsfeld zu einer Zone, in der prinzipiell alles möglich erscheint, weil sie nicht aus faktischen Gegebenheiten der äußeren Welt, sondern aus den subjektiven Entwürfen des Bewußtseins gespeist wird. Deswegen sind ihre räumlichen wie zeitlichen Verhältnisse denen des „Schlafwandels" oder des Traumes vergleichbar, der ja bereits von Calderon hintersinnig mit dem Leben gleichgesetzt wurde. „Wenn das weltliche Drama an der Grenze der Transzendenz innehalten muß", kommentiert Walter Benjamin in seinem Trauerspielbuch, „sucht es auf Umwegen, spielhaft, ihrer sich zu vergewissern. Nirgends ist das deutlicher als im 'Leben ein Traum', wo es im Grunde eine dem Mysterium adäquate Ganzheit ist, in der der Traum als Himmel waches Leben überwölbt."[225] Die hier angedeuteten Grenzverwehungen zwischen bewußter Wahrnehmung und ihren nur halb- oder unterbewußten Bezugsquellen liefern bei Strauß das Motiv für die Behauptung eines unkonturierten Zeitzwischenraumes, der die belichtete Verstandeswelt mit ihrer ausgeblendeten, schattigen Rückseite verbindet. Zwischen Wahrnehmung und Einbildung verläuft eine Kluft, die mit der Dichtung identisch ist oder von ihr besetzt wird. Anders wäre jene programmatische Durchlässigkeit und metaphysische Transparenz nicht zu rechtfertigen, die Strauß in seinen Stoffen thematisch umzusetzen versucht. Da die Prämisse von der Anschlußfähigkeit der Kognition an außerkognitive Ereignisse eines Demonstrationsfeldes bedarf, kommen sich hier Wahrnehmungs- und Gattungstheorie gleichsam auf halbem Wege entgegen. Die Dichtung stellt den idealen Raum und zugleich das Prüffeld für die Leistungsanforderungen eines trainierten, empfänglichen Bewußtseins dar. Hierin besteht ihre Aufgabe wie auch ihr ästhetisches Profil.

Was nun das Relationsverhältnis von Traum und wirklichem Leben betrifft, so öffnet der konfuse Dämmerzustand die Schleusen der Wahrnehmung für jene natürlichen Turbulenzen der inneren und äußeren Welt, die der nüchterne, ausgeruhte Ver-

---

[224] Ebd.; vgl. auch Georges Poulet: Metamorphosen des Kreises in der Dichtung. Frankfurt/M., Berlin, Wien 1985.
[225] Walter Benjamin: Ursprung des deutschen Trauerspiels. In: Gesammelte Schriften. Bd. I.1. Frankfurt/M. 1980. S.260.

stand weder registriert noch duldet. Insofern wären Leben und Traum tatsächlich identisch, denn beide beruhen auf dem Prinzip der chaotischen Verhältnisse. Da sich zudem das Denken für Strauß angemessen nur „in der Gedankenflucht" (ebd., 8) realisiert, käme es erst im Gestaltengewimmel hinter den geschlossenen Augen ganz zu sich selbst. Nur wer träumt erhält einen flüchtigen Eindruck vom wahren, formlosen, metamorphotischen Charakter der Wirklichkeit jenseits des historischen Bollwerks. Der Traum erfüllt bei Strauß die Funktion eines Korrektivs zu jenem blinden „Begradigungsdelirium" (ebd., 65), dem das Bewußtsein ansonsten aufsitzt. Daß diese Sphäre schlechterdings nicht darzustellen ist, weil sich ihre formlose Verfaßtheit jedem gestalterischen Zugriff entzieht, spielt in diesem Zusammenhang eine untergeordnete Rolle. Für das Kalkül dieses dichterischen Entwurfs genügt es völlig, sie als integralen, erreichbaren Bestandteil eines Prosatextes oder Theaterstückes zu thematisieren, um sein Personal von Zeit zu Zeit darin verschwinden lassen zu können wie den Betrachter eines chinesischen Bildes in der dargestellten Landschaft.

In der Logik einer solchen Argumentationsführung „sieht" der Erwachende nicht, sondern schreibt an seinem Kapitel in der Kulturgeschichte der Wahrnehmungen. „Sie wachte auf und kämpfte mit dem Zweifel an ihrer leibhaftigen Gegenwart. Doch bereits ihr erster Augenaufschlag hatte sich eingeschrieben in die Weltgeschichte des Augenaufschlags. Von nun an konnte sie keinen Gedanken mehr fassen, keine Beobachtung anstellen, die nicht sofort zu Notizen einer alles überwachenden Geschichtsschreibung wurden." (MS, 28) War jedoch für *Marlenes Schwester* (1975) das „Schattengelände" (ebd., 9) des Traumes noch die ganzheitlich bergende Alternative zum beschädigten Leben im sozialen Verbund, so entfallen mit der naturwissenschaftlich geprägten Auffassung der „Gegenwart als Mysterium" und „unentschiedene(r) Totale(n)" (Beg, 79) auch die vertrauten Grenzziehungen zwischen Tag- und Nachtwelt zugunsten einer ebenso ubiquitären wie „zwielichtigen" Melange: „Wir träumen, wenn wir sehen. Wir sehen, wenn wir träumen", notiert Strauß kategorisch in den *Fragmenten der Undeutlichkeit*. „Stehen wir nicht immer im selben Zwielicht? Und scheint nicht bloß nachts die Sonne von unten herauf? Und überschreiten Dämonen nicht jede Helligkeitsschwelle?" (FdU, 49) In dieser kurzen, programmatischen Passage stehen sowohl in wahrnehmungstheoretischer als auch in poetologischer Hinsicht einige der für Strauß relevantesten Denkansätze beieinander, wie eine erläuternde Paraphrase in vier Schritten belegen mag:

1. Wer sieht, bildet sich etwas ein: daß er nämlich sähe. Insofern beruht die Wahrnehmung auf einem fundamentalen Trugschluß, den die begradigende Verstandestätigkeit zu verantworten hat. Ihre Verfehlung besteht in der gewaltsamen Zuordnung des Disparaten. Sehen und träumen unterscheiden sich aber qualitativ in nichts, denn Sehen kommt einem inneren Vorgang gleich, bei dem Bewußtseinszustände auf die Außenwelt projiziert werden.
2. Wer träumt, bildet sich ebenfalls etwas ein. Nur sitzt in diesem Fall die Wahrnehmung nicht dem Irrtum auf, ihre Gesichte für bare Münze zu nehmen. Die unkalkulierbaren Regularien des Traums schließen verbindliche Zuordnungen von vornherein aus. Da überdies der im Traum vorherrschende konditionale Zustand den realen Verhältnissen näher kommt als die definitiven Festschreibungen des hellen Tages, werden erst hier die emphatischen Ansprüche an die Wahrnehmung eingelöst.

3. Ein dichterisches Konzept, das von der Identität von Sehen und Träumen ausgeht und darauf reflektiert, setzt sich selbst modellhaft und in bewußter Partizipation als Sachwalterin des Möglichkeitssinns ein. Ausgestattet mit dem Auftrag der Grenzland-sondierung, der sie bisweilen tief in die Terra incognita des Bewußtseins führt, ohne daß sie die Erträge ihrer Expeditionen auszusprechen bräuchte, wird Dichtung im Strauß'schen Verständnis zu einem „Naturereignis des Intellekts" (Hans Blumenberg); die Vernunft versetzt sich selbst in ein Stadium unkontrollierten, alles Menschenwerk überwältigenden Wucherns. Dieses selbstgewählte Bündnis mit dem Wildwüchsigen macht sie – ihrer poetologischen Konzeption gemäß – resistent gegenüber jedem von außen an sie herangetragenen Erklärungsbedarf. Dichtung wird zu einem Raum mit eigenen Gesetzmäßigkeiten, in dem der Paradigmawechsel von der Ratio zur Konfusi-on jederzeit spielend leicht vollzogen werden kann.

4. Was schließlich den Aspekt der Abwehr des Dämonischen (d.h. Unbekannten und Namenlosen) durch die „Helligkeitsschwelle" des wahrnehmenden Bewußtseins be-trifft, so wäre hinzuzufügen: Wer schläft, schwebt ebenso in Lebensgefahr wie im Wachzustand, nur wird die mögliche Heraufkunft der Dämonen fragloser zur Kennt-nis genommen. Darin gleicht der Traum den Verhältnissen des Mythos, der seiner Bestimmung nach eine Form der Abwehr archaischer Drohung und, davon ausge-hend, der Furcht darstellt: „nicht so sehr vor dem, was noch unerkannt ist, sondern schon vor dem, was unbekannt ist"[226]. Zugleich jedoch werden die Gefährdungen und Unsicherheiten, denen sich das Bewußtsein im Schlafe am Reinsten ausgesetzt sieht, von Strauß als notwendige Lockerungsübungen eines erweiterten, anschlußfähigen Wahrnehmungsapparates verstanden. Im Traum wird probeweise eingelöst, was an-sonsten außer Reichweite zu liegen scheint: die Bergung und Integration des Individu-ums in einem raumzeitlichen Kontinuum, das seiner eigenen Potentialität entspricht. „Traum ist: Unterschlupf suchen in Umbildung und Umtaufe. Das sicherste Gelaß des Selbst ist der unfeste Raum." (Ebd.)

Für die Dichtung ist mit der Aufwertung des Traums als eingelöste, eigentliche oder wahre Lebensform seit seiner Rehabilitation in der Romantik die Pforte zum Un(ter)bewußten geöffnet. Sämtliche poetischen Metamorphosen werden nun plausi-bel durch ihre mögliche Identifizierbarkeit als lichtscheue Repräsentanten der Nacht-seite der Vernunft. In den Schwundstufen eines Bewußtseins, das zwischen archai-schem Tiefschlaf und hellsichtiger Ratio beständig oszilliert, scheint auch die imaginäre Topographie der Strauß'schen Schauplätze genauer gekennzeichnet zu sein, als durch ihre Ansiedlung in „Jetztzeit, Banalität und Misere"[227]. Denn während diese in ihrer Eigenschaft als Oberflächenphänomene bei Strauß lediglich die Befangenheit des modernen Subjekts im *Status praesens* einer schlechten Immanenz dokumentieren – und somit erst den Ausgangspunkt einer beklagten, ans Pathologische grenzenden „Heils-vergessenheit" im absolut Gegenwärtigen kennzeichnen – ermöglicht eine Beschrei-bung seiner Lokalitäten als Durchgangsstationen zum mythologischen *Status nascendi* eine Erweiterung der analytischen Perspektive auf den überzeitlichen Bezugsrahmen

---

[226] Hans Blumenberg: Arbeit am Mythos. A.a.O., S.40.
[227] Vgl. Reinhard Baumgart: Das Theater des Botho Strauß. In: Botho Strauß. Text + Kritik 81 (1984). S.9.

sowohl seiner Romane und Erzählungen als auch seiner sogenannten Gegenwartsstücke.

Vor allen anderen medialen Vermittlungsformen scheinen hierbei die spezifischen Merkmale der Bühnenkunst geeignet zu sein, den transitorischen Charakter dieser Schauplätze als Passagen „zwischen Einst und Jetzt" zu veranschaulichen. „Das Theater ist der Ort, wo die Gegenwart am durchlässigsten wird, wo Fremdzeit einschlägt und gefunden – und nicht wo Fremdsein mit den billigen Tricks der Vergegenwärtigung getilgt oder überzogen wird." (Büch, 66) Bereits die unkündbare Verbundenheit jedes Bühnenimaginariums mit der aktuellen und konkreten Aufführungsgegenwart verweist auf eine genuine, auf der Technik der Vergegenwärtigung beruhende Verwandtschaft der theatralischen Szene mit einer Zeitschleuse, die vergangene Ereignisse im Modus der Echtzeit in die Gegenwart überführt. „Den kleinen, unendlich tiefen Raum erfüllt eine beispiellose Wiedergängerei. In der Kammer unzähliger Schlachten, Morde, Kriege drängen Tote sich, die jeden Augenblick, von der Kugel der Wiederbelebung getroffen, zu uns hervortreten können. Ein Medium, wahrhaftig, aber eher eines im vorigen, vortechnischen Wortsinn. Das gesprengte Urritual, das in tausend Wesensteilchen, Form- und Wirkungsgesetzen auf uns gekommen ist." (Ebd.)

Die Badende

In der abgründigen Tiefe dieses Zeitzwischenraumes, so darf nun vermutet werden, muß auch der eingangs erwähnte Appell des Photographen an den Chor wirkungslos verhallt sein. Ist die Spielstätte erst als „die Stelle des ungewissen Übergangs zwischen Wirklichkeit und Schein"[228], Nachtmahr und Ratio oder eben „Einst und Jetzt" etabliert, kann auch mit demokratischer Nachsicht nicht mehr jederzeit gerechnet werden. Verständnis ist nun einmal die Sache des Mythos nicht. Im Gegenteil folgt nach dem Schema der Tragödie, deren Gestaltenfundus der Chor ja entlehnt ist, der Zudringlichkeit des photographischen Blicks unabwendbar das Fatum in Form der Vernichtung des Photographen. Sein Einwand, „Sein ist Gesehenwerden", markanter noch formuliert in der Festellung, „alles muß fotografierbar sein oder es ist nicht" (DjM, 368), hat unter den Vorzeichen einer als zeitlos und mithin unvergänglich gedachten Totalität, deren gerade einmal jüngste Realisationsform die Gegenwart bildet, keinerlei Relevanz und Überzeugungskraft.

Stattdessen betont Strauß in dieser und noch in einer weiteren Schlüsselszene des *Schlußchor* die allemal tödlichen Auswirkungen eines unbedachten Blicks im Rekurs auf einen römischen Dichter, „der die Metamorphose als die zentrale Qualität des Mythos nimmt, weil sie seine ästhetische Erzählbarkeit erst herstellt"[229]. Die Tötung des Jägers Aktaion, die Ovid in seinen *Metamorphosen* minutiös überliefert, ist eine Variation des Motivkreises Sehen und Gesehenwerden. Diana (in der griechischen Mythologie Artemis), die jungfräuliche Göttin der Jagd, verwandelt Aktaion in einen Hirsch, weil er sie zufällig beim Baden in einem Waldsee hüllenlos gesehen hat. In seiner veränderten Gestalt fällt „der Enkel des Cadmus, der ziellosen Schrittes, / Nutzend der Jagd Un-

[228] Richard Alewyn: Das große Welttheater. Die Epoche der höfischen Feste. München 1989 (Nachdr. der 2. erw. Aufl. der Originalausgabe). S.81.
[229] Hans Blumenberg: Arbeit am Mythos. A.a.O., S.151.

terbrechung, des fremden Waldes Bezirk durchschweifte"[230], der undifferenzierten Angriffslust seiner eigenen Hunde zum Opfer. „Rings umdrängten sie ihn, in den Leib die Schnauzen ihm tauchend, / Reißen im trügenden Bild des Hirschs ihren Herrn sie in Stücke. / Erst, als in zahllosen Wunden, so sagt man, geendet sein Leben, / War ersättigt der Zorn der köcherbewehrten Diana."[231]

Daß Strauß diesen modellhaften Vorfall zuerst dem Photographen durch die „Meute" in seinem Atelier, sodann in aller Eindeutigkeit hinsichtlich des Verweisungscharakters der Szene einem Architekten in der Wohnung seiner Auftraggeberin noch einmal widerfahren läßt, zeugt weniger von einer „spielerischen Anleihe"[232] aus dem Gestaltenarsenal des Mythos, als daß es den Stellenwert unterstreicht, der dem Modus mythischer Wiederholung in seinen Texten insgesamt zukommt. Dieser Modus bekundet sowohl seine Aversion gegenüber der Vorstellung linearer geschichtlicher Verläufe, wie sie etwa dem christlichen Verständnis des Menschheitsweges vom anfänglichen Sündenfall bis zur endlichen Erlösung zugrunde liegt, als auch seine Neigung zur Theorie einer zyklischen oder ewigen Wiederkehr, deren Wirkungskreis über den beengenden Radius historiographischer Lesarten hinausreicht. Unter den Vorzeichen einer ewigen Wiederkehr ist die Vergangenheit nichts anderes als eine Präfiguration des Zukünftigen. „Kein Ereignis ist unumstößlich und keine Vergangenheit ist endgültig. In einem gewissen Sinn kann man sogar sagen, es geschehe nichts Neues in der Welt, denn alles ist ja nur die Wiederholung derselben primordialen Archetypen. Diese Wiederholung, die den mythischen Augenblick (...) aktualisiert, hält die Welt ununterbrochen in demselben morgendlichen Augenblick der Uranfänge fest. Die Zeit macht das Erscheinen und die Existenz der Dinge nur möglich, hat aber keinerlei entscheidenden Einfluß auf diese Existenz."[233]

Anders als etwa Walter Benjamin, der mit dem Gedanken der Wiederkehr als der „Essenz des mythischen Geschehens"[234] die negativen Implikationen der Vergeblichkeit und des schicksalhaften Schuldzusammenhangs (der Moira) verknüpft, deutet der Religionsphilosoph Mircea Eliade den mythischen Kreislauf wertfrei (nämlich aus mythengläubiger Perspektive) als eine Form der Annullierung zeitlicher Gebundenheit. Die Zeit wird als eine Kategorie verstanden, die überzeitlichen Erscheinungsformen zur Realisation verhilft – eine Art formaler Rahmenhandlung oder Bühne für Wesenheiten, die außerhalb ihres Zuständigkeitsbereichs liegen. Ähnliches gilt für die raumzeitliche Disposition der Texte von Botho Strauß, wenngleich einschränkend hinzugefügt werden muß, daß bei ihm von einer ausformulierten und stringenten Mythostheorie, selbst im Hinblick auf die Kreisfigur der ewigen Wiederkehr, nicht die Rede sein kann. Teilt er einerseits Eliades These von der „Wiederholbarkeit" als Option auf einen sinn- oder bedeutungsvollen Zusammenhang, in dem die Zeit in einem mythischen Kontinuum aufgehoben und als erfüllte ausgewiesen ist, so verbindet ihn mit Benjamin die dezidiert moderne Perspektive. Strauß' Adaption und Verarbeitung my-

---

[230] Ovid: Metamorphosen. Drittes Buch, 174-176; hier zit. nach der Übersetzung von Erika Rösch. München 1992². S.83.

[231] Ebd., 249-252.

[232] Vgl. Henriette Herwig: Verwünschte Beziehungen, verwebte Bezüge. A.a.O., S.175.

[233] Mircea Eliade: Kosmos und Geschichte. Der Mythos der ewigen Wiederkehr. Frankfurt/M. 1986. S.101f; die Bezeichnung „Archetyp" wird von Eliade ganz allgemein als „Paradigma" oder „beispielhaftes Vorbild" verstanden.

[234] Vgl. Walter Benjamin: Das Passagen-Werk. A.a.O., S.178.

thologischer Motive und Kategorien ist durch ihren Anleihencharakter gekennzeichnet; abgesehen von den allgemeinen Schemata der Wiederholung, der damit verbundenen Kreisschlüssigkeit und implizierten Bedeutungssteigerung wird nach Bedarf und ohne erkennbare Linie partizipiert. Kennzeichnend jedoch für diesen dichterischen Entwurf, der wie erwähnt von der Verpflichtung zur Offenlegung seiner Bezugsquellen entbunden ist, ist das Muster der Transformation mythologischer Konstanten auf moderne Verhältnisse. Daß jede mythologische Figur jederzeit und ausweglos ihrer Bestimmung zu folgen hat, besiegelt letztlich auch das Schicksal des Architekten im *Schlußchor*. Mag dieser noch so beflissen auf die Zufälligkeit seiner Schamverletzung rekurrieren, die ihn als Türaufreißer „die nackte Delia, die sich nach dem Bad abtrocknet" (T II, 426), erblicken ließ – sein Untergang ist nach dem hier einzig gültigen Muster des Mythos beschlossene Sache.

Zweierlei ist in wahrnehmungstheoretischer Hinsicht aus diesem Fehltritt des Architekten zu erfahren. Erstens: Sehen ist für Strauß jedesmal ein Wiedersehen, denn was sich dem indiskreten Architekten als badende Kundin im Frotteekleid präsentiert, ist die Wiederholung eines vielfach modifizierten, archetypischen Musters; ein Bild aus längst vergangener Zeit, das im modernen Ambiente machtvoll Geltung beansprucht. Erst der „Weg des zweiten Mals ist der Weg der Genugtuung. Man lenkt nicht aus Schwäche ein in den Kreis. Jedes Wiedersehen zerbricht einen Zeitpfeil" (FdU, 38). Und zweitens: Wirkliches Sehen ereignet sich bei Strauß stets zufällig, im Modus des Versehens. „Das Schlimmste ist: mag kommen, was will. Sie haben im Versehen schon alles gesehen." (T II, 427) Der plötzliche, unvorhergesehene Anblick der Badenden im Zustand finaler Hüllenlosigkeit isoliert für den Bruchteil einer Sekunde einen ebenso erfüllten wie fatalen Zeitpunkt innerhalb des fortschreitenden profanen Zeitablaufs; ein Augenblick, der das Potential einer momentanen Erweiterung des historisch verengten Wahrnehmungshorizonts nicht nur in sich birgt, sondern schlagend zur Geltung bringt. Insofern trägt der Moment des Versehens die Züge jener „ästhetischen Utpoie", die Karl Heinz Bohrer in den Schlüsseltexten der modernen literarischen Sachwalter des Augenblicks, Marcel Proust, James Joyce und Robert Musil, herausgearbeitet hat: „So wie das Ideal der traditionellen Utopie immer das Gegenmodell der schlechten Gegenwart impliziert, so setzt auch der utopische 'Augenblick' des der Gesellschaft entfremdeten Ichs immer eine bewußte, entschiedene und radikale Kritik an der Gesellschaft voraus. (...) Im Falle der kulturpessimistischen Schriftsteller Proust, Joyce und vornehmlich Musil ist die Annahme einer wenn nicht reaktionären, so doch resignativen Reduktion objektiver Gesellschafts-Utopie in eine subjektive des reinen 'Zustandes' berechtigt."[235] In durchaus vergleichbarem Sinne ist der erfüllte Augenblick bei Strauß „utopisch" weniger als Verknüpfungspunkt des reinen Jetzt (oder Nu) mit einem in ihm zum Vorschein kommenden Danach – das dann geschichtsphilosophisch als das Noch-nicht einer besseren Zukunft post historialis erfahren würde; „utopisch" ist der Augenblick einer momentan erfahrenen mythologischen Allgegenwart insofern, als in ihm die Ausrichtung des Denkens auf ein kontinuierliches Fortschreiten in der Zeit zugunsten vertikaler Zeitvorstellungen relativiert wird. Versteht man wie Strauß die Gegenwart als eine „Wildnis von Gleicher Zeit" (DjM, 96), so

---

[235] Karl Heinz Bohrer: Plötzlichkeit. A.a.O., S.188.

ermöglicht mit dem Augenblick gerade ihre kleinste Einheit die unmittelbare Erfahrung dieser ahistorischen, atemporalen Totalität.

Zugleich jedoch, und hierin liegt ein zentrales Motiv für den Untergang des Architekten, trägt der unvermittelte, jähe Anblick des hüllenlosen Ganzen bereits jenen tödlichen Beigeschmack der Erkenntnis und verstandesmäßigen Kategorisierung in sich, der immer schon zur Vertreibung aus den Paradiesen der reinen Anschauung geführt hat. Erinnern wir uns: „Adam muß sterben, wenn er vom Baum der Erkenntnis ißt. Aber er stirbt nicht, jedenfalls zunächst nicht, sondern wird nur aus dem Garten vertrieben, wo der Baum des Lebens steht, dessen Früchte Unsterblichkeit geboten hätten, wäre er noch an sie herangekommen."[236] Mit der Befähigung zu Erkenntnis und Auslegung, heißt das, beginnt die Vertreibungsgeschichte: ein Leben zum Tode. Mitsamt ihren Prototypen wird die Gattung einer gesicherten Sterblichkeit anheimgegeben, weil sie partout wissen wollte, was es mit ihr auf sich hat. Seit jener ersten schuldhaften Übertretung des göttlichen Gebotes, das übrigens Hans Blumenberg in scharfsinniger Exegese als durchaus eigennütziges deutet, sind Paradiese nur noch als künstliche oder verlorene zu haben. Zum Beispiel in der flüchtigen Offenbarung eines ursprünglichen, decouvrierenden Blicks. „Etwas in uns erkennt blitzschnell, ohne zu begreifen, weiß ohne Erfahrung." (Na, 40)

Nach dem Versehen

Auf diese rationale Unerreichbarkeit des Schönen im Augenblick seiner plötzlichen Offenbarung rekurriert denn auch der bezeichnenderweise erst im Nachhinein beschämte Architekt im *Schlußchor*: „Man selbst ist blind vor Überraschung bei solch einem Irrtum in der Tür ... vor meinem plötzlichen Gesicht standen Sie ganz unverletzbar, in Bann und Rüstung da." (T II, 427f.) Eine derart nüchterne Analyse kennzeichnet freilich schon das Stadium der „kaltblütigen Erörterung" (ebd., 428) – nach dem Versehen. Aus der verstandesmäßigen Rekonstruktion des Vorfalls resultiert ein Bild der Blöße, die so nie existierte, die „es einmal gab, nur im Versehen, und also niemals gab, weder im Garten Eden noch im Bordell" (ebd., 429). Solche nachträglichen Legitimationsversuche eines schuldlos schuldigen Entdeckers wiederholen oder variieren im Grunde nur das wirkungslose Argument des Photographen, erst im erkennenden Blick des Anderen komme die wahre Gestalt ans Licht. Solche Schönheit müsse erst erschaffen, „auch das Ursprüngliche, Blöße und Nacktheit müssen erst in die Welt hinein geschaffen werden! Die Welt ist wirklich leer, das ist kein bitteres Wort, das ist die nüchterne Physik, wirre schwarze Strahlung alles, wenn nicht das Auge Schöpfer wär!" (Ebd.) Schönheit gilt hier als das Resultat einer künstlerischen Anverwandlung des Ungestalteten – ein unverzeihlicher Gewaltakt gegenüber dem Gestaltensimultané der formlosen Materie. „Ihre Einbildungskraft, die es genießt, mich einer Galerie von Aktmodellen einzureihen, vermehrt, Sie spüren es, den Zustrom an Kälte, den ich auf Sie lenke."

Delias Replik erklärt die Einbildung zu einem Instrument der sekundären Integration des genuin Bildlosen in einen falschen Zusammenhang. Die Wahrnehmung wie

---

[236] Hans Blumenberg: Matthäuspassion. A.a.O., S.96.

auch die Kunst erscheinen in dieser Lesart als Mittel der „Schöpfungsnichtung", die im Herausarbeiten der Form die ganzheitliche Beschaffenheit ihres Gegenstandes ruinieren. Deshalb kann das „schöpferische" Auge des Architekten als Medium eines Mordanschlags gedeutet werden, der nach Vergeltung schreit: „Ihre Auslegung wird Sie töten, Fremder." (Ebd., 428) Schöpfung operiert in jedem Fall innerhalb einer zeitlichen Ordnung. Enthält der ursprüngliche, „blinde" Blick noch Rudimente einer „'Hintergrundstrahlung' von Urzeit und Fülle" (Na, 41), so tritt nach dem Versehen unvermeindlich die rubrizierende Verstandestätigkeit auf den Plan, die im Nachdenken zerstört, was sie doch eigentlich bergen, aufbewahren oder konservieren wollte. Was für die Dauer eines erfüllten Augenblicks zeit- und intentionslos dahindämmerte, wird, wie die nackte Delia, einem imaginären Museum einverleibt, ins vorgesehene Schema überführt, mit anderen Aktmodellen verglichen und somit mortifiziert. Nur „Gott weiß: Er ist blind. Der Mensch lernt kennen, was seine Augen ihm vorenthalten. Jegliche Kenntnisnahme vollzieht sich durch die Wahl. Die Wahl ist der Garant des Mords"[237].

Der Gewaltakt des Sehens besteht in der Zurichtung der äußeren Referenzbezüge in der Datenbank unter der Schädeldecke. Die Wirklichkeiten, in denen wir leben, zeichnen sich dadurch aus, daß sie sozusagen erkennungsdienstlich erfaßt sind. Andererseits: „Bezwingung aufgeben hieße: keine Schönheit mehr erkennen. Jedes Heilige ist ein konstruktivistisches Ideen-Monument wider die Natur." (Beg, 65) Mit diesem Dilemma, daß ein reiner, vollends erfüllter Augenblick, in dem jede Geschichte „wie Materie jenseits des Ereignishorizonts" (ebd., 104) verschwimmt, zugleich den Auftakt zu seiner formalen Entkontextualisierung darstellt, ist das Paradoxon bezeichnet, auf dessen instabiler Grundlage eine Theorie des Versehens bei Botho Strauß anzusetzen hat. Wir sehen nicht, sondern bilden uns etwas ein, wenn wir glauben zu sehen; und wir sehen nichts, sondern erfahren, wenn es etwas zu sehen gäbe. Mithin wäre jede Form des Sehens bei Strauß als Versehen zu bezeichnen: Das intentionale im Irrtum einer eingebildeten Zugehörigkeit, das intentionslose im Zufall eines überraschenden Anblicks. Stets holt die Imagination den flüchtigen Zeitpunkt plötzlicher Ereignistotalitäten ein, indem sie ihn zum Anfang einer Geschichte erklärt. Zu Anfang aber war, so Strauß, nicht etwa ein sekundärer Schöpfungsakt der Bezeichnung, sondern „das Abermals. Jede erste Begegnung ist ein unverhofftes Wiedersehen" (ebd., 105).

---

[237] Edmond Jabès: Der Augenblick danach. In: Es nimmt seinen Lauf. Frankfurt/M. 1981. S.41.

III. Vor dem Bildschirm. Zur Theorie des Fernsehens

Alte Bekannte

Ein unverhofftes, versehentliches Wiedersehen hat bei Strauß in temporaler Hinsicht Referenzpartner zu Gegenstand, die „in jener Zeit" (ab origine) zu Hause sind. Was wir sehen, sind stets alte Bekannte; ein Umstand, der auch dem Titel von Strauß' zweitem Theaterstück, *Bekannte Gesichter, gemischte Gefühle,* eine über den dargestellten Freundeskreis hinausgehende Bedeutungsebene verleiht. Nicht von ungefähr sind die Szenen topographisch in der Durchgangsstation eines „kleinen Hotels" und zeitlich „in diesen Jahren" (T I, 69) angesiedelt – eine ähnlich unsichere, zumindest doppeldeutige raumzeitliche Zuschreibung, wie unter mythologischen Vorzeichen. Über diesen implizit mythologischen Status der Szenen hinaus, hängt die scheinbare Neuigkeit des längst Bekannten (oder die Bekanntheit des scheinbar Neuen) mit einem für Strauß' Texte charakteristischen Beziehungsmuster zusammen: Da die handelnden Personen nicht nur dieses Stückes zurückliegende Ereignisse rasch vergessen, kann jede Begegnung, selbst innerhalb derselben Szenenabfolge, die Züge einer ersten Begegnung annehmen, ohne es doch zu sein. In *Bekannte Gesichter, gemischte Gefühle* äußert sich die notorische Vergeßlichkeit und Gegenwartsfixiertheit der handelnden Personen in einem kurzen Dialog, der die permanente Beschreibungsindifferenz hinsichtlich der interpersonellen Relationsverhältnisse exemplarisch zum Ausdruck bringt:

> „GUENTHER *zu Margot* Wir beide haben noch keine zwei Worte miteinander gewechselt. Stimmt's?
> MARGOT Stimmt, ja.
> GUENTHER Du merkst also: für mich gibt's dich hier oben eigentlich gar nicht.
> MARGOT Ich war schon mal hier, du hast mir die Koffer aufs Zimmer getragen.
> GUENTHER Wann war das?
> STEFAN Voriges Jahr, Guenther, in der Ferienzeit.
> GUENTHER Und? Ging's gut?" (T I, 79)

Durch die Feststellung, daß das scheinbar Neue immer schon das sattsam Bekannte, das Dauerhafte und Beständige in modifizierter Gestalt sei, wird der Jetztzeit bei Strauß jenes selbstherrlich-martialische Alleinverfügungsrecht über die Vergangenheit abgesprochen, das Alexander Kluge einmal als „Angriff der Gegenwart auf die übrige Zeit" bezeichnet hat. „Das Prinzip der Gegenwart wütet gegenüber dem Prinzip Hoffnung und sämtlichen Illusionen der Vergangenheit. Wir leben in einer Gegenwart, die erstmals in der Lage wäre, sich zum Machthaber über sämtliche anderen Zeiten aufzuschwingen. Dies ist bezeichnet mit dem Satz: Unheimlichkeit der Zeit."[238] Mit der Option auf ein unverhofftes Wiedersehen, in dem sich das archetypische Muster zyklischer Wiederholungen jederzeit zu realisieren vermag, betont Strauß in deutlicher

---

[238] Alexander Kluge: Der Angriff der Gegenwart auf die übrige Zeit. Das Drehbuch zum Film. Frankfurt/M. 1985. S.10f.

Abgrenzung gegenüber einer absolut verstandenen Gegenwart das Prinzip der Gleich-zeitigkeit, der dauerhaften Anwesenheit des Vergangenen. Zudem wird die ernüch-ternde Diagnose erkennbar, die der Mythenkundige seinen vergeßlichen Zeitgenossen ausstellt. Da nur unter der Voraussetzung des Wiedererkennens von einem Wiederse-hen die Rede sein kann, ist sein Personal insbesondere auf der Bühne mit Wiederho-lungen überzeitlicher Ereignisse und Gestalten konfrontiert, ohne sie als solche zu-ordnen zu können. Ihr Dilemma besteht in einer umfassenden kategorialen Indiffe-renz, die eine angemessene und zutreffende Identifizierung ihrer Beobachtungen ver-hindert. Innerhalb eines auf die Gegenwart verengten Horizontes werden sämtliche Erfahrungswerte auf ihren aktuellen Status verkürzt und in eine Sphäre überführt, die kein Jenseits ihres eigenen Wirkungskreises mehr kennt. Im Verlauf dieses Kapitels wird nachzuweisen sein, daß der von Strauß diagnostizierte hermetische und absolute Charakter der Gegenwart – einer Gegenwart, die durch eben diese Merkmale selbst mythologische Züge annimmt – im selbstreferentiellen Geflecht der neuen Medien seine bildhafte Entsprechung findet; sowohl seine Kritik der gegenwärtigen Verhält-nisse als auch sein gegenläufiges ästhetisches Programm lassen sich exemplarisch an der spezifischen Rezeption und Verarbeitung der neuen Medien in den Texten von Botho Strauß darstellen.

Tachogene Weltfremdheit

Einer der zentralen, vielfach variierten Beobachtungen im Werk des Philosophen Hermann Lübbe zufolge, hat keine andere Epoche binnen kurzem soviel Vergangen-heit produziert, wie die unsere. Zugleich jedoch habe auch keine andere Epoche derart gründlich den auf Erfahrungen gründenden Kontakt zum Gewesenen eingebüßt. „Gemengelage – das ist (...) die passende geologische Metapher für eine Kultur, die, indem sie ihre Vergangenheit rascher als jemals zuvor eine Kultur hinter sich läßt, in der disparaten Fülle ihrer jeweiligen Gegenwart einzig historisch erklärbar ist.“[239] Ein präzises Abbild dieser auch von Strauß hervorgehobenen Tendenz zur Vergeßlichkeit in den immer kürzer werdenden Zeitintervallen und Neuerungsschüben der Gegen-wart bietet die sogenannte Erinnerungskultur, die den Prozeß lebendigen Eingeden-kens durch institutionalisierte Erinnerungsformen (Gedenktage, Friedhöfe, Denkmal-schutz, Museen etc.) ersetzt. „Unsere Vergangenheitsbezogenheit“, so begründet Lüb-be die vorherrschende Neigung zur Selbstmusealisierung der Gegenwart, „unsere blühende historische Kultur erfüllt Funktionen der Kompensation der belastenden Erfahrungen eines änderungstempobedingten kulturellen Vertrautheitsschwundes. (...) Mit der Dynamik zivilisatorischer Modernisierungsprozesse wächst zugleich komple-mentär die Möglichkeit von Anstrengungen zur Vergangenheitsvergegenwärtigung an.“[240] Eine stetig zunehmende Neuerungsgeschwindigkeit, die die jeweils als Gegen-wart erfahrene Zeitspanne radikal verkürzt und die zugleich zu einer beschleunigten Veralterung dessen führt, was an kulturellen Erfahrungen überhaupt noch verbucht werden kann, hat für Lübbe wie auch für den Kompensationstheoretiker Odo Mar-

---

[239] Hermann Lübbe: Im Zug der Zeit. Verkürzter Aufenthalt in der Gegenwart. Berlin 1992. S.86f.
[240] Ders.: Über die Vergangenheitsbezogenheit unserer Gegenwart. Hrsg. von der Stiftung „Freunde des Zuger Kunsthauses“ 5 (1986). S.5.

quard eine tachogene Weltfremdheit zur Folge: Wenn das jeweils Vertraute immer bereits das Veraltete ist und die Zukunft mit Sicherheit anders aussehen wird, als unser stets schon antiquierter Erfahrungsfundus es sich vorzustellen vermag, wird „die Welt fremd, und wir werden weltfremd. Die modernen Erwachsenen verkindlichen"[241], weil ihre Erfahrung sie jedesmal aufs Neue in die Lage derer zurückversetzt, für die die Welt noch überwiegend unbekannt, neu und undurchschaubar ist. „Selbst wenn wir grau werden, bleiben wir grün."[242]

Lübbes und Marquards Ausführungen sind auf narrativer Ebene, als Beschreibungsversuche des historischen Bewußtseins aus der Erfahrung einer zunehmenden kulturellen Dynamik, auf die Gegenwartsbefunde in Strauß' Texten übertragbar. Seine passageren Protagonisten befinden sich in der Tat im Dauerzustand einer tachogenen Weltfremdheit, die von flüchtigen (unter anderem medial stimulierten) Erfahrungsintervallen ausgeht und sich im Handlungsverlauf seiner Theaterstücke und Prosatexte als Weltfremdheit niederschlägt. Der Verlust an verbindlichen kategorialen Bezugsgrößen wird durch eine nicht selten zwanghaft anmutende Fixierung auf den konkreten, absolut gesetzten Augenblick kompensiert, in dem alle zurückliegenden Erfahrungswerte ausgeblendet sind. Wie bereits am Beispiel der postmodernen Theoriebildung erläutert, weicht jedoch die intentionale Ausrichtung dieser dichterischen Bestandsaufnahme deutlich von der kompensationstheoretischen ab. Lübbe wie auch Marquard zielen auf eine Rechtfertigung der Philosophie und der Künste als bewahrende Disziplinen im Kontext einer zur Flüchtigkeit und Unverbindlichkeit neigenden Gegenwart. So wird etwa die „Unvermeidlichkeit der Geisteswissenschaften" und anderer erzählender Gattungen von Marquard über ihre Orientierungsfunktion innerhalb der modernen Welt legitimiert: „Die Geisteswissenschaften helfen, als erzählende Wissenschaften, jene lebensweltlichen Verluste zu kompensieren, die die durch die experimentierenden Naturwissenschaften angetriebenen Modernisierungen herbeiführen. Modernisierungen sind Entzauberungen: die Geisteswissenschaften helfen der kompensatorischen Genese einer Dennoch-Verzauberung durch den ästhetischen Sinn, indem sie Sensibilisierungsgeschichten erzählen."[243] In dieser optimistischen Grundausrichtung des „Dennoch", einer tröstenden Geste, die von Kritikern als Glaubensersatz oder „innerweltliche Heilökonomie"[244] bezeichnet wurde, besteht der wichtigste Unterschied zwischen der Kompensationstheorie und Strauß' poetologischem Selbstverständnis. In seinen Texten geht es nicht um Strategien temporärer Entlastung im Bestehenden, sondern um die Kennzeichnung eines dauerhaften, mythologischen Korrektivs zum Bestehenden, das in seiner Unbeständigkeit und Ignoranz gegenüber der Vergangenheit weniger eines wie immer gearteten „historischen Bewußtseins" denn vielmehr einer prähistoriographischen Empfänglichkeit und Anbindungsbereitschaft bedarf. Darüber hinaus, hiervon wird im folgenden Kapitel ausführlicher die Rede sein, richtet sich sein Programm weniger an ein Kollektiv, als an

---

[241] Odo Marquard: Zeitalter der Weltfremdheit? Beitrag zur Analyse der Gegenwart. In: Apologie des Zufälligen. A.a.O., S.83.

[242] Ebd.

[243] Ders.: Verspätete Moralistik. Bemerkungen zur Unvermeidlichkeit der Geisteswissenschaften. In: Kursbuch 91 (1988). S.13; vgl. auch Hermann Lübbe: Geschichtsinteresse in einer dynamischen Zivilisation. Das historische Bewußtsein ist als common sense ebenso unvermeidlich wie nötig. Ebd., S.18-22.

[244] Vgl. Patrick Bahners: Die Zukunft einer Illusion. Vertrauenskrisenfolgenminimierung: H. Lübbe besänftigt. In: Frankfurter Allgemeine Zeitung vom 19.4.1994.

den Typus des versprengten Solitärs, der sich in den Nischen des Medienzeitalters um die Bewahrung vergessener Traditionslinien bemüht.

In *Kongreß, Die Kette der Demütigungen* (1989) hat Strauß den Dauerzustand postnataler Ahnungslosigkeit, in dem ein kompensatorisches Entlastungs- und Orientierungsbestreben das Unbekannte in vertraute Schemata zu überführen versucht, am Beispiel einer bildungsbeflissenen Reisegruppe veranschaulicht. Die Grunddisposition der tachogenen Weltfremdheit wird hier durch eine eilfertige Ausrichtung am Kanon ausgeglichen und überblendet. Doch trägt das Altbekannte nicht nur in diesem Fall das Stigma des allzu oft und von jedermann Gesehenen, des Abgeschmackten und seriell abrufbaren Besichtigungszieles, dessen eigentliche, tieferliegende Bedeutung im Fokus touristischer Blicke nicht zur Geltung kommen kann. Den Businsassen geht es weniger um Wiederbelebungsversuche des kulturellen Gedächtnisses, als vielmehr um eine Form der Bestätigung der eigenen, fragwürdigen Person in der affirmativen Teilhabe am allgemeinen Wertkonsens. „Man wird wiederum nichts sehen. Vor den Dingen wird man die letzten geringen Kenntnisse verlieren. Die Ahnungslosigkeit und Stumpfheit vor diesen unzugänglichen Orten, den Sehenswürdigkeiten, bei denen man abgesetzt wird, ist so geheimnisvoll und dicht geballt, daß eigentlich im nächsten Augenblick der Umschlag in ein fremdartiges Erkennen, eine geschichtliche Entdeckung erfolgen müßte. Dazu kommt es jedoch nicht: die Gemeinschaft der Gaffenden, der mittelmäßig Aufmerkenden, mittelmäßig Informierten, mittelmäßig Erfreuten und Einfühlsamen, die Gemeinschaft mit diesen leichten Besichtigern, die weder ganz ergeben noch ganz vergeßlich sind, die sich die Dinge allesamt verkleinern und einreihen können, die ein Ding bereits haben, wenn sie nur die geringste Ähnlichkeit mit einem anderen, ihnen bekannten daran entdecken, die sich vollkommen gewiß sind, daß dieses seltene, erlesene Ding ihnen, den Massen, gehört und folglich nur von den mittelmäßig aufgeklärten Massen auf die angemessene, in der Geschichte bisher einmalige Weise verstanden werden kann – diese Gemeinschaft verschluckte sein Bewußtsein. Das war alles." (K 15f.)

Um zum wiederholten Male zu sehen, was immer schon nebenher existierte, bedarf es freilich nicht nur eines geschulten, vorbereiteten Auges – einer Wahrnehmungsform, die sich von der sekundären, an Reiseprospekten geschulten kulturellen Bestandsaufnahme substantiell unterscheidet; es bedarf vor allem einer Grundhaltung, die Strauß in *Kongreß* als „innere Bereitschaft zum Nicht-Verstehen" (ebd., 19) bezeichnet. Während die wohlfeile, kulturhistorisch motivierte Pauschalbesichtigung der Ruinen lediglich zur sachgemäßen Einordnung der Restbestände des Vergangenen beiträgt, kommt es dem Archäologen der Gleichzeitigkeit darauf an, die Orientierungsfolie einer standardisierten Entzifferung von den Dingen zu lösen, um so ihrer eigentlichen, „unzugänglichen", inkommensurablen Gestalt zur Kenntlichkeit zu verhelfen. Denn in jedem Fall verrät ein begehrlicher Blick auf die in der Ruine überlieferte instante Epochensignatur, ebenso wie die sekundäre Leidenschaft des Türaufreißers nach dem Versehen, mehr über die Musealisierungsabsichten des Zeitgenossen, als daß er die Objekte seiner Begierden auch nur ansatzweise zu fassen bekäme. Der Königsweg des nachgiebigen Denkens hingegen, das sich selbst vom „widernatürliche(n) Streben nach Reinheit, Einfachheit, Klarheit" (Beg, 62) gelöst hätte, führt bei Strauß zurück in die Ahnungslosigkeit.

Namensgebung: Zur Sprache finden

Offenkundig lokalisiert Strauß das amorphe Terrain einer potentiellen Wiederholbarkeit archetypischer Phänomene, jene große „Nekropole, wo alles miteinander hauste" (K, 18), auf mythologischem Boden. Daß in seinen Arbeiten die Gegenwart als Schauplatz solch unverhoffter Wiedersehen erscheint, legt eine unterstellte Allgegenwart mythologischer Konstanten nahe, die selbst unter dem Einfluß massenmedialer Stimuli nicht gänzlich auszublenden ist. Im Gegenteil: noch der Vergeßlichste lebt in unmittelbarer Nachbarschaft dieser dauerhaften Daseinsform; gerade indem er gedanklich die Zügel schleifen läßt, in seiner „Ahnungslosigkeit und Stumpfheit", kommt er – ohne das Geringste davon zu ahnen – den Voraussetzungen echter, unbegradigter Erkenntnis am nächsten. Die inverse Dramatik in Strauß' Gegenwartsstücken speist sich nicht unwesentlich aus der Annahme, daß gleichsam nebenan ein Gegenmodell zum Bestehenden existiert, von dem die handelnden Personen nichts wissen, von dessen Auswirkungen sie aber jederzeit überwältigt werden können. Diese Unwissenheit macht sie zu komischen und tragischen Figuren zugleich, denn jeder unbedarfte Schritt kann, wie das Beispiel des Architekten in *Schlußchor* zeigt, zum Auslöser einer nicht zu kalkulierenden Katastrophe werden. Sie sind Mitspieler einer Tragödie, deren Kausalität sie nicht überschauen, deren Gesetzmäßigkeiten sie aber wie Ödipus bei Sophokles zu folgen haben; sie wissen nicht, was sie tun – und eben dies wird ihnen zum Verhängnis.

Eines fällt indessen bei Strauß' Verarbeitung mythologischer Vorbilder und Muster (wie etwa dem der zyklischen Wiederholung) ins Auge: Für ihn scheint der Umstand keine Rolle zu spielen, daß der Mythos selbst und sogar in erster Linie eine Begradigungsleistung par exellance darstellt. „Alles Weltvertrauen fängt an mit den Namen, zu denen sich Geschichten erzählen lassen. Dieser Sachverhalt steckt in der biblischen Frühgeschichte von der paradiesischen Namengebung. Er steckt aber auch in dem aller Magie zugrunde liegenden Glauben, wie er noch die Anfänge von Wissenschaft bestimmt, die treffende Benennung der Dinge werde die Feindschaft zwischen ihnen und dem Menschen aufheben zu reiner Dienstbarkeit. Der Schrecken, der zur Sprache zurückgefunden hat, ist schon ausgestanden."[245] Indem der Mythos das Unbekannte und Erschreckende ringsum mit Namen und Begriffen ausstattet, die zum Anlaß von Erzählungen werden, indem er ein Orientierungssystem gegen das Gestaltlose aufbietet, wird er als Stadium eines gewachsenen und stabilisierten Weltvertrauens erkennbar. „Die Welt mit Namen zu belegen, heißt, das Ungeteilte aufzuteilen und einzuteilen, das Ungriffige greifbar, obwohl noch nicht begreifbar zu machen. Auch Setzungen und Orientierungen arbeiten elementaren Formen der Verwirrung, zumindest der Verlegenheit, im Grenzfall der Panik, entgegen. Bedingung dessen ist die Ausgrenzung von Richtungen und Gestalten aus dem Kontinuum des Vorgegebenen. (...) Der Mythos ist eine Ausdrucksform dafür, daß der Welt und den in ihr waltenden Mächten die reine Willkür nicht überlassen ist. Wie auch immer dies bezeichnet wird, ob durch

---

[245] Hans Blumenberg: Arbeit am Mythos. A.a.O., S.41.

Gewaltenteilung oder durch Kodifikation der Zuständigkeiten oder durch Verrechtlichung der Beziehungen, es ist ein System des Willkürentzugs."[246]

Die Fundierung der Welt auf einem soliden, konsistenten und dichten Geflecht von Geschichten ist auch der Grund dafür, daß etwa Ovid, der wohl einflußreichste Gewährsmann für Strauß' Rezeption des Mythos, sie in immer neuen Verwandlungsstufen von der Urzeit (*Metamorphosen* I, 1- 451) über die mythische Zeit (I, 452- XI, 193) bis hin zur historischen Zeit des römischen Imperiums (XI, 194- XV, 879) variieren kann. Selbst in den zerstreuten Fragmenten, die der Prosaband *Beginnlosigkeit* scheinbar ohne Anspruch auf narrative Stringenz versammelt, wiederholt sich jenes Vetrauen auf eine insgesamt tragfähige Textur, das bereits in der strukturellen Anlage des Ovidischen Opus erkennbar ist. Sie erweist sich „als das Resultat einer auf ständiges Variieren bedachten Kombination chronologischer und motivischer Erzählzusammenhänge. Der dadurch entstehende Eindruck lockerer Aneinanderreihung und ungeordneter Buntheit entspricht (...) ziemlich genau dem Eindruck, den der Leser bei kontinuierlicher Lektüre eines Elegienbuches Properzens, Tibulls oder Ovids selbst von der Strukturierung der einzelnen Gedichte im Buchganzen gewinnt: Auch dort sind Elegienpaare und -zyklen, die bestimmte Ereignisfolgen (...) nachzeichnen, und motivisch verknüpfte Elegien nach dem Aufbauprinzip der variatio miteinander kombiniert"[247]. Auf durchaus vergleichbare Weise erschließen sich die programmatisch offenen Motivfelder in *Beginnlosigkeit* am ehesten, wenn man den Band „von vorn bis hinten, gewissermaßen altmodisch linear liest"[248]. Der fragmentarische Charakter dieses Buches erscheint paradoxerweise, bei aller eingeschriebenen Tendenz zur gedanklichen Fluktuation, als dichterische Referenz an ein Systemganzes, in dem die auseinanderstrebenden Erscheinungsformen noch einträchtig beisammen standen: „Einst, Jetzt, Nie, demokratisch vereint, die Toten, die Unsicheren zwischen Tod und Leben und die Erfundenen. Die Erloschenen in ihrem blühenden, goldschimmernden Damals und die Jetzt-Chimären, die mit ihren winzigen Fuchsköpfen aus ihren Schneckengehäusen lugen. Und all das weitläufige Volk von Helden und Krüppeln, Mädchen und Priestern, Nachtpförtnern und Dschungelkindern, sarabanda notturna, girotondo di una compagnia immortale. Angestellte und Führer des erdumkreisenden Traums, Atem-Hülle des Geistes, unsere Nähr-Zeit aus etwas, das es nie gab und niemals geben wird." (Ebd.)

Diese „Atem-Hülle" entspricht nun aber keinesfalls dem undurchsichtigen Gestaltenbabel vor seiner kosmogonischen Ausdifferenzierung und namentlichen Zuordnung. Strauß muß bei der Bestimmung der Referenzgrößen eines „unverhofften Wiedersehens" auf bereits identifizierte Figuren oder Typen zurückgreifen, da in den gänzlich ungeklärten Verhältnissen vor der mythologischen Vermessungs- und Bezeichnungsleistung schlechterdings nichts zu unterscheiden wäre. Sein Postulat „zurück ins Nicht-Verstehen" kann daher nicht auf jenes „warme Moor" abzielen, in dem etwa Gottfried Benn unsere „Ururahnen" ansiedelt; als „ein Klümpchen Schleim"[249]

---

[246] Ebd., S.49f.
[247] Niklas Holzberg: Einführung. In: Ovid: Metamorphosen. A.a.O., S.8f.
[248] Volker Hage: Das Ende vom Anfang. Botho Strauß' aufregender Versuch über „Beginnlosigkeit", seine „Reflexionen über Fleck und Linie". In: Die Zeit, Nr. 16 vom 10.4.1992. S.L2.
[249] Gottfried Benn: Gesänge. In: Gesammelte Werke. Hrsg. von Dieter Wellershoff. Bd. III. Stuttgart o.J., S.25 passim.

unter anderen wären unsere Vorgänger gar nicht zu identifizieren. Jede Erinnerungsarbeit setzt stillschweigend einen Schöpfungsakt, einen Anfang voraus: daß etwas existiert hat, an das man sich erinnern kann. Eine Gemengelage der Materie hingegen, die Strauß jenseits der Verstehensgrenze vermutet, erklärt im Einerlei ihres morastigen Nährbodens auch die Anstrengung des Gedächtnisses für obsolet, irgend etwas Besonderes in ihr ausfindig machen zu wollen. „Alles Besondere", bemerkt denn auch Strauß, „ist Abspaltung, Ausfällung von Typen und Mustern." (Beg, 107) Vor der Typenbildung wäre demnach alles auf einmal und somit nichts Erkennbares. So gerät Strauß letztlich in einen Benennungsnotstand, weil er „das große Totum simul, das Megagedächtnis", in dessen Ausläufern einer seiner jüngsten Figuren „dahinstrudelte" (K, 17), von jeder verstandesmäßigen Differenzierungsleistung entkoppelt, andererseits aber nicht umhin kommt, die Repräsentanten und Erscheinungsformen dieses „Megagedächtnisses" jeweils beim Namen zu nennen. Schon indem sie reden, sind, um nur einige der jüngsten aufzuführen, Hermetia in *Kongreß*, Delia in *Schlußchor* oder die mitteilsame Säule in *Die Zeit und das Zimmer* (1988) Vertreter desselben ordnungstiftenden Systems, dem Strauß seine Ignoranz gegenüber dem Komplexen anzukreiden nicht müde wird. Um diesem inneren Widerspruch seiner Schriften zu entgehen, reduziert er das Pensum des Mythos auf die Errichtung eines dauerhaften, zyklisch konzipierten raumzeitlichen Kontinuums, und übersieht geflissentlich, daß unter mythologischen Vorzeichen die Zumutungen der Welt bereits bewältigt, der namenlose Schrecken bereits ausgestanden ist, weil er in den Geschichten und ihren zahllosen Variationen zur Sprache gefunden hat.

Empfangsstörungen

Wenn „alles spricht", auch wenn es im Falle der erwähnten Säule nach langem Schweigen „nicht gleich die passenden Worte" findet (T II, 341), ist alles alphabetisiert. Nur auf der Grundlage einer entzifferten Welt erscheint ein Wiedersehen, das mit einem Wiedererkennen einherginge, überhaupt denkbar. Bei Strauß wird nun ein kategoriales Mißverständnis, daß nämlich gar nicht sprechen kann, was nicht zuvor bereits begrifflich erfaßt worden wäre, zu einem folgenreichen Rezeptionsproblem. Zwar sprechen in dieser Logik die Verkörperungen des „Megagedächtnisses" auch ohne einen Rezipienten, der sie zum sprechen brächte, mit- oder untereinander; und zwar auf ähnliche Weise, wie aus der Sicht des Kulturtheoretikers George Steiner autonome Kunstwerke „über Zeiten und Räume hinweg" (DjM, 386) miteinander kommunizieren: „Die beste Deutung von Kunst findet sich in der Kunst."[250] Da diese Werke aber sämtlich in ihrer eigenen, primären Sprache sprechen, bleibt ihr Diskurs dem profanen, selbstbezüglichen Gerede, das die Gegenwart prägt, prinzipiell entzogen. Hier liegt für Strauß eines der zentralen Probleme beim Versuch einer Standortbestimmung innerhalb des Medienzeitalters: „Alles Größere, Frühere, Meisterliche kann gar nicht mehr empfangen werden; keiner versteht's." (Ebd., 385)

Ist dergestalt neben der Eigengesetzlichkeit und Autonomie auch die Eigenzeit der Kunstwerke als Repräsentationen des überzeitlichen (Mega-)Gedächtnisses etabliert,

---

[250] George Steiner: Von realer Gegenwart. Hat unser Sprechen Inhalt? München 1990. S.31.

werden diese unversehens zu Bedeutungsträgern einer höheren, metaphysischen Ordnung, die mit der unseren – von gelegentlichen Epiphanien einmal abgesehen – keinerlei Berührungspunkte aufweist. Wie Sternbilder im entspannten Verbund scheinen sie für Strauß die Zeitläufte zu überdauern. Daher verbietet sich auch eine genauere Ausleuchtung jener unbefragbaren, obskuren Sphäre von selbst. Auch jenseits historischer Verlaufslinien herrscht offenbar Unverständnis vor, hier jedoch aus gutem Grund: „Mythen antworten nicht auf Fragen, sie machen unbefragbar. (...) Wenn alles aus allem hergeleitet werden kann, dann wird eben nicht erklärt und nicht nach Erklärung verlangt. Es wird eben nur erzählt."[251] Wollte man etwa mit Hilfe der Kantischen Definition des „Dings an sich", das unabhängig vom wahrnehmenden Bewußtsein existiert und dennoch als Erscheinung oder Vorstellung zu einem Gegenstand der Erfahrung werden kann, zu einer präzisen Charakterisierung der Sphäre des „endlosen Nebenan" (K, 18) gelangen, man hätte damit ebenso wenig Aussicht auf Erfolg wie mit dem traditionellen Schema des Oppositionsverhältnisses zwischen Kunst und Natur. Zwar hat nach Kant auch „die Organisation der Natur nichts Analogisches mit irgend einer Kausalität, die wir kennen"[252]; andererseits trägt die „geschlossene Gesellschaft", die Strauß im „heitere(n) Reich" und „friedliche(n) Geheg" (DjM, 386 passim) hinter der „Atem-Hülle des Geistes" vermutet, andere Züge als die natürliche, sich selbst organisierende Materie. Sie ist, als ästhetische Projektion, ganz Menschenwerk, wie auch der Mythos ein Naturereignis des Intellekts darstellt. Noch in der halbpflanzlichen Zwitterfigur einer Bäumin (vgl. ebd., S.215-220) führen die Repräsentanten der „geschlossenen Gesellschaft" ein Eigenleben nach der Gestaltwerdung.

Für den Zeitgenossen wird allerdings die Chance zur Partizipation an jenem erlesenen mythischen Zirkel sowohl durch die Kurzlebigkeit und die Verformungen seines Bildgedächtnisses, an dem nichts mehr haften bleibt, als auch durch die Antiquiertheit seines begrifflichen Instrumentariums erschwert. Uns fehlen, vereinfacht gesagt, die Worte, um die latente Gegenwart des Mythos, der „sein Wissen" ungebrochen „über unseren Köpfen fortwebt" (Beg, 107), noch angemessen verstehen oder zuordnen zu können ein ähnliches Rezeptionsproblem also, wie es bereits unseren scheinbar mühelosen, als selbstverständlich angesehenen Referenzbezügen zur sichtbaren Objektwelt zugrunde liegt. „Lange nachdem sich Molekularchemie und Elementarphysik durchgesetzt haben", notiert George Steiner ganz im Sinne von Strauß, „stellen wir uns Tische und Stühle in unserer Umgebung beharrlich so vor, sprechen wir beharrlich so von ihnen, als wären sie solide Stücke von Materie in einer aristotelischen Ordnung."[253] Beruht nach dieser sprachtheoretischen Lesart das vertraute Verhältnis des Sprechers zu einem beliebigen äußeren Signifikanten auf einer konstruktiven Einbildung – auf der notwendigen Unterstellung oder Als-Ob-Fiktion nämlich, das Bezeichnete sei mit seiner begrifflichen Entsprechung identisch –, so kommt die Unzulänglichkeit des Wahrnehmungsapparates, auf Fremdartiges angemessen zu reagieren, im Hinblick auf das statuarische Nebeneinander der Phänomene in der „Allzeit" erst vollends zur Geltung.

---

[251] Hans Blumenberg: Arbeit am Mythos. A.a.O., S.142, 143.
[252] Immanuel Kant: Kritik der Urteilskraft. In: Werkausgabe. Hrsg. von Wilhelm Weischedel. Bd.X. Frankfurt/M. 1974. S.323.
[253] George Steiner: Von realer Gegenwart. A.a.O., S.132.

Die unterbrochene Verbindung zu jener überzeitlichen Daseinsform, die Strauß seinen befangenen und verblendeten Zeitgenossen vorhält, wäre wohl am genauesten als Ungleichzeitigkeit zu bezeichnen, ein Begriff, der von dem Philosophen Ernst Bloch zur Kennzeichnung der gesellschaftlichen Verhältnisse in der späten Weimarer Republik geprägt wurde: „Nicht alle sind im selben Jetzt da. Sie sind es nur äußerlich, dadurch, daß sie heute zu sehen sind. Damit aber leben sie noch nicht mit den anderen zugleich. Sie tragen vielmehr Früheres mit, das mischt sich ein. (...) Ältere Zeiten als die heutigen wirken in älteren Schichten nach; leicht geht oder träumt es sich hier in ältere zurück."[254] Bei Strauß jedoch erfährt dieser Befund einer aus gesellschaftlichen Krisensituationen resultierenden Tendenz zur mentalen Regression („Sprung zurück") eine aktualisierte und erweiterte Auslegung. In einem Verhältnis der Ungleichzeitigkeit befindet sich das Personal seiner Texte sowohl gegenüber dem „endlosen Nebenan", wie es sich etwa in Kunstwerken manifestiert, als auch gegenüber dem artverwandten, monadisch verkapselten Nachbarn, der im Medienzeitalter seine Weltbezüge über die Programmangebote der Sendeanstalten reguliert. Trug überdies bei Bloch die Vermischung gegenwärtiger und zurückliegender Ereignisse maßgeblich zur Entstehung ungleichzeitiger Existenzformen bei, so wäre vor dem Hintergrund eines zusehends unschärfer werdenden kulturellen Gedächtnisses auch der Einfluß jener „älteren Schichten" zu relativieren, die in der Gegenwart nachwirkten. In einer von den Medien oktroyierten Omnipräsenz des Gegenwärtigen verkehrt sich die vertikale Form der Ungleichzeitigkeit in eine horizontale, in der die Fähigkeit zur eingedenkenden Retrospektive verkümmert.

Simulation: Zur Krise der Anschauung

Vor dem negativen, von Verlustrechnungen und Abwesenheiten[255] geprägten Horizont der Moderne erscheint die „überschärfte Empfindsamkeit fürs Vergehende" (Vers, 241) als kompensatorische Haltung wider den drohenden Traditionsverlust. Die Existenzform der Ungleichzeitigkeit, ein Leben in der Vergangenheit, könnte so die Funktion eines entlastenden Korrektivs gegenüber einer entzauberten Gegenwart erfüllen, die selbst nurmehr wenig Vertrauenerweckendes aufzubieten hat. Führte „das entschwindende Bewußtsein von Realität und Gegenwart, welches in die Euphorie der Erinnerungen übergeht" (ebd., 240), bei Autoren wie Ibsen oder Tschechow zu einer Relativierung der Jetztzeit im hermetischen Innenraum des Gedächtnisses, so erfährt die Verinselung des Subjekts vor dem Bildschirm in Strauß' Diagnose des Medienzeitalters noch einmal eine drastische Zuspitzung. Denn während etwa Anton Tschechows Bühnenpersonal im fortgeschrittenen Stadium „vergangener Zukunft" (Reinhart Koselleck) erinnerungstrunken von besseren, zurückliegenden Zeiten träumt, besetzt nun ein vorgefertigtes, synthetisches, kollektives und somit äußerliches Bildmaterial die Funktionsstelle des verklärten Gedächtnisbildes.

---

[254] Ernst Bloch: Erbschaft dieser Zeit. Frankfurt/M. 1985. S.104.
[255] Vgl. H.K. Gritschke: Abwesenheit. In: Historisches Wörterbuch der Philosophie. A.a.O., S.70f.

Der Terminus, mit dessen Hilfe man der technischen Realität der neuen Medien kategorial beizukommen sucht, heißt heute Simulation.[256] Indem die Simulationstechnik eine parallel zur Wirklichkeit verlaufende, kaum noch als künstlich zu identifizierende Welt erschafft – für Strauß eine sekundäre, sterile Realität – bringt sie Imagination und Wirklichkeit zur Angleichung. Damit erfährt auch der Vorgang der subjektiven Ersatzbebilderung der Welt im Bewußtsein eine neue, veränderte Qualität: Es ist der Bildschirm, der das Weltgeschehen definiert und formt, weil nur das zum beglaubigten Ereignis werden kann, was von den Medien in Szene gesetzt wird. Mit zunehmender Vernetzungsdichte verringert sich dabei auf seiten des Bildkonsumenten die Möglichkeit einer kritisch-distanzierten Betrachtung. Die „Bilder der Massenmedien kann man nicht mehr betrachten", vermerkt hierzu der Medienwissenschaftler Norbert Bolz; sie rücken uns „taktil und digital" auf den Leib und „schließen sich mit der Netzhaut kurz"[257].

Vor diesem Hintergrund wäre übrigens auch die von Manfred Frank vorgetragene These von der „Aufhebung der Anschauung im Spiel der Metapher", die als Übertragung (epiphorá) eines anderswoher genommenen Namens Sinnliches mit Nichtsinnlichem analogisiert[258], einer medienkritischen Überprüfung zu unterziehen. Der Anschauung als ästhetischer Kategorie stehen heute gar keine Metaphern mehr zur Verfügung, die der elektronischen Wirklichkeit auch nur annähernd entsprächen. Es existiert eben kein sinnliches Analogon zu einem Mikrochip. Stattdessen entstammt der weitaus größte Teil unserer gebräuchlichen Metaphorik einer technisch längst vergangenen Zeit – auch dies eine Form der Ungleichzeitigkeit, die der Veränderungsgeschwindigkeit und den sprunghaften Innovationsschüben der positiven Wissenschaften geschuldet ist. Wie eh und je – nicht anders als der Großstädter, der die sinnlich nicht zu bewältigende Erfahrung einer modernen Metropole in antiquierten Begriffen wie „Häuserschluchten" oder „Menschenmeer" übersetzt – entnimmt der Mensch seine Metaphern dem Fundus der sichtbaren Natur. „Was hingegen dem menschlichen Auge verborgen bleibt, technisch jedoch längst erblickt und erfahren ist, das subatomare Geschwirr, ist noch nicht eingebildet und erträumt, noch nicht durch die anthropomorphe Schmiede gegangen." (Na, 142)

Angesichts solch eklatanter Rückstände des menschlichen Wahrnehmungsapparates gegenüber dem aktuellen technischen Erkenntnisstand muß auch die Kategorie der Anschauung, definiert als „Vorstellung der Einbildungskraft"[259], als problematisch, wenn nicht gar als rückständig gelten. Kant hat den Begriff als eigenständige, dem Verstand gleichrangige Quelle der Erkenntnis konturiert, wobei sich die Anschauung „intuitiv", das heißt auf eine Weise verhalte, „daß sie ihren Gegenstand im ganzen und

[256] Der Begriff der Simulation hat eine lange Vorgeschichte, in der vor allem der Aspekt des Trügerischen im Vordergrund steht. Noch Niklas Luhmann definiert: „Bei Simulation handelt es sich um aktive Täuschung anderer. Man führt sie auf einen Irrweg, lügt und betrügt." Zit. nach Norbert Bolz: Das kontrollierte Chaos. Vom Humanismus zur Medienwirklichkeit. Düsseldorf 1994. S.311; bei Bolz findet sich auch die folgende, wertfreie Definition des Begriffs: „Die Welt zu verstehen, heißt heute, sie simulieren zu können. Reale, komplexe Abläufe werden in einem Computermodell nachgebildet, und man analysiert dann das Verhalten des Modells." (Ebd.)

[257] Norbert Bolz: Eine kurze Geschichte des Scheins. München 1991. S.119.

[258] Vgl. Manfred Frank: Die Aufhebung der Anschauung im Spiel der Metapher. In: Neue Hefte für Philosophie 18/19 (1980). S.59.

[259] Hans-Georg Gadamer: Anschauung und Anschaulichkeit. Ebd., S.1.

als Ganzes auffaßt, während der Verstand 'diskursiv' die Teile des Gegenstandes in einer bestimmten Reihenfolge abschreite und das Ganze in einer sukzessiven Synthesis zusammensetze"[260]. Als Unmittelbarkeit eines sinnlichen oder geistigen Gegebenseins ist Anschauung ein reiner Grenzbegriff, eine Abstraktion jener Vermittlungsleistungen, in denen sich die menschliche Weltorientierung vollzieht.[261] Das Problem besteht nun darin, daß im Medienzeitalter der kausale Zusammenhang zwischen intuitivem Anschauen und verarbeitendem Denken unterbrochen zu sein scheint. Einerseits werden die Gegenstände, die ja nicht selten den Charakter von black boxes annehmen, auf eine Weise „eingebildet", die ihrer Komplexität nicht mehr gerecht werden kann und weit davon entfernt ist, sie „im ganzen und als Ganzes" aufzufassen. Andererseits erscheint die komplementäre, „diskursive" Herstellung einer „Synthesis" der in der Anschauung gewonnenen Eindrücke erkenntnistheoretisch durchaus fragwürdig. „Das Vielfältige", so Strauß, „strebt keiner Lösung entgegen. (...) Das Mannigfaltige war von Anbeginn, es ist irreduzibel. Einfachheit ist ein Traum, den das hoch Entfaltete träumt, der Traum der Blüte von ihrer Frühe als Same, aber der Same ist nicht einfach." (Beg, 30)

Die Krise der Anschauung als philosophische und ästhetische Kategorie hängt ursächlich mit der Komplexität der Medienwirklichkeit zusammen. Daß sie sich paradoxerweise am selbstzeugenden System einer synthetischen Bilderflut entzündet, am Gipfelpunkt also ihrer stofflich-materiellen Sättigung, bestätigt nur die sowohl von Wolfgang Welsch als auch von Odo Marquard geäußerte Vermutung, die mediatisierte und ästhetisierte Lebenswelt enthalte drastische Anästhetisierungspotentiale. Als Komplementärbegriff zur Ästhetik kennzeichnet Anästhetik „jenen Zustand, wo die Elementarbedingung des Ästhetischen – die Empfindungsfähigkeit – aufgehoben ist. Während die Ästhetik das Empfinden stark macht, thematisiert Anästhetik die Empfindungslosigkeit im Sinn eines Verlusts, einer Unterbindung oder der Unmöglichkeit von Sensibilität, und auch dies auf allen Niveaus: von der physischen Stumpfheit bis zur geistigen Blindheit"[262].

Der Verdächtige

Strauß' Kritik sowohl der neuen Medien als auch des herrschenden Kultur- und Kommunikationsbetriebs insgesamt setzt genau an diesem pathologischen Befund an: Unbetreffbarkeit und Empfindungslosigkeit auf drogenhaft hohem Anregungsniveau. Dabei wäre die Krise der Anschauung in der „Hyperrealität" (Jean Baudrillard) virtueller und zirkulierender Wirklichkeitsmodelle nur ein Symptom für jenes umfassende Krankheitsbild, das Strauß mit wachsender Besorgnis am Körper der Gesellschaft diagnostiziert – einem noch immer „grandiosen" und labilen „Organismus", der bei seinem Beobachter stets ein Empfindungsgemisch aus „Scheu" und „Bewunderung" (vgl. ABo, 19 passim) auslöst. Nicht ohne Grund ist die von Strauß hervorgehobene Gemengelage der Gefühle beim Anblick der Misere derjenigen verwandt, die nach

---

[260] F. Kaulbach: Anschauung. In: Historisches Wörterbuch der Philosophie. A.a.O., S.342.
[261] Vgl. Hans-Georg Gadamer: Anschauung und Anschaulichkeit. A.a.O., S.3.
[262] Wolfgang Welsch: Ästhetik und Anästhetik. In: Ästhetisches Denken. Stuttgart 1980. S.10; vgl. auch Odo Marquard: Aesthetica und Anästhetica. Philosophische Überlegungen. Paderborn 1989.

Aristoteles und Lessing als „Furcht und Mitleid" den Zuschauer der antiken Tragödie beherrscht haben soll. Dieser kurze historische Verweis erhellt den Standpunkt, den Strauß vor allem in seinen gegenwartsbezogenen Prosatexten der Gesellschaft gegenüber einzunehmen pflegt: Der Dichter bezieht eine reservierte, jedoch nur scheinbar gleichmütig-distanzierte Position, die etwa mit Gottfried Benns zynisch-vivisektorischem Medizinerblick auf die lädierte Gattung kaum zu verwechseln ist. Strauß erscheint bei näherer Betrachtung keinswegs als jener unbeteiligte Fremdling, als der er sich rein äußerlich geriert. Vielmehr gleicht seine Perspektive der eines Herausgetretenen, eines aus dem Mainstream ausgescherten Beteiligten, der nun aufgrund seiner veränderten (verlangsamten) Laufgeschwindigkeit und habituellen Exzentrizität zu einer Diagnose der Gesellschaft befähigt ist. „Das einzige, was man braucht, ist der Mut zur Sezession, zur Abkehr vom Mainstream. Diese Demokratie benötigte von Anfang an mehr Pflanzstätten für die von ihr Abgesonderten. Abschnitte, Orte, wo ihre Rede nicht herrscht und die inzüchtige Kommunikation unterbrochen ist. Ich bin davon überzeugt, daß die magischen Orte der Absonderung, daß ein versprengtes Häuflein von inspirierten Nichteinverstandenen für den Erhalt des allgemeinen Verständigungssystems unerläßlich ist." (Ebd., 28f.)

Wie ein Theaterbesucher von seinem erhöhten Logenplatz aus beobachtet Strauß das konfuse Treiben des öffentlichen Schauspiels, ohne selbst unmittelbar involviert zu sein. Unter seinem teilnehmenden Blick freilich zerfällt, was sich selbst aus Mangel an Distanz als homogen und zusammenhängend begreift, in „unzählige Bagatellen" (Na, 86). Die Selbstbezüglichkeit des Betriebs erweist sich als fadenscheiniger Verblendungszusammenhang, der bisweilen komische Züge annimmt. In seiner spezifischen Selbstpositionierung zwischen Teilhabe und Unzugehörigkeit wird der Dichter Botho Strauß zum „Verdächtigen", der, ähnlich wie in Franz Hessels gleichnamigem Feuilleton, im stetigen Fluß der Passanten plötzlich stehenbleibt und so zur Erkenntnis des allgemeinen, hastig-konformen Bewegungsprinzips gelangt[263]; oder der wie in Siegfried Kracauers Roman *Ginster* „zwischen ihnen" lebte und sie „unterirdisch erforschte"[264]. Erst die Verschiebung der Perspektive, an den Randbereich der Bühnenhandlung, aber innerhalb des Theaters, bringt die Struktur zum Vorschein, die das gesamte öffentliche Schauspiel noch notdürftig zusammenhält; noch – denn die fragile Ballance des gesellschaftlichen „Miteinander" (ABo, 19) trägt für den aufmerksamen Beobachter bereits unverkennbar die Züge der Agonie. Das „unfaßliche Kunststück" (ebd.), als das sich der aus dem „Gleichgewicht" (ebd.) geratene Systemorganismus gerade noch darstellt und behauptet, befindet sich für Strauß im krisenhaften Stadium kurz vor der Implosion.

Der „Drill des Vorübergehenden"

Ähnlich wie in der Flut der kurzen elektronischen Bilder die Möglichkeiten der auf die Kategorie der Anschauung zurückgehenden subjektiven Einbildungskraft reduziert werden, so ist vor den Bildschirmen auch die subversive Energie des Augenblicks in

---

[263] Vgl. Franz Hessel: Der Verdächtige. In: Ein Flaneur in Berlin. Berlin 1984. S.7-11.
[264] Vgl. Siegfried Kracauer: Ginster. Frankfurt/M. 1972. S.21.

ihrer Wirksamkeit beeinträchtigt. Nicht, daß sie für Strauß als Langzeitpotential verschwunden wäre; sie ist in der Blendzone der Kanäle lediglich um ihre akuten Entfaltungsmöglichkeiten gebracht. „Das große Medium" (DjM, 9), dem bekanntlich der Augenblick alles ist, inszeniert ihn in seiner profanen, pervertierten Form – als geschwinden Informationsträger. Im elektronischen Schaugewerbe herrscht „der Drill des Vorübergehenden, gegen den keine Instanz der Erde sich noch auflehnen kann", und der mit der von Strauß beobachteten genuinen Flüchtigkeit der Gedanken nur in formaler Hinsicht etwas gemein hat. „Dieser (Drill, S.D.) wird im Wesentlichen mit Schnitten ermöglicht; aber die Schnitte haben entgegen dem Wortsinn nichts Trennendes, sie bringen es vielmehr zustande, daß eine unendliche Kette der Berührungen entsteht, daß letztlich alles mit allem in Berührung gerät" (ABo, 31), ohne daß die Konsumenten der Bildangebote noch nach qualitativen Kriterien zu unterscheiden vermöchten. Alles erscheint ihnen gleichermaßen gültig, gleichermaßen bedeutsam zu sein, da bei dieser Rezeptionsform nicht nach den Wertigkeiten der Bilder differenziert zu werden braucht. Was, gemessen an einer unterstellten Bedürfnislage des Publikums, als rasch zu verarbeitende Information oder als zerstreuender Thrill sich ausgibt, ist im Grunde ein universelles, selbstreferentielles und selbstzeugendes „Spiegelspiel der Massenmedien"[265], dessen Reglement inzwischen zwar jedes Kind beherrscht, dessen Sinngehalt jedoch außer Frage zu stehen scheint.

In seinem Roman *Der junge Mann* beschreibt Strauß das „weltzerstückelnde Schalten und Walten" der Medien, bei dem sich „das Geschehen dauernd selbst ins Wort" fällt, am Beispiel eines beliebigen Fernsehabends: „Eben noch sehen wir zwei Menschen ernstlich miteinander streiten, den jungen Professor für Agronomie und den Beamten einer landwirtschaftlichen Behörde, über Betablocker im Schweinefleisch und die Östrogensau, live in einer Hamburger Messehalle. Kaum haben wir sie näher ins Auge gefaßt und beginnen ihren Argumenten zu folgen, da fährt auch schon eine Blaskapelle dazwischen; wir befinden uns, ohne daß wir nur mit der Wimper hätten zucken können, in Soest, am Stammtisch eines Wirtshauses, und werden in die Geheimnisse westfälischer Wurstzubereitung eingeweiht. Schon vergessen der Betablocker, vorübergehuscht die vergiftete Nahrung. Ist das Information? Ist es nicht vielmehr ein einziges, riesiges Pacman-Spiel, ein unablässiges Aufleuchten und Abschießen von Menschen, Meinungen, Mentalitäten? Es ist genau das Spiel, das unser weiteres Bewußtsein beherrscht: die Wahnzeit wird nun bald zur Normalzeit werden." (DjM, 9)

Neben dem Verweis auf die Entwertung des erfüllten Augenblicks im Stadium seiner massenmedialen Apotheose kennzeichnet die Formel, mit der Strauß in bestechender Kürze die Quintessenz telegener Weltaneignung und -verarbeitung zusammenfaßt, auch den profanisierten Zustand zyklischer Wiederholungen im geschlossenen Verbundsystem der Programme: „Alles nur kurz. Und das immer wieder. Immer dasselbe, aber nur kurz." (Na, 12) Im Zeitalter der neuen Medien wird der Modus unverhofften Wiedersehens, der eigentlich den Anschluß an den zeitlosen Regelkreis des Mythos zu initiieren hätte, in der Wiederholungsschleife der Vorabendserien nach der Prime time zur Farce. Auch im Fernsehen basiert alles auf dem Prinzip der Wiederholung des Gleichen („immer wieder"; „immer dasselbe"). Doch im Unterschied

---

[265] Norbert Bolz: Eine kurze Geschichte des Scheins. A.a.O., S.119.

zum mythologischen Modus der zyklischen Wiederkehr, der im Fernsehen eine gänzlich untragische, risikolose und somit profane Neubewertung erfährt, führen die zum Verwechseln ähnlichen Programmangebote in Strauß' Verständnis des Mediums zu einer Annullierung faktischer Differenzen, einer moderaten Angleichung ursprünglich getrennter Phänomene im egalisierenden Weichzeichner der Kanäle. Entscheidend ist dabei der Umstand, daß ein bedeutsames mythologisches Muster entwertet oder depotenziert wird und als solches unerkannt bleibt. Die lückenlose Präsenz des Kameraauges erzeugt eine Art Vakuum, das seiner äußeren Beschaffenheit nach selbst mythologische Züge trägt, ohne jedoch der zwingenden Kausalität des Mythos zu unterliegen.

Über diese formale Adaption zyklischer Wiederholungen hinaus, die die strukturelle Kreisschlüssigkeit des medialen Verbundsystems erkennbar werden läßt, weisen zwei weitere von Strauß registrierte Faktoren auf eine äußerliche Affinität zwischen Mythos und „großem Medium" hin. Dies ist zum einen der Aspekt der Unbefragbarkeit, der Zurückweisung jeglicher Frage nach Sinn und tieferer Bedeutung, die bereits der Terminus Fernsehen impliziert: „Fernrückung ist (...) das Verfahren, Aufhebung oder Ablenkung der Befragbarkeit zu bewirken. Mythen antworten nicht auf Fragen, sie machen unbefragbar. Was Forderungen nach Erklärung auslösen könnte, verlagern sie an die Stelle dessen, was Abweisung solcher Ansprüche legitimiert. Man kann einwenden, von diesem Typus seien schließlich alle Erklärungen, so sehr sie sich auch um Konstanten, Atome und andere letzte Größen bemühen. Aber die theoretische Erklärung muß gewärtigen, daß sie den nächsten Schritt zu tun genötigt wird, den Atomen die Protonen, Neutronen und Elektronen sowie deren Varianten folgen zu lassen und bei diesen den Verdacht nicht abwenden zu können, jede auftretende Ganzzahligkeit der Verhältnisse verweise auf nochmalige elementare Bausteine. Schöpfungsmythen vermeiden solchen Regreß: die Welt ist aller Erklärung bedürftig, aber was ihren Ursprung erklärt, kommt aus weiter Ferne daher und erträgt keine Fragen nach seinem Ursprung. Diese Unbefragbarmachung hat die theologische Dogmatik mit den Begriffen der Philosophie systematisch konsolidiert. Ewigkeit und Notwendigkeit als Attribute des 'höchsten Wesens' schließen ein, daß es keine Geschichte hat."[266]

Der zweite, wesentliche Indikator für den Nachweis einer strukturellen Ähnlichkeit medialer und mythologischer Verfahrensordnungen ist die endlose Variation von Geschichten und Episoden, deren einzige Auflage darin besteht, nicht auszugehen. Im Falle des Fernsehens hat diese Anforderung eine Eskalation der Geschwätzigkeit und des „Geredes"[267] zur Konsequenz, die in Strauß' Texten auch auf die übrigen, zwischenmenschlichen Verständigungsformen übergreift, um sie unbemerkt zu infizieren. In seinem Werk finden sich zahllose Belegstellen, die den meist nahtlosen Übergang einer ehemals konturierten, dialogischen und verständlichen Rede in ein autistisches Stadium fragmentarischer oder floskelhafter Äußerungen veranschaulichen. Im Verlauf solcher Prozesse, die den Verlust der Sprache an äußeren Referenzbezügen the-

---

[266] Hans Blumenberg: Arbeit am Mythos. A.a.O., S.142f.
[267] Als „Gerede" bezeichnet Martin Heidegger in Sein und Zeit, Tübingen 1993[17], S.167-170, den in sich selbst mündenden Datenfluß von Information, Meinung und Werbung. „Das Gerede, das jeder auffrassen kann, entbindet nicht nur von der Aufgabe echten Verstehens, sondern bildet eine indifferente Verständlichkeit aus, der nichts mehr verschlossen ist." Es ist „die Seinsart des entwurzelten Daseinsverständnisses" (S.169, 170).

matisieren, nehmen die Verlautbarungen der handelnden Personen nicht selten den Charakter unregulierter Wortkaskaden an, die nicht mehr auf die Vermittlung von Inhalten abzielen, sondern zu einem „Verstehensgeräusch" mit isolierten sinnhaltigen Versatzstücken mutieren. In *Kalldewey* etwa ist es die Rhetorik des Ordinären und Obszönen, die das monotone Gerede einer Geburtstagsgesellschaft in Form von ebenso schlüpfrigen wie billigen Scherzen aus der Retorte infiltriert (vgl. T II, 35ff.); in einer Szene von *Groß und klein* brüllt ein Türke nurmehr einsilbige deutsche Wörter wie „Beiß", „Scheiß", „Mach" oder „Bier" (vgl. T I, 464f. passim); und Bekker, die zentrale Figur in *Rumor*, verwandelt sich vor dem Fernsehapparat in „eine unwürdige Kreatur", die die Gestalt eines „greisenhaften Kindes" angenommen hat: „Am Abend kommt er zum Fernsehen und sitzt stumm neben Grit auf der Couch. Dort bleibt er während des Programms in sich gesunken, hebt den Kopf nur gelegentlich verwundert in die Höhe, man weiß nicht, auf welche Reize oder Rufe hin." (R, 224f.) Exponentiell zu ihrer Dauerpräsenz in den Medien wie auch im zwischenmenschlichen Bereich entwickelt sich bei Strauß der Mitteilungswert der Sprache zurück. Indem sie dabei ihre diskursive Funktion einbüßt, erfüllt sie eine der wichtigsten Auflagen moderner Kommunikation: die Herstellung von Anschlußkommunikation. Reden bedeutet unter diesen Vorzeichen nichts anderes als Weiterreden.[268]

Vernetzungsdichte

Wie der Mythos als Matrix die Welt mit Bildern und Geschichten umstellt, so schafft auch die mediale Verflechtung der modernen Informations- und Erlebnisgesellschaft ein dichtes Bezugssystem aus mobilen visuellen und akustischen Koordinaten. „Medien gewähren das Glück des Wiedererkennens der eigenen Erfahrung in einem neuen Formmaterial. Jede Übersetzung von Erfahrung in ein neues Medium bringt ein playback früherer Gewärtigkeit und transponiert die Außenwelt ins Gefüge unseres eigenen Seins."[269] Dem „Glück" dieser medialen Form des Wiedererkennens steht eine therapeutische Funktion der Massenmedien zur Seite: Man schaltet ein, um abzuschalten und sich zu zerstreuen. So gleicht nach Hans Magnus Enzensberger das Fernsehen einem „Nullmedium", dessen Bilderflut den Vorzug der Bedeutungsverschonung mit sich bringe. „Erst die visuellen Techniken, allen voran das Fernsehen, sind in der Lage, die Last der Sprache wirklich abzuwerfen und alles, was einst Programm, Bedeutung, 'Inhalt' hieß, zu liquidieren."[270] Als „technische Annäherung an das Nirwana" oder „buddhistische Maschine"[271] fällt dem Fernsehen in dieser – freilich ironisch gefärbten – Auslegung eine Entlastungsfunktion zu, die sowohl dem subjektiven Bedürfnis nach Komplexitätsverringerung und Zerstreuung durch Sound and Vision entgegenkommt als auch dem Wunsch nach identitätstiftender Gruppenzugehörigkeit Rechnung trägt. „Wer einschaltet, um abzuschalten; wer, statt den Sinnform-

---

[268] Vgl. Norbert Bolz: Am Ende der Gutenberg-Galaxis. Die neuen Kommunikationsverhältnisse. München 1993. S.28.

[269] Ders.: Theorie der neuen Medien. A.a.O., S.112.

[270] Hans Magnus Enzensberger: Das Nullmedium oder Warum alle Klagen über das Fernsehen gegenstandslos sind. In: Mittelmaß und Wahn. Gesammelte Zerstreuungen. Frankfurt/M. 1988. S.96.

[271] Ebd., S.102.

angeboten der Sendeprogramme zu folgen, in lustvollem oder gelangweiltem Zapping durchs Kaleidoskop der Bilder reist, verweigert nicht Kommunikation, sondern schließt sich an den Datenfluß der elektronischen Gemeinschaft an. (...) Medien der Massenkommunikation stiften die virtuelle Realität von Gemeinschaften ganz schlicht durch Frequenzen und Reichweiten."[272]

Der zentrale Unterschied zwischen dem Weltbebilderungsunternehmen des Mythos und seiner profanen technologischen Wiederaufbereitung besteht nun allerdings darin, daß in den simulierten Wirklichkeiten des Medienzeitalters auch das urspünglich antithetische Verhältnis der Begriffe Sein und Schein hinfällig wird. Im geschlossenen Regelkreis der Kanäle verlaufen interne Kommunikationsprozesse weitgehend unter Ausschluß dessen, was ehemals als reale, natürliche Welt (im Gegensatz zur artifiziellen) bezeichnet werden durfte. Eine Wirklichkeit jenseits des Horizontes der neuen Medien existiert nicht mehr; was „droht, sobald man power off drückt, ist die Nacht der Welt. In diese Nacht scheint das Licht der Kathodenstrahlröhre. Aller Trost scheint von den Strahlen des Bildschirms auszugehen"[273]. Was es einmal hieß, den Schleier des schönen Scheins zu lüften und dabei dem Mythos der nackten Wahrheit zu erliegen, wurde weiter oben bereits am Fallbeispiel des Jägers und Proto-Aufklärers Aktaion ausgeführt, dessen versehentlicher Blick auf die hüllenlos badende Diana tödliche Folgen zeitigt.[274] Aktaion begeht ein Übertretungsdelikt, bei dem der Konflikt mit einem Simulakrum, der um der Wahrheit willen ausgefochten wurde, die Wahrheitsliebe selbst zur Illusion erklärt. „Der philosophische Wille, die nackten Tatsachen zu sehen, wird selbst zum dichtesten Schleier."[275] Das Schicksal des mythischen Jägers, der im Augenblick seines indiskreten Vergehens zum Opfer seiner eigenen Jagdhunde wird, veranschaulicht zum einen die innige Verbindung, die Tod und Wahrheit bis heute in der Philosophie- und Literaturgeschichte eingehen; zum anderen dokumentiert die Episode den verschleierten Zustand der Wahrheit selbst, deren Entblößung niemandem anzuraten ist. In der schönen neuen Welt der Medien hingegen stehen derartige Grenzverletzungen nicht mehr auf dem Index; denn eine Demarkationslinie, wie sie etwa zwischen Sein und Schein (oder zwischen Leben und Kunst) verlaufen könnte, ist in unserer ästhetisierten, von Simulakren geprägten Lebenswelt nicht mehr ohne weiteres auszumachen. „Unsere Welt aus Schein ist eben keine scheinbare Welt, sondern real."[276] Daß Strauß dennoch an der traditionellen Unterscheidung von Sein und Schein (wie auch an der zwischen Leben und Kunst) festhält, indem er die Mißachtung ihrer Differenz in der Gegenwart mit strengen Sühnemaßnahmen belegt, ist als ein deutlicher Hinweis auf den Stellenwert der mythischen Denkform in seinem Werk zu verstehen.

Ein weiterer qualitativer Unterschied, der sich in Strauß' spezifischer Auffassung der elektronischen Medien in ihrem Verhältnis zum Mythos ausmachen läßt, betrifft darüber hinaus die Kategorie der Bedeutsamkeit. Während ein mit Mythen umstellter Horizont nach Friedrich Nietzsches Wort „eine ganze Culturbewegung zur Einheit"

---

[272] Norbert Bolz: Die Welt als Chaos und als Simulation. A.a.O., S.120.

[273] Ders.: Am Ende der Gutenberg-Galaxis. A.a.O., S.120.

[274] Pierre Klossowski hat diesen Gedanken der schuldhaften Übertretung in seinem Essay: Das Bad der Diana, Reinbek 1970, umfassend kommentiert.

[275] Norbert Bolz: Eine kurze Geschichte des Scheins. A.a.O., S.73.

[276] Ebd.

abschließt[277], scheint dem mythenvergessenen „Gegenwartsnarren" die Kraft der Abbreviatur – jener sinnstiftenden Horizontbegrenzung, die der Mythos leistete – in einer der Willkür oder dem spontanen Sinnesreiz beim Channelhopping überlassenen Programmgestaltung weitgehend abhanden gekommen zu sein. Die Bedeutsamkeit der elektronisch erzeugten Bilder, die das Medium bereits dadurch suggeriert, daß es sie der Präsentation für würdig erachtet, ist für Strauß in jedem Fall eine sekundäre und auf das Medium selbst verweisende. Weniger im narrativen Kern einer ohnedies zersplitterten, unterbrochenen Geschichte besteht aus seiner Sicht die Botschaft, als vielmehr im Vorgang ihrer medialen Verbreitung. Auf diese Selbstbezüglichkeit zielt im übrigen bereits Marshall Mc Luhans populäre Formel von 1967, „The Medium is the Message", deren doppelte Ausrichtung als Botschaft und entspannendes Therapeutikum erst in der deutschsprachigen Übertragung des gleichlautenden Buchtitels, „Das Medium ist Massage", zur Geltung kommt. Im weiteren Verlauf dieses Kapitels wird unter anderem zu zeigen sein, daß, bei aller gebotenen Trennschärfe zwischen Mc Luhans fröhlicher Medienwissenschaft und Strauß' skeptischem Blick auf das „elektronische Schaugewerbe", aufschlußreiche Gemeinsamkeiten in der Analyse medialer Rezeptions- und Wirkungsformen zu erkennen sind. Beide leiten aus der Vernetzungsdichte der „elektrischen Schaltungstechnik"[278] die Möglichkeit einer kollektiven Regreßbewegung hin zu vorzivilisatorischen, unbegradigten, mehrdimensionalen Wahrnehmungsformen ab. Mc Luhans „voralphabetischer Mensch" der mediatisierten Welt, der „Zeit und Raum zu einem Ganzen" vereinige[279], befindet sich bereits in jenem voraussetzungslosen Entwicklungsstadium, das Strauß mit seiner Zielvorgabe „Zurück ins Nicht-Verstehen" avisiert. „Wir leben in einer brandneuen Welt der Gleichzeitigkeit. Die 'Zeit' hat aufgehört, der 'Raum' ist dahingeschwunden. Wir leben heute in einem globalen Dorf ... in einem gleichzeitigen Happening. Wir leben wieder in einem Hörraum. Wir haben wiederum damit begonnen, Urahnungen, Stammesgefühlen Gestalt zu geben, von denen uns einige Jahrhunderte des Alphabetismus getrennt hatten."[280] Während Mc Luhan jedoch für eine Anpassung der einseitig verkürzten Sinne an den vom Fernsehen vorgezeichneten visuellen und akustischen Übertragungsrhythmus plädiert[281], stellt Strauß' kritische Bewertung des Mediums die pathologischen Aspekte seiner totalitären „Wahnzeit" in den Vordergrund, unter deren Diktat jeder Verständigungsversuch zu einem „sozialen Geräusch" (Na, 44) verkomme. „Um einen kleinen faktischen Informationskern" werde „eine ausgedehnte Hülle von 'Erkenne mich nicht!'-Mitteilungen geschlungen" (Beg, 16), die wie im Scheinwerferlicht der Talk-Shows das Besondere und Unverwechselbare einer Person zum verschwinden bringen: „Um sich zu bergen, verständigt man sich." (Ebd.)

Wiederum bemüht Strauß zur Veranschaulichung dieser diskursiven Vermeidungsstrategie die Figur der Leere als Resultat einer scheinbaren Überfülle. „Die Verweigerung von Verständigung kann sich eben auch darin vollziehen, daß man jemanden mit Verständlichkeiten überhäuft." (Ebd.) Je mehr Information, je mehr *Input* an Worten und Bildern man einem Rezipienten verabreicht, umso geringer zwangsläufig sein

---

[277] Friedrich Nietzsche: Die Geburt der Tragödie. In: Kritische Studienausgabe. Bd.1. München 1980. S.145.
[278] Marshall Mc Luhan / Quentin Fiore: Das Medium ist Massage. Frankfurt/M., Wien, Berlin 1984. S.56.
[279] Vgl. ebd., S.57.
[280] Ebd., S.63.
[281] Vgl. ebd., S.125.

Output an sinnvoller, unverwechselbarer Rede – umso geringer auch seine Empfänglichkeit und Sensibilität, sowohl für die konkrete Gegenwart eines Anderen als auch für die dauerhafte Präsenz mythologischer Konstanten, die sich für Strauß gleichsam unterhalb des regulären Zeitverlaufs behaupten. Gesteigerte Animation wirkt ebenso zerstreuend wie narkotisierend, „im doppelten Sinn von Berauschung wie Betäubung"[282]. Und der Schauplatz dieser neuen „Tele-Ontologie" (Wolfgang Welsch) ist für Strauß eben jene Öffentlichkeit, deren emphatischer Anspruch als Raum eines freien Austauschs divergierender Meinungen in der griechischen Polis von der Agora repräsentiert wurde. Das entwertete Abbild dieser Form der Öffentlichkeit stellt im Zeitalter der neuen Medien die Talk-Show dar. Indem die Show die „undurchdringliche Erscheinungsvielfalt einer Person" (W, 30) zum Typus abstrahiert und schutzlos den Blicken der Allgemeinheit preisgibt, trägt sie zur Aushöhlung und letztlich zum Verschwinden des Besonderen und Irreduziblen bei.

„Die menschlich-unmenschliche Groteske", so Strauß, „liegt ganz allein in der beliebig bunten Mischung; und das sind die Sendungen, die immerhin durch den Äther ziehen. Niemand außer den Sternen lacht mehr darüber. Wer spricht? Dein Nachbar. Du wohnst der entstellenden Vergrößerung deines Nachbarn im öffentlichen Sender bei. Aber hör nur: deine Sache wird verhandelt! Die Gemeinschaft spricht. Der Ton ist bürgernah. Allernächst. Was hast du? Weshalb verkriechst du dich? Man hat sich öffentlich entleert und behält für sich ein öffentlich-leeres Wesen zurück. Das Haus und der Sender bilden einen dichten Regelkreis der informierten Betuschelung. Wobei mehr und mehr das 'in' des Wörtchens zur nichtenden Vorsilbe wird, als käme es vom lateinischen informis, ungestalt, häßlich" (Na, 132). Der Begriff Öffentlichkeit repräsentiert für Strauß nurmehr den anonymen, integrierten Durchschnitt, der ohne besondere Kennzeichen auskommt; er steht für eine freie, demokratische und gerade dadurch befangene Gesellschaftsformation, deren Mitglieder sich in der Menge einander angleichen. „Übersichtig sind die Leute. Jeder ein Zuviel, ein Supermarkt, überschwemmt mit Merkmalen, Hinweisen, Blickfängen, durch die man kaum noch zur Ware findet. Wir geben alle dauernd mit uns an, und auch die Einsamkeit wird uns davor nicht mehr bewahren. Wir sind durch und durch veröffentlicht. Wir machen uns interessant und immer interessanter. (...) Kein Augenblick, wo der Typ einmal für sich sein könnte – wann sehe ich seinen irreduziblen, unersetzbaren Ernst? Doch nur, wenn er ganz in sich zusammensinkt." (W, 30f.) Der Prozeß der medialen Entspezifizierung eines jeden Typus' zum Bestandteil der gesichtslosen Allgemeinheit kennzeichnet zugleich den Zustand seiner monadenartigen Isolation. Im notorischen Herstellen von Bezügen „strickt und nestelt" jeder Einzelne „seinen eigenen Kult, jeder höhlt an seiner Höhle. Sie suchen Schutz vor unserem großen Übertritt. Die Menschen ganz am Ranft des Menschlichseins, kurz vor dem Artentzug, kurz vor der letzten, unwiderruflichen Verwandlung in ein Ding" (T II, 488f.).

Langeweile

Wer in der Fülle unverbundener Momentaufnahmen immerfort nach Zusammenhängen und Bezügen sucht, befindet sich für Strauß immer noch oder bereits wieder im

---

[282] Wolfgang Welsch: Ästhetik und Anästhetik. A.a.O., S.14.

Entwicklungsstadium des Nestbaus oder der Höhlenbesserung – wobei Platons früher Schauplatz einer visuellen Weltaneignung aus zweiter Hand heute zutreffender als eine Art Cockpit zu umschreiben wäre, in dem Computersimulationen selbst die technische Implementierung bloßer Denkmodelle (virtueller Realitäten) ermöglichen. In der „Erinnerungszeit" freilich streben die „tausend unverbundene(n) Augenblicke", die „wir am Ende doch genauso flüchtig wie nur einen einzigen" erleben, strebt „die Summe unendlich vieler 'glimpses' ohne story, ohne Fassung, ohne Höhepunkt (...) gegen einem Wert bei Null und kommt schon fast dem prompten Vergessen gleich" (DjM, 359). Der beiweitem fatalste Wirkungseffekt jedoch, den die sanfte und gleichmäßige Berieselung aus allen Kanälen zeitigt, die Todsünde gleichsam, zu der das Fernsehen verleitet, besteht in einer Trägheit des Herzens (acedia), die als tödliche Langeweile jeden Energierest zum Versiegen bringt. Weit davon entfernt, als Zeitspanne einer langen Weile erfahren zu werden, die als „bewegungslose Zeit breit verflossen ist"[283] und somit dem hastigen Taktschlag des Mediums entgegenstünde, liefert die monoton verstreichende Sendezeit ihr Therapeutikum gleich mit: Am Gegenpol der Langeweile hält sie als ihr Korrektiv die Unterhaltung bereit. Diese bündelt und konzentriert das antitypische Verhalten des Gelangweilten, womöglich sogar kontraproduktiv Trübsinnigen, im Brennspiegel der Kurzweil, da „unsere Kultur die Äußerung von Negativität nicht erträgt, ohne mit besinnungslosen Reflexen des Abscheus oder agressiver Abwehr, zumindest aber eiligen Angeboten von Abfuhrmöglichkeiten oder wenigstens von Beschwichtigung zu antworten"[284]. Die endlos gedehnte oder gestaute Zeit der Langeweile verfügt über einen geschlossenen Horizont; sie steht für das Gegenteil einer dynamischen Perspektive in Richtung Zukunft. Deshalb ist der Gelangweilte „auf Materialien angewiesen, die schon da sind, also auf Vergangenes"[285]. Ein geschickter TV-Unterhalter vermag „durch ein abwechslungsreiches Spiel mit dem Vorrat des Vorhandenen einen Schein von Bewegung (zu, S.D.) erzeugen, der die Aufmerksamkeit auf sich lenkt und das Leiden an der Stagnation lindert. (...) Unterhaltsam wird unter diesen Umständen die Gegenwart allerdings nur, wenn das Vergangene so gründlich gemischt wird, daß der Anschein von Neuem entsteht"[286].

Im Hinblick auf Strauß' Verständnis der Medienwirkungen erscheint an Gert Mattenklotts Analyse der Langeweile vor allem der Aspekt der Wiederholung aufschlußreich zu sein. Das variierende, unterhaltende Spiel mit Versatzstücken des Vergangenen im Fernsehen, die den Vorzug ihres Wiedererkennungswertes mitbringen, vollzieht sich unter gänzlich anderen Voraussetzungen als das von Strauß thematisierte unvermittelte Wiederauffinden versprengter Mythenreste in der Gegenwart. Zeugen letztere aus seiner Sicht von einer dauerhaften Präsenz des Mythos, so dient die Wiederholung vertrauter Muster oder Bildabfolgen im Fernsehen letztlich nur dem Zweck einer stärkeren Bindung des zerstreuten, gelangweilten Zuschauers an ein bestimmtes Programm; sie bleiben epigonal und folgenlos: „Bin nicht mehr besonders schaulustig. Ich habe im TV schon zuviel verschwinden sehen, als daß mein Herz noch an Bildern

---

[283] Gert Mattenklott: Tödliche Langeweile. In: Merkur 2 (1987). S.92.
[284] Ebd., S.98.
[285] Ebd., S.93.
[286] Ebd., S.92, 93.

hinge." (W, 31f.) In ihrer fragmentarisierten und wiedererkennbaren Gestalt sehen sich die Mythensplitter und Medienbruchstücke zum Verwechseln ähnlich. Und doch ist ihre Verwandtschaft rein formaler Natur – beide reflektieren Vergangenes in einem aktuellen Kontext. Der Mythos jedoch wird von Strauß als eine autonome, betrachterunabhängige und überzeitliche Größe verstanden, während das der Zeitlichkeit unterliegende Medium bei ihm als schlechthin intentional charakterisiert ist.

Darüber hinaus fällt bei der Beschreibung des Fernsehens als eines Mediums profan-therapeutischer, wirkunsorientierter Wiederholungen der sowohl von Mattenklott verzeichnete als auch von Hermann Lübbe implizierte Befund ins Auge, die mediengerechte Ästhetisierung der langen Weile bringe „das Historische am Vergangenen"[287] zum Verschwinden. Lübbes These von einem widersprüchlichen, zwischen scheinbarer Zuwendung und tatsächlicher Ignoranz schwankenden Verhältnis der Gegenwart zur Geschichte, fände im Gebaren der Unterhaltungsindustrie, aufkommende Langeweile durch Versatzstücke des Gewesenen zu kanalisieren, eines ihrer überzeugendsten Argumente. Durch diese Behandlung teilt die Langeweile, wie erwähnt, das Schicksal aller übrigen nicht integrierbaren Stimmungslagen. „Man hat das Gefühl, daß Verzweiflung an sich als existentielle Anfechtung, als Effekt der Individuation überholt und ausgestorben ist wie ein altes Handwerk. Wie die Langeweile so ist auch das Leidwesen durchgreifend sozialisiert worden. Allgemeine und öffentliche Befindlichkeiten sorgen, daß es auf den Einzelnen nur in verdünnter Emulsion einwirkt und ihn, der eigentlich verstummen müßte, bloß mitreden macht, mitfordernd, mitklagend auch dort noch, wo Jammer ihn endlich zur langerstrebten 'Selbsterfahrung' bringen könnte." (Na, 210)

Daß dergestalt authentische Leidenschaften zu öffentlichen Befindlichkeiten verblassen oder durch eine bildschirmgerechte Authentizität des spontanen Gefühlsausdrucks ersetzt werden, bewertet Strauß in *Niemand anderes* wie auch in zugespitzter Form in seinem Essay *Anschwellender Bocksgesang* als Offenbarungseid einer „hypochondrischen Gesellschaft", die „selbst nichts Größeres mehr vorhat" (ebd., vgl. auch ABo, 24, 26). Hypochondrie, eines der für Strauß' Personal charakteristischen Krankheitsbilder, ist wiefolgt definiert: „Hypochondrisch wird man, wenn man allzu viele Gefahren voraussieht – es ist erwiesen, aber nicht erfahren. Vielen hat schon falsche Ernährung – zu viel, zu fett, zu gehaltlos – das Leben verkürzt. Einige sind an Fleisch und Fischvergiftung gestorben. Alles übrige bewegt sich im begierigen Vermuten." (Ebd., 211) Hypochondrie bezeichnet die Orientierung des Einzelnen an der allgemeinen Tendenz; man ahnt das Schlimmste, hat aber selbst nichts Vergleichbares erfahren. Langeweile hingegen stellt sich ein, wenn man nicht weiß, worauf man wartet. Wüßte man es, so befände man sich bereits wieder im Schema der linearen, zukunftsgewissen Zeitordnung und damit außerhalb der breit und flächig dahinfließenden Zeit. „Daß wir es wissen oder zu wissen glauben, das ist fast immer nichts als der Ausdruck unserer Seichtheit oder Zerfahrenheit. Die Langeweile ist die Schwelle zu großen Taten."[288] Und dies vor allem deshalb, weil eine als lange Weile erfahrene, ungenutzte Zeitspanne ein Maximum an unreglementiertem Handlungspotential bereithält. Im Zustand der Langeweile werden Zeit und Raum als variable Größen aufgefaßt, die

---

[287] Ebd., 93.
[288] Walter Benjamin: Das Passagen-Werk. A.a.O., S.161.

ähnlich wie im Traum eine Vielzahl an Möglichkeiten eröffnen. So wird sie zu einer Passage innerhalb des laufenden Betriebs, in deren Architektur wir nach Walter Benjamin „traumhaft das Leben unserer Eltern, Großeltern nochmals leben wie der Embryo in der Mutter das Leben der Tiere"[289]. Langeweile, die „träge Schau" im Zustand „hellichte(r) Schläfrigkeit" (DjM, 341, 340), steht bei Strauß für den Eintritt in eine zeitliche und räumliche Sphäre jenseits der normierten, allgemeinen oder öffentlichen Verfahrensordnungen.

Für Henrik Ibsens Peer Gynt wurde die Langeweile zu einer Produktivkraft, wenn er, rücklings im Gras liegend, unversehen ins Imaginieren geriet. Es genügte dann der verschwommene Umriß einer Wolke, die sich unter seinem entrückten Blick in ein Pferd mit Sattel und Zaumzeug verwandelte, um als „Kaiser Peer Gynt" mit seinen „Heerscharen (...) quer übers Meer gen Westen" (Ibs, 129; vgl. auch 13) zu sprengen. „Träumt einer, so bleibt er niemals auf der Stelle stehen. Er bewegt sich fast beliebig von dem Ort oder Zustand weg, worin er sich gerade befindet."[290] Und genau in diesem Übergangs- oder Schwellenstadium aus gestauter Zeit, das Langeweile und Tagtraum absichtslos und daher um so einflußreicher markieren, vermutet Strauß den Vorschein, die temporäre Antizipation eines alternativen Zeitprinzips zur Geschichte; eines Zustandes mithin, in dem die Zeit gleichsam über die Ufer getreten ist, um flächig zu verlaufen. Die lineare Ausrichtung und Reglementierung des Denkens auf Folge und Ziel wäre unter solchen Vorzeichen von einer „erweiterte(n)", „beruhigende(n) Bemessung" abgelöst und schließlich überwunden. Im Zusammenhang lautet der in prognostisch-perspektivischer Hinsicht erhellende Abschnitt aus *Der junge Mann* wie folgt: „Meiner Meinung nach stehen wir innerlich vor der Schwelle zu einem neuen Zeit-Prinzip, welches das alte verarmte, das nur die lineare Ausdehnung kannte, überwinden und ablösen wird durch eine wesentlich erweiterte, letztlich auch beruhigende Bemessung. Denn eben diese gerade, einlinige Zeit, auch Fortschritt genannt, die uns eingetrichterte, ein Überbleibsel aus der Epoche der Revolutionen, sie ist ja allein dafür verantwortlich, daß wir den Taumel immer stärkerer Beschleunigung erleben weil wir alles nur in eine Richtung sich bewegen sehen. Von einem nur wenig erhöhten Zeit-Punkt aus würden uns alle Entwicklungen, die sich jetzt noch zu überstürzen scheinen, als wohlgestalt und gemäßigt darstellen und sie ließen sich im übrigen auch nach ihren guten und schlechten Zielen besser unterscheiden." (DjM, 203)

Da der Zustand der Langeweile noch den „Nachhall einer sich zerrüttenden Zeit in unserem Innern" enthält und zugleich zum „Versiegen jenes Wahns" beiträgt, „der das Leben erhält oder erfabelt"[291], kann er für Strauß zum Prüffeld oder zur Teststrecke einer gegenläufigen Zeiterfahrung werden. In der undefinierten Schwellensituation des Träumenden oder des Gelangweilten dürfte, nebenbei bemerkt, auch die Ursache dafür zu sehen sein, daß zwei der zentralen Figuren in Strauß' neueren Theaterstücken – Marie Steuber in *Die Zeit und das Zimmer* und Angela in *Angelas Kleider* (1991) – jederzeit über den Zugang zu einer Sphäre verfügen, deren räumliche und zeitliche Koordinaten in vermittelter Form als organisch-naturgeschichtliche dargestellt werden:

---

[289] Ebd., S.162.
[290] Ernst Bloch: Das Prinzip Hoffnung. 1. Teil. In: Gesamtausgabe. Bd. 5. Frankfurt/M. 1959. S.24.
[291] Emile M. Cioran: Lehre vom Zerfall. Frankfurt/M. 1978. S.57.

„DER SCHLIESSER Warum denken wir aber in so lebenswidrigen, unorganischen Formen? In Gegensätzen! Was rettet es schon, daß wir die Stunden säuberlich teilen in Tag und Nacht? Warum stellen wir uns sogar das Jenseits, die Vollkommenheit, in unnatürlicher Begradigung als einen himmlischen Zentralstaat vor?

ULRICH Was wäre denn lebensförmig statt dessen?

DER SCHLIESSER Das endlose Ornament. Welches Chaos und Ordnung verbindet und umschließt. Die Linie des Ornaments, die Gestalt schafft und Gestalt wieder auflöst. Schönheit besitzt, Schönheit aufgibt. Die ständig zu neuen Formen findet und alles je Erfundene weiterführt. Und die das Böse in das Gute hinüberwindet." (T II, 504)

Angela wie auch Marie Steuber wirken gelangweilt, weil sie nicht mehr planend in die Zukunft schauen, sondern das Schlimmste bereits hinter sich haben. Sie kennen alles, so wird ihnen alles zu einer Wiederholung vertrauter Vorgänge. Ihre Biographie verläuft ornamental. Sie beabsichtigen nichts, und so bewirken sie vieles; aus der Zeit Gefallene, im mythologischen Stadium der Überwindung eines namenlosen Schrekkens (vgl. T II, 338 sowie Gl, 82), das mit der Gegenwart identisch ist.

Vom Hundertsten ins Tausendste

Die medientheoretische Pointe, die sich hinter Strauß' Kritik des profanen Zeitvertreibs in der endlosen Kurzweil medialer Unterhaltungsangebote verbirgt, besteht nun darin, daß es gerade die „elektronischen Maschinen und (...) die komplexen Leistungen unserer gesellschaftlichen Intelligenz" sein sollen, „die uns diesen neuen Zeit-Sinn näherbringen, die uns seinen vielgliedrigen Rhythmus bereits deutlich vorklopfen! Immer hat der Mensch in Gestaltung seiner Werke, ob Kunst oder Maschine, Unbekanntes oder Vernachlässigtes aus dem Reservoir seiner natürlichen Eigenschaften, seiner Möglichkeiten und seiner Bestimmung entdeckt und heraufbefördert. Seine Natur trat ihm stets aus dem Gemachten heraus ins Bewußtsein. Nicht anders ergeht es uns heute, wenn wir in der Gestaltung der hochintegrierten Steuerungssysteme ein wesentliches biologisches Funktionselement von uns selbst entdecken; nämlich den Prozeß der zirkulären Selbstorganisation, der die Grundlage allen organischen Lebens bildet und selbst den Aufbau der einfachsten Zelle reguliert. Und dies ist nun das Gegen-Prinzip oder das Über-Prinzip zu der linearen, zu der Ursache-Wirkung-Kette, die unser Denken und Fühlen so lange gefesselt hat. Wir erkennen gewissermaßen durch die Lupe der Mikroelektronik das Prinzip des rückverbundenen Lebens. Sobald dieses erst einmal in unsere Ideen und Sinne wirklich eingedrungen ist, wird es unsere gesamte Wahrnehmung und Mentalität durchgreifend umrüsten. Es wird uns unter anderem in die Lage versetzen, alle Daten der äußeren Welt, alle diese Veränderungen und 'Mutationen' überlegen zu prüfen, sie mit den Werten unserer Herkunft, unseres kulturellen Gedächtnisses, unserer Empfindungswelt zu verrechnen und zu unserem größtmöglichen Überlebens-Vorteil hin auszugleichen. Es wird dann auch keine Konkurrenz zwischen dem Gestern und dem Heute mehr geben, sondern wir werden in der Sphäre einer erweiterten, vielfältigen Gegenwärtigkeit leben, denken und schaffen." (DjM, 203f.)

Die Beweiskraft solcher Ausführungen hinsichtlich der Position ihres Autors bliebe vergleichsweise gering, wären sie lediglich als subjektive Überzeugungen einer Romanfigur einzustufen. Da sie jedoch augenfällig mit zentralen, mehr oder weniger umfassenden Stellungnahmen über einen fälligen Wahrnehmungs- und Mentalitätswechsel korrespondieren, die Strauß in beinahe jedem seiner Prosa- oder Bühnentexte der zurückliegenden Jahre integriert, scheint nicht nur in diesem Fall ein verallgemeinernder Kommentar ebenso naheliegend wie aufschlußreich zu sein. Während das menschliche Bewußtsein noch immer unzeitgemäß und orientierungsbedürftig nach zuverlässigen Referenzbezügen fahndet, die es nach dem Erkenntnisstand der positiven Wissenschaften gar nicht geben kann, führt die moderne Technologie längst den Modus einer brüchstückhaften, flüchtigen und nichtlinearen Weltanschauung vor, die den beständigen Verwandlungen und Modifikationen der Erscheinungswelt weit eher entspricht. Ist als das konstituierende Prinzip jeglicher Gestalt der permanente Wechsel von Zerfall und Neubildung ausgemacht, so haben sich Wahrnehmung und Erkenntnis nach Strauß' Überzeugung diesem Modus anzugleichen – und nicht umgekehrt. „Der Geist", vermerkt Strauß auf gesicherter naturwissenschaftlicher Grundlage, „besteht aus Entgleiten. Wo er an etwas festhält, verstößt er gegen seine Natur, das ewige glissando der Erkenntnisse. Seine einzige und ursprüngliche Leidenschaft ist es, vom Hundertsten ins Tausendste zu gelangen" (Beg, 48). Diese natürliche, „ursprüngliche" Veranlagung des Geistes zur Sprunghaftigkeit, zum „Entgleiten" sowie zur Grund- und Intentionslosigkeit werde vom Vermessungs- und Zuordnungswahn einer sich als aufgeklärt bezeichnenden Intelligenz zu einem bestenfalls rudimentären Potential heruntermoderiert.

Auf der Basis dieser These: daß ein „aufgeklärtes" Bewußtsein ein von seinen eigenen Ursprüngen entfremdetes ist, formuliert Strauß eine medientheoretische Position, nach der die unüberschaubare Vielfalt der Erscheinungen auf dem „verschwenderischen Markt der Differenz" (DjM, 11) als eine Chance begriffen wird, den verkümmerten menschlichen Wahrnehmungsapparat zu verfeinern und somit weiterzuentwikkeln. Der Königsweg der Erkenntnis führt durch das Regime des öffentlichen Schaugewerbes hindurch. Daher habe sich auch ein Beobachter und Chronist der gegenwärtigen gesellschaftlichen Situation „in Form und Blick zunutze zu machen, worin ihn die Epoche erzogen hat, zum Beispiel in der Übung, die Dinge im Maß ihrer erhöhten Flüchtigkeit zu erwischen und erst recht scharf umrandet wahrzunehmen. Statt in gerader Fortsetzung zu erzählen, umschlossene Entwicklung anzustreben, wird er dem Diversen seine Zonen schaffen, statt Geschichte wird er den geschichteten Augenblick erfassen, die gleichzeitige Begebenheit. Er wird Schauplätze und Zeitwaben anlegen oder entstehen lassen anstelle von Epen und Novellen. Er wird sich also im Gegenteil der vorgegebenen Lage noch stärker anpassen, anstatt sich ihr verhalten entgegenzustellen" (ebd., 10).

Es braucht kaum hervorgehoben zu werden, daß sich Strauß in derartigen Positions- und Richtungsbestimmungen die Gelegenheit bietet, aus dem Anforderungsprofil seines „Chronisten" sowohl ein subtiles Selbstportrait als auch den Rohentwurf seines dichterischen Programms abzuleiten. Zu offenkundig erscheinen die Parallelen etwa zur Bauform seiner Prosatexte, in denen beiläufige, flüchtige Begebenheiten zu einem vielschichtigen, offenen und beziehungsreichen Kompendium verdichtet werden. Die dichterische Form etabliert gemäß der oben genannten Zielvorgabe eine „Zone", in der nicht mehr stringent erzählt wird, sondern in der das „Diverse" momentane, lokkere Verbindungen eingeht. Völlig zurecht verweist daher Klaus Modick am Beispiel der unter dem signifikanten Titel *Paare, Passanten* versammelten Prosaminiaturen auf den Umstand, daß die erinnerungslosen „Gegenwartsnarren und Gegenwartsbetroge-nen", die der Band in zahlreichen Variationen beschreibe, zugleich seine „idealen Leser" seien[292]. Die Beobachtung trifft deshalb zu, weil seine intentionale Ausrichtung auf einen Übungslauf der linear-verkürzten Wahrnehmung in einem programmatisch divergierenden Lektüre-Parcours abzielt. Daß Modick seinen Befund als „inneren Widerspruch" bewertet, zeugt letztlich von einer eindimensionalen Konzentration auf die formale Abbildstruktur der kommentierten „Epik der Nervosität"[293]. Demgegen-über soll hier die folgende, weiterführende These vertreten werden: Indem Strauß' Prosasammlungen eben jene Gestalt des zersplitterten und fragmentarisierten Zu-sammenhangs annehmen, die im Medienzeitalter die Wahrnehmung prägt, wird ihre Lektüre zur Vorschule eines zeitgemäßen, dynamisch-flüchtigen Denkens. Dessen Maximalanforderung besteht in der Angleichung an Formen der Regellosigkeit und Potentialität, die ihm ursprünglich, das heißt vor seiner Instrumentalisierung durch Aufklärung und Vernunft, einmal eigen waren. Strauß' Forderung, „an jeder beliebigen Stelle des Bewußtseins" habe „alles immer zu sein" (Beg, 37), zielt auf einen Selbstfin-dungsprozeß des Bewußtseins, das im Zuge seiner Anpassung an die Darstellungs-strukturen der elektronischen Medien zu seiner eigentlichen Natur zurückzufinden habe.

Demnach wäre das „Regime" der als totalitär und selbstbezüglich erkannten „tele-kratischen Öffentlichkeit" (ABo, 31) zu konterkarieren, indem man es gleichsam seiner eigenen Mittel enteignete. Strauß entwirft eine Theorie der Überwindung auf dem Höhepunkt der Negativität, die sich vom dialektischen Umschlag kritischer Theorie-bildung insbesondere dadurch unterscheidet, daß in ihr der Fortschrittsgedanke kei-nerlei Rolle mehr spielt. Entsprechend werden auch die gesellschaftlichen Veränder-ungspotentiale im Ganzen gesehen eher skeptisch bewertet. „Die Intelligenz der Massen hat ihren Sättigungsgrad erreicht. Unwahrscheinlich, daß sie noch weiter fort-schreitet, sich transzendiert und 10 Millionen RTL-Zuschauer zu Heideggerianern würden. (...) Was einmal die dumpfe Masse war, ist heute die dumpfe aufgeklärte Mas-se." (Ebd.) Mit einer umfassenden Modifikationsbereitschaft breiter Bevölkerungs-schichten, heißt das, ist einstweilen nicht zu rechnen. Nicht darauf, daß die Mentalität der Menge sich verändern und im Zuge einer „universellen Mutation" (ebd.) sozusa-gen über Nacht ihr Verhältnis zum großen Schaugewerbe revidiert werden könnte, sondern auf der Absonderung weniger Berufener gründet Strauß seinen Entwurf eines neuerlichen Anschlusses an das mythologische Zeitmaß. Dieses Restaurations- und Regenerationsprogramm, formuliert im vermeintlichen Endstadium einer verbrauch-ten Modernität, soll nun im Rahmen eines umfangreicheren Kapitels dargestellt und kommentiert werden.

---

[292] Klaus Modick: Das Fragment als Methode. Zum Bauprinzip von „Paare, Passanten". In: Botho Strauß. Text + Kritik 81 (1984). S.78.
[293] Ebd.

IV. Auf Sendung. *Anschwellender Bocksgesang*: Anmerkungen zum Verhältnis von Ästhetik und Politik

Läßliche Verfehlungen: Der Renegat

Anfang Februar 1993 erschien im Kulturteil des Nachrichtenmagazins Der Spiegel ein Essay von Botho Strauß, dessen Titel, *Anschwellender Bocksgesang*, in kürzester Zeit zu einer stehenden Redewendung der bundesdeutschen Feuilletons avancierte. Und dies nicht nur als Gegenstand einer lebhaften ideologischen Debatte, die sich dem Essay vor allem in den Printmedien unweigerlich und über mehrere Monate hinweg anschloß, sondern auch als die derzeit wohl präziseste Bezeichnung für die Stimmungslage der westdeutschen Intelligenz in der Folgezeit der deutschen Wiedervereinigung. Man wußte, was gemeint war, wenn etwa Benjamin Henrichs anläßlich einer Kritik der Talk-Show von einem „anschwellenden Ziegengemecker" sprach, das in „kulturbürgerlicher Hochnäsigkeit"[294] die allabendlichen Fernsehdiskussionen begleite. Oder wenn Gustav Seibt in einer zur Leipziger Buchmesse erschienenen Rezension von Heiner Müllers Gedicht *Mommsens Block* im Sinne gebotener Trennschärfe darauf hinwies, daß es „westlicher Bocksgesang" sei, der etwa „'das Bild des Soldaten' zu restituieren" trachte. Denn immerhin: „gewaltiger und gewaltsamer" als in Müllers Theaterstück *Wolokolamsker Chaussee* seien „seit Jüngers 'Stahlgewittern' Krieg und Soldatentum nicht mehr zur Sprache" gekommen.[295]

In der Tat handelte es sich bei den mitunter heftigen Repliken auf Strauß' Spiegel-Artikel nahezu ausschließlich um Positionen, die im geistigen Klima der alten Bundesrepublik entstanden waren und die sich nun, nach der historischen Zäsur von 1989, einem wachsenden Legitimationsdruck ausgesetzt sahen. So betrifft denn auch die kritische Bilanz, die Strauß im *Bocksgesang* zu ziehen versucht, in erster Linie die spezifische mentale Verfassung der westdeutschen Intellektuellen. Die Perspektiven hingegen, die er in seinem Essay in ungewohnter strategischer Transparenz und rhetorischer Dringlichkeit thematisiert, weisen in ihren spirituellen Konsequenzen deutlich über das wiedervereinte Staatsgebilde hinaus. Dürften, zumindest bei genauerer Lektüre, Beschaffenheit und Grundstruktur der Argumentationsführung seinem Publikum auch vertraut gewesen sein, so erschien die eindringliche Art und Weise seines Vortrags doch vielen als ein Novum. Vor dem Hintergrund dessen zumindest, was Strauß in seinem bisherigen Werk an Stellungnahmen und Miszellen zur Lage der Nation beizusteuern hatte, fiel diesesmal neben dem populären Forum eines Magazins die Dring-

---

[294] Benjamin Henrichs: Redet für Deutschland. Die Talk-Show unsere zweite Heimat. In: Die Zeit, Nr.22 vom 28.5.1993. S.51.

[295] Gustav Seibt: Wer mit dem Meißel schreibt, hat keine Handschrift. Ein neuer Anfang lyrischen Sprechens am Ausgang einer Epoche. Aus Anlaß eines Gedichts von Heiner Müller. In: Frankfurter Allgemeine Zeitung vom 1.6.1993. S.L1.

lichkeit ins Auge, der warnend-prognostische Duktus, den er seinem Essay zugrunde legte.

Alle Kennzeichen wiesen auf eine gezielte Offensive hin, auf einen kalkulierten Übergriff des Dichters in die Sphäre des aktuellen politischen Geschehens. Und so geriet ganz folgerichtig, was im poetischen Bezirk als raunender Tonfall – der Strauß nun einmal eigen sei – noch eben durchging, im Kontext einer ambitionierten gesellschaftstheoretischen Bestandsaufnahme zum Skandal. In einer der ersten schlaftrunkenen Reaktionen auf den *Bocksgesang* wies der Kursbuch-Herausgeber Tilman Spengler aufgeschreckt darauf hin, daß ein guter Schriftsteller, als welcher Strauß ihm offenbar bis dato galt, nicht zugleich auch ein präziser Gesellschaftsanalytiker sein müsse. Man könne daher, wäre die Situation nicht so alarmierend, seine „abstoßende" Offensive im „Nikolausbuch der läßlichen Verfehlungen eines Geistes abbuchen, dem die Zucht des Denkens fremd ist, sobald er die Grenzen der eigenen künstlerischen Kompetenz überschreitet"[296].

Es scheint eines der Charakteristika spezifisch deutscher Streitkultur zu sein, daß man dem Rhetor just in dem Moment das Recht zur freien Rede abspricht, in dem dieser die herrschende Diskursethik, zu der unter anderem die freie Meinungsäußerung zählt, in Zweifel zu ziehen beginnt. Besteht doch gerade hierin, daß als offendemokratischer Diskurs sich ausgibt, was in Ermangelung tragfähiger Kategorien in qualitativer Hinsicht nicht mehr zu unterscheiden weiß, einer der zentralen Kritikpunkte, die Strauß gegen die mediatisierte Öffentlichkeit ins Feld führt. Daß prinzipiell jeder mitreden kann und soll, erscheint in diesem Licht als eine ihrer wichtigsten, ja konstitutiven Voraussetzungen. „Jeder Meinende versteht den anders Meinenden. Da gibt es nichts zu deuten. Die Öffentlichkeit faßt zusammen, sie moduliert die einander widrigsten Frequenzen zu einem Verstehensgeräusch." (ABo, 31f.) Wer nun diesen immanenten und selbstläufigen Angleichungsmechanismus, der noch das Mißverständnis tolerant zu integrieren vermag, als „Kloake" (ebd., 34) bezeichnet, diskreditiert sich nach Maßgabe des demokratisch-toleranten Kanons als Antidemokrat. Zwar herrscht Einvernehmen zumindest in der Überzeugung, daß die Fernsehunterhaltung nicht eben zur Veredelung des Charakters beitrage und daß eine bedenkliche Verrohung der Jugend aus dem unreflektierten Konsum gewaltverherrlichender Videoclips resultiere; doch was wäre die Alternative? Jeder Appell zur Beschneidung des pluralen Sendeprinzips, zur Reduzierung des vielfältigen Programmangebots, setzt sich unweigerlich dem Verdacht eines zumindest latenten Totalitarismus aus. Daß indessen eine Alternative zum bestehenden System nicht anders als totalitär gedacht werden kann, kennzeichnet für Strauß vor allem den akuten Notstand des Bestehenden an überzeugenden Argumenten zugunsten der eigenen Sache. So gilt der Status quo nach dem Tenor jener kulturkritisch-aufgeklärt sich gebenden Gruppierung, auf die es Strauß im *Bocksgesang* abgesehen hat, zwar nicht als das Maß aller Dinge; doch erscheint er als kleinster gemeinsamer Nenner noch immer vernünftiger als sein Gegenteil.

Durch dieses Denkschema, in dem das Gute nur noch in Gestalt des Serienhelden existiert und das Böse mit dem Reaktionären identisch ist, überführt sich die offene, tolerante Gesellschaft selbst eines verkappten Totalitarismus. Niemand vermag mehr

---

[296] Tilman Spengler: Der Ekelpegel sinkt. Die stumme Rechte wird laut. Ihr neuer Rufer heißt Botho Strauß. In: Die Woche, Nr.1 vom 18.2.1993. S.25.

zu sagen, was gut ist, aber was als böse und verwerflich zu gelten hat, steht allemal fest. Als böse gilt dem, der sich links positioniert, was von rechts kommt. Das Böse erscheint aus dieser Perspektive als Synonym für das schwelende, subversive Projekt der Gegenaufklärung, gegen die selbstkritische Zeitgenossen wie Tilman Spengler im Prinzip nichts einzuwenden hätten, „wenn sie nicht nur 'gegen', sondern ein wenig auch 'Aufklärung' in sich erahnen ließe"[297] – anders formuliert: wenn sie anstelle ihrer gegnerischen Position eine skeptische bezöge, ohne dabei das Projekt als solches in Frage zu stellen. Indem Strauß dieses Denkmuster beim Namen nennt, wird er in der Logik desselben Schemas zu einem Abtrünnigen, zum Überläufer und neuen Vorsänger der alten „rechten Heilsgeschichte"[298].

Strauß sei ein Renegat, so paraphrasiert Eckhard Nordhofen den Tenor der allgemeinen Entrüstung, „dem man die Entlarvungen des szenisch geprägten Bewußtseins noch immer als Selbstaufklärung der Linken hatte durchgehen lassen. Nun ist er ein Reaktionär geworden"[299]. Indem seine Kritiker ihn aufs Stichwort (der Rechte sei der rechte) empört als Demagogen etikettierten, ohne die eigentlichen Intentionen seines Essays auch nur zur Kenntnis zu nehmen, bestätigten sie unisono nicht nur die Richtigkeit seiner These von der ideologischen Befangenheit der Linken, sondern gaben sich nebenbei auch noch als die Adressaten dieses Vorwurfs zu erkennen. „In allen Blättern von taz bis FAZ der performative Beleg für Strauß' Behauptungen über den intellektuellen Hauptstrom."[300] Strauß selbst bemerkte in einer ebenfalls im Spiegel veröffentlichten Antwort an seine Kritiker, daß „den Autor jenes Beitrags (...) auch nur in entfernte Verbindung zu Antisemitismus und neonazistischen Schandtaten" bringen könne, wer „keine Differenz mehr" ertrage. Folglich sei er „entweder ein Idiot oder ein Barbar oder ein politischer Denunziant. Oder eben jemand, der beinahe willenlos öffentliches Gerede durch den eigenen Mund rauschen läßt, ganz so wie es in jenem inkriminierten Artikel als eine der gespenstischen Entwicklungen einer aufgeklärten Gesellschaft benannt wurde. Überhaupt besteht der eigentliche Skandal dieses Beitrags darin, daß ihm das Zutreffende zum nicht geringen Teil erst nachträglich, in nicht enden wollenden Reaktionen angeliefert wurde" (Ant, 168f.).

So erwies sich im Anschwellen der Proteste und Repliken der Doppelsinn des klug gewählten Titels. Die Bezeichnung *Anschwellender Bocksgesang* zielt in Strauß' Essay zunächst auf eine „künftige Tragödie" (ABo, 38), von deren Gestalt wir noch nichts wüßten, deren Vorzeichen aber bereits deutlich inmitten des gegenwärtigen Betriebs zu vernehmen seien. „Mysterienlärm" (ebd.) nennt Strauß jenes dumpfe, doch unüberhörbare Grollen sich ankündigender Katastrophen; „Opfergesänge, die im Innern des Angerichteten schwelen" (ebd.). Allein: es fehle uns Heutigen an Maßstab und Empfänglichkeit, um kommendes „Unheil" (ebd.) überhaupt als solches zu erkennen. Die attische Tragödie, die Strauß ebenso wörtlich wie unsachgemäß als Bocksgesang (von griech.: tragoidia) übersetzt[301], „gab ein Maß zum Erfahren des Unheils wie auch dazu, es ertragen zu lernen. Sie schloß die Möglichkeit aus, es zu leugnen, es zu politi-

---

[297] Ebd.
[298] Ebd.
[299] Eckhard Nordhofen: Vor der Bundeslade des Bösen. In: Die Zeit, Nr.15 vom 9.4.1993. S.61.
[300] Ebd.
[301] Vgl. hierzu Hans-Martin Gauger: Kramen im Wort. Von Bocksgesang und Etymologie. In: Frankfurter Allgemeine Zeitung vom 26.4.1995.

Gleichzeitig bestelle ich zur Lieferung über meine Buchhandlung:

Expl.	Autor und Titel	Preis

Weitere Informationen finden Sie im Internet:
http://www.fachinformation.bertelsmann.de/verlag/bfw/ homepage.htm

Der **Westdeutsche Verlag**
publiziert für Sie
Fachbücher und Zeitschriften aus

✓ Soziologie
✓ Politikwissenschaft
✓ Kommunikationswissenschaft
✓ Psychologie/Psychoanalyse
✓ Linguistik
✓ Literaturwissenschaft

Antwort

Westdeutscher Verlag
Buchleser-Service/Ho
Abraham-Lincoln-Str. 46

65189 Wiesbaden

Bitte mit
Postkarten-
porto
freimachen.

sieren oder gesellschaftlich zu entsorgen" (ebd.). Die Tragödie bot nach Strauß einen Orientierungsrahmen, in dem der Schrecken wahrgenommen, akzeptiert und „im abgetönten Namen" (ebd.), also versprachlicht, zum Ausdruck gebracht wurde. *Anschwellender Bocksgesang* meint in erster Instanz die Beobachtung einer neuerlichen Heraufkunft oder Revitalisierung eines verläßlichen mythologischen Bezugsmusters, mit dessen Hilfe das neue alte Unheil – „denn es ist Unheil wie eh und je" (ebd.) – nicht zu „entsorgen", sondern zu ertragen wäre. In zweiter Instanz antizipiert der Titel die berechenbaren Entgegnungen all jener schuldbewußten, politisch korrekten (vgl. Ant, 169) bundesdeutschen Nachkriegsdemokraten, denen solch unverhohlener Revisionismus als Sakrileg erscheinen mußte; die dem „Unheil" nicht ins Auge blickten, sondern es, wie weiter oben bereits am Beispiel der Langeweile und des Leidwesens ausgeführt, zu einer verträglichen Dimension herabmoderierten; deren aufklärerisches Signal immer dann aufleuchtet, wenn im Zwielicht deutscher Geschichte „das Unsere" (ABo, 20, 21) sich regt. Denn „das Unsere" ist aus ihrer Sicht identisch mit dem Bösen, weil es Auschwitz möglich gemacht hat. Seitdem zählt zu unserem Erbteil das Bewußtsein einer untilgbaren kollektiven Schuld, deren Ausmaß in der neuzeitlichen Geschichte einzigartig dasteht und die – der Historikerstreit hat es gezeigt[302] – keinen relativierenden Vergleich duldet. Deshalb ist der unbedingte, aufklärerische Wille zur Bewältigung der historischen Altlasten erste Bürgerpflicht.

Und nun stelle man sich einmal vor: Strauß „will ganz einfach die alten Verhältnisse ohne ihre Schattenseiten"[303]. Wer, so sinngemäß Spengler, die Vergangenheit zum Maß der Dinge erkläre, ignoriere nicht nur die Greueltaten des nationalsozialistischen Regimes, er setze sich darüber hinaus dem dringenden Verdacht ihrer nachträglichen Rechtfertigung aus. Seltsam nur, daß man Strauß bis zu diesem Zeitpunkt derart verkennen konnte. Unbefragt und beinahe selbstverständlich wurde er, der schließlich seit 1970 zur Gründergeneration der Berliner Schaubühne am Halleschen Ufer um die damals noch jungen Bühnenreformer Peter Stein und Dieter Sturm zählte[304], dem erweiterten Spektrum der politischen Linken zugeschlagen. Niemandem wäre es bis zum Februar 1993 in den Sinn gekommen, ihn aufgrund seines mitunter weihevollen oder dräuenden Tonfalls des Kryptofaschismus zu bezichtigen. Während sich etwa Peter Handke, von dessen umstrittener Serbienreise im Verlauf dieses Kapitels noch die Rede sein wird, schon seit geraumer Zeit dem latenten Vorwurf ausgesetzt sieht, vom Provokateur der *Publikumsbeschimpfung* (1966) zusehends zu einem unpolitisch-frömmelnden, „luxuriös überflüssig(en)"[305] Sachwalter der Innerlichkeit geworden zu sein[306], erschien Botho Strauß stets als der zeitgemäßere, aktuellere Chronist seiner

---

[302] Der sogenannte Historikerstreit, bei dem in der Hauptsache die Vergleichbarkeit der nationalsozialistischen und der stalinistischen Greueltaten zur Diskussion stand, wurde am 6.6.1986 durch einen Artikel des Historikers Ernst Nolte in der Frankfurter Allgemeinen Zeitung eröffnet („Vergangenheit, die nicht vergehen will"). Nach einer Replik von Wolfgang Mommsen während der Frankfurter Römerberggespräche stellte Jürgen Habermas den „verharmlosenden Revisionismus" Noltes in einen „größeren Zusammenhang"; vgl. Jürgen Habermas: Eine Art Schadensabwicklung. Kleine politische Schriften VI. Frankfurt/M. 1987. S.115-158 sowie ders.: Entsorgung der Vergangenheit. In: Die neue Unübersichtlichkeit. Kleine politische Schriften V. Frankfurt/M. 1985. S.261-268.

[303] Tilman Spengler: Der Ekelpegel sinkt. A.a.O.

[304] Vgl. Peter Iden: Die Schaubühne am Halleschen Ufer 1970-1979. München, Wien 1979.

[305] Vgl. C. Bernd Sucher (Hg.): Theaterlexikon (Personen). München 1995. S.260.

[306] Vgl. z.B. Ulrich Weinzierl: Handkes heilige Schriften. Die Jünger des Meisters auf einem Symposion in Graz. In: Frankfurter Allgemeine Zeitung vom 19.10.1992. S.37.

Generation. „Jede Epoche der Literatur", schrieb noch 1989 derselbe Andreas Kilb, der Strauß vier Jahre später als einen Epigonen des Kulturpessimisten Oswald Spengler geißelte, „hat ihre eigenen Provokateure, ihre Leit- und Gegenbilder, in denen sie sich bespiegelt, von denen sie sich abgrenzen kann. Der literarische Provokateur der achtziger Jahre heißt Botho Strauß."[307]

Tabuzonen (1): Grenzverletzungen

Im Kontext der politischen Tabuzone jedoch, schlägt die Noblesse einer herausfordernden Geste unvermittelt um in die Zumutung eines provozierenden Revisionismus. Strauß hätte nach Ansicht seiner Kritiker seine ausschließlich im Bereich des Dichterischen liegenden „künstlerischen Kompetenzen" nicht mutwillig übertreten sollen. Daß seine – ohne jede poetische Ummantelung vorgenommene – Exkursion in den sensiblen Bezirk des deutschen Seelenhaushalts als eine Anmaßung verstanden wurde, kennzeichnet die eng gesteckten Grenzen, in die die künstlerische Befugnis hierzulande verwiesen ist – trotz aller Hofierung kultureller Autoritäten etwa als Ratgeber oder kritische Begleiter der Politik (als Beispiele wären etwa Heinrich Böll, Max Frisch, Günter Grass oder neuerdings auch der über hundertjährige Ernst Jünger[308] zu nennen). Strauß greift im *Bocksgesang* im Grunde keine anderen Themen oder Motive auf, als in seinem vorherigen Werk. Dies gilt sowohl für sein „hypermoralisch(es) und systemisch(es)"[309] Verständnis der elektronischen Medien, deren Kritik im *Bocksgesang* ein auffällig breiter Raum zugestanden wird, als auch für seine Analyse gesellschaftlicher Kräfteverhältnisse; es gilt für seinen traditionellen, im strengen Sinne ästhetisch fundierten Kunstbegriff (in strikter Abgrenzung zur Aisthesis) ebenso, wie es für seine Auffassung des Mythos als einer konstanten, zyklisch angelegten und bedeutungsvollen Daseinsform gilt. Was jedoch unter ästhetischen Vorzeichen, als integraler Bestandteil eines Prosa- oder Theatertextes, unproblematisch oder gar „provokant" anmutet, wird außerhalb dieser Sphäre rasch zu einem ernstzunehmenden Konfliktherd, sofern die Aussagen nicht mit dem vorherrschenden kulturellen Selbstverständnis in Einklang zu bringen sind.

Das Beispiel der vehementen Kritik an Strauß' *Bocksgesang* verdeutlicht so den eigentlichen Stellenwert des Ästhetischen innerhalb der sogenannten 'Kulturnation': Als

---

[307] Andreas Kilb: Spleen und Ideal. Ein „Kongreß", viele Fragmente. Neues von Botho Strauß. In: Die Zeit, Nr. 41 vom 6.10.1989. S.73; ders.: Anschwellende Geistesfinsternis. In: Die Zeit, Nr.14 vom 2.4.1993. S.57-58.

[308] Vgl. etwa Frank Schirrmacher: Die Zeit über den Ufern. Gipfeltreffen in Wilflingen: Jünger, Mitterand und Kohl. In: Frankfurter Allgemeine Zeitung vom 22.7.1993; vgl. auch Steffen Damm: Ein Helmut geht, ein Helmut kommt. Ansonsten alles wie gehabt: Ernst Jüngers Aufzeichnungen „Siebzig verweht III". In: Copernicus 2 (1994). S.26-27.

[309] Heimo Schwilk / Ulrich Schacht: Einleitung. In: dies. (Hgg.): Die selbstbewußte Nation. „Anschwellender Bocksgesang" und weitere Beiträge zu einer deutschen Debatte. Frankfurt/M., Berlin 1994. S.13; der Ansicht der Herausgeber, das Zentrum des Essays bilde „die radikalste Medienkritik, die bislang in Deutschland zu Wort kam" (ebd., S.13f), muß hingegen widersprochen werden. Abgesehen davon, daß als Beleg für ihre kühne Behauptung allein der „Humanismus"-Brief Martin Heideggers (1946) mit seiner These von der „Diktatur der Öffentlichkeit" herangezogen wird, scheint Strauß' differenziertes Verständnis der elektronischen Medien als „telekratisches Regime" wie auch als Testfeld einer anschlußfähigen, erweiterten Wahrnehmung in dieser einseitigen Bewertung keine Rolle zu spielen.

Mittel lebensweltlicher Ersatzverzauberung oder „Verhübschung" steht der Begriff in einem weiter gefaßten Sinn für eine kompensatorische „Ausstattung der Wirklichkeit mit ästhetischen Elementen", für die „Überzuckerung des Realen mit ästhetischem Flair"[310]. Zu diesen Surrogaten zählt letztlich auch die Literatur, deren Status als systemimmanente Instanz einer inversen Kritik am Bestehenden Wolfgang Welsch veranschaulicht, indem er zum Abschluß seines Plädoyers „für eine Kultur des blinden Flecks" – dem Versuch der Funktionsbestimmung einer „anästhetisch akzentuierten Ästhetik" als „Schule der Andersheit"[311] – als literarischen Beleg ausgerechnet die Büchnerpreis-Rede von Botho Strauß zitiert. Dieser sage über den Dichter: „Inmitten der Kommunikation bleibt er zuständig für das Unvermittelte, den Einschlag, den unterbrochenen Kontakt, die Dunkelphase, die Pause. Die Fremdheit."[312] Diese von Welsch intendierte Gegenläufigkeit zum herrschenden Betrieb wird jedoch affirmativ, als integraler Bestandteil eben dieses Betriebs verstanden und hat insofern mit Strauß' Absichten wenig gemein. Zudem operiert der Kulturphilosoph im Unterschied zu Strauß ausdrücklich mit einem erweiterten Ästhetikbegriff: „Ich möchte Ästhetik genereller als Aisthetik verstehen: als Thematisierung von Wahrnehmungen aller Art, sinnenhaften ebenso wie geistigen, alltäglichen wie sublimen, lebensweltlichen wie künstlerischen."[313] Erst wenn sich die ästhetische Reflexion, wie im Fall von Strauß' Essay geschehen, nicht mehr ohne weiteres in den Kanon der allgemein gültigen Wertvorstellungen integrieren läßt und ihren affirmativen Status aufgibt, schafft sie die Voraussetzungen, um zu einem Gegenstand der Ausgrenzung und Denunziation werden zu können.

Daß die insbesondere für die achtziger Jahre gültigen Leitsätze „Kultur für alle" (Hilmar Hoffmann) und „Jeder ist ein Künstler" (Joseph Beuys) von Strauß – nicht erst im *Bocksgesang* – in ihr Gegenteil verkehrt werden, mußte als eine Brüskierung des common sense aufgefaßt werden, die in der Sphäre des Politischen (in einem Nachrichtenmagazin zumal) nicht länger als die subjektive Meinung eines notorischen Einzelgängers abgetan werden konnte. Bereits 1986 hatte Strauß anläßlich eines Aufsatzes über den Dramaturgen Dieter Sturm in der Wochenzeitung Die Zeit formuliert: „Kunst ist nicht für alle da. Dies sollte durchaus nicht ihr unfreiwilliges Schicksal sein, sondern formbewußt ihrem Entstehungsgrund eingegeben." (Vers, 252) Kein Kritiker fühlte sich seinerzeit aufgefordert, die Konsequenzen dieser beiläufig verabreichten These zu überdenken, denn in jenem Aufsatz ging es in erster Linie um die Profilierung eines spezifischen artistischen Typus', die als Ausdrucksform ästhetischer Selbstreflexion kein weiteres Aufsehen verursachte. Greift der Dichter jedoch, nach dem gleichlautenden Titel von Ludwig Rubiners Manifest (1912), „in die Politik"[314],

[310] Wolfgang Welsch: Das Ästhetische Eine Schlüsselkategorie unserer Zeit? In: ders. (Hg.): Die Aktualität des Ästhetischen. München 1993. S.15.

[311] Ders.: Ästhetik und Anästhetik. A.a.O., S.38f.

[312] Ebd., S.40.

[313] Ebd., S.9f.

[314] Ludwig Rubiners Manifest „Der Dichter greift in die Politik" erschien 1912 in Franz Pfempferts Zeitschrift „Die Aktion"; ihr Titel wurde zum vielzitierten Slogan des politischen Expressionismus. Auch in diesem Manifest ging es keineswegs um aktuelle tagespolitische oder soziale Problemstellungen, sondern um eine globale Kritik des „ungeistigen (...) Zivilisationsmaterialismus" sowie der herrschenden, im Entwicklungsdenken des 19. Jahrhunderts befangenen Fortschrittsgläubigkeit. Hier zit. nach Thomas Anz / Michael Stark (Hgg.): Expressionismus. Manifeste und Dokumente zur deutschen Literatur 1910-1920. Stuttgart 1982. S.264.

fällt eine Formel wie „Kunst ist nicht für alle da" unter den Index der unverzeihlichen Übertretungen. Sie nimmt unversehens die Gestalt eines politischen Votums an, das sich angesichts der historischen Hypotheken wie auch der aktuellen nationalistischen Tendenzen gleichsam von selbst verbietet. Genau aus diesem Grund hat der Regisseur Peter Zadek seine Aufsatzsammlung *Das wilde Ufer* mit dem Motto „Kunst kommt nicht von Können" versehen – einer These, der Strauß kaum zustimmen würde, ohne deswegen bereits zu einem Exegeten des Demagogen Joseph Goebbels zu werden, der, woran Zadek in einer Randnotiz erinnert, einen gegenteiligen Standpunkt („Kunst kommt von Können") vertrat.[315]

Der beiweitem plausibelste Einwand gegen Strauß' Thesen dürfte vermutlich darin bestehen, daß sie zu einem Zeitpunkt geäußert wurden, wo sie von „einer bislang noch sprachgestörten, vorbildlosen Generation", der „nur noch ein starkes Gerüst von Wörtern" fehle[316], als Argumente in eigener Sache mißbraucht werden könnten. Die potentielle Tauglichkeit seiner Äußerungen für den rechtsradikalen Diskurs – eine Eignung zur Zweitverwertung, die sich etwa Friedrich Nietzsche und Richard Wagner posthum, Gottfried Benn und Ernst Jünger noch zu Lebzeiten vorwerfen lassen mußten – läßt Strauß' ganz anders geartete Position zwar im Kern unangetastet, erscheint jedoch im Kontext einer von irrationalen Stimmungen getragenen Situation wie der gegenwärtigen zumindest bedenklich.[317] Das heißt nicht, daß er seinen Standpunkt gegen eine mögliche ideologische Indienstnahme resistent zu halten hätte – kämen solche Rücksichten doch einer Politisierung des Ästhetischen gleich, gegen die Strauß prinzipiell und zurecht votiert. Umgekehrt jedoch sind seine Ausführungen, wie im Verlauf dieses Kapitels entwickelt werden soll, vom Vorwurf einer Ästhetisierung des Politischen kaum freizusprechen. Indem er die gegenwärtige Lage insgesamt als Vorstadium einer sich ankündigenden Zeitenwende begreift und die konkreten Erscheinungsformen dieses Übergangsprozesses als Verfallssymptome deutet, abstrahiert er – wie einst der Futurist Marinetti den Bombentrichter aus der Vogelperspektive – zum Beispiel die blind sich entladende Wut des Skinheads zu einem Phänomen, dessen Aufkommen und Entwicklung *auch* unter ästhetischen Gesichtspunkten betrachtet werden kann. Die Vorstellung von geschichtlichen Abläufen in Zyklen neigt insgesamt zu einer negierenden Verallgemeinerung des Einzelfalls. Das Besondere wird in der Logik dieses Denkens rasch zu einem Belegstück fürs Große und Ganze, indem Tendenzen, die sich der menschlichen Erfahrung entziehen, an einem sinnlichkonkreten Muster veranschaulicht werden. Durch diese Interpretation des Einzelfalls als Sym-

---

[315] Vgl. Peter Zadek: Das wilde Ufer. Ein Theaterbuch. Zusammengestellt von Laszlo Kornitzer. Köln 1990. S.351.

[316] Tilman Spengler: Der Ekelpegel sinkt. A.a.O.

[317] Erste Wirkungsanalysen konnten solche Bedenken bisher entkräften. So vermerkt etwa Gustav Seibt: Echo des Bocksgesangs. Was die Rechten lasen oder Woran ist Botho Strauß schuld? (II). In: Frankfurter Allgemeine Zeitung vom 16.4.1994: „Wer die verstreute Botho-Strauß-Rezeption in der publizistischen Rechten durchmustert, muß sich über ihre Inhaltsleere wundern. Man ist froh über den angeblichen Renegaten, aber niemand nimmt seine Botschaft auf, geschweige daß man seine Rätselsprache für den politischen Gebrauch faßbar zu machen versuchte"; zu ähnlichen Befunden gelangt auch Thomas E. Schmidt: Wen betört der Bocksgesang? Über Botho Strauß' metaphysische Kulturkritik. In: Merkur 8 (1994). S.739: „Daß ein zutiefst bürgerlicher, kulturbeflissener Affekt seine Verzweiflung über die Gegenwart treibt, dafür ist auch die Strauß-Apologetik der vergangenen Monate ein Indiz. Nicht Rechtsaußen waren nämlich die engagiertesten Verteidiger des Dichters, sondern liberale Kulturredakteure, Größen des Kulturbetriebs, Anrichter des Angerichteten, wenn man so will."

ptom macht sich ein solches Denkschema unabhängig von seinen tatsächlichen Intentionen der Inhumanität verdächtig.

Indem Strauß beinahe ausschließlich ästhetische Kategorien zur Kennzeichnung gesellschaftlicher Phänomene zu Rate zieht, unterläuft er streng genommen sein eigenes Postulat einer kategorischen Abgrenzung des ästhetischen Bezirks von der Lebenswelt. Zwar sieht sich Strauß prinzipiell an keine fachspezifischen Diskursauflagen gebunden – sein Standpunkt ist sozusagen überparteilich. Seine Argumentationsführung verdeutlicht aber auch, daß er als Anwalt der Künste die politische Szene im Zustand kategorialer Befangenheit betritt. Das heißt nicht, daß er sich deshalb herauszuhalten hätte, wie unter seinen Kritikern gerade der notorische Grenzgänger Tilman Spengler moniert.[318] Es heißt lediglich, daß sich der im *Bocksgesang* unternommene *Versuch, ästhetische und politische Ereignisse zusammenzudenken*, dem Risiko aussetzt, die Überzeugungskraft seiner Befunde durch eine argumentative Inkonsequenz anfechtbar zu machen. Die hier aufgeworfene Frage nach der intellektuellen Zuständigkeit berührt mit dem Begriff der „Grenze" (respektive ihrer Überschreitung) einen Problemkreis, von dem im Zusammenhang einer Bestimmung des Ästhetischen bei Strauß noch ausführlich zu reden sein wird. Sieht man einmal von dem naheliegenden Motiv ab, daß nur diejenigen seiner Kritiker eine Respektierung der Zuständigkeitsbereiche einklagen, die sich von Strauß' Essay herausgefordert sehen, scheint eine abschließende Klärung im vorliegenden Fall kaum möglich zu sein. Hielte sich Strauß an jenen unausgesprochenen Vertrag, seine artistische Kompetenz lediglich auf Gegenstände zu verwenden, von denen er *etwas versteht*, so würde damit ein guter Teil seines dichterischen Programms hinfällig: Die Erkenntnisfähigkeit ästhetischen Denkens auch öffentlich unter Beweis zu stellen und dadurch die Sache der Kunst als Gegengewicht zur leichtgewichtigen und vergeßlichen Lebenswelt zu stärken. Bricht er ihn aber, so öffnet er im selben Augenblick „Die Grenzen des Ästhetischen" (Karl Heinz Bohrer) für seinen potentiellen Mißbrauch im außerästhetischen Diskurs. Dieses Dilemma bezeichnet präzise den Standpunkt, den der Dichter Botho Strauß bei aller Zurückgezogenheit und biographischen Diskretion als Repräsentant des gesellschaftlichen Gefüges bezieht. Es handelt sich um eine Schwellen- oder Vermittlerposition zwischen dem als überzeitlich und geheiligt angesehenen Gedächtnisraum des Ästhetischen und einer durch Erfahrungs- und Erinnerungsverlust spirituell bedürftig gewordenen Gegenwart. Weil diese Doppelrolle als Bewahrer und als Botschafter aus seiner Sicht den Typus des Dichters erst definiert (vgl. hierzu den letzten Abschnitt dieses Kapitels), hat er die prekäre Lage, die seine ästhetisch-politische Spagatstellung mit sich bringt, entgegen allen Anfechtungen aufrecht zu erhalten.

Es ist diese selbstgewählte Ortlosigkeit, die den Dichter inmitten des laufenden Betriebs zum Einzelgänger prädestiniert. Seine Distanz zur Gesellschaft wäre als eine moderne Form der inneren Emigration zu bezeichnen; eine Haltung, in der er sein Inkognito wahrt, und die zur komparativen Beobachtung seines Umfeldes überhaupt erst befähigt. Hierzu bedarf es des habituellen – nicht des räumlichen – Abstands zur alltäglichen Diffusion, deren Absolutismus darin besteht, daß sie auf nichts als auf sich selbst verweist. Demgegenüber erweist sich die gleichsam archäologische Sensibilität des Dichters, der „unter den gehäuften Ablagerungen" der bürgerlichen Konvention

---

[318] Vgl. Tilman Spengler: Der Ekelpegel sinkt. A.a.O.

„zu graben sucht und fundamentale, wesentliche Strukturen" wiederzubeleben trachtet (Vers, 51), in der Kennzeichnung real existierender kultureller Differenzen. Kraft seines geschulten Erinnerungsvermögens und dank seiner intellektuellen Unabhängigkeit und Exzentrizität ist er in der Lage, das Disparate als disparat, das Unvereinbare als unvereinbar zu charakterisieren. Im Rekurs auf Michel Foucaults Untersuchung *L'archeologie du Savoir* (dt.: *Archäologie des Wissens*[319]) beschreibt Strauß – wie jedesmal in indirekter, vermittelter Form – seinen eigenen methodischen Ansatz wiefolgt: Es „handle sich um eine vergleichende Analyse, nicht zu dem Zwecke, die Unterschiedlichkeit der Rede und Denkweisen zu vermindern und eine einheitliche Gesamtheit abzuzeichnen, in die sie alle Eingang fänden, vielmehr erstrebe die Analyse, jene Unterschiedlichkeit in eben unterschiedliche Denk- und Redefiguren aufzuteilen. Das archäologische Vergleichen geschehe nicht im Bewußtsein des Vereinheitlichens, sondern des Vervielfältigens" (ebd.).

Im Lichte dieses methodenkritischen Selbstportraits von 1970 erscheint auch der im *Bocksgesang* sich abzeichnende „Polit-Ästhetizismus"[320] zumindest intentional als Versuch einer neuerlichen Profilierung jener Antinomien, die für Strauß innerhalb ein und derselben „Kultur" existieren und dieser erst zu ihrer mehrschichtigen Struktur verhelfen. „Nichts ging aus EINER Linie oder Richtung hervor." (Ebd., 254) Demnach wäre, nach Ansicht eines weiteren Dichters, der sich auf sein angestammtes Terrain nicht beschränken mochte, wenn von „Kultur" die Rede sei, zunächst einmal die Selbst-Kultivierung eines Einzelnen oder einer Gruppe von der Kultur einer ganzen Gesellschaftsformation zu unterscheiden – wobei indes zu bedenken bleibe, „daß die Kultur des Individuums auf die Kultur einer Gruppe oder Klasse angewiesen ist und daß die Kultur einer Gruppe oder Klasse von der Kultur der Gesamtgesellschaft abhängt, zu der diese Gruppe oder Klasse gehört"[321]; daß mithin bei aller Abspaltung und Ausdifferenzierung ein Verhältnis wechselseitiger Beeinflussung zu beobachten sei, das als Bezugsrahmen die angestrebte Differenzbestimmung erst ermögliche. Der Begriff Unterscheidung (Distinktion) impliziert stets die Kenntnis dessen, *wovon* unterschieden werden soll. Nach der ebenso knappen wie luziden Definition des *Oxford English Dictionary* aus dem Jahr 1483, die T. S. Eliot seinen *Beiträgen zum Begriff der Kultur* als Motto voranstellt, ist Kultur gleichbedeutend mit „Abgrenzung", in selteneren Fällen auch mit „Einschränkung". Im Hinblick auf das für Strauß gültige Kulturverständnis wäre hieraus formelhaft abzuleiten: Kultur ist Vieles in Einem; oder: die Koexistenz des Gleichzeitigen. Keinesfalls ist Kultur jedoch jene indifferente Melange, zu der die selbsternannte 'Kulturnation' ihre Bestandteile verrührt hat.

---

[319] Vgl. Michel Foucault: Archäologie des Wissens. Frankfurt/M. 1981; Strauß bezieht sich ausdrücklich auf S.208 dieser methodenkritischen Untersuchung
[320] Harro Zimmermann: Die Ahnen des Botho Strauß. Stefan Breuers bestechende „Anatomie der konservativen Revolution". In: Die Zeit, Nr. 23 vom 4.6.1993. S.12.
[321] T. S. Eliot: Beiträge zum Begriff der Kultur (1948). Frankfurt/M. 1949. S.22; wieder in: Werke. Bd. II (Essays 1). Frankfurt/M. 1988. S.18.

Exkurs: Handke in Serbien

Mit einer ganz ähnlich gelagerten Problemstellung wie Strauß hatte sich 1996 auch der österreichische Schriftsteller Peter Handke auseinanderzusetzen. Auch in seinem Fall wurde die Frage nach der intellektuellen Zuständigkeit eines Dichters gestellt, der sich eines aktuellen, ja tagespolitischen Themas angenommen hatte; eines Themas, das zudem weitaus konkretere geopolitische Anknüpfungspunkte aufzuweisen hat, als die in dieser Hinsicht eher allgemein gehaltenen Überlegungen des *Anschwellenden Bocksgesangs*, und dessen schriftstellerische Aufarbeitung daher auch prompt zu einer etwa halbjährigen, sowohl publizistisch als auch auf öffentlichen Podien ausgetragenen Diskussion über Handkes dubiose Stellungnahme zum Balkankrieg führte. Was war geschehen? Angeregt durch die Eindrücke eines früheren Belgrad-Aufenthaltes, vor allem jedoch aufgrund des anhaltenden Bürgerkriegs im ehemaligen Vielvölkerstaat Jugoslawien, entschloß sich Handke Ende 1995 zu einer etwa dreiwöchigen *winterlichen Reise* nach Serbien, genauer *zu den Flüssen Donau, Save, Morana und Drina*, deren literarischen Ertrag er im Januar 1996 zunächst in zwei Wochenendbeilagen der Süddeutschen Zeitung, einige Monate später auch in Buchform veröffentlichte.[322]

„Es war", so Handke über die Motive seiner Reise, „vor allem der Kriege wegen, daß ich nach Serbien wollte, in das Land der allgemein so genannten 'Aggressoren'. Doch es lockte mich auch, einfach das Land anzuschauen, das mir von allen Ländern Jugoslawiens das am wenigsten bekannte war, und dabei, vielleicht gerade bewirkt durch die Meldungen und Meinungen darüber, das inzwischen am stärksten anziehende, das, mitsamt dem befremdenden Hörensagen über es, sozusagen interessanteste. Beinahe alle Bilder und Berichte der letzten vier Jahre kamen ja von der einen Seite der Fronten oder Grenzen, und wenn sie zwischendurch auch einmal von der anderen kamen, erschienen sie mir, mit der Zeit mehr und mehr, als bloße Spiegelungen der üblichen, eingespielten Blickseiten – als Verspiegelungen in unseren Sehzellen selber, und jedenfalls nicht als Augenzeugenschaft. Es drängte mich hinter den Spiegel; es drängte mich zur Reise in das mit jedem Artikel, jedem Kommentar, jeder Analyse unbekanntere und erforschungs- oder auch bloß anblickswürdigere Land Serbien. Und wer jetzt meint: 'Aha, proserbisch!' oder 'Aha, jugophil!' – das letztere ein Spiegel-Wort (Wort?) –, der braucht hier gar nicht erst weiterzulesen."[323]

Wer es dennoch tut, wird bald darauf feststellen, daß Handkes einleitende Bemerkungen bereits von jener grundlegenden Skepsis gegenüber sämtlichen Formen medialer Berichterstattung und Information zeugen, die seine Reisereportage insgesamt durchzieht. Die westlichen Medien stehen in seinem Bericht für die Spiegelstruktur der Informationsgesellschaft, deren Oberfläche lediglich die auf sie fallenden Blicke reflektiert, so daß von der Wirklichkeit jenseits des „Spiegels" (im doppelten Wortsinn) nichts mehr zu erkennen ist. Mit zunehmender Informationsdichte, so Handkes medienkritischer Befund, nimmt die Erkennbarkeit des ins Auge gefaßten Gegenübers ab. Eben diese Fremdheit des scheinbar Bekannten ist es, die den Dichter zu einer unmittelbaren Kontaktnahme vor Ort veranlaßt. „Das Problem, nur meines?, ist ver-

---

[322] Peter Handke: Eine winterliche Reise zu den Flüssen Donau, Save, Morawa und Drina oder Gerechtigkeit für Serbien. Frankfurt/M. 1996; zuerst unter dem Titel „Gerechtigkeit für Serbien. Eine winterliche Reise zu den Flüssen Donau, Save, Morawa und Drina" in: Süddeutsche Zeitung vom 5./6. und 13./14.1.1996.
[323] Ebd., S.12f.

wickelter, verwickelt mit mehreren Realitätsgraden oder -stufen; und ich ziele, indem ich es klären will, auf etwas durchaus ganz Wirkliches, worin alle die durcheinanderwirbelnden Realitätsweisen etwas wie einen Zusammenhang ahnen ließen. Denn was weiß man, wo eine Beteiligung beinah immer nur eine (Fern-) Sehbeteiligung ist? Was weiß man, wo man vor lauter Vernetzung und Online nur Wissensbesitz hat, ohne jenes tatsächliche Wissen, welches allein durch Lernen, Schauen und Lernen, entstehen kann? Was weiß der, der statt der Sache einzig deren Bild zu Gesicht bekommt, oder, wie in den Fernsehnachrichten, ein Kürzel von einem Bild, oder, wie in der Netzwelt, ein Kürzel von einem Kürzel?"

Das ist selbstverständlich eine rhetorische Frage, deren Beantwortung sich geradezu aufdrängt: Nichts, aber auch rein gar nichts werde so einer je verstehen! Handkes Medienschelte findet Halt in einer Theorie der unmittelbaren Anschauung, des unverstellten Blicks und des authentischen Eindrucks, die ausschließlich am konkreten Gegenstand einzulösen ist. Das Oppositionsschema, auf das seine Überlegungen letztlich zurückzuführen sind, besteht in einer „starren Gegenüberstellung von medial vermitteltem und authentischem Wissen"[324], weshalb sich auch beinahe von selbst versteht, daß Handke sich „nicht besonders vorbereitet"[325] auf den Weg begibt. Wer ungefilterte, unkorrumpierte Eindrücke zu sammeln trachtet, um dabei der genuinen Fremdheit eines unbekannten Landes auf die Spur zu kommen, muß innerlich frei sein, aufnahmebereit, in des Wortes emphatischer Bedeutung. Die Faszination an der Fremdheit, die Serbien aus Handkes Perspektive schon aufgrund der medialen Überlagerung seines eigentlichen kulturellen Wesens verheißt, legt jedoch die Schlußfolgerung nahe, daß dem Dichter an einer ähnlichen Erfahrung gelegen ist, wie sie sich beim Anblick von Kunstwerken als ästhetische einstellt; daß Handke also letztlich ästhetische Kategorien zum Verständnis eines außerästhetischen Phänomens (dem „Serbenvolk" nämlich) heranzieht.[326] Nur von dieser Warte aus ist die beinahe spirituelle Erregung zu verstehen, die in Handkes Bericht aus der Begegnung mit den Gegenständen des Alltagslebens resultiert. „Handke kann keinen serbischen Kartoffelsack ansehen, ohne vor lauter Rührung über dessen Realpräsenz in die Knie zu brechen."[327]

Nicht aus gemessener Distanz, sondern nur inmitten des stigmatisierten und befremdlichen Landes selbst glaubt Handke jene Frage klären zu können, die in den westlichen Medien längst beantwortet wurde, die aus seiner Sicht jedoch weiterhin offen bleibt: Wer warf den ersten Stein? „Wer also war der Aggressor? War derjenige, der einen Krieg provozierte, derselbe wie der, der ihn anfing? Und was heißt 'anfangen'? Konnte auch schon solch ein Provozieren ein Anfangen sein? ('Du hast angefangen!' 'Nein, du hast angefangen!') Und wie hätte ich, Serbe nun in Kroatien, mich zu solch einem gegen mich und mein Volk beschlossenen Staat verhalten? Wäre ich, obwohl doch vielleicht tief ortsverbunden, auch durch die Vorfahrenjahrhunderte, ausgewandert, meinetwegen auch 'heim' über die Donau nach Serbien? Vielleicht."[328]

---

[324] Jörg Lau: Letzte Welten, umgrenztes Ich. In: Merkur 5 (1996). S.428.

[325] Peter Handke: Eine winterliche Reise. A.a.O., S.21.

[326] Dieser Gedanke bedarf einer umfassenderen Kommentierung, als sie im Rahmen dieses Exkurses möglich erscheint. Daher sei an dieser Stelle lediglich darauf verwiesen, daß die Kategorie der ästhetischen Erfahrung im Verlauf des vorliegenden Kapitels am Beispiel von Strauß' Geschichtsrezeption definiert und ausführlich erörtert wird. Vgl. S. 157-161 und 167-172.

[327] Jörg Lau: Letzte Welten, umgrenztes Ich. A.a.O., S.427.

[328] Peter Handke: Eine winterliche Reise. A.a.O., S.34f.

Handke entwirft in *Gerechtigkeit für Serbien* – denn daran vor allem ist ihm nach eigenem Bekunden in seinem „Friedenstext" gelegen – das Szenario eines „Bruderkriegs"[329], bei dem die serbische Seite zu einer Art „Kainsvolk"[330] geworden sei. „Allzu schnell nämlich waren für die sogenannte Weltöffentlichkeit auch in diesem Krieg die Rollen des Angreifers und des Angegriffenen, der reinen Opfer und der nackten Bösewichte, festgelegt und fixgeschrieben worden."[331] Diese schematisch abstrahierende Form der Geschichtsschreibung erscheint jedoch aus Handkes Sicht revisionsbedürftig – und damit ist die Mission angezeigt, die den Griff des Dichters in die Politik in der Logik seiner Argumentation zu rechtfertigen scheint. „Wer wird diese Geschichte einmal anders schreiben, und sei es auch bloß in Nuancen – die freilich viel dazutun können, die Völker aus ihrer gegenseitigen Bilderstarre zu erlösen?"[332]

Noch einmal: was sucht Handke in Serbien? Er sucht das Authentische, das er jenseits des massenmedialen Verblendungszusammenhangs vermutet. Was er vorfindet, gleicht deshalb einem Dreistromdelta des Handels und Gewerbes, das trotz aller Entbehrungen in seiner merkantilen Heiterkeit und Zuwendung zu den einfachen Dingen des Lebens beinahe mediterrane Züge trägt und das von Ferne an Johannes Bobrowskis poetische Vision des versunkenen Sarmatien erinnert.[333] Der Vergleich kommt nicht von ungefähr: Bereits in seinem Roman *Die Wiederholung* (1986) hatte Handke das alte, vorstaatliche Slowenien als ein Land beschrieben, in dem im Unterschied zur modernen, technisierten Bundesrepublik noch das „Wirkliche" zu finden sei. „Jeder Handke-Leser kennt die oft kitschnahe Dingpoesie und -metaphysik dieses Autors. Nirgends aber hat er die ideologisch-politischen Affekte, die ihr zugrunde liegen, so deutlich ausgesprochen wie in seinen Äußerungen zu Jugoslawien. Schon die Staatswerdung von Slowenien ließ ihn einem 'Land' nachtrauern, das durch seinen Eintritt in die politische Geschichte 'die Landesdinge entrückte in Unwirklichkeit, Ungreifbarkeit, Ungegenwärtigkeit'."[334] In seinem jüngsten Roman *Mein Jahr in der Niemandsbucht*, findet das seelenlose Deutschland seine „Wirklichkeit" durch einen Bruderkrieg wieder, den Handke im Jahr 1997 spielen läßt und der ganz nach dem Vorbild des jugoslawischen Krieges gezeichnet ist. Auch hier geht es um die Schönheit der einfachen Dinge – der Lampen, Stühle oder Schubkarren – die sich erst vor dem Hintergrund des Kriegsschreckens vollends abzeichnet. „Erst durch den Krieg wird auch der Frieden wirklich und mit ihm die Welt der Dinge. Der Krieg als die höhere Wirklichkeit: Das ist ein geläufiger Topos des Soldatenkitsches zwischen Hermann Löns und Hermann Grimm, wie überhaupt Handkes breiiger Stil eher an solche Vorläufer denken läßt als

---

[329] Ebd., S.36.
[330] Ebd., S.37.
[331] Ebd., S.38.
[332] Ebd., S.50.
[333] Vgl. Johannes Bobrowski: Gedichte. Mit einem Nachwort von Eberhard Haufe. Leipzig 1990; sowie Steffen Damm: Ein Visionär aus Sarmatien. Zum 75. Geburtstag des Dichters Johannes Bobrowski. In: Der Tagesspiegel vom 11.4.1992: „Die Sarmaten, ein Nomadenvolk, verschwanden mit der Völkerwanderung aus der Geschichte. Bobrowski ist ihr selbsternannter Nachfahre und Chronist in einem, der Anselm Kiefer der deutschen Nachkriegsliteratur. 'Ebene' und 'Strom', die immer wiederkehrenden Metaphern einer traumatischen Topographie, etablieren eine östliche Geschichtslandschaft, die verschwunden ist. Und dennoch existiert sie weiter – als oboenhafter Nachklang in der Erinnerung des Dichters." Sarmatien ist die spätantike Bezeichnung für ganz Osteuropa.
[334] Gustav Seibt: Wahn von Krieg und Blut und Boden. Serbien ist Deutschland: Zu Peter Handkes beunruhigendem Reisebericht. In: Frankfurter Allgemeine Zeitung vom 16.1.1996.

an Klassiker wie Stifter, auf die er sich seit Jahren beruft. (...) Das heutige Serbien vereint sogar zwei Voraussetzungen, die es dem Dingdichter Handke angenehm machen: Es ist arm und es lebt in der Nachbarschaft eines Krieges – so viel Wirklichkeit kann sonst nirgends sein.“[335]

Am deutlichsten entfaltet sich diese dinglich-konkrete Lebenswelt in Handkes Reisebericht naturgemäß in jenen erfüllten Augenblicken, wo der Dichter zum Zeugen eines lebendig bewegten Warenverkehrs wird. Er erscheint als archaischer, „ursprünglicher" Kontrast zur westlichen Überflußgesellschaft: „Was aber von solchem Marktleben, dabei spürbar bestimmt von einer Mangelzeit, am eindrücklichsten haften blieb, das war, und nicht bloß bei den Leckersachen, sondern ebenso bei dem vielen vielleicht wirklich fast unnützen Zeug (wer weiß?), eine Lebendigkeit, etwas Heiteres, Leichtes, wie Beschwingtes an dem anderswo gar zu häufig pompös und gravitätisch gewordenen, auch mißtrauischen, halb verächtlichen Vorgang von Kaufen und Verkaufen – ein allgemeiner anmutiger Fingertanz kreuz und quer über das Marktgelände, ein Tanz des Handumdrehens. Von dem Wust, Muff und der Zwanghaftigkeit der bloßen Geschäftemachereien hob sich da, kleinklein, dabei in Myriadenvielfalt, etwas wie eine ursprüngliche und, ja, volkstümliche Handelslust ab, an welcher wir Mittäter dann auch unseren Spaß hatten. Zug-um-Zug-Geschäfte: so ein Wort bekam hier in dem auf sich allein gestellten Land wieder seinen Sinn, ebenso wie das Wort 'Kurzwaren'. Lob dem Handel hättest du derartiges je von dir erwartet (und das nicht einmal auf Bestellung)? Und ich erwischte mich dann sogar bei dem Wunsch, die Abgeschnittenheit des Landes – nein, nicht der Krieg – möge andauern; möge andauern die Unzugänglichkeit der westlichen oder sonstwelchen Waren- und Monopolwelt.“[336]

Am Ort des Geschehens, so will es einem Dichter erscheinen, der sich „kaum je so stetig und beständig in die Welt, oder das Weltgeschehen, einbezogen? eingespannt? eingemeindet"[337] gefunden habe, entsteht so das Bild eines großen, mythischen „Volkes", das sich in einer, „im Vergleich zu der unsrigen, geschärften und fast schon kristallischen Alltagswirklichkeit"[338] darstelle. Niemand, so Handke, kenne Serbien, der dieses „zünftige Binnenland"[339] nicht aus nächster Nähe gesehen und seine kulturellen Besonderheiten am eigenen Leibe erfahren habe. Was durch die verkürzenden, hastigen Übertragungstechniken der Informationsgesellschaft wie auch durch die probate politische Kategorisierung bis zur Unkenntlichkeit entstellt worden sei, versucht Handke in *Gerechtigkeit für Serbien* in Form einer folkloristischen Apotheose ins rechte Licht zu rücken. Der gängigen Strukturgeschichte, die von Verallgemeinerungen lebt, stellt er eine Geschichtsschreibung *von unten* entgegen, die ihr Material dem Alltag entnimmt. Handke traut nur dem, was er sieht. Doch seine Wahrnehmung gleicht einer poetischen Projektion auf einen weißen, unbekannten Landstrich, dessen Inkognito dadurch nicht angetastet wird. Sein Status der Fremdheit müßte ihn in die Lage eines unvoreingenommenen Beobachters versetzen, doch was er verzeichnet, entspricht eher einer merkantil bewegten Phantasmagorie, die in einem übergeordneten Vorsatz aufgeht: „Hat es meine Generation bei den Kriegen in Jugoslawien nicht

---

[335] Ebd.
[336] Peter Handke: Eine winterliche Reise. A.a.O., S.71f.
[337] Ebd., S.102f.
[338] Ebd., S.115.
[339] Ebd., S.116.

verpaßt, erwachsen zu werden? Erwachsen nicht wie die so zahlreichen selbstgerechten, fixundfertigen, kastenhaften, meinungsschmiedhaften, irgendwie weltläufigen und dabei doch so kleingeistigen Mitglieder der Väter- und Onkel-Generation, sondern erwachsen wie? Etwa so: Fest und doch offen, oder durchlässig, oder mit jenem einen Goethe-Wort: 'Bildsam', und als Leitspruch vielleicht desselben deutschen Welt-Meisters Reimpaar 'Kindlich/ Unüberwindlich', mit der Variante Kindlich-Überwindlich. Und mit dieser Weise Erwachsenseins, dachte ich, Sohn eines Deutschen, ausscheren aus dieser Jahrhundertgeschichte, aus dieser Unheilskette, ausscheren zu einer anderen Geschichte."[340]

Dieses „Ausscheren" geht von einer dominanten linearen Geschichtsauffassung aus, die es zugunsten jener „anderen", weiter gefaßten „Geschichte" zu überwinden gelte, die bei Strauß als mythische oder „lange Zeit" bezeichnet wird. Die Geste des Ausscherens aus dem laufenden Betrieb gleicht auch bei Handke einer „protopolitischen Initiation", von der es im *Bocksgesang* heißt, sie sei ihrem Wesen nach „Tiefenerinnerung". Handkes Begriff des „Poetischen" verfolgt demnach eine ganz ähnliche Intention wie Strauß' Vorstellung von der „rechten Phantasie des Dichters": In beiden Fällen geht es letztlich um ein Einlenken in alte, überzeitliche Sinnzusammenhänge, wobei in Handkes Fall die Vorbilder für diesen restitutiven Akt in einer bestimmten, spirituell verwurzelten Region gesucht und gefunden werden. Handke schlägt sich in seinem Reisebericht mitnichten auf die Seite des mutmaßlichen Aggressors im Balkankrieg, wie ihm zahlreiche seiner Kritiker zuletzt unterstellten.[341] Es geht ihm gar nicht um ein politisches Votum oder um parteipolitische Allianzen; es geht vielmehr um die neuerliche Etablierung einer bedeutungsschweren Kontrasttopographie zur westlichen Medien- und Informationsgesellschaft. Es geht zuerst und zuletzt um die Umsetzung eines ästhetischen Programms im Modus einer (protopolitischen) Anklageschrift. *Gerechtigkeit für Serbien* ist in erster Linie als eine poetische Projektion zu verstehen, in der am Beispiel eines traditionsgesättigten und stigmatisierten Volkes der Stellenwert überzeitlicher metaphysischer Wertkategorien herausgestellt wird. Daher gehen Repliken, die Handke eine unbedachten Rechtfertigung des Regimes vorwerfen, am Kern seiner Überlegungen vorbei. „Kommst du jetzt mit dem Poetischen?", fragt sich der Autor gegen Ende seiner erfolgreichen Heimkehr in den Zustand der Unmittelbarkeit selbst. „Ja", lautet die Antwort, „wenn dieses als das gerade Gegenteil verstanden wird vom Nebulösen. Oder sag statt 'das Poetische' besser das Verbindende, das Umfassende – den Anstoß zum gemeinsamen Erinnern, als der einzigen Versöhnungsmöglichkeit, für die zweite, die gemeinsame Kindheit."[342]

Indem Handke die edle Einfalt und stille, schlichte Größe des Serbenvolkes preist, unterliegt seine Projektion jedoch unbemerkt einem exotistischen Übertragungsschema, das maßgeblich auf der Bestätigung vorgefertigter Rollenklischees basiert. „Statt von seinem Ich und dessen Schwierigkeiten bei der wahren Empfindung zu sprechen,

---

[340] Ebd., S.130f.
[341] Vgl. unter den zahlreichen kritischen Reaktionen etwa Hans Christoph Buch: Gerechtigkeit für Bosnien. Ohne Medien: Eine spätwinterliche Reise nach Mostar und Sarajevo. In: Frankfurter Allgemeine Zeitung vom 25.4.1996; Bora Cosic: Nachbar, Euer Fläschchen. Gespräch über den abwesenden Herrn Handke. In: Frankfurter Allgemeine Zeitung vom 2.2.1996; Marcel Ophüls: Handke liefert den Mitläufern ein Alibi. In: Frankfurter Allgemeine Zeitung vom 31.1.1996; Tilman Krause: Serbien selber sehen. In: Der Tagesspiegel vom 15.1.1996.
[342] Peter Handke: Eine winterliche Reise. A.a.O., S.133.

wie es einmal sein besonderes Talent war", gehen aus Handkes Lob der Unmittelbar-keit die Serben als die „literarisch Hauptleidtragenden" hervor. Verberge sich doch nach Ansicht Jörg Laus in solchem „Gratis-Wohlwollen", das aus der philantropischen Kolonialliteratur sattsam bekannt sei, „meist eine besonders feine Form der Herablas-sung. Was Wunder, daß Serbien Handke am Ende als das 'riesige Zimmer eines ver-waisten, hinterlassenen Kindes' erscheint"[343]. Da Handke in seiner Beschreibung tat-sächlich keines der gängigen Klischees ausläßt („Leservolk", „ursprünglich", „volks-tümlich", „gesittet", „würdevoll"), um sich „einen Menschenschlag nach eigenem Gusto zusammenzufabulieren"[344], verkehrt sich zuletzt auch der lautere Vorsatz seiner Reise in sein Gegenteil. Die vermeintliche Nähe des Dichters zur serbischen Lebens-welt erweist sich als subtile Form einer kolonialen Perspektive, die ihr Gegenüber in Typisierungen vom guten und einfachen Leben erstarren läßt. „Hätte ein fremder Reisender im Berlin des Jahres 1941 solche (gesitteten Menschen, S.D.) nicht auch antreffen müssen? Die Mörder liefen ja nicht mit Abzeichen auf der Straße herum. Und hätte er in den deutschen Provinzen nicht auch ein noch archaisches Landleben von uriger Schönheit finden können? Damals hatte Deutschland sich abgeschnitten von der westlichen Monopolwelt, es war dabei, zu verarmen, es erlebte die wirklich-keitsschaffende Gewalt des Krieges, und es hatte sich moralisch ausgestoßen aus der Gemeinschaft der Völker. Wahrhaft gespenstisch ist das Serbien, das Handke sich auf seiner Reise erfunden hat. Nicht einmal der schlimmste Feind der Serben kann ihnen wünschen, daß sie diesem Bild wirklich entsprechen."[345]

Unheilsgeschichte

Grundsätzlich bleibt unterdessen festzuhalten, daß Strauß in *Anschwellender Bocksgesang* den anstößigen Terminus „rechts" nicht als politische Standortbestimmung auffaßt, sondern im tradierten Sinne von „rechtens" oder „rechtschaffen". Ebenso wie er den als undifferenziert eingestuften herrschenden Kulturbegriff programmatisch von des-sen hartem Kern im Kunstwerk zu separieren bestrebt ist, verwendet er den autochto-nen Begriff des „Rechten" unabhängig von dem geläufigen ideologischen Oppositi-onsschema. „Rechts zu sein, nicht aus billiger Überzeugung, aus gemeinen Absichten, sondern von ganzem Wesen, das ist, die Übermacht der Erinnerung zu erleben; die den Menschen ergreift, nicht den Staatsbürger, die ihn vereinsamt und erschüttert inmitten der modernen, aufgeklärten Verhältnisse, in denen er sein gewöhnliches Le-ben führt. Diese Durchdrungenheit bedarf nicht der abscheulichen und lächerlichen Maskerade einer hündischen Nachahmung, des Griffs in den Secondhandshop der Unheilsgeschichte. Es handelt sich um einen anderen Akt der Auflehnung: gegen die Totalherrschaft der Gegenwart, die dem Individuum jede Anwesenheit von unaufge-klärter Vergangenheit, von geschichtlichem Gewordensein, von mythischer Zeit rau-ben und ausmerzen will." (ABo, 24) Aus dieser Definition des „Rechten" als eines sensiblen, mythenkundigen Gegenaufklärers wird jedoch ersichtlich, daß auch Strauß' Denkmodell in gewisser Hinsicht einem antithetischen Muster verhaftet bleibt. Denn

---

[343] Jörg Lau: Letzte Welten, umgrenztes Ich. A.a.O., S.428; das Zitat findet sich bei Handke auf S.129.
[344] Ebd.
[345] Gustav Seibt: Wahn von Krieg und Blut und Boden. A.a.O.

die „rechte Phantasie", die „ihrem Wesen nach Tiefenerinnerung und insofern eine religiöse oder protopolitische Initiation" (ebd., 25) sei, bedarf zu ihrer Konturierung – nicht zu ihrer Bestimmung – weiterhin eines distinktiven Gegenübers, vor dessen Hintergrund jene „existentiell(e) Phantasie des Verlustes" (ebd.) sich um so deutlicher abzeichnet.

Diesen Gegenbegriff stellt in Strauß' Essay die „Unheilsgeschichte" dar, die als parodistische Form der „Heilsgeschichte" durch einen eklatanten „Mangel an Passion", durch eine „frevelhafte Selbstbezüglichkeit" und eine „ebenso lächerliche wie widerwärtige Vergesellschaftung des Leidens und des Glückens" (ebd.) gekennzeichnet ist. Entscheidend für die Charakterisierung dieser „linken" Negativfolie, die Strauß die Entfaltung einer konträren Perspektive erst ermöglicht, ist jedoch ihre Funktionsbestimmung als Orientierungsrahmen und Rechtfertigungsmuster für die Generation jener libertären Aufklärer, deren gedanklicher Schematismus „das Unsere" nurmehr als unbewältigten Schuldzusammenhang erkenne. Da sie die Fähigkeit nicht aufbrächten, „die Verbrechen der Nazis" als ein „Verhängnis" in „sakraler Dimension" (ebd., 35) zu begreifen, das unter keinen Umständen abzuarbeiten oder „durch moralische Scham" und „andere bürgerliche Empfindungen zu kompensieren" (ebd.) sei, sondern den Deutschen ein für allemal unter das „tremendum" (ebd.) stelle, zögen sie es vor, das Thema entweder zu tabuisieren oder in einen Dauerzustand ostentativer Betroffenheit zu verfallen.

Eine solche Betroffenheit über das Ausmaß des Unheils ist jedoch nur eine Schwundstufe jener fundamentalen „Erschütterung", die Strauß hier eigentlich geboten erscheint und die eine mythenferne, untragische Gesellschaft eben nicht mehr verkrafte. Man habe sich, so Strauß' zentraler Vorwurf an seine eigene Generation, in einem Weltbild eingerichtet, das seine gesamte moralische Legitimation aus der institutionalisierten Verarbeitung eines vergangenen Unheils beziehe. Dieses Ungeheuerliche trägt einen Namen: Es heißt „Auschwitz" und repräsentiert in diesem Schema die Inkarnation des Bösen schlechthin. Als seelischer Orientierungspunkt der deutschen Nachkriegsgeschichte, darauf hat Eckhard Nordhofen in kluger Engführung der Strauß'schen Thesen hingewiesen, sei Auschwitz bis heute „das zentrale Kraftwerk der Moralwirtschaft. Es liefert die Energie für die Guten, die ihre Bonität dadurch erwerben, daß sie versichern, alles müsse geschehen, 'damit so etwas nie wieder passiert',[346]. Unheilsgeschichte interpretiert die Vergangenheit als einen untilgbaren Schuldzusammenhang, aus dessen aufgeklärter und rationaler Bewältigung die Gegenwart ihre moralische Integrität ableitet.

Heilsgeschichte hingegen, für die Strauß' Projekt der Gegenaufklärung einsteht, „wird immer die oberste Hüterin des Unbefragbaren, des Tabus und der Scheu sein, deren Verletzung den Strategen der kritischen Entlarvung lange Zeit Programm war" (ebd., 35f.). Dieser Geist der Kritik zerre ans Licht, was für Strauß seiner Bestimmung nach unbefragbar und dunkel (mithin also unaufgeklärt) zu sein hat. „Am Ende aller Lektionen (...) bleibt das Rätsel stehen, ein harter Rest von Unbegreiflichkeit"[347], den bezeichnenderweise sowohl die Geschichte als auch das Kunstwerk birgt. Es ist gewiß eines der augenfälligsten Indizien für die Ästhetisierung des Politischen in Strauß'

---

[346] Eckhard Nordhofen: Vor der Bundeslade des Bösen. A.a.O.
[347] Ebd.

Essay, daß er die Geschichte mit einem enigmatischen Grundbestand ausstattet, der ansonsten nur dem Kunstwerk eigen ist. Wer diesen spirituellen Kern nicht respektiere, weil er von der Vernunft alles erwarte, setze sie als ein Instrument der Gewalt ein. Gegenaufklärung indessen, deren Anliegen von der rechten „Phantasie des Dichters" vertreten werde, bedürfe der letzten Erklärungen nicht. Strauß' These von der Unbefragbarkeit der Geschichte liefert die Voraussetzung, sie ästhetisch, als ein „unfaßliches Kunststück" (ebd., 19), zu verstehen. Doch Geschichte ist qua definitionem befragbar – in ihrer Eigenschaft als chronologisch geordnetes Orientierungssystem des Vergangenen; unbefragbar ist, wie mehrfach erwähnt, der Mythos. Das würde jedoch bedeuten, daß Strauß die Vergangenheit, in diesem Fall die deutsche, in einem ästhetisch-mythologischen Sinn interpretiert. Erst vor diesem Hintergrund erscheint auch sein Rekurs auf die griechische Tragödie, die ein Maß zum Verständnis des „Unheils" bereitstelle, plausibel und nachvollziehbar. Der Begriff „Geschichte" wird im *Bocksgesang* offenbar als Synonym für den Mythos verwendet, dessen Koordinaten sämtlichen Äußerungen zur deutschen Vergangenheit zugrunde liegen.

Entscheidend für Strauß' Argumentationsführung ist darüber hinaus, daß sich die Aktualität des „Bösen", die das aufklärerische Denken in Auschwitz zu erkennen glaubt, auf einer heilsgeschichtlichen Symmetrieachse manifestiert. Deren Ausgangspunkt ist die biblische Urgeschichte vom Sündenfall, der durch die Kreuzigung und Auferstehung Jesu gesühnt und im Holocaust wiederholt wird. „Die christliche Theologie hat die Auffassung vertreten, daß es in der Situation der Menschheit zwei entscheidende Verwandlungen gegeben hat, zuerst den Sündenfall und dann die Kreuzigung und Auferstehung Christi, der die Menschheit erlöste und ihr einen Weg aus ihrem gefallenen Stand heraus wies. Ganz gleich, welche verwandelte Situation oder Möglichkeit die Kreuzigung und Auferstehung herbeiführen sollte, sie sind zu Ende; der Holocaust hat die Tür geschlossen, die Christus geöffnet hatte. (...) Der Holocaust hat eine radikal neue Situation, einen radikal neuen Status für die Menschheit als ganze geschaffen, eine Situation, die das Opfer Jesu nicht heilen konnte und zu deren Heilung es nicht bestimmt war. Die menschliche Spezies ist jetzt entweiht; wenn ihr heute ein Ende gemacht oder sie ausgelöscht würde, würde ihr Ende keine besondere Tragödie mehr darstellen. (...) Der Holocaust hat die Frage nach der Erlösung von neuem vor uns gestellt, nur daß jetzt die Erlösung von uns selbst, der Menschheit als ganzer, kommen muß, wobei das Ergebnis ungewiß ist."[348] Seit jener negativen Offenbarung befindet sich die Menschheit zum zweiten Mal in einem historischen Stadium nach dem Sündenfall. Wiederum geht es um nichts geringeres, als um eine kollektive Erlösung der Gattung von einer fundamentalen Schuld. Indem so die Heilsgeschichte gleichsam über die Symmetrieachse gekippt wird, verwandelt sie sich spiegelverkehrt in eine der Erlösung harrenden Unheilsgeschichte, behält ihre Struktur jedoch prinzipiell bei. „Der Holocaust ist die antimessianische Gegenbesetzung. 'Besiegelung' der Unheilsgeschichte, das Ereignis, von dem her alles zu begreifen ist, auf das hin alle unsere Sühnehandlungen zu organisieren wären. Die Inkarnation des Guten ist kassiert, aber dafür wissen wir nun, was böse ist."[349]

---

[348] Robert Nozick: Der Holocaust. In: Vom richtigen, guten und glücklichen Leben. München 1993. S.300f., 303.

[349] Eckhard Nordhofen: Vor der Bundeslade des Bösen. A.a.O.

Negative Theologie

In dieser Lesart erscheint die mentale Grunddisposition und Zentralausrichtung der bundesrepublikanischen Nachkriegsintelligenz im Lichte einer negativen Theologie des Holocaust. Strauß' Verdienst dürfte vor allem darin bestehen, daß er diesem Orientierungsmuster mit seinen schlichten Oppositionskoordinaten „gut" und „böse" – aus dem die kritisch-aufgeklärte Intelligenz seiner Generation ihren moralisch unbefleckten Leumund, aus dem die Bundesrepublik wie (in verwandter, selbstbewußterer Form) auch die DDR ihre postfaschistische Identität in der Völkergemeinschaft bezog – in seinem Essay zur Kenntlichkeit verholfen hat. Selbst die kämpferisch sich gebende Losung Max Frischs, „Werde im Alter nicht weise, sondern bleibe zornig" (ebd., 28), die Strauß als exemplarisches Belegstück einer allgemein anerkannten und goutierten Ästhetik des Widerstands zitiert, wird in diesem Kontext zu einer inhaltsleeren und reproduzierbaren Verweigerungsattitüde, zu einem „Gemeinplatz kritischer Bequemlichkeit" (ebd.), deren Ursachen in einem „verklemmten deutschen Selbsthass" (ebd., 23) zu finden seien. „Von ihrem Ursprung (in Hitler) hat sich die deutsche Nachkriegs-Intelligenz darauf versteift, daß man sich nur der Schlechtigkeit der herrschenden Verhältnisse bewußt sein kann; sie hat uns sogar zu den fragwürdigsten Alternativen zu überreden gesucht und das radikal Gute und Andere in Form einer profanen Eschatologie angeboten. Diese ist mittlerweile so sturzartig in sich zusammengebrochen wie gewisse Sektenversprechen vom nahen Weltende." (Ebd., 22f.)

Aus Abneigung und Ingrimm gegen „das Unsere" hofiere der deutsche Intellektuelle unbefragt alles Widerständige, solange es nur nicht deutsch sei. Auch seine prinzipielle Aufgeschlossenheit gegenüber dem Fremdländischen und Exotischen speise sich zu wesentlichen Teilen aus jener normativen Verachtung der eigenen Ursprünge. Der Fremde ist gut, so lautet der simple Umkehrschluß, weil der Deutsche wie alles Einheimische korrumpiert und somit suspekt erscheint. Dies alles mag aus ethnologischer oder kulturanthropologischer Warte nicht eben originell anmuten. Präsentierte sich doch die „andere Welt" bereits den frühen Chronisten des „kolonialen Blicks"(Hans Christoph Buch)[350] in erster Linie als Topos einer kompensatorischen Projektionsleistung, die maßgeblich aus einem Überdruß an den eigenen Verhältnissen resultierte. Dieser negative Realitätsbezug des Exotisten „schlägt sich in der Projektion eines Bildes der Gegenwart nieder, das von einer bis zu leidenschaftlichem Haß gesteigerten Ablehnung bestimmt ist. Die Struktur dieses Bildes ist durch die Entfremdungserlebnisse der Restriktion, Komplexität und Uniformität gekennzeichnet und tritt ästhetisch als öde, triviale Nähe in Erscheinung"[351].

Auch wenn Wolfgang Reifs Befund mit dem von Strauß beobachteten Schema schon aufgrund der abweichenden Motive nicht zur Deckung gebracht werden kann,

---

[350] Vgl. v.a. Michel Leiris: Das Auge des Ethnographen (1930). Frankfurt/M. 1978; Claude Lévi-Strauss: Traurige Tropen (1955). Frankfurt/M. 1989².

[351] Wolfgang Reif: Zivilisationsflucht und literarische Wunschträume. Der exotische Roman im ersten Viertel des 20. Jahrhunderts. Stuttgart 1975. S.11; aus der Vielzahl jüngerer Publikationen zu diesem Themenkreis seien folgende Untersuchungen hervorgehoben: Stephen Greenblatt: Wunderbare Besitztümer. Die Erfindung des Fremden: Reisende und Entdecker. Berlin 1994; Clifford Geertz: Die künstlichen Wilden. München 1992; Hans Christoph Buch: Die Nähe und die Ferne. Bausteine zu einer Poetik des kolonialen Blicks. Frankfurt/M. 1991; Thomas Koebner / Gerhart Pickerodt (Hgg.): Die andere Welt. Studien zum Exotismus. Frankfurt/M. 1987; Karl-Heinz Kohl: Entzauberter Blick. Das Bild vom Guten Wilden und die Erfahrung der Zivilisation. Frankfurt/M. 1986.

fällt doch die Ähnlichkeit der projektiven Leistung ins Auge. In beiden Fällen geht es im wesentlichen um eine Aufwertung des Fremden als Resultat eines problembehafteten, gestörten Verhältnisses gegenüber den heimatlichen Zuständen. Das eigentlich Bemerkenswerte an Strauß' Befund besteht im Grunde darin, daß er die Übertragungsnorm einer kritiklosen, stilisierenden Aufwertung und Veredelung des Fremden auf eben jene intellektuellen Vordenker anwendet, zu deren Selbstverständnis gerade die kritische Durchdringung und Aufdeckung gesellschaftlicher Deformationen zählt; auf jene notorischen Aufklärer also, denen im Vollzug ihrer kulturkritischen Investigationen das Sensorium für die eigenen perspektivischen Bedingtheiten abhanden gekommen sei.[352] Wer in immer neuen Anläufen ein verklärtes Bild des Fremden als positiven Gegenentwurf zum diskreditierten Deutschen konturiere, werde stets nur die heimische Misere feststellen können, deren Mangel an Erlösungs- und Glückspotentialen die paradiesische Projektion erst erforderlich macht.

Die von Strauß vollzogene Erweiterung der Perspektive von der bloßen Aufdeckung und Ausdeutung gesellschaftlicher Krisenphänomene auf den latenten Motivationsgrund ihrer akademischen, journalistischen oder literarischen Verwalter läuft jedoch keineswegs auf ein affirmatives Verhältnis zum Gegenwärtigen hinaus. Es wird hier lediglich auf die Kurzschlüssigkeit eines Denkens hingewiesen, das den Fremden *als solchen* zu einer gültigen Systemalternative erklärt, ohne noch ein Gespür für die ursprüngliche Bedeutung von Fremdheit, „für die Fremdheit jedes anderen, auch der eigenen Landsleute" (ebd., 24), aufzubringen. „Intellektuelle sind freundlich zum Fremden, nicht um des Fremden willen, sondern weil sie grimmig sind gegen das Unsere und alles begrüßen, was es zerstört – wo solche Gemütsverkehrung ruchbar wird, und in Latenz geschieht dies vielerorts, scheint sie geradezu bereit und begierig, einzurasten mit einer rechten Perversion, der brutalen Affirmation." (Ebd., 23)

Historischer Augenblick: Strauß, Enzensberger, Müller

Ausgestattet mit einer im Kern theologischen, Heilsgeschichte persiflierenden Ideologie habe man sich nach Strauß im Purgatorium der Weltgeschichte zurückgelehnt und hätte dort auch weiterhin bis zum jüngsten Tag ein befriedetes Dasein im Paralysezustand dauerhafter Betroffenheit über das Ausmaß deutscher Verwerfungen gefristet – wäre nicht unvermittelt etwas Neues auf den Plan getreten. „Etwas, das sich aus bisheriger Erfahrung nicht ableiten ließ, trat plötzlich in Erscheinung und veränderte das 'Systemganze', in diesem Fall: die Welt." (Auf, 305) Wiederum ist damit nicht unterstellt, daß die Geschichte nach der politischen Implosion der ehemaligen Bündnisstaaten des Warschauer Paktes, auf die Strauß hier anspielt, ein gutes und glückliches Ende gefunden hätte. „Die Revolution, die stattfand, oder eben: die emergente Summe von vielerlei Zerfalls-, Druck- und Widerstandsformen, mußte von Anfang an als ein Aufbruch ins Bestehende, in den Westen, gelten, und seine Dynamik wird sich in der Regulierung von Synchronisationen und Nachholbedarf erschöpfen." (Ebd.) Vielmehr wird hier zweierlei konstatiert: Zum einen, daß historische Modifikationen

---

[352] Folgt man dieser Einschätzung, so wäre streng genommen auch Peter Handkes umstrittene Serbien-Reportage, von deren kolonialistischer Ausrichtung weiter oben die Rede war, von Strauß' Befunden betroffen.

prinzipiell denkbar sind, da „es der Geschichte sehr wohl beliebt, Sprünge zu machen, ebenso wie der Natur" (ebd.), und zum anderen, daß zumindest der intellektuelle Kanon im Westen diese Veränderungsfähigkeit des Status quo längst nicht mehr einkalkuliert hatte.

Nun muß man fassungslos feststellen, daß die verfügbaren Instrumentarien theoretisch-ideologischer Welterklärung auf ein mögliches Eintreten unvorhergesehener Ereignisse nicht vorbereiten konnten und stellt sich die ebenso bange wie doppelsinnige Frage „What's left?". „Die Bipolarität der Welt", schrieb Henning Ritter zum Auftakt einer gleichlautenden Artikelserie in der Frankfurter Allgemeinen Zeitung, deren Resultat bezeichnenderweise in der Vielstimmigkeit der Antworten zu erkennen war, „war eine unerschöpfliche Quelle ideologischer Polarisierungen. (...) Auch wenn hierzulande seit 1968 ein beständiger Schwund an Erkennbarkeit der Linken zu verzeichnen ist, die Rede von 'der Gesellschaft', die Beschwörung eines Ganzen, das ganz anders zu werden habe, verleiht sogar dem linken Pragmatismus noch einen verführerischen Schimmer. Der Wunsch, die Welt aus guten Absichten zu lenken, die Gesinnung zum Prüfstein der Richtigkeit des Handelns zu machen, dem Appell mehr zu trauen als dem Argument, das sind vielleicht nicht mehr die Instrumente linker Politik, aber es sind weitgehend noch die Bindemittel ihrer Klientel."[353] Wer sich in derartigen Theoriegebäuden eingerichtet hatte, den bestrafte nun, da alles aus den Fugen geriet, ein Geschichtsverlauf, der offenkundig seinen eigenen, natürlichen Gesetzmäßigkeiten folgt. Naturgeschichte und Theorie der Geschichte, ein weiteres antithetisches Begriffspaar in Strauß' Argumentation, scheinen aus solcher Perspektive grundsätzlich nicht miteinander vereinbar zu sein.

Diese fundamentale Differenz zwischen einem natürlichen, sprunghaften Geschichtsverlauf und der aufbereitenden, summarisch-verkürzenden Historiographie wird zu keinem Zeitpunkt sinnfälliger, als im Ausnahmezustand des sogenannten historischen Augenblicks. Was bis dahin unter Verkennung der vitalen Disposition geschichtlicher Prozesse als gesichertes und weitgehend stabiles Ordnungsgefüge galt, entpuppt sich im Zerfall als ein trügerisches Konstrukt, dessen Anblick vor allem Ratlosigkeit hervorruft. Über „das Bewußtsein vieler Betroffener", so Strauß, „kam der letzte Herbst als ein Trugbrecher und beendete mit bitteren Einsichten einen langen, mehr oder weniger dornigen Dornröschenschlaf. Die letzte Rache des gestürzten totalitären Regimes war denn auch die totale Entlarvung, die negative Offenbarung einer verfehlten, weltlichen Soteriologie: Alles falsch von Anbeginn!" (Ebd.)

Im Lichtkegel des historischen Augenblicks waren die Trümmer eines bis dato intakten Weltbildes zur Besichtigung freigegeben. Ohne Häme, aber doch mit der Gelassenheit dessen, der es immer schon wußte und einer Bestätigung im Grunde nicht bedurft hätte, verzeichnet Strauß im *Bocksgesang* am Ende der großen Illusion das Ausmaß der Katastrophe. Um seine Befunde noch einmal zusammenzufassen: Im Innern voller Scham und dadurch moralisch entlastet, nach außen ideologisch umfriedet und dadurch berechenbar – so lautet für Strauß die magere Bilanz eines Staates, dessen „einziges Originalerzeugnis" in einer „erstickende(n), satte(n) Konvention des intellektuellen Protestantismus" (ABo, 28) bestanden habe. In Zukunft werde man

---

[353] Henning Ritter: Wider den Pessimismus. Hat die intellektuelle Linke noch eine Zukunft? In: Frankfurter Allgemeine Zeitung vom 19.10.1992.

sich dagegen mit Konflikten von ganz anderer Tragweite auseinandersetzen müssen. Denn eines zumindest sei der gegenwärtigen Konfusion bereits in vielerlei Erscheinungsformen zu entnehmen: Daß es nämlich unweigerlich zu einer Konfrontation kommen werde zwischen dem fragilen und nervösen Gefüge der westlichen Wohlstandsgesellschaften einerseits und jenen traditionsgesättigten fundamentalistischen Strömungen andererseits, die aus südöstlicher Richtung den ermatteten Status quo in Frage stellten. Es sei deren bisweilen archaische Bereitschaft zur Gewalttätigkeit, zur Verteidigung des sittlichen Kodex bis hin zum „Blutopfer" (ebd., 21), die für unsere „liberal-libertäre Selbstbezogenheit" (ebd.) befremdlich im eigentlichen Wortsinn, im Sinne von Furcht und Entsetzen, erscheine. „Wir warnen etwas zu selbstgefällig vor den nationalistischen Strömungen in den osteuropäischen und mittelasiatischen Neu-Staaten. Daß jemand in Tadschikistan es als politischen Auftrag begreift, seine Sprache zu erhalten, wie wir unsere Gewässer, das verstehen wir nicht mehr. (...) Es ziehen aber Konflikte herauf, die sich nicht mehr ökonomisch befrieden lassen; bei denen es eine nachteilige Rolle spielen könnte, daß der Westeuropäer sozusagen auch sittlich über seine Verhältnisse gelebt hat, da hier das 'Machbare' am wenigsten an eine Grenze stieß." (Ebd., 22f.)

War unter den Vorzeichen des Kalten Krieges das latente Agressionspotential der sogenannten Entwicklungsstaaten noch weitgehend unter Kontrolle, so entlade sich nun, nach der Schließung der bipolaren Systemschere, eine Druckwelle bisher ungekannten Ausmaßes über den künstlichen, hochgezüchteten Biotopen des Reichtums und des Luxus. Strauß ist dabei keineswegs der einzige Schriftsteller, der aktuelle gesellschaftliche Entwicklungstendenzen unter Verwendung organisch-naturhafter wie auch physikalischer Gesetzmäßigkeiten begutachtet und kommentiert. Hier wäre unter anderem an Hans Magnus Enzensberger zu erinnern, der in zwei seiner jüngeren, aufeinander bezogenen Publikationen sowohl die Wanderungs- und Migrationsprozesse der letzten Jahre zu analysieren versucht[354] als auch eine aufschlußreiche Bewertung ihrer latenten Gewaltpotentiale unternimmt, die in ihren Resultaten auf augenfällige Weise mit Strauß' im *Bocksgesang* wiedergegebener Einschätzung korrespondiert. „Mit dem Ende des Kalten Krieges hat auch den machtgeschützten Idyllen des Westens die Stunde geschlagen. Das beklemmende Gleichgewicht der Pax atomica gibt es nicht mehr. Bis 1989 standen sich zwei nuklear bewaffnete Supermächte unversöhnlich gegenüber, und das geteilte Deutschland war die Nahtstelle dieser Konfrontation. Die Ängste, die dieser labile Zustand auslöste, sind schon halb vergessen. An ihre Stelle sind andere getreten. Sichtbarstes Zeichen für das Ende der bipolaren Weltordnung sind die dreißig bis vierzig offenen Bürgerkriege, die derzeit auf der ganzen Welt geführt werden. Nicht einmal ihre Zahl läßt sich exakt angeben, weil das Chaos nicht zählbar ist. Alles deutet darauf hin, daß sie in Zukunft nicht ab-, sondern zunehmen wird."[355]

Es bedarf zur Erstellung derartig düsterer Prognosen gewiß keiner prophetischen Begabung; in der Vermutung, daß die Dramatik der aktuellen Lage eher noch zunehme, besteht sozusagen der kleinste gemeinsame Nenner zahlreicher Gegenwartsanalysen, die immer auch den Charakter einer neuerlichen intellektuellen Standortbestim-

---

[354] Vgl. Hans Magnus Enzensberger: Die Große Wanderung. Dreiunddreißig Markierungen. Mit einer Fußnote 'Über einige Besonderheiten bei der Menschenjagd'. Frankfurt/M. 1992.
[355] Ders.: Aussichten auf den Bürgerkrieg. Frankfurt/M. 1993. S.12.

mung aufweisen. Bemerkenswert ist jedoch die Tatsache, daß sich Enzensberger bei seiner Wahrnehmung signifikanter Indizien von einem ähnlichen Vorgefühl, einer vergleichbaren Ahnung leiten läßt, wie Botho Strauß. So enthält in einem als Krisenszenario angelegten „Selbstversuch" bereits die Frühphase des „molekulare(n) Bürgerkrieg(s)" unverkennbar die Ingredienzien einer in Aussicht stehenden Eskalation. Hier einige Auszüge: „Der Anfang ist unblutig (...). Allmählich mehrt sich der Müll am Straßenrand. (...) Es handelt sich um winzige, stumme Kriegserklärungen, die der erfahrene Städtebewohner zu deuten weiß. (...) Die Wahrnehmung kippt wie bei einer optischen Täuschung von einem Augenblick zum anderen um. (...) Die Perspektive ist der Zerfall des Territoriums. (...) Der Durchschnitt der Lebensverhältnisse löst sich auf. Es entstehen geschützte Gebiete mit eigenen Sicherheitsdiensten auf der einen, Slums und Ghettos auf der anderen Seite. (...) Wer nicht flieht, mauert sich ein. Im internationalen Maßstab wird überall an der Befestigung des Limes gearbeitet, der vor den Barbaren schützen soll. (...) Aggression und Defensive werden ununterscheidbar. Der Mechanismus ähnelt dem der Blutrache. Immer mehr Menschen werden in den Strudel von Angst und Haß gezogen, bis der Zustand völliger Asozialität erreicht ist."[356]

Neben Enzensberger sollen in diesem Abschnitt vor allem die Gegenwartsbefunde des jüngst verstorbenen Dramatikers Heiner Müller zur Verdeutlichung von Strauß' Zerfalls- und Übergangsszenario herangezogen werden. Ein solcher Vergleich erscheint nicht nur deshalb erhellend, weil Müllers Werk im Gegensatz zu Strauß' dezidiert bundesrepublikanischem Fokus an der nach wie vor virulenten, noch keineswegs abgeschlossenen Geschichte der DDR ausgerichtet ist; er vermag darüber hinaus auch die staatenunabhängige Gemeinsamkeit dieser beiden Autoren in bezug auf ihr übergeordnetes Geschichtsbild ins rechte Licht zu rücken. Beide versuchen den Mythos für ihr Schaffen nutzbar zu machen, wenngleich mit unterschiedlichen Intentionen.[357] Beiden wurde in jüngerer Vergangenheit eine „seltsame Allianz" im „Vakuum" deutscher Geschichte[358] attestiert, die vor allem in ihrer mindestens latenten Akzeptanz gewaltsamer Konfliktlösungen bestehe. So schrieb etwa Peter Zadek anläßlich seines Rücktritts aus dem Direktorium des Berliner Ensembles, dem bis zu seinem Tod auch Heiner Müller angehört hatte: „Castorf, Strauß, Müller und andere bimmeln den neudeutschen Nationalismus ein. Sie tun es mit der fröhlichen Verantwortungslosigkeit der Wissenschaftler, die als Nebenprodukt ihrer so wichtigen Recherchen die Atombombe erfinden. (...) Es wäre schön, wenn Botho Strauß sich auf sein feinsinniges Boulevardtheater konzentrierte und Figuren wie Herrn Nolte keine Plattform verschaffen würde."[359] Der ungarische Dramatiker István Eörsi dagegen stellt in einer

---

[356] Ebd., S.51, 52, 53, 55, 56, 59; ein ähnliches Szenario führt im übrigen bereits Lawrence Kasdans Spielfilm „Grand Canyon" (USA, 1992) vor Augen, etwa in der namenlos-unbestimmten Furcht eines Weißen, der sich in Los Angeles fernab seiner Hochsicherheits-Villa in einem von Schwarzen bewohnten Stadtteil verfahren hat.

[357] Zur Vorgeschichte der aktuellen Parallelisierungstendenzen in der Rezeption von Strauß und Müller vgl. u.a. Hans Thies-Lehmann: Mythos und Postmoderne – Botho Strauß, Heiner Müller. A.a.O.

[358] Vgl. István Eörsi: „Massaker als Sinnsuche". In: Der Spiegel 37 (1994). S.215-220.

[359] Peter Zadek: „Den Killern ein Alibi". In: Der Spiegel 4 (1995). S.183; Zadeks Verweis auf Frank Castorf, den Intendanten der Berliner Volksbühne, bezieht sich auf ein Anfang Januar 1995 in der Jungen Welt wiedergegebenes Interview, in dem der Regisseur „ein neues Stahlgewitter" als notwendig erachtet. „Wir brauchen faschistoide Gedankengänge, dachte ich, daß man sich sehnt nach etwas, was Bewegung heißt. Man muß den Leuten die Affirmationssucht nehmen, sie vor irritierende Gedanken stellen, daß sie sagen:

vergleichenden Kritik der beiden Autoren die „religiöse Konnotation" in den Vordergrund, die durch Begriffe wie „Blutopfer" in die „Deutung" der Vorgänge in Osteuropa und Mittelasien eingeschmuggelt werde: „Das Toben des präzivilisatorischen Barbarentums, das postmoderne Technik mit Schindmesser und Blendungswerkzeug vermengt, als Sinnsuche und Metaphysik! (...) Zwei der bekanntesten Dramatiker der östlichen und der westlichen Hälfte des Landes haben von ihrer links-marxistischen Vergangenheit nur noch eine Art von romantischem Antikapitalismus bewahrt. Von diesem Boden aus verherrlichen beide grausame nationalistisch-rassistische Kriege. Müller meditiert über die brutalisierende Wirkung der technisierten Zivilisation, während Strauß den Traum von der reinen Nation hegt."[360] Im weiteren Verlauf dieses Kapitels wird unter anderem zu überprüfen sein, ob eine summarische Charakterisierung der beiden in Frage stehenden Positionen als „romantischer Antikapitalismus" gerechtfertigt erscheint. Zunächst jedoch sollen der Augenblick des Systemzusammenbruchs in seiner spezifischen Wahrnehmung durch Strauß und Müller sowie die in Aussicht gestellten Perspektiven im Mittelpunkt der Betrachtung stehen.

Heiner Müller hat 1992 in einem Zeitungsbeitrag den als historisch bezeichneten „deutschen Augenblick" zu analysieren versucht. Anders als Enzensberger, anders auch als Strauß im *Bocksgesang*, geht sein Kommentar von der These aus, daß der friedliche Verlauf der ostdeutschen Protestbewegungen sowohl für die rasche Angleichung der Mehrzahl der DDR-Bevölkerung an das westliche Konsumverhalten als auch für die Entladung angestauter Aggressionen an Fremden oder wehrlosen Minderheiten verantwortlich sei. „Ich habe lange gebraucht, um zu verstehen, warum Brecht die Bauernkriege für das größte Unglück der deutschen Geschichte hielt. Sie kamen zur Unzeit, mit ihnen wurde der Reformation gut protestantisch der Reißzahn gezogen. Auch die Gewaltfreiheit der DDR-'Revolution' 1989, gesteuert und gebremst von (protestantischer) Kirche und Staatssicherheit, war ein deutsches Verhängnis. Jetzt steht der Sumpf: die Unsäglichkeit der Stasidebatten, Versuch, die Kolonisierten durch die Suggestion einer Kollektivschuld niederzuhalten. Der versäumte Angriff auf die Intershops mündet in den Kotau vor der Ware. (...) Die Narben schrein nach Wunden: das unterdrückte Gewaltpotential, keine Revolution/Emanzipation ohne Gewalt gegen die Unterdrücker, bricht sich Bahn im Angriff auf die Schwächeren: Asylanten und (arme) Ausländer, der Armen gegen die Ärmsten, keinem Immobilienhai, gleich welcher Nation, wird ein Haar gekrümmt."[361]

Was die Aussichten auf die nähere Zukunft betrifft, so verweist Müller zunächst in einem dem *Bocksgesang* vergleichbaren Denkmuster auf die paralysierenden, realitätsfernen Auswirkungen der Demokratie, die auf eine gewaltsame Austragung der virulenten sozialen und ethnischen Spannungen nicht ausreichend vorbereite: „Nach der Zerstörung einer Infrastruktur, die wesentlich auf ihre Beruhigung ausgerichtet war, übergangslos in die Freiheit des Marktes entlassen, der sie mehrheitlich ausspuckt, weil er nur an Gegenwart und nicht an Zukunft interessiert sein kann, ist sie (die DDR-

---

Das darf man doch nicht." Zit. nach Jens Jessen: Lust am Atomgewitter. Frank Castorf will „faschistoide Gedankengänge". In: Frankfurter Allgemeine Zeitung vom 7.1.1995; vgl. auch Rolf Michaelis: Oberlehrer überall. In: Die Zeit, Nr.3 vom 13.1.1995.

[360] István Eörsi: „Massaker als Sinnsuche". A.a.O., S.215, 220.

[361] Heiner Müller: Die Küste der Barbaren. Glosse zum deutschen Augenblick. In: Frankfurter Rundschau vom 30.9.1992.

Jugend, S.D.) jetzt auf die Wildbahn verwiesen. Die 'Randalierer' von Rostock und anderen Orten sind die Sturmabteilung der Demokratie, die seit ihrer Erfindung im Athen der Sklaverei immer nur als Oligarchie real existiert hat, die radikalen Verteidiger der Festung Europa, gerade weil ihnen auf kurze oder lange Sicht nur der Diensboteneingang offensteht. Daß die hilflosen Asylgesetzdebatten der Politik nur, im Sinn der Karl-Kraus-Definition von Sozialdemokratie, um eine Hühneraugenoperation an einem Krebskranken kreisen, ist eine Binsenweisheit. 'Das Boot ist voll', oder wird es so oder so bald sein, und auf der Tagesordnung steht der Krieg um die Schwimmwesten und Plätze in den Rettungsbooten, von denen niemand weiß, wo sie noch landen können, außer an kannibalischen Küsten."[362]

Für Strauß' Rezeption der Wendezeit ist vor allem der Umstand bezeichnend, daß er die im historischen Augenblick aufgerissen, zersplittert und dissonant erscheinende Gegenwart zum Schauplatz eines Kampfes zweier grundsätzlich verschiedenartiger Zeitmaße erklärt. Das eine sei alt, doch deswegen „nicht einfach überlebt und tot" (ebd., 22); es lebe weiter selbst im Vergessen und eines Tages werde es seine Ansprüche gegenüber der Kolonialherrschaft der Jetztzeit einfordern. „Zwischen den Kräften des Hergebrachten und denen des ständigen Fortbringens, Abservierens und Auslöschens", prophezeit Strauß, „wird es Krieg geben." (Ebd.) Dabei scheint – anders als bei Müller – seine Beschreibung des deutschen Ist-Zustands weniger an konkreten politischen Konstellationen, als vielmehr am Nachweis einer dauerhaften und untilgbaren Präsenz zeitlos-beständiger, mythologischer Normen und Wertkategorien interessiert zu sein, die der dominierende Fortschrittsglaube schlichtweg ausgeblendet habe. Aufschlußreich erscheint Strauß die turbulente historische Situation vor allem deshalb, weil in ihr bestimmte Ewigkeitswerte kenntlich werden, deren Wirken in aller Regel unbemerkt bleibt. Selbst den kurzschlüssigen rechtsradikalen Affekt, im Asylanten den Sündenbock zu sehen und zu steinigen, bewertet er als Indiz einer bleibenden Verhaftung an archaische Prägemuster: „Rassismus und Fremdenfeindlichkeit sind 'gefallene' Kultleidenschaften, die ursprünglich einen sakralen, ordnungsstiftenden Sinn hatten", denn jeder „große Haß ist altertümlich und bezieht Nahrung aus primordialen Depots." (Ebd., 39)

Ähnlich wie Heiner Müller faßt Strauß die Ausschreitungen gegenüber Ausländern als Ausdruck eines unterdrückten Gewaltpotentials auf, das sich in Phasen gesellschaftlicher Orientierungslosigkeit am jeweils Schwächeren entlade. Beide favorisieren ein Denken geschichtlicher Prozesse in Zyklen, das, zumindest in seiner Tendenz, den Einzelfall zum Anlaß nimmt, um an ihm das Dauerhafte, die prinzipielle Wiederholbarkeit typischer Verhaltensmuster aufzuzeigen. Eine vitalistische Prägung bezieht dieses Denken bei Strauß wie auch bei Müller (der nicht nur im eben zitierten Kontext die Zerfallsmetapher des Krebsgeschwürs auf die Gesellschaft anwendet) durch ein Verständnis des Staates als eines physisch-körperlichen Organismus', dessen subkutane Antriebskräfte oder Organe im Verlauf historischer Übergangsstadien zutage treten, weil die Schutzhaut der Konventionen, die ansonsten den reibungslosen Ablauf komplexer Systemfunktionen garantiert, durchlässig geworden oder bereits zerrissen ist. Wie verhält sich nun ein derart fragiles Gebilde, wenn seine bisherige Form und

---

[362] Ebd.

Halterung durch innere wie äußere Einflüsse gefährdet wird – wenn die Gesellschaftsformation im übertragenen Sinne außer Fassung oder aus ihrem Gleichgewicht gerät?

Die beiden möglichen Antworten auf dieses für Strauß und Müller zentrale Erkenntnisinteresse verweisen erneut auf ein Kapitel der Naturgeschichte: Entweder das
Staatswesen liefert sich widerstandslos seinem übermächtigen „Gegner" aus – hierfür
wären etwa die letzten Tage des gestürzten DDR-Regimes ein sinnfälliges Beispiel –,
oder es setzt sich, soweit seine Kräfte dies zulassen, zur Wehr. So unterschiedlich die
poetologischen und weltanschaulichen Fundamente des zurückgezogenen Gegenaufklärers Botho Strauß und des ebenso gesprächigen wie zynischen Apokalyptikers Heiner Müller insgesamt auch erscheinen mögen – Übereinstimmung besteht in der
Kennzeichnung des deutschen Staatskörpers als eines Organismus' im fortgeschrittenen Stadium der Agonie. Weil seine innere Ordnung außer Kraft gesetzt und seine
Abgrenzungs- und Verteidigungsfähigkeit nicht mehr zu erkennen ist, räumen ihm
beide keine allzu großen Überlebenschancen ein, zumindest nicht in seiner derzeitigen
Verfassung. Aus dieser Perspektive, einer staatstheoretischen Variante des Darwinis-
mus ohne konkrete sozialdarwinistische Implikationen, bedarf ein Staatswesen des
fortwährenden Drucks, der permanenten Risiken und Gefährdungen von innen wie
von außen, um sich im Verdrängungswettbewerb der Völker (in der freien Wildbahn
der Geschichte) erfolgreich behaupten zu können. Ein „System der abgezweckten
Freiheiten" hingegen, das wie das unsere am Wohlergehen „der größtmöglichen Zahl"
ausgerichtet sei und nach dem Zusammenbruch des 'sozialistischen' Gegenentwurfs
vollends konkurrenzlos dazustehen sich einbilde, gleiche einem künstlich umfriedeten
Reservat, in dem ein institutionalisierter Artenschutz zu einer nunmehr offenkundigen
Degeneration beigetragen habe.

Dies ist es, was Strauß und Müller im deutschen Augenblick zu erkennen glauben:
daß die krisenunerfahrenen Demokraten kopf- und leitbildlos umherirren, weil sie den
„Einschlag der Ewigkeit" (Kierkegaard) in ihre synthetische, zentralbeheizte Welt in
Ermangelung bewährter Zuordnungskriterien nicht mehr angemessen zu verarbeiten
verstehen. Eine Demokratie konstituiert sich nicht auf dem Sockel tragödienhafter
Gewaltenteilung, sondern auf dem Prinzip der parlamentarischen Mehrheitsvertretung
– in diesem Niveausturz, einer Angleichung des Leistungslimits an den Durchschnitt,
besteht nun ihr größtes Manko. Für Strauß liefert der historische Augenblick den
Beweis schlechthin für die Unfähigkeit demokratisch-aufgeklärter Systeme, sich in
Krisenmomenten durch eine Vergewisserung ihrer eigenen Herkunft und Identität zu
behaupten. Zumal in der alten Bundesrepublik habe man beharrlich an der einseitigen
Stigmatisierung dieser Fundamente festgehalten, was nun einem Rückstand gegenüber
traditionsgesättigten Kulturen gleichkomme. Auch für Müller erscheint die Wirklichkeit vielfältiger und spannungsreicher, „als das aufgeklärte Denken" es sich vorzustellen vermag. „Aufklärung gibt es nur mit Scheuklappen."[363] In betontem Gegensatz
zum Typus des Demokraten, dem „ab einem gewissen Grad ökonomischer Sicherheit" das „Denken", das Müller als die „Überwindung von Widerstand" definiert, „viel
zu anstrengend" werde[364], denkt der Dramatiker von vornherein riskant. Wer wie
Strauß den unberechenbaren Äonenwirbel zur idealen Metapher des Gedankens um-

---

[363] Ders.: Die Reflexion ist am Ende, die Zukunft gehört der Kunst. In: Jenseits der Nation. Heiner Müller im
Gespräch mit Frank M. Raddatz. Berlin 1991. S.92.
[364] Ebd., S.96.

funktioniert, für den bedeutet das Diffuse, das Ungewisse und Unsichere den Normalzustand. Ein Staatsgefüge kann ihm allenfalls unter ästhetischen Gesichtspunkten Respekt abnötigen, und zwar vor allem deshalb, weil es überhaupt funktioniert und nicht sogleich in sich zusammenbricht. Der moderne Staat, ein hochkomplexes System regulierter Vernetzungen, erscheint ihm als ein Kunstwerk – ein wider die Natur geschaffenes, Ordnung stiftendes und simulierendes, artifizielles Gebilde, dessen Eigenleben den Beobachter fasziniert und zugleich beunruhigt. Als Kenner und Liebhaber skurriler, ornamentaler Formen vermag er selbst noch dem Anblick des Schreckens, der mit dem Zerfall des Formganzen einhergeht, ästhetische Qualitäten abzugewinnen. „Kein Grauen", vermerkt Strauß in *Schlußchor*, „ist so eins mit sich, daß es nicht aus tausend winzigen Schönheiten bestünde. Keine Roheit so wild, daß sie nicht aus unzähligen Zärtlichkeiten gemacht wäre. Deshalb: Laß mich nicht häßlich leiden! Eine süße Wunde soll es sein, ein milder Krieg, ein glücklicher Zorn!" (T II, 463)

Der gefiederte Mythenbalg

Nicht von ungefähr findet sich diese Option auf die Ansehnlichkeit des Untergangs im letzten Bild des Stücks zur deutschen Einheit. War Strauß im gesamten dritten Akt des *Schlußchor* daran gelegen, dem historischen Moment der Maueröffnung in Berlin, bei welchem man nach einhelliger Meinung der Geschichte selbst ins Auge zu blicken glaubte, im Stile einer Rahmenschau zu szenisch vermittelter Präsenz zu verhelfen, so gipfeln seine Bemühungen um sinnlich-konkrete Vereinigungsallegorien in einer finalen Zusammenführung des Weibes mit dem Adler. Anita von Schastorf, ein spätes, exzentrisches deutsches Mädchen, das hartnäckig an der zweifelhaften Legende webt, ihr Vater habe im Widerstand gegen Hitler sein Leben gelassen, befreit zum Abschluß des großen Tages das Wappentier aus seiner Gefangenschaft im Zoologischen Garten. Sie will, daß der gefiederte Mythenbalg mit ihr wie einst der Schwan mit Leda verfahre[365] und deliriert von „triefenden Innereien" und „kahlgefressenem Rippenkorb" (ebd.).

So unwahrscheinlich die mit einem kostümierten Darsteller zu inszenierende Sequenz jedoch erscheinen mag – in Strauß' Werk setzt sie lediglich eine Reihe ornitologischer Konfigurationen fort, die stets doppeldeutig sowohl bedrohliche als auch bergende, schutzbringende Motive aufzuweisen haben. Im kraftvollen und gravitätischen Schlag seiner Schwingen, die seine Beute sanft umschließen, um sie anschließend „mit seinem braunen Hakenschnabel, mit seinem im Stil der reinen männlichen Bosheit geformten Waffengesicht" (DjM, 126) zu zerstören, offenbart der Greif etwa in *Der junge Mann* sein Janusgesicht aus Anmut und Grausamkeit. Der dunkle Schatten seines

---

[365] Die Geschichte von Leda, der Tochter des Thestius und Gattin des Spartanerkönigs Tyndareus, kehrt das tödlich endende Wahrnehmungsschema der Begegnung zwischen Aktaion und Diana um; Ledas Schönheit soll derart vollkommen gewesen sein, daß Jupiter sich in Liebe zu ihr in einen Schwan verwandelte und sie in dieser Gestalt beim Baden überraschte. Nach der in einigen Abweichungen überlieferten mythischen Fabel bringt Leda nach Jupiters getarnter Annäherung zwei Eier zur Welt, denen Pollux und Helena sowie Castor entspringen. Ovid berichtet in den Metamorphosen (6. Buch, 103-109) in unmittelbarem Zusammenhang mit der Erwähnung Ledas von der Titanin Asterie, die ebenfalls getäuscht und von Jupiter in Gestalt eines „ringenden Adlers" erfaßt worden sei. Strauß' Arbeit mit dem Mythos besteht hier offenbar in einer Verschmelzung beider Erzählungen.

Fittichs entfaltet bei aller Gefährdung immer auch einen wärmenden, ursprünglichen Sog, der die dergestalt Ummantelten gleichsam aus der Gegenwart hinauszuziehen scheint. Als aufschlußreich hinsichtlich des Stellenwertes, der dem domestizierten Raubvogel in *Schlußchor* zukommt, erweist sich insbesondere ein Abschnitt aus den *Fragmenten der Undeutlichkeit*, der das Motiv des gefangenen, seiner natürlichen Kräfte beraubten Tieres auf die in der Voliere des Mundes verkümmerte Sprache überträgt: „Hetze und Hitze der Feststellungen und deren Verkürzungen sind kaum noch zu steigern, der Überfluß der Rede ist unbändig. Jeder fruchtbare Gedanke wird in ihre Schnellen hineingerissen. Der demokratische Schrecken: man lebt vom Flügelrauschen im Mund und kommt nur noch zur Stimmfühlung zusammen wie die Enten am Weiher. Jetzt, da vielleicht Schwerwiegendes zu sagen wäre, stehen dafür die Münder von Unerfahrenen bereit, von Ungläubigen der Sprache, die es drängt, das Wichtigste endlich zu sagen, doch kommt es nur verkehrt, erschlafft, ausgespült heraus." (FdU, 46) In diesem Licht erscheint der ermattete Flügelschlag des Adlers als Symbol einer nurmehr rudimentären sprachlichen Ausdrucksfähigkeit, die im allgemeinen demokratischen „Verstehensgeräusch" um ihr genuines Wirkungspotential gebracht wird. Man führt noch eine Ahnung von „Balzruf und Horstbau" (T II, 462) im Munde, ist aber außerstande, die in Gewöhnung „erschlafft(en)" ursprünglichen Impulse weiterhin zur Geltung zu bringen. So wird der eingesperrte Greif zu einem Abbild demokratischer Wehrlosigkeit und Verweichlichung, das am Ende des *Schlußchors* selbst gerupft und gekröpft auf der Bühne liegt.

In der alten Welt galt der Adler als angesehenster Vogel überhaupt. Man unterschied insgesamt sechs Arten, von denen jedoch keine vollständig mit dem von Strauß im *Schlußchor* verwendeten Ableger übereinstimmt; lediglich eine der Untergattungen wird als „degeneriert, minderwertig, selbst den Raben unterlegen" gekennzeichnet.[366] „Bei den Griechen und Römern war er der stete Begleiter des Götterkönigs, entweder wachsam auf seinem Throne ruhend oder seine Blitze tragend, seine Befehle überbringend"[367], woraus die immensen Leistungs- und Potentialeinbußen zu ersehen sind, die den Adler in *Schlußchor* charakterisieren. Noch in den Bestiarien der frühen Neuzeit symbolisiert der Adler zumeist die Tugenden der Kühnheit und der Unerbittlichkeit. So findet sich etwa bei Leonardo der Eintrag: „Wenn seine Jungen den Anblick der Sonne nicht ertragen, so füttert er sie nicht. Kein Vogel, der nicht sterben will, nähert sich seinem Horst."[368] Die Erwartung eines kraftvollen und ungestümen Zugriffs, der einer zumindest partiellen Teilhabe an der animalischen Triebstruktur gleichkäme, mag auch in *Schlußchor* Anita von Schastorf zur Befreiung des Adlers bewogen haben. Dieser hier jedoch, der domestizierte Sproß einer ehemals stolzen Gattung, dessen Willkür sie sich auszuliefern gedachte, scheint an Paarung und Blutbad gleichermaßen jegliches Interesse verloren zu haben. Vom kühnen Vollstrecker ist der Raubvogel zu einer „kastrierten Chimäre" (ebd.) mutiert, zu einem lendenlahmen, verfetteten „Symbol der Schlappheit"[369]. Es könnte, so darf gemutmaßt werden, der Bundesadler sein, den

---

[366] Vgl. Der Kleine Pauly. Lexikon der Antike. Bearbeitet und hrsg. von Konrat Ziegler und Walther Sontheimer. Bd.1. München 1979. S.66f.

[367] Vollmers Wörterbuch der Mythologie aller Völker. Neu bearbeitet von Dr. W. Binder. Stuttgart 1874. S.11; Reprint der Originalausgabe: Leipzig o.J.

[368] Leonardo da Vinci: Bestiarium. In: Der Nußbaum im Campanile. München 1989. S.27.

[369] Georg Hensel: Vereinigungen da und dort. „Schlußchor" in Berlin, mit Rückblicken nach München. In: Frankfurter Allgemeine Zeitung vom 6.2.1992.

Strauß am Tag der deutschen Einheit in unverkennbar ironischer Absicht als Totalversager auf die Bühne stellt. Denn so hätte er beides: den Mythos und den Witz; oder genauer, „den Witz im Mythos und den Mythos im Witz"[370]. Faul, satt und friedliebend, wie er geworden ist, krümmt dieser heraldische Vogel niemandem mehr ein Haar. Folglich wird er selber zerrissen. Sein Schicksal vollzieht sich bühnenpraktisch ruckhaft, zwischen drei Dunkelphasen – „eine optisch hygienische Hinrichtung"[371]. Erst wenn es ganz am Ende wieder hell wird, „steht Anita bis zu den Waden in den Federn, mit blutendem Gesicht, den abgeschnittenen Fang des Vogels in der herabhängenden Hand" (ebd., 463f.).

Nun liefe zwar, wer diese Bluttat als ein verkapptes Plädoyer für die Notschlachtung der Republik verstünde, Gefahr, eine zumindest mehrdeutige Szene auf ihren politischen Symbolgehalt zu reduzieren; immerhin jedoch entstammt das Angebot zu dieser Lesart der Feder des Autors. Erscheint doch aus der Perspektive des nachträglich entstandenen Stücks der 9. November 1989 tatsächlich als der Anfang vom Ende beider deutscher Staaten. Überdies widerspricht die präzise Verortung und Datierung des dritten Aktes, dessen Titel „Von nun an" sowohl einen Endpunkt als auch einen Beginn verheißt, einer Fundierung der Szene auf mythologischem Boden. Nur unter einer Bedingung ist der Adler in Schlußchor vom Vorwurf des bloß politisch Parodistischen zu entlasten und in eine mehrdimensionale Bedeutungsebene zu überführen: indem man ihn dort beheimatet, wo Strauß seine Geschichte vom deutschen Tag stattfinden läßt – auf der Bühne des Theaters, der „Eingangspforte zur großen Erinnerung" (DjM, 32). Nur in der „Höhle des endlosen Theaters", die seine Figuren „wie eine vierte Dimension" (ebd., 58) umgibt, kann Strauß den emphatischen Anspruch an die Komödie anmelden, in der flüchtigen Posse nur die dünne Oberfläche eines tödlichen Ernstes darzustellen – den schmalen Grat, der über dem Abgrund verläuft. Überall sonst wäre „der schräge Vogel" (Gerhard Stadelmaier) nur ein schlechter Scherz, dessen schale und ein wenig bemüht wirkende Pointe etwa in der Erinnerung an den von einem Adler symbolisierten deutschen Reichsgedanken bestünde, gerade weil „für das Reich (...) von diesem Adler nichts mehr zu erhoffen ist"[372]. Auf der Bühne ist er immer noch ein schlechter Scherz, aber einer, den sich der Mythos gewissermaßen selber leistet.

Wer wie Strauß das Theater als ein Medium der „Überwindung" (ebd., 32) versteht, dessen Spielregeln das an sich Widerstrebende vorläufig zusammenhalten, als Kreuzweg oder Passage einer permanenten „Mythenwanderung" (ebd.), deren metamorphotisches Personal für die Dauer ihres Durchgangs eine festere – keine feste! – Kontur erhält, der ist mit politisch-ideologischen Deutungskategorien kaum zu diskreditieren. Der Bühnenraum repräsentiert bei Strauß eine Schutzzone, die streng genommen einer sekundären, von außen an sie herangetragenen Kritik nicht mehr zugänglich ist. Zwischen dieser Zone und dem Publikum verläuft eine transparente, halbdurchlässige (semipermeable) Membran, die die eigengesetzliche Totalität der Bühnenhandlung grundsätzlich von der profanen Welt abgrenzt; eine unsichtbare Barriere, deren Existenz und Stellenwert im übrigen bereits dadurch hervorgehoben

---

[370] Gerhard Stadelmaier: Ode an die Meute. Komödie der Deutschen: „Schlußchor" von Botho Strauß in München uraufgeführt. In: Frankfurter Allgemeine Zeitung vom 4.2.1991.

[371] Georg Hensel: Vereinigungen da und dort. A.a.O.

[372] Ebd.

wird, daß Strauß' Kunstfiguren sie niemals übertreten. Ihre gedankliche Beschaffenheit erinnert nicht von ungefähr an die Netzhaut des menschlichen Auges, denn jenseits dieser Barriere befindet sich – wie unter der Schädeldecke – eine Sphäre aktiver Einbildung und Anverwandlung. Jeder direkte Kontakt mit dem Publikum käme einer unzulässigen Entgrenzung jener Gegenwelt gleich, deren Behauptung und Verteidigung dieses dramaturgische Konzept wesentlich auszeichnet.

Das Theater repräsentiert für Strauß eine der letzten Entzugsnischen innerhalb der vergeßlichen modernen Welt, ein „Schutzkreis der Kulte und Gebräuche", in dessen Obhut sich einige „Gesellschaftslose" (ebd., 38) zurückgezogen haben. In diesem Schutzkreis sind die Weltfremden zuhause, die, wie die Bewohner des verfallenen Bühnenhauses in *Angelas Kleider* ,"durch die ganze Gewesenheit und den natürlichen Verderb der Erde" (T II, 492) hinabsteigen in eine Zeitschleuse; die aus der Zeit Gerutschten, die bei Strauß aussehen und sich gebärden, als ob sie noch dazu gehörten, ohne doch ganz von hier zu sein. Aufgrund dieser Disposition ist auch der Adler in *Schlußchor* bei aller intendierten Verwechselbarkeit als politisches Symbol nicht hinreichend charakterisiert. Dieser Adler gehört zu jenem schweren, mythenlastigen Materialfundus, dessen nach Heiner Müllers Ansicht das Gegenwartstheater schon deshalb bedürfe, weil es den leichtgewichtigen Bildern des Medienzeitalters an Erdschwere und Bodenhaftung mangele; sie neigten dazu, sich rasch zu verflüchtigen. Die „Suche nach den Mythen", die etwa auch Robert Wilsons Theaterarbeit auszeichne, sei „einfach ein Reagieren auf den Funktionsverlust von Theater. Theater ist in einer Krise, jedenfalls in diesem Teil der Welt, weil es seine soziale und gesellschaftliche Funktion nicht mehr finden kann. Aus dieser Verunsicherung gegenüber dem Theatermachen kommt der Griff nach den Ursprüngen, nach den Mythen. Die Suche nach dem verlorenen Zentrum"[373].

So wäre unter Berufung auf das stabilisierende wie orientierende Potential des Mythos nicht nur der Adler in *Schlußchor* als figurale Ausprägung alter, vorzivilisatorischer Bedeutungsschichten im zeitgenössischen Umfeld zu verstehen; ein guter Teil der Eigentümlichkeiten von Strauß' Gestaltenarsenal wäre diesem Verständnis zufolge als Abwandlung oder Variation archetypischer Prägemuster interpretierbar, die in der Gegensphäre des Theaters (respektive der Dichtung) ihren modernen Geltungsanspruch behaupten. Noch in ihrer ostentativen Ignoranz gegenüber dem Anderen und Fremden, das der Mythos aus neuzeitlicher Perspektive repräsentiert, und selbst in ihrer Vergeßlichkeit würden Strauß' Figuren durch ihre bloße Präsenz im poetischen Bezirk zu potentiellen „Medien der Vergegenwärtigung mythischer Schichten. Im Kontext historischer und zeitgenössischer Mythos-Diskussionen" erhielten sie ihren Platz „zwischen Wiederholungszwang als unbegriffenem Durchleben des wieder aufgetauchten Verdrängten einerseits und Wiederholbarkeit als bewußter Synthese von Mythos und Moderne andererseits"[374].

---

[373] Heiner Müller: Titelloser Beitrag zum Begleitbuch von Robert Wilsons und David Byrnes Inszenierung „The Forrest" an der Freien Volksbühne in Berlin. Berlin 1988. Kap. II, o.S.
[374] Sigrid Berka: Mythos-Theorie und Allegorik bei Botho Strauß. A.a.O., S.25.

Zeitgeschichte: Von realer Gegenwart

In seiner grundlegenden methodenkritischen Untersuchung *Ästhetische Erfahrung und literarische Hermeneutik* (1982) entwickelt der Literaturwissenschaftler Hans Robert Jauß eine differenzierte Definition der ästhetischen Erfahrungskategorie, die den folgenden Überlegungen als terminologischer Bezugsrahmen vorangestellt werden soll: „Auf der rezeptiven Seite unterscheidet sich ästhetische Erfahrung von anderen lebensweltlichen Funktionen durch die ihr eigentümliche Zeitlichkeit: sie läßt 'neu sehen' und bereitet mit dieser entdeckenden Funktion den Genuß erfüllter Gegenwart; sie führt in andere Welten der Phantasie und hebt damit den Zwang der Zeit in der Zeit auf; sie greift vor auf zukünftige Erfahrungen und öffnet damit den Spielraum möglichen Handelns; sie läßt Vergangenes oder Verdrängtes wiedererkennen und bewahrt so die verlorene Zeit. Auf der kommunikativen Seite ermöglicht ästhetische Erfahrung sowohl die eigentümliche Rollendistanz des Zuschauers als auch die spielerische Identifikation mit dem, was er sein soll oder gerne sein möchte: sie läßt genießen, was im Leben unerreichbar oder auch schwer erträglich wäre; sie gibt den exemplarischen Bezugsrahmen für Situationen und Rollen vor, die in naiver Nachahmung, aber auch in freier Nachfolge übernommen werden können; sie bietet schließlich die Möglichkeit, gegenüber allen Rollen und Situationen die Verwirklichung seiner selbst als einen Prozeß ästhetischer Bildung zu begreifen."[375]

Daß Strauß die historischen Ereignisse des Jahres 1989 in Form eines Bühnenstücks verarbeitet, bestätigt seine Neigung, die Geschichte als ein ästhetisches Phänomen zu betrachten. Noch jede seiner bisherigen Arbeiten war auf je unterschiedliche Weise mit dem übergeordneten Projekt einer „Mythenumschrift der Bundesrepublik" (DjM, 206) befaßt. So sinnfällig und konkret jedoch wie in kaum einem anderen Bühnentext wird in *Schlußchor* die Zeitgeschichte mit ihren unaufgeklärten Ursprüngen kurzgeschlossen. Ganz offenkundig ist die räumliche Angleichung des dritten Akts an ein Berliner Restaurant am Abend der Maueröffnung dem Rang geschuldet, den Strauß diesem Datum im nachhinein beimißt. In seinem Nachwort zu George Steiners sprachtheoretischer Abhandlung *Von realer Gegenwart* (1990), dem thematisch-motivischen Präludium zum *Anschwellenden Bocksgesang*, wie natürlich auch in diesem selbst, werden ihm die Vorkommnisse dieses besonderen Abends vollends zu einem Indiz für die Möglichkeit eines „tiefgreifenden, unter den Gefahren geborenen Wechsel(s) der Mentalität" (ABo, 27). Der historische Augenblick hat den geschäftsmäßigen Lauf der Dinge (nicht nur der deutschen) unterbrochen. In dieser Unterbrechung, die in medialem Verständnis einer abrupten Frequenzstörung gleichkommt, liegt eine Chance zum Verlassen der laufenden Sendung. Ebenso wie die Langeweile stehen bei Strauß Unterbrechungen oder Pausen für Zustände, in denen die eindimensionale, monokausale und totalitäre Ausrichtung der Programme erkennbar wird und mithin relativiert werden kann. Dem Zuschauer kommt momentan und unvermittelt zu Bewußtsein, daß neben der einen noch weitere Möglichkeiten existieren, die Dinge zu sehen. Diese Störung des reibungslosen Empfangs, verursacht durch den blitzartigen Einschlag des Unerwarteten, enthält für Strauß ein Erfahrungspotential, das, wie gleich

---

[375] Hans Robert Jauß: Ästhetische Erfahrung und literarische Hermeneutik. Frankfurt/M. 1991. S.39f.

zu zeigen sein wird, wiederum der ästhetischen Theorie entlehnt ist und im Sinne einer ästhetisch-religiösen Rezeption historischer Ereignisse fruchtbar gemacht werden soll.

„Die Lektion", notiert Strauß, „die das Unerwartete als geschichtliche 'Ankunft' dem skeptisch-verschlafenen Dahinwursteln erteilt" habe, sei „eine gute Voraussetzung, um sich auf George Steiners Versuch über das Unmittelbare einzulassen." (Auf, 307) Dabei besteht der Erkenntnisgewinn, den Strauß für die plötzliche Erfahrung des Neuen und Befremdlichen in der Geschichte veranschlagt, zunächst einmal in der Entdeckung und Reaktivierung der Unterscheidungsfähigkeit – einer Tugend also, die sich durch die einschläfernde Wiederholung des immer Gleichen in der Endlosschleife der Programme in Gleichgültigkeit verwandelt habe. Aus dieser Perspektive muß auch der herrschende Kulturbegriff als eine Anleitung zur Konfliktvermeidung erscheinen, da er ungeprüft alles gleichermaßen gelten läßt und noch das Sperrigste und Widerstrebendste ins eigene System „der abgezweckten Freiheiten" zu überführen trachtet. Integration, die sich als humanitäre Maßnahme ausgibt und für Strauß auf eine friedliche Koexistenz des genuin Unverträglichen abzielt, dient als wichtigste Legitimationsgrundlage eines solchen Kulturverständnisses. In der Praxis hat diese demokratische Prämisse jedoch eine systematische Einebnung natürlicher Grenzverläufe zur Konsequenz. Reale interkulturelle Differenzen, die nun einmal bestehen, werden auf diese Weise aufgeweicht und unkenntlich gemacht. Geht man indessen wie Strauß und insbesondere wie Heiner Müller davon aus, daß nicht die herbeigeredete Versöhnung, sondern der unvermeidliche Konflikt die Grundlage lebendiger Systeme darstellt, so erscheint jener zur Profillosigkeit erweiterte Kulturbegriff, der in den achtziger Jahren im Westen die theoretische Grundlage zu einer umfassenden Ästhetisierung der Lebenswelt geliefert hat, als ein letzlich weltfremdes Programm, das auf die Minimierung echter zwischenmenschlicher Kontakte hinausläuft. Die Austragung widerstreitender Standpunkte wird durch ihre mediengerechte Theatralisierung ersetzt. So wäre am Ende „der Mörder (...) der letzte Mensch, der noch den unmittelbaren Kontakt sucht, während der Rest der Menschheit nur noch auf Rolltreppen aneinander vorbeifährt. (...) Ohne Kontakt, und Konflikte brauchen Kontakt, stirbt der Mensch im Menschen ab. In Konsequenz bedeutet das, daß der Krieg das letzte Refugium des sogenannten Humanen ist. Denn Krieg ist Kontakt, Krieg ist Dialog"[376].

Im vielstimmigen Choral der gegenwärtigen Endzeitgesänge, deren orakelnder Refrain jedesmal sinngemäß lautet „Es wird Kriege geben!"[377], bezieht Botho Strauß die Position des einsamen Grenzwächters. Sein selbstgesetzter Auftrag besteht weniger in einem offensiven Feldzug, als in Verteidigung und Schutz eines gefährdeten kulturellen Erbes, zu dem auch das nationale gehört, ohne mit ihm identisch zu sein. „Das Unsere" steht für den deutschsprachigen Anteil am kulturellen Gedächtnis des Abendlandes, dessen Spannbreite (des Stabreims wegen) „von Homer bis Hölderlin" (ABo, 25) reicht. Insofern ist auch die im *Bocksgesang* proklamierte „rechte Phantasie des Dichters" ihrem Wesen nach international. Es geht hier ebenso wenig um die Verteidigung kultureller Landes- oder Sprachgrenzen wie überhaupt um die Verfechtung politischer Demarkationslinien; es geht, so Strauß im Sinne George Steiners, um

---

[376] Heiner Müller: Denken ist grundsätzlich schuldhaft. Die Kunst als Waffe gegen das Zeitdiktat der Maschinen. In: Jenseits der Nation. A.a.O., S.37.
[377] Vgl. Hermann Kurzke: Mit zwölf Zylindern in den Abgrund. Aus deutschen Zeitschriften: Die Internationale der Querdenker und das Weltende. In: Frankfurter Allgemeine Zeitung vom 7.12.1991.

die Befreiung des ernstzunehmenden Kunstwerks „von der Diktatur der sekundären Diskurse, es geht um die Wiederentdeckung nicht seiner Selbst, sondern seiner theophanen Herrlichkeit, seiner transzendentalen Nachbarschaft" (Auf, 307). Diese Nachbarschaft ist metaphysisch, nicht national begründet. Aufgrund seiner Nähe zum „Unendlichen" (Friedrich Schlegel), dem das Kunstwerk, um mit Steiner zu reden, „Gastrecht" gewährt, um ihm so zu mittelbarer Präsenz zu verhelfen, geht seine äußerliche Abgrenzung gegenüber anderen Wahrnehmungsformen, die unter dem Schirm eines erweiterten Kulturbegriffs Platz finden, mit einer Horizontöffnung in seinem Innern einher. Die Grenzbestimmung des Kunstwerks nach außen ist die Voraussetzung der von Strauß avisierten ästhetischen Erfahrung.

Darüber hinaus kommen die hier skizzierten Konturen des gelungenen Kunstwerks einer Rekonstruktion seiner Aura gleich. Nur das Original, das noch nicht durch den Prozeß technischer Reproduktionen korrumpiert wurde, ist dazu geeignet, zu einer Heimstätte des Spirituellen zu werden; eine Eigenschaft, die seine „theophane Herrlichkeit" erst begründet. Für den Rezipienten bedeutet dies ein Maximum an Ernsthaftigkeit und Zuwendung, eine Haltung zumindest, die der Vorbereitung bedarf und die von Steiner als „Höflichkeit des Gemütes", „Ehrfurcht der Wahrnehmung" oder „Ziemlichkeit des Verstehens"[378] bezeichnet wird. Nur wer bei der Betrachtung eines autonomen Kunstwerks mit der möglichen Erfahrung des absolut Fremden rechnet – eine Erfahrung, die das Fremdwerden des scheinbar Vertrauten mit einbezieht – wird an seinem metaphysischen Reservoir partizipieren können. Indessen bleibt einem schamlosen, intentionalen Zugriff die hier zugrunde gelegte ästhetisch-religiöse Erfahrung schon deshalb verwehrt, weil ein solcher aufklärerischer Instinkt die Existenz des Geheimnisvollen und Unbegründbaren kategorisch auszuschließen pflegt. Dagegen Strauß: „Das Unbeweisbare ist die Krone jedes Erkenntnisbaums, der durch den Roman, die Skulptur, die Fuge emporwächst, ist Zeugnis Seiner Anwesenheit. Wo kein Arkanum, dort kein Zeugnis, keine Realpräsenz." (Ebd.) Der Versuch einer Funktionalisierung des Kunstwerks über außerästhetische Kategorien moralischer, sozialer, utopischer oder historischer Herkunft führt nach diesem Verständnis unweigerlich zur Suspendierung seines enigmatischen Kerns. Das Unwägbare, „diffuse 'Momentane', über dessen vorbegrifflichen Charakter sich kein bedeutender Ästhetiker seit Kierkegaard im Unklaren war", wird auf diese Weise „zu einer theoretisch faßlichen Größe des sozialen Diskurses" hochgerechnet[379]; die Eigenzeit des Kunstwerks wird durch den Rekurs auf ein außerästhetisches Zeitmaß annulliert.

Aus diesen Bestimmungen und Wesensmerkmalen des Kunstwerks sowie der ästhetischen Erfahrung wird ersichtlich, daß Strauß sowohl im *Bocksgesang* als auch in *Aufstand gegen die sekundäre Welt* eine Übertragung ästhetischer wie auch religiöser Kategorien auf zeitgeschichtliche Phänomene vornimmt. Das plötzliche Eintreten eines ganz und gar unerwarteten historischen Ereignisses wird im Stile einer Epiphanie gedeutet, mit der sensible und gestimmte Gemüter rechnen konnten, weil sie die spezifischen seismischen Erschütterungen im Vorfeld des Ereignisses zu interpretieren

---

[378] George Steiner: Von realer Gegenwart. A.a.O., S.198.
[379] Karl Heinz Bohrer: Die Grenzen des Ästhetischen. In: Die Zeit, Nr. 37 vom 4.9.1992. S.57; Die vollständige Fassung von Bohrers Aufsatz findet sich als „Gegenthese" zu Wolfgang Welschs Verteidigung eines erweiterten Kunstbegriffs in dem von Welsch herausgegebenen Band: Die Aktualität des Ästhetischen. A.a.O., S.48-64; im folgenden wird aus dieser ausführlicheren Fassung zitiert.

verstanden. Dieses „Neue", das sich „aus bisheriger Erfahrung nicht ableiten ließ", trat emergierend in Erscheinung, das heißt: es gelangte aus tiefer liegenden, verborgenen Schichten als ein Zeugnis realer Gegenwart ans Licht der Öffentlichkeit. Etwas, das als heilsgeschichtliches Potential immer schon vorhanden war, bricht sich unvermittelt Bahn und realisiert sich im gesellschaftlichen Raum, der dadurch momentan zu einer Sphäre „theophaner Herrlichkeit" wird. Für seine Rezeption wird auch im zeitgeschichtlichen Kontext eine Art innerer Bereitschaft vorausgesetzt, die zugleich die Grundlage dafür darstellt, das wesentlich Neue dieses Ereignisses vom Hergebrachten und Gewöhnlichen zu unterscheiden. Was nach Strauß auf das Zerbrechen der Form folgt, orientiert sich bereits wieder an den probaten Maßgaben rationaler Weltaneignung: Man werde „anschließend wiederum alles aufklären und nachträglich die trügerischen Vorhersehbarkeiten, die trügerischen Gesetzmäßigkeiten bloßlegen bzw. konstruieren" (ABo, 20).

Gegenaufklärung

Die Aufgabe der Aufklärung, so Eckhard Nordhofen unter Berufung auf Thomas Assheuer in seiner fundierten Stellungnahme zu Strauß' Essay, könne nicht darin bestehen, das Unverfügbare aufklären zu wollen, sondern „sich über das Unverfügbare auf(zu)klären", sonst werde sie zu einem Instrument der „Herrschaft"[380]. Aufklärung im eigentlichen Sinne hätte sich demnach selbst in die Schranken zu verweisen und den unbefragbaren Kernbestand sowohl des Kunstwerks als auch der Vergangenheit anzuerkennen. Denn „Sakralität, Markierung von Alterität, befolgt eine klare Unterscheidung der Sprachen. Wir brauchen eine Sprache für das, was wir erklären und verstehen können, und wir brauchen Markierungen für das, was wir nicht verstehen können"[381]. Indem nun Strauß im *Bocksgesang* mit dem Hinweis auf die moralische Verwertung von Auschwitz im intellektuellen Diskurs der Bundesrepublik auf einen inneren Widerspruch aufklärerischen Denkens verweist und darüber hinaus die ideologischen Stützpfeiler der Nachkriegsgeneration insgesamt in Zweifel zieht, erweise er sich als ein ebenso unabhängiger wie undogmatischer Selbstdenker, der den „Wahlspruch der Aufklärung" beim Wort nimmt: „Sapere aude! Habe Mut, dich deines eigenen Verstandes zu bedienen!"[382] – eine Grundhaltung, mit der für Kant alles aufklärerische Denken einsetzt. „Der uns hier aufklärt über die Verfallsformen einer habituell und mechanisch gewordenen 'Aufklärung', welche die Reflexion durch den konditionierten Reflex ersetzt, ist ohne Zweifel ein Aufklärer am Rande des performativen Selbstwiderspruchs, ein Aufklärer im eminenten Sinn also."[383]
So erhellend diese Auffassung in bezug auf das von Strauß formulierte Profil des Gegenaufklärers jedoch sein mag, so wenig läßt sie notwendige Rückschlüsse auf die reichhaltigen Traditionslinien dieser Denkhaltung zu. Das Ideal der Aufklärung hatte von Anfang an seine Verfechter wie auch seine Kritiker, wobei ein Richtungsstreit

---

[380] Eckhard Nordhofen: Vor der Bundeslade des Bösen. A.a.O.
[381] Ebd.
[382] Immanuel Kant: Beantwortung der Frage: Was ist Aufklärung (1783). In: Erhard Bahr (Hg.): Was ist Aufklärung? Thesen und Definitionen. Stuttgart 1974. S.9.
[383] Eckhard Nordhofen: Vor der Bundeslade des Bösen. A.a.O.

zwischen „Aufklärung" und „Gegenaufklärung" etwa seit Ende des 18. Jahrhunderts auszumachen ist. Der amerikanische Politologe Mark Lilla, der unlängst eine differenzierte Beantwortung der Frage „Was ist Gegenaufklärung?" vorgelegt hat[384], verwendet den Begriff im Zusammenhang jener Denker, „die im Lauf der letzten zweihundert Jahre die moderne Philosophie für die herrschenden Krisen verantwortlich gemacht haben", den Begriff „Aufklärung" dementsprechend „im Zusammenhang jener Denker, welchen diesen Anschuldigungen entgegnen mußten"[385]. Kennzeichnend für die Positionen der Gegenaufklärung ist die Kritik der Moderne, für deren Verwerfungen das aufklärerische Denken verantwortlich gemacht wird. Drei Problemkreise fallen im Zusammenhang der Anschuldigungen gegen die moderne Aufklärung besonders ins Gewicht: Das Verhältnis der Vernunft zur Moral, zum Heiligen sowie zur politischen Autorität. „Die zuerst von Vico und Rousseau formulierte, von den Romantikern popularisierte und danach zum Gemeinplatz gewordene These lautet, die Aufklärung habe durch die Auflösung der natürlichen Bande menschlicher Gefühle eine aggressive Form der Vernunft entfesselt, wodurch Menschen zu Maschinen geworden und ihre moralischen Instinkte zerstört worden seien."[386]

Ihren Stellenwert als notwendige Station auf dem Weg des Menschen aus der göttlichen Bevormundung zum selbstbewußten Geist erhielt die Aufklärung durch Hegel, der durch diesen Schritt ihren historischen Charakter (gegenüber dem zeitlos idealen) akzentuierte. Lilla geht davon aus, daß sich Hegels historische Konzeption der Aufklärung in der Folgezeit als „derart einflußreich" erwiesen habe, „daß sogar, wer nichts mit ihm zu tun zu haben glaubt, doch auf ihn zurückgreifen muß, wenn es um die Kritik der Moderne geht"[387]. Drei ebenso wesentliche wie „fragwürdige" Elemente der Aufklärungskritik seien letztlich Hegelschen Ursprungs. Das erste ist ihre Überschätzung: „Der gegenaufklärerische Denker befindet sich in der sonderbaren Lage, die Aufklärung als erfolgreich bezeichnen zu müssen – ja als Riesenerfolg –, wenn seine Kritik an den gesellschaftlichen Auswirkungen der Aufklärung von Belang sein soll."[388] Das zweite auf Hegel zurückgehende Element der Aufklärungskritik betrifft die Annahme eines in der Geschichte verwirklichten Vernunftprinzips. „Die nach dem Ersten Weltkrieg aufgekommene radikale Kritik der Moderne konnte schlecht von der Voraussetzung ausgehen, daß das Wirkliche und das Vernünftige eins seien. Statt dessen machte sie die folgenreiche Annahme, das Wirkliche sei unvernünftig und diese Unvernunft eine notwendige (...) Folge des von der Aufklärung hervorgebrachten 'Projekts' der Moderne."[389] So wurde die Aufklärung zugleich zum Urheber ihres intellektuellen wie gesellschaftlichen Gegenteils erklärt. Das dritte von Hegel inspirierte Element der Kritik der Moderne hängt mit der eschatologischen Hoffnung auf einen Endpunkt der Geschichte zusammen. „Wenn die Aufklärung als historischer Prozeß begriffen wird, der in eine Krise mündet, ist es verständlich, daß sich manche von einer Überwindung der Aufklärung einen Ausweg aus jener Krise erhoffen. Diese

---

[384] Mark Lilla: Was ist Gegenaufklärung? In: Merkur 5 (1996). S.400-411.
[385] Ebd., S.401f.
[386] Ebd., S.402.
[387] Ebd., S.406.
[388] Ebd., S.406f.
[389] Ebd., S.408; Lilla führt als Beispiele dieser Auffassung, nach der die Aufklärung ihr Gegenteil selbst hervorbringe, Reinhart Kosellecks „Kritik und Krise" sowie Adornos und Horkheimers „Dialektik der Aufklärung" an.

Überwindung ist auf allerlei Arten vorstellbar, als historischer Rückschritt, als historischer Sprung nach vorn oder als Sprung aus der Geschichte hinaus; und sie alle sind vorstellbar nicht als Gegenteil der Aufklärung, sondern als eine 'höhere' oder 'wahrere' Form derselben."[390]

Lillas Vorwurf an die Adresse der Gegenaufklärer zielt auf deren Ignoranz gegenüber den skeptischen und selbstkritischen Stimmen, die es in den Reihen der Aufklärer immer gegeben habe. „Jeder Sokrates unserer Tradition hat seinen Aristophanes, und die von der Gegenaufklärung entwickelte Kritik der Moderne ist das aristophanische Prinzip unserer Zeit."[391] Beide Ausrichtungen, die Nietzsche als den „Trieb zur Erkenntnis" und den „Trieb zur Unwissenheit" bezeichnet, repräsentieren demnach lediglich zwei Seiten derselben Medaille. Wenn Gegenaufklärung ein unverzichtbarer Bestandteil der Aufklärung ist, löst die von Strauß vertretene Markierung des Rätselhaften lediglich einen Anspruch ein, der unverzichtbar zum Pensum aufklärerischen Denkens zählt. An diesem Punkt, in der Frage des erkenntnistheoretischen Respekts gegenüber dem Andersartigen und Fremden, fällt Strauß' Kritik an der profanen Eschatologie der sich aufgeklärt gebenden bundesdeutschen Nachkriegsgesellschaft zusammen mit seiner Reduktion des Kulturbegriffs auf seinen unveräußerlichen Kern im Kunstwerk. Sowohl in seiner Rezeption geschichtlicher Ereignisse und Verläufe als auch in seiner Rezeption von Kunstwerken ist er um eine kategorische Abgrenzung des Wesentlichen (Primären) vom Unwesentlichen (Sekundären) bemüht, letztlich um eine Trennung des Heiligen vom Profanen. Profan ist in diesem Verständnis die Ausrichtung des Denkens auf die Surrogate einer „Diesseits-Religion" (Auf, 306), die ihren Fluchtpunkt in einem unbewältigten, dämonisierten Schuldzusammenhang findet und schließlich in die versperrte Innerlichkeit eines kollektiven Narzißmus einmündet. Profan ist desweiteren die selbstherrlich erteilte Lizenz zur restlosen Ausdeutung von Kunstwerken, die George Steiner etwa dem akademischen Diskurs vorhält. Wenn „Poiesis, Kunst in Textgestalt, darin besteht, dem zur Erscheinung zu verhelfen, was dem Diskurs nicht möglich ist zu 'sagen', dann ist das Erklären von Literatur ein Angriff ins Zentrum. Literaturtheorie mit dem Anspruch auf vollständige Formalisierung ist systematisierte Ungeduld. Unbefugte machen sich an die Arbeit des Messias"[392]. Anstatt die eigenen Methoden einer selbstkritischen Befragung zu unterziehen, so lautet Steiners zentraler Vorwurf an das institutionalisierte Kunstrichtertum, werde dem Gegenüber eine zweite, sekundäre Bedeutungsschicht aus luftdichtem Diskursgewebe übergestreift.

Das Heilige und das Profane

Alles was der Mensch aus eigener Initiative, das heißt ohne göttliches oder mythisches Vorbild ausrichtet, gehört der Sphäre des Profanen an. Dabei ist die Differenzierung entscheidend, daß im Verlauf der Säkularisierung religiöser Wertvorstellungen und Handlungsmuster das Profane als modifizierter Ausdruck derselben Struktur erkenn-

---

[390] Ebd.
[391] Ebd., S.411.
[392] Eckhard Nordhofen: Vor der Bundeslade. George Steiner über Gottes Erscheinen im Museum. In: Frankfurter Allgemeine Zeitung vom 13.11.1990. S.L10.

bar wird, die sich zuvor in geheiligten Formen ausdrückte. Rüdiger Bubner hat diesen Ablösungsprozeß am Beispiel der ursprünglich religiösen Bedeutung des Festes veranschaulicht, dessen profanes Äquivalent in der (post-)modernen Eventkultur als Bestandteil einer umfassenden Ästhetisierung der Lebenswelt zu sehen ist. Die „klassischen Auffassungen von der Rolle des Festes verschwinden, wo die größeren Deutungszusammenhänge, die ihm seine Funktion für das Leben zuwiesen, ihrerseits abgebaut werden"[393]. An die Stelle dieses übergeordneten Bedeutungszusammenhangs sei nun der unmittelbare und selbstgenügsam-hedonistische Genuß der Veranstaltung selbst getreten, die Tendenz also, unter Verzicht auf eine Eingliederung in einen sinnstiftenden Deutungsrahmen den Alltag als solchen ästhetisch aufzuwerten. „Wo es nichts von der üblichen Pragmatik Abgehobenes zu feiern gibt, verschönt man, was man hat, so gut es geht."[394] Wie in Strauß' Beispiel von dem abessinischen Eingeborenen, der nicht mehr wußte, weshalb er zu bestimmten Anlässen ein Stück Butter auf dem Kopf trug, kennen wir den Grund unseres Handelns nicht mehr, bleiben der überlieferten Handlungsstruktur aber weiterhin verhaftet.

Odo Marquard hat diesen Gedanken in einer „kleinen Philosophie des Festes" noch ein wenig weitergeführt. Die ursprüngliche Funktion des Festes habe in einer regelmäßigen Distanzierung vom alltäglichen Leben bestanden. Seine Besonderheit resultierte aus eben jener Unterbrechung, die „eine Art Moratorium des Alltags" dargestellt habe. Das Fest höre jedoch auf, Fest zu sein, „wenn es – statt neben den Alltag zu treten – an die Stelle des Alltags tritt und dadurch den Alltag auslöscht. Das Fest neben dem Alltag: das ist gut. Das Fest statt des Alltags: das ist problematisch und muß bös enden"[395], denn unter solchen Vorzeichen könne der Ausnahmezustand des Krieges als eine Entlastung vom Alltag als permanentes Moratorium attraktiv erscheinen. Aus der (anästhetischen, S.D.) Unlust am Vorhandenen entspringe leicht ein geheimer Wunsch nach einer gewaltsamen Zerstörung des Bestehenden, dessen Gleichmaß man nicht mehr ertrage.[396]

Vor dem gleichen Hintergrund einer Ablösung ehemals religiös besetzter Handlungsmuster durch profanisierte Verhaltensweisen, die ihren kultischen Ursprung nurmehr in struktureller Hinsicht erkennen lassen, beschreibt Strauß im *Bocksgesang* die destruktiv-ideologische Reaktivierung des archaischen Opferrituals, mit dem einst ein gemeinschaftsstiftender und -stabilisierender Sinn verbunden war. Dabei liefert ihm die prinzipielle Modifizierbarkeit sakraler Handlungen und Phänomene selbst in säkularisiertem Umfeld ein wichtiges Argument für seine These von der zeitlosen Gegenwart des Mythos, wie auch von der Gültigkeit des zentralen mythischen Zeitmaßes – der Dauer – in der Moderne. Der profane Charakter eines zuvor geheiligten Verhaltens setzt für Strauß keinen Bruch im Sinne eines Substanzverlustes voraus; lediglich in seiner Funktion als gesellschaftliches Orientierungsmodell wurde das Heilige von einem wissenschaftlich-rational fundierten Weltbild abgelöst und scheinbar entzaubert. Dies besagt jedoch nur, „daß der areligiöse Mensch sich aus der Opposition zu seinen

[393] Rüdiger Bubner: Ästhetisierung der Lebenswelt. In: Ästhetische Erfahrung. Frankfurt/M. 1989. S.143.
[394] Ebd., S.148.
[395] Odo Marquard: Moratorium des Alltags. Eine kleine Philosophie des Festes. In: Skepsis und Zustimmung. Philosophische Studien. Stuttgart 1994. S.61.
[396] Marquard nennt als literarische Beispiele für die latente Faszination am Krieg Ernst Jüngers Stahlgewitter, Thomas Manns Zauberberg und Robert Musils Mann ohne Eigenschaften; vgl. ebd., S.62.

Vorfahren gebildet hat, indem er danach strebte, sich aller Religiosität, aller übermenschlichen Bedeutung zu 'entleeren'. (...) Der profane Mensch bewahrt, ob er es will oder nicht, immer noch Spuren vom Verhalten des religiösen Menschen, nur sind diese Spuren ihrer religiösen Bedeutung entkleidet. Was er auch tut, er ist ein Erbe"[397].

Gerade in der Suspendierung des Numinosen, über die das logozentrisch-technokratische Weltbild sich ausdrücklich legitimiert, werden für Strauß die krypto-theologischen Fundamente dieser Gegnerschaft ersichtlich. Sowohl der Kulturanthropologe René Girard, auf den sich Strauß im *Bocksgesang* beruft, als auch George Steiner haben die reaktive, entgegnende Struktur dieser negativen Theologie am Beispiel des Opferkultes sowie einer religiös inspirierten ästhetischen Theorie zu verdeutlichen versucht. Der gemeinsame Nenner ihrer Untersuchungen könnte in dieser Frage lauten: Wer die Religion pauschal und als Ganze verneint, tut im Grunde nichts anderes, als „sie fügsam zu akzeptieren"[398]. Demnach verfügt der moderne, sich selbst als areligiös oder ungläubig bezeichnende Mensch weiterhin über einen Fundus an unerkannten mythologisch-rituellen Verhaltensweisen, die er freilich nicht mehr in einen sinnvollen Zusammenhang einzuordnen weiß. So wird der Mensch vergeßlich gegenüber seiner Herkunft; sein Handeln bleibt ohne Grund, weil er nicht mehr weiß, woher er kommt. Somit wäre auch das oben skizzierte Sündenfall-Modell, das Strauß im *Bocksgesang* am intellektuellen Kanon nach Auschwitz exemplifiziert, auf eine allgemeinere religionsphilosophische Grundlage zu stellen. War bereits nach dem ersten Sündenfall, der Vertreibung aus dem Paradies, die Religiosität „auf die Ebene eines gequälten Bewußtseins" herabgesunken, so ist sie nach dem zweiten, noch ungesühnten, vollends im „Abgrund des Unbewußten"[399] verschwunden. Was Strauß als „das Unsere" bezeichnet, der spirituelle Bezugsgrund, die geistige Matrix der Gegenwart, ist aufgrund fehlgeleiteter Ressentiments schlicht und einfach vergessen worden.

Vergeßlichkeit

Eine der wesentlichen Funktionen des Mythos besteht darin, exemplarische und vorbildliche Modellfälle für alle wichtigen Betätigungen des Menschen bereitzustellen. Durch diese Vorbildfunktion wird jede noch so banale Handlung zu einer Gedächtnisfeier – einer ritualisierten Erinnerung an die Ursprünge des eigenen Handelns in Form einer aktualisierenden Wiederholung von Archetypen. Der Mythos überliefert die erste und wahre Begebenheit, „die Geschichte der conditio humana; in ihm sind die Prinzipien und die Beispiele jeden Verhaltens zu suchen"[400]. Aus diesem Grund ist für das mythische Denken die Vergeßlichkeit das größte Vergehen. Wer das Urereignis, auf das sich jedes spätere bezieht, nicht in seinem Gedächtnis bewahrt, macht sich schuldig an der mythischen Gemeinschaft. Diese Verpflichtung bezeichnet eine Verantwortlichkeit des Einzelnen für das Kollektiv, deren Stellenwert noch dadurch hervor-

---

[397] Mircea Eliade: Das Heilige und das Profane. A.a.O., S.176.
[398] René Girard: Das Heilige und die Gewalt. Frankfurt/M. 1992. S.18; vgl. auch George Steiners Ausführungen zur Theorie der Dekonstruktion als einer „Gegentheologie der Abwesenheit", in: Von realer Gegenwart. A.a.O., S.163-165.
[399] Mircea Eliade: Das Heilige und das Profane. A.a.O., S.183.
[400] Ebd., S.91.

gehoben wird, daß im mythischen Denken die persönliche Erinnerung keine Rolle spielt. Es zählt allein die Erinnerung an das kulturstiftende Ereignis, denn nur dieses gilt im kosmogonischen Sinne als schöpferisch und somit als erinnernswert. Den Preis der Mythenvergessenheit hingegen hat jeder Einzelne persönlich zu entrichten – und dies über die von ihm verursachten Substanzeinbußen der Gemeinschaft hinaus. Er besteht in einer mentalen Disposition, die sich wie kaum eine zweite an Strauß' dichterischem Personal ablesen läßt: der Entfremdung von ihrer eigenen Identität.

Durch diese Dominanz des Persönlichkeitsverlusts und der Selbstentfremdung geben sich Strauß' Kunstfiguren als versprengte und heimatlos gewordene Nachfahren eines ehemals intakten, nunmehr zerbrochenen mythischen Verbundsystems zu erkennen. Seine Texte werden von einer Erbengemeinschaft bevölkert, die sich in zahllose Solitäre aufgelöst hat; in eine Schar ort- und bezugsloser Passanten, die keine Vorstellung mehr davon haben, was sie in Bewegung hält und die diese Ahnungslosigkeit mit der Freiheit verwechseln. Erst aus dieser Perspektive, vom Mythos aus gesehen, erscheinen sie als Repräsentanten jenes existentiellen Verlusts, den Strauß im *Bocksgesang* zur Sache der „rechten Phantasie des Dichters" erklärt. Deshalb wird, wer wie etwa Walter Rügert die Isolation und Wurzellosigkeit seines Personals auf die „ökonomisch bedingten Umwälzung(en) der Lebensbereiche und des beschleunigten historischen Wandels"[401] zurückführt, wer seine Figuren also lediglich von der Gegenwart aus zu ergründen versucht, bestenfalls die moderne Hälfte ihres Doppelgesichts belichten können. Aus einer solchen Perspektive werden diese Zeitgenossen zwar als Produkte einer zunehmend unübersichtlichen Gesellschaftsformation erkennbar, nicht jedoch als die unwissenden, tragikomischen Spätgeburten einer verschütteten mythischen Kontinuität, denen wie dem Architekten Lorenz in *Schlußchor* die Tragweite ihrer Vergehen verborgen bleibt. Strauß' „Gegenwartsnarren" zeichnen sich vor allem dadurch aus, daß ihnen jene Bodenhaftung, die die lebendige Erinnerung an das Vergangene verbürgt, abhanden gekommen ist. In dieser labilen Verfassung flottieren sie scheinbar frei durch die „Gegenwelt" der Dichtung oder des Theaters und werden dort zu unfreiwilligen, verständnislosen Zeugen oder Opfern mythischer Präsenzen.

Jean Starobinski hat die hier angesprochene tiefe Verbundenheit des Individuums mit seiner Herkunft, wie sie die mythische Denkform voraussetzt, in einem bemerkenswerten Kommentar zu Homers *Odyssee* dargelegt. Seine Ausführungen, auf die an späterer Stelle noch einmal zurückgegriffen wird, veranschaulichen den übergeordneten strukturellen Bedeutungszusammenhang, in den Strauß noch die vergeßlichsten seiner Zeitgenossen integriert: „Daß die fernste Vergangenheit unserem tiefsten Innern entspreche, das ist eine Art, Verlust und Verschiedenheit abzuweisen und im Vollen einer lückenlosen Geschichte alle durchmessenen Augenblicke wiederzugewinnen. Das Bild des Durchmessens selbst setzt die Produktivität der Vergangenheit voraus, ihre Wirksamkeit, die nicht nur der erlangte Vorsprung bezeugt, sondern das Wesen des Individuums selbst, das in sich die Summe seiner vorhergegangenen Erfahrungen trägt. Zu sagen, das Individuum konstruiere sich quer durch seine Geschichte, heißt auch, daß diese Geschichte kumulativ in ihm gegenwärtig ist und in dem Maße, indem sie abgelaufen sei, zugleich innere Struktur würde. Von da an wird jede Selbst-

---

[401] Walter Rügert: Die Vermessung des Innenraums. A.a.O., S.242.

erkenntnis notwendig Anamnese, Rückerinnerung. Und umgekehrt entspricht jede Anamnese der Erkenntnis tiefer (oft mit den geologischen verglichenen) Schichten der gegenwärtigen Person. Bei aller Theorie dieses Typus, die sich nicht an die Geschichte des Individuums hält, sondern die gesamte Gattungsgeschichte in der der Person einbegreift, hat man es mit einem außerordentlich beruhigenden System zu tun – nichts gäbe es in der menschlichen Vergangenheit, das nicht mir gehörte, und kein Wort in der Tiefe der Zeiten, das mich nicht beträfe und erhellte. Nichts ist draußen, nichts gilt als fremd (...). Alles in der Geschichte hält uns den Spiegel vor."[402]

Beschreibt der Mythos nach der Definition des Religionsphilosophen Mircea Eliade „die verschiedenen, manchmal dramatischen Einbrüche des Heiligen in die Welt"[403], so ist für Strauß die Schaubühne der Ort, an dem der Einschlag des Numinosen in „die Agonie des Realen" (Jean Baudrillard) exemplarisch vorgeführt werden kann. Dabei wird die Situierung seiner Stücke in der Gegenwart auch durch den Umstand plausibel, daß die Jetztzeit aufgrund der Allgegenwart künstlich erzeugter Bildwelten, die Platons „Höhlensituation von Bann, Projektion und Bildglaube"[404] technisch aktualisieren, selbst eine deutliche Tendenz zum Magischen aufweist, wie vor einigen Jahren etwa im Rahmen der Hamburger „Mediale" zu studieren war: Offenbarte doch die künstlerische Auseinandersetzung mit den vier Elementen, dem Leitmotiv der Ausstellung, sowohl den vollständigen Verlust der Natur im Medienzeitalter als auch das Bestreben, sie mit technischen Mitteln zu reanimieren. Die Zauberformeln zur Herstellung dieses sekundären Verhältnisses zur Natur hießen „Interaktivität" und „Kontextsteuerung" – Begriffe, die die wechselseitige Beziehung zwischen medialen Ereignissen beschreiben sollten. Durch solche medialen Konfigurationen entsteht ein neuer Mythos: „der des Kontakts und der Allgegenwärtigkeit. Die Wiedergeburt des Mythos ereignet sich aus dem Geist der digitalen Informationsverarbeitung. (...) Je enger die Welt zusammenrückt, je mehr die räumlichen Distanzen zu minimalen zeitlichen schrumpfen – an der Grenze der Echtzeit also –, kehrt der Wunsch nach dem Unbekannten wieder"[405].

Strauß' Projekt der Verklammerung von Mythos und Moderne findet in der Ersatzverzauberung der Welt im Zeitalter der neuen Medien einen idealen Anknüpfungspunkt, um einerseits die Verformung und Profanisierung des Numinosen in der Bedeutsamkeit simulierenden Programmhöhle der Turing-Galaxis zu demonstrieren, andererseits aber den Fortbestand authentischer mythologischer Restbestände innerhalb des profanen Geschichtsverlaufs kenntlich zu machen. „Man sagt, er (der Mythos, S.D.) endet mit Göttersturz, mit Geschichtsbeginn. Er endet aber nicht, er ging nur zu Bruch. Überall in der Noosphäre treiben seine Trümmer auf verschiedenen Ringbahnen. Man muß die Orbits wählen. Die Dinge sind zerkleinert, doch auf ihren Umlaufbahnen kreisen sie in kleiner Ewigkeit." (Beg, 107)

---

[402] Jean Starobinski: Statt eines Epilogs: „Verhaßt ist mir jener (...) wie des Hades Pforten". In: Das Rettende in der Gefahr. Kunstgriffe der Aufklärung. Frankfurt/M. 1990. S.353f.
[403] Mircea Eliade: Das Heilige und das Profane. A.a.O., S.86.
[404] Wolfgang Welsch: Zur Aktualität ästhetischen Denkens. In: Ästhetisches Denken. A.a.O., S.58.
[405] Thomas Wagner: Der Hund von Mediaville. Die Bilder leben und sind doch tot: Die Hamburger „Mediale" – ein Spektakel im Hauptstrom elektronischer Bilderwelten. In: Frankfurter Allgemeine Zeitung vom 12.2.1993. S.35.

Tabuzonen (2): Grenzbestimmungen

Die Aufgabe des Dichters besteht nun darin, diese Spurenelemente des Heiligen, die im Unterschied zum Profanen von Strauß als echte Bedeutungsträger angesehen werden, aus dem allgemeinen Bildabfall zu sondern und herauszustellen – immer vorausgesetzt, das Heilige sei keine vormoderne und somit vergangene, sondern lediglich eine vergessene Größe. „Man muß es nur kenntlich zu machen versuchen, d.h. man muß es entdecken, darstellen und noch aus seinen verwischten Spuren rekonstruieren können."[406] Während jedoch Dietmar Kamper und Christoph Wulf ihren Rekonstruktionsversuch am Nachweis einer als mißlungen bezeichneten Kritik der Aufklärung am Numinosen ausrichten und so ihre zentrale Fragestellung, was „aus dem 'Heiligen' in der Moderne geworden" sei[407], auf den Verdrängungsmodus der Aufklärung (die Ursachen des Vergessens) konzentrieren, richtet sich Strauß' Interesse offenbar auf die Erscheinungsformen des Numinosen selbst. Nicht deshalb ist ihm an einem Aufspüren des Seins im Design gelegen, weil sich hieraus eine wohlfeile Abrechnung mit dem technokratisch-aufklärerischen Denken gewinnen ließe, sondern weil er grundsätzlich und unabhängig von ideologisch-weltanschaulichen Prämissen das Authentische vom Sekundären zu unterscheiden versucht.

Strauß operiert, indem er den Geltungsanspruch des Numinosen innerhalb der profanen Gegenwart verteidigt, auf einem Terrain, das dem Schauplatz der Tragödie vergleichbar ist. „Die tragische Szene zeigt das Sein im Kampf mit dem Schein; und indem sie sich zum Schauplatz der ungeheuren Anstrengung macht, das Sein dem verblendenden Schein zu entreißen, nimmt sie diesen als geschichtliche Macht ernst."[408] Auch Strauß kommt bei seinem Versuch einer Reaktivierung mythologischer Potentiale in der Moderne nicht umhin, die prägende Allgegenwart medialer Verblendungszusammenhänge zunächst einmal anzuerkennen. An ihr hat das Projekt der Gegenaufklärung sich derzeit vor allem zu bewähren. Dabei besteht einer seiner ersten Schritte in der Wiedererrichtung der im Medienzeitalter negierten Differenz von Sein und Schein. Es muß Strauß daran gelegen sein, den profanen, erinnerungslosen Ersatzmythos der geschlossenen Programmkreise, die kein Jenseits mehr kennen, als scheinbaren zu kennzeichnen, weil unter ihrem Diktat die unversöhnlichsten Gegensätze zusammenfallen. Der elektronische Raum der neuen Medien fördert eine harmonisierte und hygienisch saubere Welt zutage, in der „der Schein von allen Verschmutzungen gereinigt (ist) – das letzte Purgatorium der Industriegesellschaft"[409].

Demgegenüber beharrt Strauß – nicht nur im *Bocksgesang* – auf der Kennzeichnung real existierender Differenzen, deren durch nichts zu ersetzende Erfahrung im keimfreien Klima der Medienwelten unterbunden werde: Ein Votum für den feinen Unterschied, das seinen stärksten Antipoden in einem Kulturbegriff findet, der keinerlei Angriffsfläche mehr bietet, weil er sich noch dem Widersprüchlichsten verständnisvoll anzupassen versteht und der diese Gleichgültigkeit durch den Verweis auf seine Herkunft aus der pluralistischen Sphäre der modernen Kunst zu adeln versucht. Es kom-

---

[406] Dietmar Kamper / Christoph Wulf: Einleitung. In: Dies. (Hgg.): Das Heilige. Seine Spur in der Moderne. Frankfurt/M. 1987. S.1.
[407] Vgl. ebd.
[408] Norbert Bolz: Eine kurze Geschichte des Scheins. A.a.O., S.9.
[409] Thomas Wagner: Der Hund von Mediaville. A.a.O.

me heute, so stellvertretend Wolfgang Welsch, „auf die Fähigkeit zum transversalen Übergang zwischen heterogenen Sinnwelten und Lebenskonzepten oder zur Integration von Elementen unterschiedlicher Herkunft an"[410]. Ein solches Konzept der programmierten Toleranz, das beteuert, mit „Andersheit" zu rechnen, ohne sie schon zu kennen, und das die „Sperre eingefahrener Wirklichkeitsauffassungen zugunsten der Potentialität des Wirklichen"[411] zu lockern vorgibt, assistiert auf theoretischer Ebene einem Kulturbegriff, hinter dessen blanker Fassade Strauß einen ebenso „intelligente(n)" und „facettenreiche(n)" wie „heimtückische(n)" „Konformismus" (ABo, 33) vermutet. Das „Gutgemeinte" (ebd.), unter dessen Maske dieser Konformismus auftritt, verbirgt letztlich eine Ignoranz, die nicht zugeben kann, daß die pauschale und ungeprüfte Integration des „Anderen" nicht nur von jeder ernsthaften Auseinandersetzung entbindet, sondern darüber hinaus auch einer Mißachtung seiner Besonderheiten gleichkommt. Aus diesem Grund konturiert Strauß das herrschende System im *Bocksgesang* wie auch in seinem übrigen Werk als eine variable, anpassungsfähige Hohlform, die gerade in ihrer Nachgiebigkeit und Profillosigkeit empfänglich ist für einen plötzlichen Einschlag des Authentischen. Durch diese Kennzeichnung ist zweierlei erreicht: Zum einen wird die Gegenwart als unwirklich, uneigentlich oder fiktional gekennzeichnet, als eine Hülle, die die tatsächliche Leere mit einer dünnen aber keineswegs reißfesten Oberfläche aus Konventionen überzieht und damit unkenntlich macht. Diese Wirklichkeit, in der das Sein mit dem Schein identisch ist, hat ihre „ontologische Dignität zugunsten des allgemein beklatschten Scheins"[412] preisgegeben. Zum anderen ist durch die Konturierung der Gegenwart als Hohlform oder Vakuum der profane Status der Dinge nach dem Abbau des metaphysischen Deutungsrahmens grundsätzlich von einer im Mythos fundierten „realen Präsenz" unterschieden.

Urbanes Schaugewerbe: Aspekte der Theatralität

Erst vor dem Hintergrund eines fundamentalen Erfahrungs- und Erinnerungsverlusts werden die im Verlauf der Moderne entstandenen säkularen Sinnstrukturen als Reaktionsformen auf die zunehmend unübersichtliche Vielfalt funktionaler Partikularordnungen erkennbar. Als Ersatzverzauberungen stehen sie für ein dauerhaftes, anthropologisch fundiertes Bedürfnis nach Entlastung und Welterklärung ein, das in heilsvergessenen Gesellschaften wie der unseren durch eine umfassende Ästhetisierung der Lebenswelt aufgefangen wird. „Nichts, das den Alltag sinnstiftend übersteigt, ist nämlich übriggeblieben, um im Modus zyklischer Erinnerung in ihn einzugreifen und ihm die grundsätzliche Richtung zu weisen."[413] Anstatt zu besonderen Anlässen den Kontakt zwischen Menschen und Göttern zu erneuern, schafft der Mensch sich nun selbst die Anlässe zur individuellen Feier des alltäglichen Lebens. Vor allem in seinen Theaterstücken zeichnet Strauß diesen insbesondere für die achtziger Jahre charakteristischen Hang zu einer subjektorientierten, hedonistischen Lebensgestaltung in vielfältigen Facetten nach; einer Lebensgestaltung, deren kleinster gemeinsamer Nenner bei

---

[410] Wolfgang Welsch: Zur Aktualität ästhetischen Denkens. A.a.O., S.77.
[411] Ebd., S.76.
[412] Rüdiger Bubner: Ästhetisierung der Lebenswelt. A.a.O., S.150.
[413] Ebd., S.148.

allen milieuspezifischen Unterschieden in ihrer Erlebnisorientierung zu sehen ist. „Erlebnisorientierung", vermerkt Gerhard Schulze in seiner verdienstvollen kultursoziologischen Untersuchung *Die Erlebnisgesellschaft*, „ist die unmittelbarste Form der Suche nach Glück."[414] Schulze versucht eine Deutung der gegenwärtigen Gesellschaftsformation auf der Grundlage eines „allgemeinen Bemühen(s) um Orientierung"[415], die aufgrund der stufenweisen Ablösung der äußeren durch innengerichtete Weltbezüge neu zu begründen war. „Innenorientierung, wie sie hier verstanden wird, hat nichts mit Introversion zu tun. Gemeint ist, daß sich ein Mensch vornimmt, Prozesse auszulösen, die sich in ihm selbst vollziehen. (...) Innenorientierung ist Erlebnisorientierung. Das Projekt des schönen Lebens ist das Projekt, etwas zu erleben" und zu „den Wirkungen der Innenorientierung zählt die Ästhetisierung des Alltagslebens."[416]

Es braucht kaum betont zu werden, daß das hier angesprochene Projekt des schönen Lebens („Erlebnisorientierung richtet sich auf das Schöne"[417]) markante Affinitäten zum Theater aufweist. Denn im einen wie im anderen Fall stehen Praktiken der Inszenierung im Mittelpunkt, die sowohl die Organisation des räumlichen Umfeldes (oder Ambientes) als auch die Selbstdarstellung der Protagonisten betreffen. Schulzes Milieustruktur, die sich an einem Stufenmodell unterschiedlicher Lebensstile und Erlebnisparadigmen orientiert, liefert eine differenzierte Grundlage zur Analyse des sozialen Rollenverhaltens, die mit geringfügigen Abstrichen auch zur Beschreibung von Strauß' Bühnenpersonal verwendet werden kann. Ein solcher Übertragungsversuch, der, um zufriedenstellend auszufallen, einer eigenständigen Abhandlung bedürfte, könnte Schulzes dezidiert soziologische Perspektive um jene theaterhistorischen wie theaterpraktischen Aspekte erweitern, die sein Gegenstand implizit aufzuweisen hat. Für eine Interpretation von Strauß' Theaterstücken wäre er insofern aufschlußreich, als sich durch ihre systematische Übersetzung in ein soziologisches Deutungsraster die Präzision seiner szenisch-dramatischen Gesellschaftsanalysen verifizieren ließe.

Wie Strauß bezieht auch Schulze sein Anschauungsmaterial aus Milieus oder Szenen, deren Repräsentanten die Stadt (genauer: die Großstadt) als eine Bühne der Selbstdarstellung auffassen. Das große Schaugewerbe, als das der (post-)moderne Erlebnismarkt sich darstellt, findet seinen sinnfälligsten Ausdruck im inszenierten urbanen Raum. Als ein reines Artefaktum erscheint die Großstadt zugleich als Inbegriff des Profanen. Denn sie ist, wie Hans Blumenberg anmerkt, „ganz Machwerk des Menschen"[418], und somit nach dem Schema des mythischen Denkens bedeutungslos. Indem jedoch die Großstadt der Erfahrung ihrer Sinn- oder Grundlosigkeit die Möglichkeit zur imaginativen Kompensation dieses Verlusts entgegensetzt und stets aufs neue den „Schleier des Medienzaubers (...) wohltätig und betäubend über die Wunde" des schutzlos gewordenen Daseins breitet[419], erscheint die Technik selbst als Faszino-

[414] Gerhard Schulze: Die Erlebnisgesellschaft. Kultursoziologie der Gegenwart. Frankfurt/M., New York 1993. S.14.
[415] Ebd., S.72.
[416] Ebd., S.38.
[417] Ebd., S.39.
[418] Hans Blumenberg: Licht als Metapher der Wahrheit. Im Vorfeld der philosophischen Begriffsbildung. In: Studium Generale 7 (1957). S.447.
[419] Norbert Bolz: Die Welt als Chaos und als Simulation. A.a.O., S.97.

sum. „Abstraktion ist der Magie-Ersatz der Metropolen."[420] Voraussetzung für diesen neuen, technisch ins Werk gesetzten Illusionismus ist die Aufhebung des Unterschieds zwischen innen und außen, von der im ersten Kapitel dieser Untersuchung schon einmal die Rede war, sowie die Reduzierung der natürlichen Beleuchtungsskala auf eine möglichst ungebrochene Helligkeit. Selbst die Nacht wird in der Großstadt durch den Einsatz künstlicher Beleuchtungsquellen „zu einer Art von dauerndem erregtem Feste"[421] verklärt, wobei die totale Illumination nicht etwa zur Erleichterung der Orientierung dient, sondern selbst die frohe Botschaft darstellt. Zur Veranschaulichung des damit einhergehenden neuen Relationsverhältnisses von Innen- und Außenräumen scheint erneut ein Verweis auf Platons Höhlenszenarium aufschlußreich zu sein. Denn nicht erst im „Reich der Zeichen" (Roland Barthes) – das zutreffender wohl als „der reine optische Overkill" zu bezeichnen wäre, als „ein brüllender Angriff auf das Auge, das nicht mehr liest, sondern die Umwelt wie ein Tastorgan haptisch erfaßt"[422] – erscheint die Großstadt als eine Wiederholung der vorzivilisatorischen Höhle mit den Mitteln der neuen Technologie. Ihr wichtigstes Merkmal ist die „rigorose 'Abschirmung' gegen alle nicht großstadtspezifischen Wirklichkeiten – ein Vergessen des Draußen; unbedingte 'Distanz zur Realität',"[423].

Für das Zeitbewußtsein der städtischen Höhlenbewohner resultiert aus dieser vollendeten Identität von Realität und Fiktion eine absolute Dominanz des Gegenwärtigen vor sämtlichen Formen der Vergangenheit. Wenn als verläßlich nurmehr der beständige Wechsel angesehen wird, vermag allein die exzessive Hingabe ans Hier und Jetzt (hic et nunc), die Feier des flüchtigen Augenblicks, noch eine Art Halt zu bieten. Zudem verliert der ewige Wandel seinen bedrohlichen Charakter, indem man ihn zum Vorbild eines radikal diesseitigen, jugendlichen Lebensstils apostrophiert. Besteht also die Leistung des umbauten städtischen Raums vor allem darin, seine Bewohner gegen den „Schrecken des Realen" (Lewis Mumford) abzuschirmen, so reagiert der Städter seinerseits mit Schutzmaßnahmen gegen die Bilderfülle, aus der sich seine Lebenswelt zusammensetzt. Wahrnehmungsverweigerung und Blickabwehr erscheinen als notwendige subjektive Reflexe gegenüber einem Zuviel an Ästhetik. „Ästhetisches wird anästhetisch exekutiert."[424]

Bereits 1903 hat Georg Simmel in seinem wegweisenden Aufsatz über *Die Großstädte und das Geistesleben* auf das Rollenschema der Blasiertheit als spezifische Reaktionsform auf die „Steigerung des Nervenlebens"[425] in den großen Städten hingewiesen. Als Blasiertheit bezeichnet Simmel eine psychologische Disposition, die aus denselben „rasch wechselnden und in ihren Gegensätzen eng zusammengedrängten Nervenreize(n)" resultiere, „aus denen uns auch die Steigerung der großstädtischen Intellektualität hervorzugehen schien. (...) Wie ein maßloses Genußleben blasiert macht, weil es die Nerven so lange zu ihren stärksten Reaktionen aufregt, bis sie schließlich über-

[420] Ebd., S.96.

[421] Dolf Sternberger: Panorama oder Ansichten vom 19. Jahrhundert. A.a.O., S.188.

[422] Michael Mönninger: Das geordnete Chaos. Tokio: Die Architektur der posturbanen Stadt. In: Frankfurter Allgemeine Zeitung vom 16.11.1991.

[423] Norbert Bolz: Die Welt als Chaos und als Simulation. A.a.O., S.97; vgl. auch Hans Blumenberg: Höhlenausgänge. A.a.O., S.76-81.

[424] Wolfgang Welsch: Zur Aktualität ästhetischen Denkens. A.a.O., S.64.

[425] Georg Simmel: Die Großstädte und das Geistesleben. In: Das Individuum und die Freiheit. Essais. (Neuausgabe von „Brücke und Tür", 1957). Berlin 1984. S.192.

haupt keine Reaktion mehr hergeben – so zwingen ihnen auch harmlosere Eindrücke durch die Raschheit und Gegensätzlichkeit ihres Wechsels so gewaltsame Antworten ab, reißen sie so brutal hin und her, daß sie ihre letzte Kraftreserve hergeben und, in dem gleichen Milieu verbleibend, keine Zeit haben, eine neue zu sammeln"[426]. Blasiertheit, Intellektualität und Gleichgültigkeit sind für Simmel notwendige Strategien der Bergung und des Schutzes, die der Städtebewohner schon aus Gründen der Selbsterhaltung an den Tag zu legen genötigt sei. Die weltabgewandte Seite dieser zur Schau gestellten „äußeren Reserve" sei freilich häufiger, „als wir es uns zum Bewußtsein bringen, eine leise Aversion, die in dem gleichen Augenblick einer irgendwie veranlaßten nahen Berührung sogleich in Haß und Kampf ausschlagen würde"[427].

Entscheidend für den hier verhandelten thematischen Zusammenhang ist die von Simmel beobachtete soziopsychologische Grundstruktur einer doppelten Verkapselung oder Isolation des modernen Städtebewohners: sowohl *in* der Stadt als auch *vor* der Stadt. Unterbindet die Metropole zunächst als ein „Versprechen aus umbautem Raum" (Alexander Kluge) die existentielle Erfahrung schutzlosen Ausgeliefertseins[428], so fungiert in zweiter Instanz die abwehrende Geste eines unterkühlten und distanzierten Intellektualismus als eine Art Panzerung des sinnlich überforderten Subjekts. Der gemeinsame Nenner, auf den sich wesentliche Teile der großstädtischen Affektpalette zurückführen lassen, besteht in einer allgemeinen Indifferenz, die Simmel – insbesondere in seiner *Philosophie des Geldes*[429] – als Niederschlag des modernen Vergesellschaftungsprozesses in der Sphäre der Individualität kennzeichnet.[430] Die hierdurch bewirkte äußerliche Nivellierung von Unterschieden und Besonderheiten, deren Existenz in der Nachfolge Simmels etwa für Richard Sennett die „Kultur" des städtischen Panoptikums als „theatrum mundi" ausmachen[431], verleiht der urbanen Topographie des ausgehenden 20. Jahrhunderts die Kontur eines amorphen Schauplatzes inszenierter Gleichgültigkeiten, der von isolierten Selbstdarstellern bevölkert wird.

Gegenwelt: Bühne und Gedächtnis

Genau aus dieser städtischen Umgebung rekurriert Botho Strauß das Personal seiner Texte, um es in der „Gegenwelt" der Dichtung und des Theaters dem Einfluß mythischer Potenzen auszuliefern. Der Homo ludens wird aus dem erinnerungslosen Umfeld seiner urbanen Lebensbühne herausgenommen und in der Zwischenzone, die der Kunstraum darstellt, an die „Große Zeit" angekoppelt. Während in der Großstadt der

---

[426] Ebd., S.196.

[427] Ebd., S.197.

[428] Eine Erfahrung, die bezeichnenderweise in zahlreichen Theaterstücken etwa ab Mitte des 19. Jahrhunderts „Auf freiem Feld" einsetzt.

[429] Vgl. Georg Simmel: Philosophie des Geldes. Hrsg. von David P. Frisby und Klaus Christian Köhnke. Gesamtausgabe, Bd.6. Frankfurt/M. 1989; v.a. Kap.5 (Das Geldäquivalent personaler Werte) und Kap.6 (Der Stil des Lebens), S.482-716.

[430] Vgl. i.d.Z. auch Lothar Müller: Die Großstadt als Ort der Moderne. Über Georg Simmel. In: Klaus R. Scherpe (Hg.): Die Unwirklichkeit der Städte. Großstadtdarstellungen zwischen Moderne und Postmoderne. Reinbek 1988. S.14-36.

[431] Vgl. Richard Sennett: Civitas. Die Großstadt und die Kultur des Unterschieds. Frankfurt/M. 1991; sowie ders.: Verfall und Ende des öffentlichen Lebens. Die Tyrannei der Intimität. Frankfurt/M. 1983; hier v.a. S.143-161.

Grenzverlauf zwischen dem Banalen und dem Besonderen – und das heißt letztlich: zwischen dem Leben und den Formen seiner ästhetischen Veredelung – nicht mehr auszumachen ist, arbeitet der Dichter Strauß an der Rekonstruktion dieser beiden ursprünglich getrennten Sphären im Darstellungsmodus ihrer äußerlichen Durchmischung. Hier gilt es genau zu differenzieren, denn in der scheinbaren Identität seiner Szenarien mit den Lebenswelten der (Post-)Moderne liegt die Ursache dafür, daß seine Texte zumeist als Beschreibungen der „kulturellen Physiognomie dieser Zeit"[432] rezipiert werden. „Gegen die Unbestimmtheit des (...) Besonderen im Posthistoire" rebelliere die „dichterische Investigation von Botho Strauß"[433]. Derartige Befunde scheinen davon auszugehen, daß Strauß den gesellschaftlichen Ist-Zustand lediglich mit dichterischen Mitteln zu spiegeln oder in überzeichneter, zugespitzter Form zu reflektieren beabsichtigt. Dies ist jedoch nur eine und beileibe nicht die originellste Facette seines poetischen Programms. Strauß' eigentliche Intention, die seinen verstreuten Ausführungen über die Funktion der Dichtung und des Dichters nur mittelbar zu entnehmen ist, besteht in einer Art Hereinholung der äußeren Welt in den Schutzraum der Kunst. Es geht ihm um Bergungs- und Abgrenzungsstrategien, die denen des modernen Städtebewohners durchaus vergleichbar sind, da sie ebenfalls auf die Bewahrung der äußerlich gefährdeten Identität abzielen. Was sich hingegen in der schützenden Obhut des Kunstraumes befindet, darf sicher sein, die Zeitläufte unversehrt zu überdauern.

Strauß' Bergungsgeste liegt letztlich ein tektonisches oder räumliches Kunstverständnis zugrunde; die Dichtung wird als eine Sphäre aufgefaßt, die überzeitlichen, numinosen oder mythologischen Wesenheiten eine Möglichkeit zur befristeten Entfaltung in der Zeit einräumt. Daß sie gemacht und demnach „Menschenwerk" ist, ändert nichts an ihrer ideellen Beschaffenheit als Durchgangsstation metaphysischer Entitäten. Allein dieser Charakter rechtfertigt die personellen Metamorphosen und rational nicht ableitbaren Mischgestalten, die in Strauß' Werk wie selbstverständlich in Erscheinung treten. Übersehen wird in den oben genannten gegenwartsfixierten Analysen darüber hinaus, daß die oberflächliche Ähnlichkeit seiner Texte mit der modernen Lebenswelt nur die zeitgemäße Verwandlungs- oder Mutationsstufe einer weitaus älteren Bedeutungsschicht darstellt. Repräsentiert die mit dem Effektvollen identische Oberflächlichkeit des Medienzeitalters nichts als sich selbst, so wäre auf Strauß' Personal der Befund anzuwenden, den Friedrich Nietzsche der hellenischen Kultur ausgestellt hat: „Diese Griechen waren oberflächlich – aus Tiefe!"[434] Da sie wußten, daß die „Wahrheit" hinter der Oberfläche verborgen bleiben muß, trieben sie ihr Spiel mit dem Schein des Unergründlichen. Wer jedoch wie der Protoaufklärer Aktaion oder sein Nachfahre Lorenz in Schlußchor zufällig oder mutwillig den Schleier zerreißt und dabei die „nackte Wahrheit" zu Gesicht bekommt, überschreitet schuldhaft und auf eigene Rechnung die Grenze des Menschenmöglichen. Strauß adaptiert dieses Spiel mit dem Schein in der Gewißheit, daß sich eine Wahrheit hinter ihm verbirgt, zu der vorzudringen ihm nicht gestattet ist und die allenfalls mittelbar – in ihren phänomenalen oder dinghaften Ausdrucksformen – markiert werden kann. Insofern wäre zu

[432] Martin W. Lüdke: Die Physiognomie dieser Zeit. A.a.O.

[433] Klaus-Michael Hinz: Der schwatzhafte Physiognomiker. Bemerkungen über ein Leitbild. In: Botho Strauß. Text + Kritik 81 (1984). S.83.

[434] Friedrich Nietzsche: Die fröhliche Wissenschaft. In: Kritische Studienausgabe. Hrsg. von Giorgio Colli und Mazzino Montinari. Bd.3. München 1980. S.352.

sagen: seine Dichtung kennzeichnet und respektiert die Barriere, die das Sichtbare vom Unzugänglichen trennt. In bezug auf die Ästhetisierung der modernen Lebenswelt ist damit ausgesagt, daß hier die Wirkung des schönen Scheins auf ihren Blendeffekt reduziert und funktional auf den Rezipienten hin ausgerichtet ist, ohne eine „Wahrheit" jenseits der inszenierten Oberfläche auf der Rechnung zu haben. Der Schein selbst ist hier die „Wahrheit". Er verweist auf nichts als auf sich selbst. Und genau dieser fehlende Verweisungscharakter, den Strauß als „Transformierbarkeit" (ABo, 21) bezeichnet, markiert die Differenz zwischen der hedonistischen Sphäre der Lebenswelt, in der Ästhetik im entgrenzten Sinne als Mittel zur Steigerung der Lebensqualität verstanden wird, und der enigmatisch-elitären Sphäre des eigentlich Ästhetischen, die das Kunstwerk repräsentiert.

Rückkehr zum Normativen

In seiner Beschreibung der Lebenswelt als Schauplatz eines erweiterten Ästhetikbegriffs reklamiert Strauß im *Bocksgesang* die gängige Nichtbeachtung des Grenzverlaufs zwischen Kunst und Realität; ein Oppositionsverhältnis, für dessen Annullierung eine allgemeine, kulturpolitisch flankierte „Akzeptanz des Ästhetischen" verantwortlich zeichnet, die nach Ansicht Karl Heinz Bohrers wie ein „Terror (...) über dem Land"[435] liegt. Mit dieser Auffassung kündigt sich ein kulturtheoretischer Paradigmenwechsel an, für dessen Durchsetzung sich die Indizien in den letzten Jahren häufen. Strauß' im *Bocksgesang* sowie in *Aufstand gegen die sekundäre Welt* getroffenen Aussagen über den enigmatischen Status des Kunstwerks und seine notwendige Abgrenzung gegenüber dem herrschenden Kulturbegriff sind angemessen nur vor dem Hintergrund dieser Debatte zu bewerten, da seine Thesen, wenn auch ohne erkennbaren Bezug auf ähnlich gelagerte Kritikansätze, gängige Argumente für eine prinzipielle Rückkehr zum Kategorialen und Normativen in der Kunst aufgreifen.

Strauß' primäres Anliegen besteht im *Bocksgesang* in einer katgorialen Trennung ästhetischer und außerästhetischer Komponenten. „Wenn man nur aufhörte von Kultur zu sprechen und endlich kategorisch unterschiede, was die Massen bei Laune hält, von dem, was den Versprengten (die nicht einmal eine Gemeinschaft bilden) gehört und das beides voneinander durch den einfachen Begriff der Kloake, des TV-Kanals für immer getrennt ist ... Wenn man zumindest beachtete, daß hier nicht das gemeinsame Schicksal einer Kultur mehr vorliegt – man hätte sich einer unzählige Zeitungsseiten füllenden 'kulturkritischen' Sorge endlich entledigt." (Ebd., 34) Der Popularisierung der Kunst, wie sie beispielsweise durch den internationalen Ausstellungsbetrieb forciert wird, setzt Strauß ihre wesentliche Unzugänglichkeit und innere Autonomie entgegen, die die Werke letzlich auch vor den Zudringlichkeiten einer inkompetenten, unbefugten Gegenwart bewahre. „Kunst, Kunstwerke, auch heutige, werden den Überfluß an Verzicht auf Kunst in diesem Massenzeitalter überleben wie sie alle anderen Anfechtungen der Barbarei und der Indifferenz überlebt haben. Ihre Autoren müssen sich indes der demokratischen Illusionen enthalten, als seien ihre Werke aus Allgemeinheit entstanden, der Allgemeinheit verpflichtet. Und doch werden sie immer

---

[435] Vgl. Karl Heinz Bohrer: Die Grenzen des Ästhetischen. A.a.O., S.48.

durch die Sprache in eine Sphäre getaucht, die schmerzlich spüren läßt, daß Dichtung einmal weit über die Grenzen der Wenigen hinaus Herrschaft besaß, als sie der Welt und den Mächtigen befahl, das Hören zu schulen, das Wünschen, Denken und die Erinnerung zu stärken." (Ebd., 32f.)

Hinsichtlich einer positiven Charakterisierung und Funktionsbestimmung des Kunstwerks lassen sich Strauß' Ausführungen wiefolgt übersetzen:

– Kunst ist unabhängig, autonom, inkommensurabel und insofern auch durch ihre Entstellung im Kulturbetrieb nicht zu korrumpieren.

– Kunst ist nicht für alle da, sondern „gehört" Wenigen, die als „Versprengte" keine Gemeinschaft bilden, deren gemeinsames Anliegen jedoch in der Sicherung ihres substantiellen Kerns besteht.

– Kunst entsteht im Stillen, unter Auschluß der Öffentlichkeit; deshalb ist sie der Allgemeinheit auch in keiner Weise verpflichtet.

– Kunstwerke sind Träger und Vermittler der kulturellen Tiefenerinnerung.

– Der Einfluß der Kunst auf die Gesellschaft ist auf ein Minimum gesunken; ihr einstiger Vorbildcharakter ist dahin. Deswegen kann heute von einem „Überfluß an Verzicht auf Kunst" gesprochen werden: Die Werke existieren, aber ihre Botschaften werden nicht mehr wahrgenommen.

Dieser traditionelle und elitäre Kunstbegriff läßt sich ohne weiteres mit den Positionen in Einklang bringen, die seit einigen Jahren auch der Literaturwissenschaftler und Publizist Karl Heinz Bohrer vertritt. Seine Kritik an der „Entgrenzung des Ästhetischen" – sowohl im Kulturbetrieb als auch im akademischen Diskurs – setzt wie bei Strauß bei der Feststellung einer prinzipiellen Opposition zwischen ästhetischen und außerästhetischen Faktoren an. „Was an dieser Opposition zu verdeutlichen war, ist die zweifellos grassierende Aktualität des Ästhetischen, die über dessen moralisch-philosophisch, sozialemanzipatorisch oder hedonistisch-kulturell motivierter Entgrenzung den substantiellen Kern des ästhetischen Diskurses zu verlieren droht."[436] Unter diesem „substantiellen Kern" versteht Bohrer „strikt" die Untersuchung der „formalen Ausdrucksqualitäten eines Kunstwerks"[437], und gerade nicht die „Popularisierung des Ästhetischen" zu einer hedonistisch-egalitären Kategorie. „Der Tatbestand einer 'Ästhetisierung der Lebenswelt' läuft ganz in Richtung eines hygienischen Kunstverständnisses, das die irrationalen, provokativen Elemente innerhalb einer modernen Fortschrittsgesellschaft von der Kunst gern absorbieren läßt, um sie um so leichter dem rationalen Programm integrieren zu können: Die Sphäre der Kunst ist der Sphäre der Nichtkunst funktional symmetrisch angepaßt."[438]

War der ästhetische Kern zuvor bedroht durch den Absolutheitsanspruch historischen Denkens[439], so besteht seine Gefährdung heute in seiner Verwechslung mit der hedonistischen Lebenswelt. Als die beiden „Zauberworte einer falschen Aktualisierung

---

[436] Ebd., S.48f.
[437] Ebd., S.48.
[438] Ebd., S.50.
[439] Vgl. hierzu Wilhelm Schmidt-Biggemann: Geschichte als absoluter Begriff. Der Lauf der neueren deutschen Philosophie. Frankfurt/M. 1991.

des Ästhetischen" macht Bohrer die Begriffe „Kontext" und „Primat des Bildes"[440] aus, wobei vor allem ersterer mit Strauß' medienkritischem Befund einer egalisierenden Durchmischung, bei der „alles mit allem in Berührung" (ebd., 31) gerate, korrespondiert. Der Begriff „Kontext" zielt auf die kunsthistorischen Ansätze einer Profilierung der „Umwelt-Werk-Beziehungen", deren „Pferdefuß" Bohrer zufolge in einer Gleichschaltung „mit dem Modell der 'vernetzten Systeme'," bestehe und die zudem „mit einem reichlich abgestandenen Pathos ('So arbeitet Geschichte') ausgestattet" sei. „Jedenfalls soll etwas schwer Berechenbares, eben das ästhetische Phänomen, unter Einbeziehung von außerästhetischen Komponenten, die immer berechenbar sind, selbst berechenbar werden."[441] Das „Primat des Bildes" indessen impliziere eine absehbare „Vermengung der Erkenntnismedien mit der Tendenz, die Ästhetik des literarischen Konstrukts wegen dessen primär kognitiven Signalen, die freilich als eine Begrenzung verstanden werden, aufzulösen zugunsten einer größeren Unmittelbarkeit"[442].

Im weiteren Verlauf seiner Rede versucht Bohrer die Konsequenzen aufzuzeigen, die aus der als notwendig erachteten Begrenzung des Ästhetischen resultieren. Sie bestünden zum einen in der völligen Irrelevanz jener „ideologiekritisch-historischen Verrechnungen ästhetischer Formen auf ein politisches Analogon hin, die ihren einflußreichsten Diskurs in der deutschen Literaturgeschichtsschreibung entwickelt haben, von Gervinus bis zu den aktuellen Varianten von Sozial- und Funktionsgeschichten der Literatur. Ihr offenbar gewordenes Unvermögen, eine für ästhetische Phänomene relevante Begriffsbildung zu entwickeln und statt dessen auf einer rein inhaltlichen Ebene, oft mit Hilfe von geschichtsphilosophischen Kategorien, Themen zu paraphrasieren, die es so im jeweils anstehenden Kunstwerk gar nicht gibt, ist immerhin jetzt ruchbar geworden, obwohl man es seit den Tagen des amerikanischen New Criticism oder des russischen Formalismus hätte längst wissen müssen"[443]. Darüber hinaus werde durch eine neuerliche Wahrnehmung der ästhetischen Grenze auch ein Defizit der ansonsten verdienstvollen hermeneutischen Schule erkennbar: daß es nämlich ihren wichtigsten Vertretern, „beginnend bei Gadamer selbst, gar nicht eigentlich um die Benennung des künstlerischen Phänomens ging, sondern ebenfalls um eine historische Erkenntnis: Die Erkenntnis von der eigenen geschichtlichen Bewußtseinssituation gegenüber dem geschichtlichen Bewußtsein des ästhetischen Gegenstandes, der durchweg als ein historisch weit entfernter angenommen wurde. Die zentralen Kategorien der Hermeneutik, also etwa 'Horizontverschmelzung', bleiben ästhetik-theoretisch blind"[444].

Das Kunstwerk als Gegenstand eines begrenzten Ästhetikbegriffs, so Bohrers Fazit, das sich trotz seiner kritischen Anmerkungen über George Steiners „Metaphysik des Ästhetischen" bruchlos an Strauß' Überlegungen im *Bocksgesang* anschließt, sei seiner wesentlichen Bestimmung nach selbstreferentiell. Das „enigmatische Surplus des ästhetischen Eindrucks"[445] bestehe in einer prinzipiellen Unverfügbarkeit und

---

[440] Karl Heinz Bohrer: Die Grenzen des Ästhetischen. A.a.O., S.49.
[441] Ebd.
[442] Ebd., S.51.
[443] Ebd., S.54f.
[444] Ebd., S.55f.
[445] Ebd., S.60.

Rätselhaftigkeit, „die für eine Sinnstrukturierung des Ästhetischen"[446] völlig ausreiche. Ähnlich pragmatisch und wie in Strauß' Fall für viele überraschend argumentiert seit einiger Zeit auch Hans Magnus Enzensberger, wenn es um die Bestimmung kultureller Basiswerte geht. Bemerkenswert an seiner „kleinen Pfingstpredigt über das Entbehrliche", die bereits durch die religiösen Implikationen ihres Titels mit Strauß' kulturkritisch-mahnerischer Sendung im *Bocksgesang* zu harmonieren scheint, ist insbesondere ein in dieser Form neuartiges Augenmerk für den ursprünglichen Entstehungsprozeß, von dem alle Kunst ausgeht, für jene unspektakulären, nicht medientauglichen Praktiken, die jeden kreativen Prozeß begleiten. Das von Enzensberger entworfene Szenario, dramaturgisch geschickt inmitten einer Rede über das inflationäre Auftreten von Kulturveranstaltungen[447] plaziert, stellt wie Strauß' Essay den Typus des einsamen Schöpfers in den Mittelpunkt, der weltabgewandt, abseits des tosenden Kultur- und Medienbetriebs und in kontempelativer Versenkung in eine spezifische Form des Zwiegesprächs eintritt: „Die Kultur, da hilft alles nichts, ist eine stille, um nicht zu sagen unscheinbare Angelegenheit. Einer öffnet ein Buch, der andere spielt ein bißchen auf der Flöte; zwei Leute streiten eine Nacht lang über Gott und die Welt, Krieg und Frieden, Einheimische und Fremde. Die Restauratorin in ihrer Werkstatt nimmt den vergilbten Firnis ab. Der Komponist beugt sich über seine Partitur. Der Forscher hat eine Idee. Und so weiter. Das alles macht nicht viel von sich her. Das alles spielt sich nicht vor der Fernsehkamera ab. Das alles steht nicht in der Zeitung."[448]

Sowohl Strauß' als auch Enzensbergers Ausführungen, die übrigens in den ironisch gemeinten Ratschlag eines zweijährigen Veranstaltungs-Moratoriums münden, lassen Rückschlüsse auf die neuerliche Aufwertung einer vor Jahrzehnten in Mißkredit geratenen Kategorie zur qualitativen Beurteilung künstlerischer Erzeugnisse zu. Die Rede ist von der handwerklichen Fertigkeit, vom Können, einer besonderen Begabung also, die sich von der mittelmäßigen abhebt und die auch als besondere zu bewerten und einzuordnen ist. „Die handwerkliche Seite der Kunst", so Frank Schirrmacher zum Auftakt einer kritischen „Bestandsaufnahme" der künstlerischen Genres „nach Jahrzehnten des Dilettantismus", „scheint weithin verlorengegangen in einer Ästhetik, die sich dem Spontanen und Intuitiven verschrieben hat".[449] Als Freibrief für die „Genieästhetik der Gegenwart", die jeden zu einem Meister seines Fachs erkläre, „der leere Flächen einfärbt, Buchstaben oder Noten aufs Papier setzt" (Enzensberger), führt Schirrmacher Jack Kerouacs Roman *Unterwegs* an, der vor über fünfunddreißig Jahren für die Beseitigung literarischer, grammatischer und syntaktischer „Hindernisse" eingetreten sei. Sein entscheidender Satz, „Du bist allezeit ein Genie", habe letztlich einen dauerhaften Verlust an verbindlichen Kriterien und Regeln eingeleitet, von dem sich auch die oft „willkürlich(e)" und „urteilsschwach(e)" Kunstkritik habe infizieren lassen. „In Ezra Pounds meisterhaften Korrekturen im Manuskript seines Freundes T. S.

---

[446] Ebd., S.61.

[447] Enzensbergers kritische Befunde über den herrschenden Kulturveranstaltungsbetrieb lassen sich in vier Begriffen zusammenfassen: Ausdifferenzierung (oder Spezialisierung), Institutionalisierung (oder Bürokratisierung), Professionalisierung und Routinisierung.

[448] Hans Magnus Enzensberger: Wanderzirkus, Veranstaltungstaumel. Eine kleine Pfingstpredigt über das Entbehrliche. In: Frankfurter Allgemeine Zeitung vom 29.5.1993. Tiefdruckbeilage, S.1.

[449] Frank Schirrmacher: Einleitung zu sieben Beiträgen unterschiedlicher Autoren unter dem Titel: Das Prinzip Handwerk. Zurück zur Kunst: Bestandsaufnahme nach Jahrzehnten des Dilettantismus. In: Frankfurter Allgemeine Zeitung vom 5.3.1994. Tiefdruckbeilage, S.12.

Eliot (...) heißt es einmal: 'Sag was du meinst, oder sag gar nichts'. Die Genieästhetik der Gegenwart sagt kaum noch jemand etwas. Sie kann das am Material erprobte Können nicht vorweisen."[450]

Daß sich gegen Ende des 20. Jahrhunderts derart kritische Bestandsaufnahmen mehren[451], hängt vorrangig mit einem aus der Phase kultureller Beliebigkeit hervorgegangenen Bedarf an Erklärungen und Orientierungen zusammen, die ein pluralistisch geprägter Kunstbegriff naturgemäß nicht bereithalten kann. Gerade in Zeiten gesellschaftlicher Instabilität werden der Kultur vor allem ihre stabilisierenden, traditionsstiftenden Komponenten abverlangt; die Klassiker, nicht die Zeitgenossen, erfreuen sich einer besonderen Wertschätzung, da ihre Dauerhaftigkeit und Resistenz gegenüber den Anfechtungen der Zeitläufte als Korrektiv zur grassierenden Unsicherheit in der Gegenwart verstanden wird. Wenn ein Jahrhundert seinem Ende entgegengeht, wollen die Menschen wissen, was es mit ihm auf sich hatte, worin seine Leistungen, die auch die ihren waren, bestanden und worin genau sie sich von denen früherer Epochen unterscheiden. Die gegenwärtige Tendenz zur bilanzierenden Sichtung der Bestände, die – nicht allein bei Strauß – mit einer Reduktion auf das Wesentliche und Unveräußerliche in der Kunst einhergeht, leistet insofern einen notwendigen Beitrag zur Identitätsfindung innerhalb der Moderne. Sie kann als eine Art mentaler Regeneration oder geistiger Atempause verstanden werden, die unter anderem auch die Frage nach dem Sinn des Ganzen hervorbringt. Erst vor dem Hintergund dieser übergeordneten Problemstellungen wird der Standpunkt ersichtlich, den Strauß im *Anschwellenden Bocksgesang* bezieht. Es geht um eine qualitative Bewertung der mentalen und kulturellen Zustände, es geht um die Ursachen ihrer Entstehung und es geht, allen ideologisierenden Repliken zum Trotz, um die Herleitung und Verteidigung eines normativen Kunstbegriffs.

Kulturschock

Da ihr Legitimationsgrund in nichts als einer freien und geordneten Alltäglichkeit bestehe, vermerkt Strauß in *Aufstand gegen die sekundäre Welt*, benötigten soziale Demokratien auch „keinen Heilshorizont. Viel eher der einzelne Freie, das aufgerichtete Bewußtsein wird seiner bedürfen" (Auf, 306). Ehe im folgenden das rollenspezifische Profil des Gegenaufklärers weiter herausgearbeitet werden soll, ist die kritische Bestandsaufnahme um eine wesentliche Facette zu ergänzen. Es handelt sich um den nicht nur von Strauß – und auch nicht erst neuerdings – erbrachten Nachweis eines

---

[450] Sämtliche Zitate ebd.
[451] Vgl. u.a. Eduard Beaucamp: Ausbruch aus der Fortschrittskarawane. Die moderne Kunst am Ende ihres Jahrhunderts. Eine kunstkritische Bußpredigt. In: Frankfurter Allgemeine Zeitung vom 17.7.1993. Tiefdruckbeilage, S.12; Beaucamps Beitrag schloß sich eine kontrovers geführte Diskussion über Status und Perspektiven der zeitgenössischen Kunst an: vgl. Jean-Christophe Ammann: Abstieg vom Feldherrenhügel. Die Chancen zeitgenössischer Kunst. Eine Entgegnung. In: Frankfurter Allgemeine Zeitung vom 27.7.1993; Werner Schmalenbach: Kein Land in Sicht? Eine polemische Intervention. In: Frankfurter Allgemeine Zeitung vom 30.7.1993 sowie Ludger Gerdes: Raus aus der Fortschrittskarawane aber was dann? Eine freie und fließende Kunst kann der Gesellschaft keinen Sinn geben, und Erlösung ist von ihr nicht zu erwarten. In: Frankfurter Allgemeine Zeitung vom 19.8.1993; vgl. desweiteren Heinrich Klotz: Kunst im 20. Jahrhundert. Moderne, Postmoderne, Zweite Moderne. München 1994.

latenten Fundamentalismus als kulturelles Komplementärphänomen innerhalb der technischen und ökonomischen Modernisierungsprozesse. Fundamentalismus ist ein Begriff, der sich als Synonym für die weltweit zu beobachtenden Formen eines religiös motivierten, bisweilen auch radikalen Neotraditionalismus eingebürgert hat, und der aus europäischer Sicht zumeist im Hinblick auf die Reislamisierungstendenzen im Nahen und Mittleren Osten angewendet wird. Der islamische Fundamentalismus, heißt es, stelle aufgrund seiner Unkalkulierbarkeit im posttotalitären Zeitalter die zentrale Bedrohung des Weltfriedens dar, den das Gleichgewicht der beiden antagonistischen Supermächte immerhin noch gewährleistet habe.

Nach dem Zusammenbruch der alten Weltordnung, der inzwischen auch für die „siegreichen" (Francis Fukuyama) liberalen Demokratien zu einer manifesten Orientierungsverlegenheit geführt hat, nimmt innerhalb der westlichen Wohlstandsgesellschaften das Bedürfnis nach Abgrenzung und kultureller Unterscheidbarkeit wie auch die Nachfrage nach ideeller Verankerung zu, die in stabileren Zeiten eine untergeordnete Rolle spielt. Immer deutlicher zeichnen sich nicht nur für Strauß die Defizite demokratisch organisierter Gesellschaftsformationen hinsichtlich ihrer „Transformierbarkeit" ab. „Die westlichen Demokratien", bilanziert ein halbes Jahr vor Erscheinen des *Bocksgesangs* etwa der Soziologe Helmut Dubiel, „sind gekennzeichnet durch eine dramatische Auflösung ihrer sinnstiftenden Netzwerke; sie sind gekennzeichnet durch eine früheren Jahrhunderten schier unvorstellbare Entbindung der Mittel politischer Selbsteinwirkung aus allen Schranken der Tradition. Während traditionelle Gesellschaften bezüglich ihres theoretischen Selbstbildes und ihrer politischen Selbstrechtfertigung noch im voraus feststehende Antworten besaßen, begründen sich demokratische Gesellschaften in einer institutionalisierten Infragestellung ihrer selbst. Ihre historische Einzigartigkeit besteht mithin in einer Organisationsform, die sie dazu bestimmt, auf einen unabschließbaren Kreis von Fragen immer gegensätzlichere Antworten zu geben."[452]

Dabei ist die Annahme, daß eine Bedrohung unseres „Systems der abgezweckten Freiheiten" aus südöstlicher Richtung zu erwarten sei, bezeichnend für ein spezifisch westeuropäisches Problembewußtsein. Denn nicht allein, daß das hieraus resultierende Bild der neuen und unsicheren globalen Kräfteverhältnisse die westlichen Demokratien als eine Art Schutzwall gegen den befürchteten sintflutartigen Einfall moslemischer Fanatiker erscheinen läßt, die den verlorenen Antagonisten im Osten einstweilen zu ersetzen haben; das Bild des fundamentalistisch rigorosen und religiös inspirierten Außendrucks auf unser labiles Wohlstandsvakuum[453] unterschlägt zudem auch einen Fundamentalismus westlicher Prägung, der nach Dubiels Ansicht in der mechanischen Fortschreibung des Modernisierungsprozesses besteht und der sein Pathos nach wie vor aus dem Glauben an einen Fortschritt in der Geschichte bezieht. Daher sei nicht länger von einer eindimensionalen „Konfrontation eines irrational übersteigerten religiösen Neotraditionalismus mit einer vollends aufgeklärten Moderne" zu sprechen,

---

[452] Helmut Dubiel: Der Fundamentalismus in der Moderne. In: Merkur 9/10 (1992). S.759f.

[453] Nur am Rande sei vermerkt, daß der französische Dramatiker Bernard-Marie Koltès dem hier skizzierten Modell des Außendrucks auf ein Wohlstandsvakuum in seinen nordafrikanischen Szenarien v.a. in Le retour au desert (dt.: Rückkehr in die Wüste, 1988) und Combat de nègre et de chiens (dt.: Kampf des Negers und der Hunde, 1979) mit unverhohlener Sympathie für das unbekannte Fremde jenseits der Stadtmauern veranschaulicht hat.

sondern von einer „Konfrontation von zwei sehr verschiedenen Fundamentalismen"[454] – wobei sich die Moderne zunächst einmal über den fiktiven Charakter ihres Selbstbildes aufzuklären hätte.

In eben diese Richtung gehen die Intentionen des *Anschwellenden Bocksgesangs*: Hin zur überfälligen Selbstaufklärung einer fundamentalistischen, profan-religiösen Modernität. Solange die kulturelle Mehrheit den irrationalen Vorgängen in Südosteuropa mit den probaten „rationalen Mitteln" beizukommen trachte, verbleibe sie notwendigerweise im Zustand vollendeter Selbstbezüglichkeit. Diese Übertragung eigener Denkschemata auf fremde, unvereinbare Phänomene beglaubige nebenher auch noch einen grundlegenden rhetorisch-argumentativen Widerspruch der Moderne, da die Doktrinen aufgeklärten und moralischen Handels im Modus der „Beschwörung" (ABo, 25) an den Mann gebracht würden; ganz so, als erstrebten die „gewitzten und zerknirschten Gewissenswächter", wenigstens „für sich und ihre Rede, gerade jene magische und sakrale Autorität, die sie als aufrechte Wächter aufs schärfste bekämpfen" (ebd.). Ähnlich paradox wie jene ganz im Diesseitigen begründete „sakrale Autorität", die damit letztlich nur bestätigt, was sie aufklärerisch zu annullieren vorgibt, stellt sich in diesem Licht auch das Programm einer Ästhetisierung der Lebenswelt dar. Dann nämlich, wenn man die unterschiedslose Vermischung von Kunst und Leben als Versuch der profanen Neubesetzung einer spirituellen Leerstelle, als ersatzweise Auffüllung eines Sinnvakuums versteht, das der Säkularisationsprozeß hervorgerufen hat. „Paradox an der Ästhetisierung der Lebenswelt ist (...) die logische Unmöglichkeit, die Aufhebung eines Gegensatzes zu betreiben, ohne die gegensätzlichen Seiten festzuhalten. Die Vereinigung von Kunst und Leben ist nur solange ans Ende der uns bekannten Geschichte zu projizieren, wie es etwas zu vereinen gibt, das in den Gesellschaften, in denen wir leben, unvereint gegeneinander steht. (...) Daher ist und bleibt die ästhetische Erfahrung ein Sonderfall unserer gewöhnlichen Erfahrung. Könnten wir die letztere beseitigen, müßten wir auf die erstere verzichten. Wir würden uns in einem Zwischenstadium aufhalten, das gar nicht zu definieren wäre."[455]

Im einen wie auch im anderen Fall geht es Strauß um die Kritik einer Denkhaltung, die erstens einem kategorialen Irrtum in bezug auf ihre eigene Verfaßtheit unterliegt und die zweitens aufgrund ihrer Selbstbezogenheit und ihres (fundamentalistischen) Absolutheitsanspruchs gar nicht in der Lage sein kann, auf aktuelle Veränderungsprozesse, die diese Haltung grundsätzlich in Frage stellen, angemessen zu reagieren. In ein derart befangenes und eindimensionales Denken sind nun einmal Modifikationen oder regulierende Korrekturen, die seine eigenen Grundlagen beträfen, nicht mit einbezogen. Daher erweist es sich in Krisensituationen wie der gegenwärtigen als nicht „wirklichkeitskompetent"[456]. Strauß' düstere Prognose über die nähere Zukunft demokratisch geprägter Gesellschaftsformationen ist auf die Analyse ihrer weltanschaulichen Grundstruktur zurückzuführen. Sie mündet in folgende These: „Die Modernität wird nicht mit ihren sanften postmodernen Ausläufern beendet, sondern abbrechen mit

[454] Helmut Dubiel: Der Fundamentalismus in der Moderne. A.a.O., S.758.
[455] Rüdiger Bubner: Ästhetisierung der Lebenswelt. A.a.O., S.152f.
[456] Vgl. Wolfgang Welsch: Zur Aktualität ästhetischen Denkens. A.a.O., S.75ff.

dem[457] Kulturschock. Der Kulturschock, der nicht die Wilden trifft, sondern die verwüstet Vergeßlichen." (Ebd.)

Man hat sich den hier prophezeiten „Kulturschock" offenbar als den plötzlichen, unvermittelten Einbruch des Irrationalen vorzustellen, das, vom Osten her kommend, das innerlich marode und somit wehrlose „System der abgezweckten Freiheiten" spirituell überwältigt – ein Szenario, das im übrigen präzise einer im strengen Sinne ästhetischen Erfahrung entspricht. Geschichte realisiert sich hier in Form einer momentan auftretenden Epiphanie, in deren Verlauf ihre „theophane Herrlichkeit" die Gestalt einer sinnlich erfahrbaren Größe annimmt. Strauß versucht im *Bocksgesang* eine Deutung der Geschichte als dramatisches Kunstwerk, dessen schockartige Wirkung von dem in Aussicht stehenden Konflikt zweier unversöhnlicher Kulturen ausgeht. Die eine ist nach Strauß traditionsgesättigt und religiös verwurzelt, die andere ursprungs- und heilsvergessen. Beide scheinen in seiner Vorstellung unversöhnlich, in Form eines tragödienhaften Antagonismus, aufeinanderzuprallen, wodurch naturgemäß das Schicksal des Schwächeren besiegelt wäre. Nun beginnt für Strauß aber nicht die Rebarbarisierung der mitteleuropäischen Zivilisation, in der die Metropolen versteppen und die unterdrückten Instinkte der Zeitgenossen wieder ganz zu sich selbst finden. Es beginnt „die Heraufkunft der 'teuren Zeit' im Sinne des Bibelworts" (ebd., 26). Dieser überraschenden Wendung wird noch nachzugehen sein.

Schon um der Stringenz seiner Argumentation willen muß Strauß es vermeiden, der näheren Zukunft eine erkennbare Gestalt zu verleihen. Sein Szenario bleibt, was die konkreten Perspektiven betrifft, vage und unbestimmt. Dennoch scheinen sich die Konturen und Bestandteile der in Aussicht gestellten „künftigen Tragödie" (ebd., 38) in ein ungefähres Verlaufsprotokoll übersetzen zu lassen:

1. Der Einbruch des Irrationalen *ex oriente*[458] steht unmittelbar bevor. Wir befinden und gegenwärtig in einem Zustand des „Gerade-Eben-Noch", einer „Apologie der Schwebe" (ABo, 22; vgl. auch Wo, 101), die jederzeit aus dem Gleichgewicht geraten kann.

2. Der Einbruch des Irrationalen ist in vermittelter Form, als „Terror des Vorgefühls" und in „seismischen Vorzeichen" (ebd.), bereits deutlich vernehmbar.

3. Das Irrationale ist religiös fundiert und, im Unterschied zur Verfassung der säkularisierten Gesellschaft, traditions- und erfahrungsgesättigt. Was vom Osten her über uns kommen wird, ist das Authentische.

---

[457] In der im Spiegel abgedruckten kürzeren Fassung des Essays wird anstelle des bestimmten Artikels („dem") die unbestimmte Form („einem") verwendet.

[458] Die Vorstellung einer in Aussicht stehenden Erneuerung oder Verjüngung der abendländischen Kultur aus dem Osten, die in der Formel „ex oriente lux" (lat.: das Licht stammt aus dem Osten) zusammengefaßt ist, findet sich bereits in Friedrich Nietzsches Geburt der Tragödie aus dem Geist der Musik. Das Gegensatzpaar von Ost und West hießt hier „dionysisch" und „apollinisch"; Kraft, Leidenschaft, Erfrischung und Verjüngung gehen bei Nietzsche von Dionysischen aus, Ordnung, soziales Leben wie auch die degenerativen Erscheinungsformen der Zivilisation sind dagegen dem Apollinischen zugeordnet. Oriens bedeutet wörtlich „aufgehende Sonne", das dazugehörige Verb oriri steht für „aufstehen, sich erheben". Der Gedanke einer Erneuerung aus dem Osten läßt sich nicht nur bei Strauß nachweisen, sondern findet sich u.a. auch in den Überlegungen Eduard Beaucamps zu einer möglichen Regeneration der westlichen Kunst durch eine „geschichtsgeprüfte" Ost-Kunst (vgl. u.a.: Ausbruch aus der Fortschrittskarawane. A.a.O., S.2).

4. Diese Flutwelle des Authentischen wird auf ein System treffen, das ihr aufgrund seiner spirituellen Wurzellosigkeit und „politischen Innerlichkeit" (ebd., 21) nichts zu entgegnen hat.

Mehr als die von einigen Indizien flankierte Einsicht, daß sich die Zukunft grundlegend von der als degeneriert angesehenen Gegenwart unterscheiden wird, ist aus Strauß' Essay nicht zu erfahren. Da er weiß, daß ein utopischer Entwurf seinen eigenen Verlautbarungen gemäß unter Ideologieverdacht steht, beschränkt er sich auf die Beobachtung und Ausdeutung dessen, was ist, oder genauer: was in seinen Augen immer schon war. Denn der „Kulturschock", den Strauß auf uns zukommen sieht, besteht bei Licht betrachtet in einem Zusammenprall zweier grundverschiedener Zeitformen – der alten, „teuren", zyklisch verlaufenden mythologischen und der neuzeitlich linearen, unter deren Einfluß sich „Erfahrungsraum und Erwartungshorizont" voneinander getrennt haben. „Erfahrung", definiert Reinhart Koselleck, „ist gegenwärtige Vergangenheit, deren Ereignisse einverleibt worden sind und erinnert werden können." Erwartung hingegen „ist vergegenwärtigte Zukunft, sie zielt auf das Noch-Nicht; auf das nicht Erfahrene, auf das nur Erschließbare"[459]. Es ist für die Neuzeit konstitutiv, daß sich die Differenz zwischen beiden Kategorien stetig vergrößert. Erst seitdem sich „die Erwartungen immer mehr von allen bis dahin gemachten Erfahrungen entfernt haben"[460], läßt sich die Neuzeit als neue Zeit begreifen.[461]

Dieser Abstand zwischen Erfahrungsraum und Erwartungshorizont wird in der Moderne durch die Kategorie des Fortschritts ausgeglichen und überbrückt. Sie bringt die Erfahrung auf den Begriff, daß im Verlauf der Geschichte das Alte und das Neue fortwährend aufeinandertreffen, wobei jedoch hinzugefügt werden muß, daß unter modernen Vorzeichen die Distanz zwischen dem noch Neuen und dem bereits Veralteten zusehends geringer wird. In diesem Gegenwartsschwund, dem „verkürzten Aufenthalt in der Gegenwart" (Herrmann Lübbe) im Beschleunigungsgefälle technischer Innovationen, besteht der zentrale Unterschied zwischen dem neuzeitlichen Fortschrittsgedanken und der von Strauß erwarteten Kollision des Alten mit dem Neuen. Denn während in der beschleunigten historischen Zeit die Hoffnung auf eine konkrete Zukunft aufrecht erhalten wird (deren Erfüllung jedoch die geschichtsphilosophische Gefahr eines Endes der Zukunft birgt), sieht Strauß mit dem bevorstehenden „Kulturschock" das Ende der selbstläufigen „Fortschrittskarawane" (Eduard Beaucamp) selbst gekommen. Der zweite wesentliche Unterschied zwischen Strauß' Szenario und dem als Fortschritt bezeichneten ständigen Aufeinandertreffen des Alten und des Neuen ist schließlich darin zu sehen, daß in der Logik des Fortschrittsgedankens das Alte wie auch das Neue als Stufenphänomene innerhalb desselben linearen historischen Entwicklungsprozesses verarbeitet werden, während für Strauß das Alte und das Neue gleichzeitig existieren. Das Alte gilt ihm nicht als verschwundene oder zurückgelassene Modifikationsstufe, wie dies der Fortschritt bereits begrifflich intendiert, sondern lediglich als eine verschüttete oder vergessene Präsenz. Das Neue ist in Strauß' Verständnis immer nur die aktualisierte Gestalt des Alten, die sich qualitativ

---

[459] Reinhart Koselleck: Vergangene Zukunft. A.a.O., S.354f.
[460] Ebd., S.359.
[461] Vgl. auch ders.: Wie neu ist die Neuzeit? Von der Beschleunigung und von der Wiederholung politischer Prozesse. In: Frankfurter Allgemeine Zeitung vom 30.6.1990. Tiefdruckbeilage, S.1.

nicht von ihm unterscheidet. So beendet der annoncierte „Kulturschock" lediglich den säkularen Dauerzustand einer „Totalvermischung" (Na, 150), in deren Folge das hier beschriebene Zeitprinzip durch die Dominanz einer einseitig verengten Wahrnehmungsdoktrin unkenntlich gemacht wurde.

Vor diesem Hintergrund liefert die Ankündigung eines antagonistischen Zusammenpralls zwischen der alten, traditionsbewußten und der neuen, vergeßlichen Kultur weit mehr Aufschluß über aktuelle Defizite unserer Wohlstandsgesellschaft, als daß sie über den vermeintlichen Herausforderer etwas konkretes mitzuteilen hätte. Es handelt sich bei Strauß letztlich um zwei antagonistische Modelle der Zeiterfahrung, die sich „in der Stunde der Weißglut" (Heiner Müller) gegenüberstehen, wobei die eine komplementär für all jene Tugenden einsteht, an denen es der anderen gebricht. Vereinfacht gesagt trifft in Strauß' „Kulturschock"-Szenario das Irrationale als überzeitliches Prinzip auf das historische Prinzip des Rationalen, das Authentische auf das Sekundäre, das Heilige auf das Profane und das Vergangenheitsbezogene auf das Zukunftsgerichtete. Die Liste dieser Ungleichzeitigkeiten ließe sich mühelos verlängern. Doch schon die wenigen Begriffspaare verdeutlichen in ihrem vergleichsweise hohen Abstraktionsniveau die spezifische Rezeptionshaltung, die Strauß in seiner selbstgewählten Rolle als Physiognomiker der Krise an den Tag legt: Er entziffert im Kulturkonflikt die Konturen einer Tragödie, auf deren Katastrophe[462] die gegenwärtige Gesellschaftsformation seiner Ansicht nach zusteuert. In dieser Dramaturgie firmiert die andere Kultur als Synonym für die vergessene eigene. Es geht Strauß um die Restitution tradierter Wertvorstellungen, von denen wir uns leichtfertigerweise losgesagt haben und die uns nun, in Gestalt des Anderen, die Rechnung präsentieren. Daher besteht auch der eigentliche Schock, der Strauß zufolge aus der unversöhnlichen Konfrontation mit einem anderen und fremden Zeitprinzip resultieren soll, in der Erfahrung der Gleichzeitigkeit – der simultanen Präsenz verschiedener Zeitebenen als konstituierender Größe der jeweiligen Gegenwart.

Das Gleichgewicht: Zur Konstruktion einer Idealfigur

Versteht man wie Strauß unter Kultur in erster Linie die Kunst und diese wiederum als Trägerin der kulturellen Erinnerung – jenes Vermögens also, dessen Relevanz sich aus seinem Beitrag zur Identitätsstiftung ableitet und dem aufgrund seiner aktuellen Unterforderung eine nurmehr rudimentäre gesellschaftliche Funktion zukommt –, so entsteht die Denkfigur einer mehr oder weniger ausgewogenen Lastenverteilung zwischen der Gegenwart und der Vergangenheit. An ihrem Neigungswinkel wäre das Verhältnis abzulesen, das beide Seiten in einer bestimmten historischen Phase zueinander unterhalten. Da dieses Verhältnis aber nach Strauß' Auffassung die mentale und geistige Disposition, die spirituelle Gesamtverfassung einer Gesellschaft zum Ausdruck bringt, wäre der Idealzustand erreicht, sobald sich zwischen beiden Polen (der Gegenwart und der Vergangenheit) ein Gleichgewicht eingepegelt hätte. Das hier vorgschlagenen Bild

---

[462] Der Begriff Katastrophe (griech.: Wendung, Umsturz) wird hier als Bestandteil der Tragödientheorie verwendet. Gero von Wilpert: Sachwörterbuch der Literatur. Stuttgart 1979[6]. S.399, definiert ihn als „entscheidende(n) Wendepunkt meist am Abschluß der Handlung", der „die Lösung des Konflikts" bringt und „das Schicksal des Helden zum Schlimmsten" bestimmt.

der Geschichte als eine Art Waage käme auf metaphorischer Ebene der Ansicht entgegen, daß wir es laut Strauß mit einer simultanen, gleichzeitigen Präsenz verschiedener Zeitformen innerhalb der Gegenwart zu tun haben (vgl. T II, 47). Der mythische Regenerationsmodus zyklischer Wiederholungen fände im räumlich begrenzten Auf und Ab der Waagschalen seine bildhafte Entsprechung. Und legte man eine gedachte Gerade zwischen beiden Polen als Wahrnehmungshorizont zugrunde, so wäre im Falle der leichtgewichtigen, traditionsentbundenen Gegenwart von der Vergangenheit (unterhalb der Horizontalen) nichts zu erkennen, obgleich sie weiterhin existierte.

Dieses Denkschema einer möglichst ausgewogenen Gewichtsverteilung zwischen Gegenwart und Vergangenheit, das auf physikalische Gesetzmäßigkeiten zurückzuführen ist, wird von Strauß an verschiedener Stelle seines Werks zur Veranschaulichung historischer Verlaufsformen herangezogen. Wie anders, denn als prekäre Gewichtsverlagerung, hätte man sich beispielsweise das folgende Szenarium aus *Niemand anderes* vorzustellen: „Unter dem hohen Druck des Scheins, des flachen Lichts, der körperlosen Zeichen und Informationen, steigt anderwärts aus den Gewässern Atlantis auf: die schöne, erfrischte Gestalt." (Na, 150) Historische Ablösungs- oder Übergangsprozesse vollziehen sich für Strauß offenbar in Form einer bipolaren Lastenumverteilung zwischen Jetzt und Einst, wobei im Idealfall einer sich im Einklang mit der Vergangenheit befindenden Gegenwart die kulturelle Substanz, die das Gewicht der Waagschalen reguliert, gleichmäßig verteilt wäre, so daß die beiden Pole die gleiche Erdanziehungskraft aufzuweisen hätten. Vergeßlichkeit hingegen führt zu kultureller Leichtgewichtigkeit. Im Falle der mythenvergessenen Bundesrepublik, oder allgemeiner, all jener selbstbezüglichen Systeme, deren Weltbezug sich aus flüchtigen, synthetischen Bildern speist, entspricht das Ungleichgewicht der Waagschalen einer profanen Entkoppelung der Gegenwart von ihren Ursprüngen.

Es ist für Strauß die spirituelle Grundausrichtung des Kollektivs, die über ihr Gewicht – das stets die Substanz repräsentiert – auch das Verhältnis einer Gemeinschaft zur Vergangenheit zum Ausdruck bringt. Je stärker die Akzeptanz, die sie ihren spirituellen Fundamenten gegenüber (die Strauß als „das Unsere" bezeichnet) aufzubringen bereit ist, je bereitwilliger sie sich bis zu einem gewissen Grad mit Mythenmaterial befrachtet, desto schneller wird sie in der Logik dieses physikalischen Denkschemas nach unten absinken. Die Einschränkung weist darauf hin, daß die von Strauß entworfene Idealfigur des Gleichgewichts zwischen Gegenwart und Mythos offenkundig die Gefahr einer spirituellen Überfrachtung, die einem zivilisatorischen Rückfall in archaische Zustände gleichkäme, mitreflektiert. Erst dann wäre von einer ausgewogenen, fruchtbaren Balance der Zeitprinzipien zu sprechen, wenn beide Seiten, Gegenwart *und* Mythos, gleichermaßen zu ihrem Recht kämen.

Kunstreligion: Zur „Metaphysik des Ästhetischen"

Bei aller Skepsis, die Strauß hinsichtlich der Entwicklungsfähigkeit des neuzeitlich deformierten Subjekts anzumelden hat, bekundet diese in der Idealfigur des Gleichgewichts zum Ausdruck gebrachte Sorge um das rechte Maß einen nachhaltig humanistischen Standpunkt, der den Kritikern des *Anschwellenden Bocksgesangs* entgangen zu sein scheint. Sein Vorbild könnte etwa in jenem „harmonische(n) Ausrunden (des) geistigen und äußern Daseins" zu sehen sein, das nach Jacob Burckhardt den vom Griechentum inspirierten Menschen der Renaissance ausgezeichnet haben soll.[463] Strauß' kritische Bestandsaufnahme zielt nicht auf eine „Zerstörung" des Bestehenden ab, die „der Kulturpessimist (...) für unvermeidlich" halte, sondern baut „auf einen tiefgreifenden, unter den Gefahren geborenen Wechsel der Mentalität, auf die endgültige Verabschiedung eines nun hundertjährigen 'devotionsfeindlichen Kulturbegriffs' (Hugo Ball), der im Gefolge Nietzsches unseren geistigen Lebensraum mit unzähligen Spöttern, Atheisten und frivolen Insurgenten übervölkert und eine eigene bigotte Frömmigkeit des Politischen, des Kritischen und All-Bestreitbaren geschaffen hat" (ABo, 27). Anders als Heiner Müller, dessen apokalyptischer Entwurf einer „Wirklichkeit jenseits des Menschen"[464] mit dem produktiven Potential des Zerstörerischen operiert, und dem Veränderungsprozesse nicht anders denkbar erscheinen, „als durch radikale Vernichtung der 'Präexistenz', eine Vernichtung, die sich der Autor als Explosion, Zerrissenwerden, Mord sogar vorstellt"[465], entwirft Strauß ein Regenerationsprogramm, das auf einer stufenweisen Ablösung überholter Denkschemata basiert. Sein „Kulturschock"-Szenario trägt keine destruktiven Züge, sondern leitet einen Modifikationsprozeß ein, der seine Antriebskräfte im Inneren noch der lädiertesten Gesellschaft findet.

Neben der kategorialen Entmischung kultureller Differenzen besteht die Aufgabe des Dichters, von dessen rollenspezifischem Profil der letzte Abschnitt dieses Kapitels handelt, in der Verwaltung jener weltabgewandten Bezirke, die dem Numinosen inmitten der säkularen Welt ein Unterkommen gewähren. Diese Gegensphären der Dichtung und der Kunst, die Strauß als spirituelle Kraftzentren der heilsvergessenen Moderne charakterisiert, stellen in seinen Überlegungen die einzigen Schauplätze dar, an denen die unmittelbare Erfahrung einer metaphysischen Anwesenheit noch möglich erscheint. Da in Strauß' Ausführungen jedoch nicht mehr ohne weiteres zu erkennen ist, ob es sich dabei noch um eine im strengen Sinne ästhetische oder bereits um eine religiöse Erfahrung handelt, erscheint an dieser Stelle eine nochmalige Überprüfung seines Kunstverständnisses angezeigt. Denn nur durch eine möglichst präzise Bestimmung des Gegenstandes, auf den sein im *Bocksgesang* entwickeltes Regenerationsprogramm bezogen ist, sind die gedanklichen Strukturen und intentionalen Grundlagen seiner kulturkritischen Sendung kenntlich zu machen.

Strauß' Bemerkungen über die Anwesenheit, Andersheit oder Fremdheit der Kunst – insbesondere in seinem Nachwort zu George Steiners *Von realer Gegenwart* – enthalten nicht nur deutliche Hinweise auf eine Resakralisierung des Kunstwerks, dessen Autonomieanspruch im Verlauf der Moderne durch die Unterscheidung von (göttlichem) Urbild und (kultischem) Abbild eingelöst wurde. „Für die Andacht der Gläubigen, denen das Kultbild an Festen rituell enthüllt wurde, (...) war im Bild die Person des Heiligen unmittelbar materialisiert: 'Das Bild, in Dinglichkeit und Echtheitsbeweis, erbt die Funktionsmerkmale der Reliquie. Es wird Gefäß einer höchst realen Präsenz des Heiligen' (...). Die Präsenz des Heiligen im Kultbild setzt die Nichtunterscheidung

---

[463] Vgl. Jacob Burckhardt: Die Kultur der Renaissance in Italien. Ein Versuch. Stuttgart 1988[11]. S.102.

[464] Heiner Müller: Die Wunde Woyzeck. In: Material. Texte und Kommentare. Leipzig 1992. S.115.

[465] Thomas Koebner: Apokalypse trotz Sozialismus. Anmerkungen zu neueren Werken von Günter Kunert und Heiner Müller. In: Gunter E. Grimm / Werner Faulstich / Peter Kuon (Hgg.): Apokalypse. Weltuntergangsvisionen in der Literatur des 20. Jahrhunderts. Frankfurt/M. 1986. S.287.

von Abbild und Urbild, Fiktion und Wesenheit voraus. (...) Daraus folgt (...), daß die Unterscheidung von Darstellung und Dargestelltem – zwischen dem Sichtbaren und dem Unsichtbaren, dessen Wahrheit im Dargestellten nur mittelbar zur Erscheinung kommt – eine schon reflektierte Einstellung voraussetzt. (...) Mit der Unterscheidung von Bild und Abgebildetem (...) wird die Andacht zur Kontemplation, die in der Anschauung des Kultbilds die Erscheinung seiner Ferne als Aura seiner Unnahbarkeit erfahren läßt. Spur und Aura sind in religiöser Erfahrung letztlich komplementär: im Habhaftwerden einer Körperspur (Reliquie) wie in der Anschauung eines Kultbilds erfüllt sich die religiöse Erfahrung am Ende darin, daß sich die Aura des Heiligen unser bemächtigt."[466]

Indem Strauß, Steiner folgend, die sakral-religiösen Implikationen der hier avisierten Erfahrung in den Vordergrund stellt, restituiert er den kultischen Charakter des ästhetischen Objekts. Sein Kunstbegriff ist einer vergangenen Ära, nämlich der des Kultbildes, entlehnt. „Die Verrechnung großer Kunst im ästhetischen Kult ist", wie Hans Robert Jauß anmerkt, „eine spezifische Nostalgie der romantischen Ästhetik; ihre Kunstreligion, die das Vakuum ausfüllen wollte, das die Religionskritik der Aufklärung hinterließ, konnte den Makel eines Surrogats nie ganz verbergen."[467] Über diese theologischen Anleihen hinaus wirft Strauß' Kunstverständnis auch einige kategoriale Probleme auf, die auch durch einen Verweis auf die essayistische Lizenz zur methodischen Freiheit[468] nicht ganz behoben werden können. So findet sich im *Bocksgesang* wie auch in *Aufstand gegen die sekundäre Welt* nirgendwo ein Anzeichen dafür, daß Strauß zwischen dem „Unseren", das offenbar als der abendländische Grundbestand an kulturellen Erinnerungen zu verstehen ist, und etwa dem „Numinosen" als Formel einer metaphysischen Entität einen qualitativen Unterschied veranschlagte. Möglicherweise sieht er sich deshalb von der Notwendigkeit eines klärenden Wortes entbunden, weil beide Kategorien letztgültig nicht zu bezeichnen sind. Ihr gemeinsamer Nenner besteht in ihrer begrifflichen Unverfügbarkeit und Vagheit. Indessen besteht, darauf hat bereits Adorno im Rahmen seiner streng kategorisierenden *Ästhetischen Theorie* hingewiesen, das „Rätselhafte der Kunstwerke" in ihrem „Abgebrochensein. Wäre Transzendenz in ihnen zugegen, sie wären Mysterien, keine Rätsel; das sind sie, weil sie als Abgebrochene dementieren, was sie doch sein wollen"[469].

Folgenreicher als diese terminologische Unschärfe, der die von Steiner übernommene synonyme Verwendung des „Anderen" sowohl für *das* (unbestimmte) als auch für *den* (bestimmten, nämlich Gott) noch hinzugefügt werden könnte, erscheint die von Strauß vollzogene Rückübersetzung der ästhetischen in die religiöse Erfahrung. „Jedes Opus", heißt es im Nachwort zu Steiners Abhandlung, „ist Opfer, alle Dicht-

---

[466] Hans Robert Jauß: Über religiöse und ästhetische Erfahrung. Zur Debatte um Hans Beltings „Bild und Kult" und George Steiners „Von realer Gegenwart". In: Merkur 9/10 (1991). S.937f; die Begriffe „Spur" und „Aura" definiert Jauß mit Walter Benjamin wiefolgt: „Die Spur ist Erscheinung einer Nähe, so fern das sein mag, was sie hinterließ. Die Aura ist Erscheinung einer Ferne, so nah das sein mag, was sie hervorruft." (S.938)
[467] Ebd., S.941.
[468] Vgl. hierzu Theodor W. Adorno: Der Essay als Form. In: Noten zur Literatur. Frankfurt/M. 1981. S.933: „Der Essay (...) läßt sich sein Ressort nicht vorschreiben. (...) Er fängt nicht mit Adam und Eva an sondern mit dem, worüber er reden will; er sagt, was ihm daran aufgeht, bricht ab, wo er selber am Ende sich fühlt und nicht dort, wo kein Rest mehr bliebe: so rangiert er unter den Allotria." (S.10)
[469] Ders.: Ästhetische Theorie. A.a.O., S.191.

kunst die Magd der anámnesis" – und zwar nicht im Sinne eines willkürlichen Sich-Erinnerns, sondern „im Wortsinn des Alten und Neuen Testaments: 'sich vor Gott ein Ereignis der Vergangenheit so in Erinnerung zu bringen oder zu 'repräsentieren', daß es hier und jetzt wirksam wird'. Hierin feiern Gedicht und Eucharistie dasselbe; im Versklang tönt noch der 'Brotbrechlaut' (Jones). Die Kunstlehre von der realen Gegenwart oder: die um die Kunst erweiterte Sakramentenlehre ist davon überzeugt, daß das Bildnis des Mädchens nicht ein Mädchen zeigt, sondern daß es das Mädchen ist unter der Gestalt von Farbe und Leinwand." (Auf, 309)[470] Als „Magd der anámnesis" erhält die Dichtung jene dienende Funktionsbestimmung zurück, die ihr durch den Autonomieanspruch des Kunstwerks in der Moderne entzogen wurde. Sie ist sozusagen ganz damit beschäftigt, sich selbstlos und nach Kräften um die Angelegenheiten ihres numinosen Gastes zu bemühen. Dies wird dadurch erreicht, indem sie sich mit ihrem Urbild, das in Erinnerung zu bringen ihr obliegt, identifiziert. Ihr Dasein repräsentiert den vollständigen Verzicht auf einen eigenständigen ästhetischen Anspruch, denn die sakrale Darstellung dient allein dem Zweck, dem Numinosen zur bestmöglichen Entfaltung und Erfahrbarkeit zu verhelfen.

Auf diese Weise trägt die von Strauß lancierte „Theologie des Textes" (ebd., 314) zur Restitution der Aura bei. Nicht jener Aura des Schönen freilich, wie sie das vom kultischen Dienst entbundene Kunstwerk für sich beansprucht, sondern einer Aura, die das Heilige hervorbringt und die sich nur dann unser bemächtigt, „wenn die Betrachtung nicht in ästhetischer Distanz innehält, um das Abbild in seiner Eigenständigkeit zu bewundern, sondern sich der Kraft des Kultobjekts aussetzt, um seine Gnadenwirkung zu erfahren"[471]. Die auratische Daseinsweise des sakralen Kunstwerks stellt eine der Grundlagen dar, auf denen Strauß (mit Steiner) die Umrisse einer neuen „Metaphysik des Ästhetischen" (Karl Heinz Bohrer) entwickelt. Indem die für die moderne Kunst konstitutive Unterscheidung zwischen Abbild und Urbild, Darstellung und Dargestelltem annulliert wird, fallen künstlerische Produktion und religiöser Dienst am Numinosen ununterscheidbar zusammen. Strauß' und Steiners „Retheologisierung der Kunst" läuft „unweigerlich auf eine Ästhetisierung Gottes hinaus"[472]. Der Text selbst ist nach diesem Verständnis das Heilige, um dessentwillen er verfaßt wurde. „Das Wort Baum ist der Baum, da jedes Wort wesensmäßig Gottes Wort ist." (Ebd., 308) Dergestalt übernimmt die Dichtung die Funktionsmerkmale einer religiösen Reliquie: Sie wird zum Gefäß oder zum Gehäuse für die reale Präsenz des Numinosen.

Steiners sprachphilosophisches Programm hat ihre Wurzeln in der in seiner Abhandlung ausführlich kommentierten jüdischen Tradition des Talmudismus, dessen Rezeptionshaltung er im Zusammenhang seiner Abrechnung mit der Theorie der Dekonstruktion der kabbalistischen Textexegese gegenüberstellt. Der zentrale Unterschied zwischen diesen beiden Auslegungstraditionen bestehe, verkürzt gesagt, darin, daß der Kabbalist den bedeutungsschweren Urtext unter einem dichten Gewebe aus sekundären Diskursen begrabe und damit unkenntlich mache, während der Talmudist

---

[470] Hans Robert Jauß: Über religiöse und ästhetische Erfahrung. A.a.O., S.943, weist darauf hin, daß der Rekurs auf die Eucharistie „eine unvermerkte Zutat von Botho Strauß" darstelle und daher ebenso verfehlt sei, wie sein „zu Recht verrissenes Nachwort".

[471] Ebd., S.938.

[472] Ebd., S.943.

aus Respekt vor dem irreduziblen Urtext eine zurückhaltende „Ziemlichkeit" des Kommentars bevorzuge. Der Text in seiner Eigenschaft als Schutzhülle des Numinosen, die für den Talmudisten die letzte Instanz der begrifflichen Verfügbarkeit darstelle, sei unter dem schamlosen (kabbalistisch-geschwätzigen) Zugriff zahlloser akademischer oder sozialkritischer Diskurse zu einer „Flechte des Parasiten geworden, der seinen Wirt zersetzt und überwuchert" (ebd., 312). Der Kabbalist, dem heutzutage der Dekonstruktivist entspreche, sei auf die Beseitigung des rätselhaften und unerklärbaren Rests in einem Kunstwerk aus, suche letztgültige Gewißheit und wolle über alles Bescheid wissen. Steiner verkennt jedoch, „daß es der Dekonstruktion der heuristischen Tradition des New Criticism zunächst um eine semantische, eine linguistisch-literaturwissenschaftliche Präzisierung des spezifisch ästhetischen Phänomens in der Literatur geht, also gerade um das von ihm beschworene 'Andere'. Steiner macht dieses statt dessen an einer ästhetischen Theologie fest. Er sagt, dieses gibt es, weil es das 'Andere' gibt – das Andere ist Gott"[473]. Abgesehen von Steiners schematischer und eindimensionaler Bewertung der Theorie der Dekonstruktion wird in seiner Untersuchung vor dem Hintergrund eines religionsgeschichtlichen Methodenstreits als moderner Widersacher einer ernsthaften, angemessen verhaltenen Textauslegung der „Journalismus" ausgemacht – der Genius des intellektuellen Protestantismus. Dieser Kritikansatz läßt sich im Unterschied zu Steiners Privatfehde mit dem Dekonstruktivismus auch in Strauß' Werk an unterschiedlicher Stelle nachvollziehen (vgl. Konkordanz: Information, Medien und Television). Für Strauß verkörpert der Journalismus, der alles ins gleichmacherische Licht der Öffentlichkeit zu zerren trachte, „letztlich die einzige, die höchststehende kulturelle Leistung der Nachkriegsdemokratie; längst nicht mehr nur als Institution zur Verbreitung von Nachricht und Meinung, sondern vielmehr als eine umfassende Mentalität des Sekundären, die tief eingedrungen ist in die Literatur, in die Gelehrsamkeit, die Philosophie und nicht zuletzt in den Glauben und seine Ämter" (ebd., 310f.).

Die von Steiner vollzogene, von Strauß mitgemachte, mentalitätsgeschichtliche Verkopplung des journalistischen Geistes mit der kabbalistisch-geschwätzigen Auslegungstradition legt den Grundgedanken frei, auf den hin der Vergleich unternommen wurde. Versteht man nämlich das Dickicht aus sekundären Diskursen als sedimentäre Ablagerungen auf einem zwar verschütteten, begrabenen aber nichtsdestoweniger existenten Urtext, so wäre alles selbstreferentielle Gerede, das im Medienzeitalter nie ausgeht, so wäre das Wesen des Medienzeitalters selbst theologischer Natur – nur eben im negativen Sinne, negative Theologie. Diese unbewußte Befangenheit läßt sich mit Steiner am Objekt veranschaulichen: an jener vergoldeten Bundeslade nämlich, in der Moses nach alttestamentarischer Überlieferung die göttlichen Gesetzestafeln vom Berg Sinai überführt haben soll. Während die von Strauß und Steiner propagierte Rezeptionshaltung davon ausgeht, ihren „Tanz" vor einer gefüllten und daher strahlenden Bundeslade der Schrift zu veranstalten, unterstellten die journalistisch-dekonstruktivistischen Tänzer, daß die Lade leer und ihr sinnstiftender Inhalt verschwunden sei. Wer sein Programm auf der Bestreitung von Sinn oder Wahrheit begründe, bleibe diesen Kategorien entgegen allen Leugnungsversuchen in struktureller

---

[473] Karl Heinz Bohrer: Zeit und Imagination. Das absolute Präsens in der Literatur. In: Das absolute Präsens. Die Semantik ästhetischer Zeit. Frankfurt/M. 1994. S.181.

Hinsicht weiter verhaftet. Ebenso wie im Falle der links-intellektuellen negativen Theologie des Holocaust, von der weiter oben die Rede war, die Bundeslade mit dem Bösen besetzt und damit nur die Abwesenheit des Guten dokumentiert werde, sei mit der Vorstellung einer leeren Bundeslade – ex negativo – der Beweis für die Existenz Gottes erbracht. Sie bleibt diesem Verständnis zufolge der gemeinsame Nukleus jeglicher Textinterpretation, solange diese nur auf die vergoldete Truhe bezogen bleibt.

Was in diesem Zusammenhang die im letzten Abschnitt vorgeschlagene Übertragungsfigur einer Waage als bildhaft-metaphorische Entsprechung von Strauß' Geschichtsbegriff angeht, so wäre ihre Beschaffenheit ebenfalls religiöser Natur. Geschichte, als Waage betrachtet, kann nur Heilsgeschichte sein. Allenfalls kommt für Strauß ein historischer Zustand der Heilsvergessenheit in Betracht, der durch einen Mangel an religiösen Erfahrungen gekennzeichnet ist und in dem dieser Verlust durch einen profanen Kult der Diesseitigkeit kompensiert wird. Auch das von Strauß vertretene dichterische Programm trägt kompensatorische Züge, da es die Erfahrung einer sinnentleerten Gegenwart durch den Rückbezug auf ihr vergessenes mythologisches oder metaphysisches Äquivalent zu ergänzen versucht. Ganz im Sinne der luziden Definition, die Odo Marquard für den Kompensationsbegriff eingeführt hat, geht es ihm im *Bocksgesang* und in *Aufstand gegen die sekundäre Welt* um eine „Ergänzung ohne Ganzes"[474]; um temporäre Entlastungen etwa von der Erfahrung medialer Übersättigung durch die Konfrontation mit bewahrenden, wertkonservativen, sinnstiftenden Kunstwerken. Strauß verfolgt nicht den Plan einer dauerhaften Modifikation des Systemganzen, ihm ist vielmehr an der Konturierung von Schwellentopographien gelegen, in denen im Modus andachtsähnlicher Initiationen die ästhetisch-religiöse Erfahrung eines sinnerfüllten Weltbezugs zu machen wäre. „Warum nicht eines Tages auch ästhetische Diät als allgemeines Ideal?" (Na, 148)

Der Geheime: Zur Typologie des Dichters

In seiner Eigenschaft als Hüter und Sachwalter des wertkonservativen Bezirks der Kunst, deren traditionelle kultische Funktion in der Erhaltung und Weitergabe der geistigen Substanz einer Gemeinschaft besteht, lanciert der Dichter Botho Strauß (kompensatorisch) eine „Protopolitik" des „Wiederanschlusses an die lange Zeit" (ABo, 25), die (strategisch) auf eine Sensibilisierung des einseitig verengten Wahrnehmungsvermögens aus ist. Ein wenig formelhaft ließe sich sagen: Strauß arbeitet an der Markierung des metaphysisch-spirituellen Gegengewichts zur historischen Gegenwart mit dem Ziel einer ausgeglichenen Lastenverteilung zeitlos gültiger Sinngehalte. Dabei kommt er um eine nähere Beschreibung dieses Gegengewichts schon deshalb herum, weil es sich gerade durch seine begriffliche Unverfügbarkeit auszeichnet. Das Numinose bedarf ebenso wie das Surplus eines Kunstwerks keiner Rechtfertigung, weil es sich allein über die Kategorie der Erfahrung, rezeptionsästhetisch also, legitimiert. Was sich in der Dichtung ausspricht, *ist* und darf somit als reale Präsenz vorausgesetzt werden. George Steiner bringt diesen Sachverhalt in mehr als der einen, von Strauß

---

[474] Vgl. Odo Marquard: Kunst als Kompensation ihres Endes. In: Willi Oelmüller (Hg.): Kolloquium Kunst und Philosophie. Bd.1. Ästhetische Erfahrung. Paderborn, München, Wien, Zürich 1981. S.170.

zitierten Passage auf einen bezwingenden Nenner: „Es gibt die Dreifaltigkeit Rublevs, folglich gibt es Gott." (Auf, 310) Die bloße Existenz eines Kunstwerks genügt ihm als Gottesbeweis. Der Künstler nimmt damit die Gestalt eines kirchlichen Würdenträgers an.

Da Strauß diesen Gedanken in seinem Nachwort zu Steiners Buch widerspruchslos aufgreift und in seine eigenen Erwägungen einbezieht, setzt er sich ohne Not einem argumentativen Widerspruch aus. Denn genau hier werden die Schwierigkeiten ersichtlich, die aus der oben erwähnten synonymen Verwendung des bestimmten und des unbestimmten Artikels („des Anderen" und „eines Anderen") zur Bezeichnung der transzendentalen Qualität eines Kunstwerks resultieren. Steiner gibt der realen Präsenz im Kunstwerk den Namen Gottes. Damit ist sein „ästhetischer Gottesbeweis" (ebd.) mit dem Verlust jener Vagheit erkauft, die den rein ästhetischen Entwurf am Ende auszeichnet. Indem er seinen Ausführungen „eine Identifikation des ästhetischen Phänomens mit der obersten Referenz, nämlich Gott," zugrundelegt, „verliert er die gerade notwendige, längst gewonnene Spannung zwischen Referenz und Nichtreferenz! Es geht zweifellos um eine Präsenz. Aber wessen? Indem Steiner diese 'Präsenz' mit der Gegenwart Gottes umschreibt, verfällt sein in seiner Emphatik der ästhetischen Rede eindrucksvoller Zwischenruf jedoch einem Fundamentalismus, der sich bloß als Angriff gegen dekonstruktivistische Relativierungen beglaubigen kann, also erkennbar an einem Datum vor Mallarmé, festzumachen gezwungen ist"[475]. Strauß dagegen, der weder hier noch anderswo in seinen Schriften eine kategoriale Unterscheidung zwischen dem Numinosen und dem Präsentischen, dem Anwesenden oder dem Inkommensurablen vornimmt, bürdet sich ein Benennungsproblem auf, das zwar in seinem dichterischen Werk als durchgängige theoretische Unschärferelation angelegt ist, das in dieser offenen Form jedoch zu berechtigten Einsprüchen herausfordert.

Es mag mit dieser neuen, bekennenden Nachbarschaft des Dichters zum Numinosen zusammenhängen, daß Strauß von seinen Kritikern in wachsendem Maße mit den Attributen des Priesterlichen und Pastoralen ausgestattet wird. „Strauß' gnostische Methode der Anamnesis", vermerkt etwa Sigrid Berka mit Blick auf Matthias Schmitz' und Thomas Assheuers kritische Erwiderung[476], „der Wiedererinnerung an die eigene Fremdheit, der Reintegration ins ganze Menschsein, diese gnostische Erkenntnisweise und Fassungskraft für das 'ganz Andere' habe seine Kehrseite, indem sie einen Heilsboten voraussetze."[477] Nimmt man solche Hinweise auf das erneuerte Rollenprofil des Dichters ernst, so kann man es kaum noch als Zufall ansehen, daß gerade die Photographie des Autors, die dem *Anschwellenden Bocksgesang* im „Spiegel" vorangestellt wurde, den spezifischen Habitus des Dichters als Prediger aufs trefflichste wiedergibt. Hier scheint Strauß zum kirchlichen Würdenträger nurmehr der Ornat zu fehlen. In gestischer wie physiognomischer Hinsicht jedoch sind dem Portrait wesentliche Merkmale eines religiös Inspirierten abzulesen: Von den gefalteten Händen auf der blanken Tischplatte, die den Inspirationstypus etwa vom papierumspülten Arbeitstypus unterscheidet und die in ihrer Leere mit den Innenaufnahmen seiner ehemaligen

[475] Karl Heinz Bohrer: Die Grenzen des Ästhetischen. A.a.O., S.60.
[476] Vgl. Matthias Schmitz / Thomas Assheuer: Vom Menschen zum Staatsbürger. In: Frankfurter Rundschau vom 10.7.1993.
[477] Sigrid Berka: Botho Strauß und die Debatte um den Bocksgesang. In: Weimarer Beiträge 2 (1994). S.167.

klassizistischen Altbauwohnung in der Berliner Keithstraße korrespondiert[478], bis hin zur andächtigen, ebenso aufmerksam wie besorgt in die Kamera blickenden Miene; vom Neigungswinkel des Oberkörpers bis hin zur leicht geneigten Kopfhaltung, die die eindringliche, mahnerische Wirkungsabsicht seiner Botschaft habituell zu unterstreichen scheinen.[479]

„Jedes hochentwickelte Individuum", schreibt Strauß mit Blick auf den Dramaturgen Dieter Sturm, „begibt sich, um seine geschichtliche Einsamkeit ertragen zu können, in den Schutz irgendeines Typus', der uralt und unvergänglich ist." (Vers, 255) Was den von ihm selbst repräsentierten Typus betrifft, so scheinen sich hier eine ganze Reihe „unvergänglicher" Prägemuster zu einem differenzierten und facettenreichen Gesamtportrait zusammenzufügen. Ein Umstand im übrigen, der die eingangs kommentierte biographische Unvollständigkeit einer photographischen Abbildung noch einmal unterstreicht. Man müßte wohl auf die Technik der Collage zurückgreifen, um die ebenso unterschiedlichen wie aufeinander abgestimmten Profile des Dichtertypus□ (bei) Botho Strauß zur simultanen Ansicht bringen zu können. Grundsätzlich zerfällt sein selbstgestellter Auftrag in die Bereiche Differenzierung (Unterscheidung), Bewahrung (Sicherung) und Mitteilung (Sendung), wobei jede dieser Aufgaben mit einem anderen, in seinen Schriften prädisponierten Typus zu besetzen wäre. Die Gemeinsamkeit der hier genannten Aufgabenbereiche besteht darin, daß sie ihren mittelbaren oder unmittelbaren Bezugspunkt in der Gesellschaft haben. So entsteht ein prekäres Spannungsverhältnis aus Zuwendung und Abgrenzung, aus punktueller Veräußerlichung und kalkulierter Innerlichkeit, in dem die Schwellenposition des Dichters als notorischer Einzelgänger inmitten des laufenden Betriebs angezeigt ist.

„Die Menge der anderen bildet die Voraussetzung für die Geburt des Typus, den der einzelne nicht aus sich selbst erzeugen kann. Jedes Verhalten besitzt daher seinen Stammbaum, und jedem einzelnen kommt sein Schlag zu Hilfe. Wenn wir also meinten, das gleiche kehre immer wieder, so hat doch nur eine Handvoll Menschseinsvarianten laufend sich gemischt. Wir sind verurteilt zum Ressentiment: jedes tiefere Gefühl nährt sich aus seiner dunklen Ahnengeschichte." (Iso, 33) Aus drei Gründen setzt der von Strauß charakterisierte Dichtertypus sich von der Gemeinschaft ab: Zum einen, weil der gesellschaftliche Ist-Zustand einer gleichmacherischen, indifferenten Öffentlichkeit seinen Rückzug provoziert und als notwendig erscheinen läßt. „Innerhalb der Öffentlichkeit, in der jedermann zuhaus und gleichzeitig evakuiert ist, läßt sich kein Traum retten, gegen sie nicht Widerstand noch Kritik, denn aus diesen Elementen ist sie selber beliebig zusammengesetzt. Ein solcher Verbund läßt sich nicht stören oder umwerten, er kann nur mit spirituellen Brüchen beantwortet werden. Er provoziert einen neuen Typus des Außenseiters: den Esoteriker, den Eingeweihten des verborgenen Wissens und des geschonten Lebens. Gegen den allesüberstrahlenden Scheinwerfer wird sich der Illuminat herausbilden. Gegen das unkenntliche Allgemeine die versprengten Geheimzirkel, die Rosenkreuzer-Bünde der Kunst und des schö-

[478] Vgl. Volker Hage: Der Dichter nach der Schlacht. Eine Begegnung mit Botho Strauß im Sommer 1993. In: Weimarer Beiträge 2 (1994). S.179: „Dort, vor dem Fenster, entstanden die bekannten Fotos, die den Dichter im Gegenlicht zeigen."

[479] Vgl. in diesem Zusammenhang auch: Marbacher Magazin 74 (1996). Der von Rudi Kienzle bearbeitete Ausstellungskatalog über Orte literarischer Produktion (Vom Schreiben 4. Im Caféhaus oder Wo schreiben?) enthält u.a. Abbildungen von Strauß (S.82) und Peter Handke (S.80), der sich im efeuumrankten „hortus conclusus" seines Pariser Gartenzimmers photographieren ließ.

nen Wissens. Der Gescheitheitsvertrag der Informationsgesellschaft wird von der Ketzerbewegung des 'verbotenen Geists' gebrochen. Diese als eine neugnostische ist nur wenigen zugänglich und verwahrt sich gegen jede gesellschaftliche Brauchbarkeit." (Na, 149)

Strauß' Ausführungen in *Niemand anderes*, denen bereits das gesamte im *Bocksgesang* entwickelte ästhetische Schutz- und Regenerationsprogramm zu entnehmen ist und die in seinem Aufsatz über Dieter Sturm fast wörtlich wiederholt werden, verweisen auch auf den zweiten Grund für die selbstgewählte Isolation des Dichters in verschwätzten Zeiten. Vertritt dieser doch den Standpunkt, daß der von ihm verwaltete Gegenbezirk der Kunst und des „schönen Wissens" prinzipiell nicht für jedermann zugänglich sein kann. „Kunst ist nicht für alle da." (Vers, 252) Der propagierte Rückzug aus der „allesmäßigenden Öffentlichkeit" (ebd.) wird sowohl als Reflex auf die gleichmacherische Gesellschaft als auch aus der grundsätzlichen Erwägung heraus vollzogen, daß eine ernsthafte Auseinandersetzung mit den Werken eine Reduktion des Publikums auf einen kleinen Kreis von „Eingeweihten" erfordert, die sich in klösterlichem Ritual der Vorbereitung und stetigen Übung einer talmudistischen Werkauslegung unterziehen. Man werde sich daran erinnern, schreibt Strauß im *Bocksgesang*, „daß in verschwätzten Zeiten, in Zeiten der sprachlichen Machtlosigkeit, die Sprache neuer Schutzzonen bedarf; und wär's allein im Garten der Befreundeten, wo noch etwas Überlieferbares gedieh, hortus conclusus, der nur wenigen zugänglich ist und aus dem nichts herausdringt, was für die Masse von Wert wäre" (ABo, 29). Die dritte Ursache für den von Strauß vertretenen und kultivierten Antikonformismus als eine Form heroischen (vgl. ebd., 28) Außenseitertums dürfte schließlich in der bereits angesprochenen Nobilitierung der Perspektive zu sehen sein, die eine distanzierte Position gegenüber der Allgemeinheit mit sich bringt. Erst seine Zurückgezogenheit und sezessionsartige „Abkehr vom Mainstream" (ebd.) versetzt den Dichter in den Stand eines Beobachters, der zu einer unbefangenen und somit objektiven Bewertung der Situation befähigt ist.

Dieser Grunddisposition des Dichters tragen nun vor allem zwei typologische Varianten Rechnung, die im folgenden kurz charakterisiert werden sollen. Der Typus des Geheimen repräsentiert dabei die weltabgewandte Seite, der zweiteilige Typus des Rufers und Erzählers die mitteilsame Seite eines dichterischen Programms, das Strauß an verschiedener Stelle seines Werks formuliert (vgl. Konkordanz: Dichtung / Dichter), ohne sich dabei ausdrücklich auf sein eigenes Schaffen zu beziehen. Bei dem Versuch einer typologischen Profilierung und Funktionsbestimmung muß davon ausgegangen werden, daß etwa Strauß' Bemerkungen über Dieter Sturm (*Der Geheime*) wie auch seine zahlreichen Reflexionen über den gesellschaftlichen Stellenwert der Dichtung und des Dichters als Bestandteile eines vermittelten, „geheimen" und darüber hinaus zerstreuten Selbstportraits zu interpretieren sind.

Der Geheime: Der Typus des Geheimen steht für den sachkundigen und erfahrenen Kenner der kulturellen Überlieferung. Da er über verläßliche, vielfach erprobte Kriterien zur Unterscheidung des Originalen vom Sekundären verfügt, bringt er eine durch nichts zu korrumpierende Befähigung zur Analyse und Bewertung mit, die er sowohl an Kunstwerken als auch an der Gesellschaft erprobt. Der Geheime ist Kenner, Beobachter und Sammler in einer Person; ein Meister des feinen Unterschieds. Er nimmt wahr, was außerhalb seines umgrenzten Bezirks vor sich geht und holt hinein, was seines Schutzes bedarf. „Wie jedem echten Sammler ist ihm selbstverständlich das entlegene Objekt des Wissens sehr viel begehrenswerter als das allgemein zugängliche." (Vers, 252) In seinem hortus conclusus, dem Gegenbezirk der Kunst, den man sich räumlich etwa als eine „Höhle unter dem Lärm" (Büch, 65) vorzustellen hat, ist er mit der Aufsicht über den Fortbestand des in den Werken zur Sprache kommenden Wissens beschäftigt. Auch hierbei kommt ihm seine Kennerschaft zugute, doch diesmal nicht im Hinblick auf eine Trennung „der weltlichen von den verweltlichten heiligen Dingen" (Auf, 306), sondern im Hinblick auf eine angemessene und sorgfältige Betreuung oder Hege der ihm anvertrauten Wissensbestände, aus denen sich die kulturelle Erinnerung der Gemeinschaft speist. Innerhalb der von ihm errichteten Schutz- oder Dunkelzone finden sie jenes gastfreundliche Klima der Aufmerksamkeit und Zuwendung vor, auf das sie, um überleben zu können, angewiesen sind.

Der Geheime ist in erster Linie ein elitärer Typus der Innerlichkeit. Sein abgegrenzter ästhetischer Bezirk ist nur insofern auf die Gesellschaft bezogen, als dieser die Matrix ihrer kulturellen Identität darstellt – einer Identität, von deren Existenz man draußen nichts mehr weiß. Nur durch seinen Entzug vor der Öffentlichkeit kann der kulturelle Nährboden, für dessen Erhalt der Geheime zuständig ist, auf die Gemeinschaft zurückwirken. Da es hier um den Schutz einer bedrohten Substanz geht, fungiert der Geheime auch als Wächter, dem neben der internen Verwaltung auch die Verteidigung der hermetischen Gegenzone der Kunst vor äußeren Zudringlichkeiten obliegt. „Poeta otiosus. Der zurückgetretene, der nutzlos gewordene, der in Vergessenheit geratene Ursprüngliche. Seine Muße ist die ganz entbundene, ruhend-ruhelose Wache. Seine Ataraxie: die Wörter sich finden zu lassen und nicht einzugreifen. (So viele sind mit so vielen noch nie in Berührung gekommen!) Das absichtslose Auge im Hintergrund. Der Untätige jetzt." (FdU, 45) Architektonisch entspricht dieser behütete Gedächtnisraum, in dem die Kunstwerke untereinander kommunizieren, sowohl einer entlegenen Höhle als auch einer Verbindung aus Kirche und Museum, wobei letzteres den Sammlungsgedanken, erstere die spirituelle Verwurzelung des Geheimen repräsentiert. So erhält sein Dienst am Besonderen und Authentischen durch die sakrale Aura des Ortes eine gleichsam kultisch-rituelle Weihe. „Vielleicht ist der Typ des Esoterikers, den er verkörpert, weniger unzeitgemäß, als es zunächst scheinen mag. Vielleicht weist er im Gegenteil erst recht in die Zukunft. Der Geheime ist heute schon der einzige Ketzer, der einzige wahrhaft Oppositionelle gegenüber der allesdurchdringenden (...) Öffentlichkeit. Gegen den totalen Medienverbund, gegen die Übermacht des Gleich-Gültigen wird und muß sich eine Geheimkultur der versprengten Zirkel, der sympathischen Logen und eingeweihten Minderheiten entwickeln. Kunst und schönes Wissen werden die Kraft der Verborgenheit (...) dringend benötigen, um fortzubestehen und der verrückten, tödlichen Vermischung zu entgehen." (Vers, 252)

Der Rufer und Erzähler: Anders als der Geheime repräsentiert die Typenvariante des Rufers und Erzählers den Sendungsauftrag, mit dem der Dichter nach Strauß ausgestattet ist. Sein Tätigkeitsfeld besteht in der dosierten Vermittlung und Weitergabe jener eminenten Kenntnisse, die sich der Rufer und Erzähler insgeheim zu eigen gemacht hat. In seiner Eigenschaft als Wächter war er vor allem auf das Innere seines „hortus conclusus" konzentriert; nun jedoch verwandelt er sich in einen Diener der Gemeinschaft, der er etwas mitzuteilen hat, was sie von sich aus nicht mehr weiß. Dabei sind seine Verlautbarungen nicht dialogisch angelegt: „Herauszustehen und zu reden in seines Deutsches Überfluß, das heißt natürlich auch, daß er währenddem nicht ansprechbar, nicht 'dialogfähig' ist. Unterbricht ihn jemand und fragt dazwischen, so wird er wohl nicht übergangen, aber auf das Gesicht des Redners legt sich ein kurzer Schatten der erkälteten Sympathie, auch der schmerzlichen Verhaltung, denn eine solche Rede versteht sich ja nicht als Meinungsbeitrag, sondern vollbringt, wie andere Formen der Ekstase auch, in sich schon einen Akt der communio, der gemeinsamen Verständigung." (Ebd., 250f.)

Für diesen öffentlichen oder halböffentlichen Aufgabenbereich steht dem Dichter neben der Rolle des bereits erwähnten religiös inspirierten Demiurgen die des Rufers und Erzählers zu Gebote, der selbst kein Autor zu sein braucht, da sein „Werk im wesentlichen aus wörtlicher Rede besteht" (ebd., 247). Jede Erzählung will mitgeteilt sein, enthält aber zugleich eine bleibende Skepsis gegenüber dem Medium Schrift. Sucht der Rufer die anonyme Öffentlichkeit auf (vgl. T II, 456ff.), so gleicht sein ekstatischer Monolog einer knappen, frohen Botschaft. Die „rhetorischen Meisterstükke" des Erzählers dagegen, gelangen „über den engen Kreis derer, die mit ihm arbeiten" (Vers, 247), selten hinaus. Der Erzähler ist ein Rufer im Stillen. Sein Vorteil gegenüber dem Schreibenden dürfte darin zu sehen sein, daß sein mündlicher Bericht nicht ohne weiteres zu reproduzieren ist. Der Erzähler baut auf sein Erinnerungsvermögen, dessen Repertoire er „an Ort und Stelle" (ebd.) entfaltet. Tritt er öffentlich in Erscheinung, so ist die Wirkung des Authentischen, des Einmaligen und Besonderen, die von ihm ausgeht, gefährdet.

Walter Benjamin, der den anachronistischen Typus des Geschichtenerzählers in einer subtilen Würdigung des Werks von Nikolai Lesskow rekonstruiert hat, verweist an einer Stelle auf die Bedeutung der Langeweile als eines Zustands der „geistigen Entspannung", der einer Assimilation des Zuhörers an die gleichmäßig, monoton und schnörkellos heruntererzählte Geschichte zuträglich sei (vgl. auch ebd., 255). „Die Langeweile ist der Traumvogel, der das Ei der Erfahrung ausbrütet. Das Rascheln im Blätterwald vertreibt ihn."[480] Auf vergleichbare Weise auch für Strauß das über den Dichter vermittelte, weitergegebene Wissen in einer störungsfreien, unspektakulär-monotonen und abgeschotteten Sphäre zu seiner vollsten Entfaltung. Sein Entzugs- und Regenerationsprogramm basiert maßgeblich auf der Etablierung solcher Leerstellen und Unterbrechungen, die inmitten des laufenden Kommunikationsbetriebs ein Gegenmodell zur allgemeinen Indifferenz darstellen. An ihren Schwellen endet der Einflußbereich der historischen Zeitrechnung; Zeit wird in diesen Schutzzonen als lange Weile im mythologischen Sinne, als Dauer, erfahrbar. Strauß rät zur Abgrenzung, zur Höhlen- oder Nischenbildung, weil er derartige Gedächtnisräume als notwendiges Korrektiv zur Vergeßlichkeit und Schnellebigkeit des Medienzeitalters ansieht. Nicht im totalen Stromausfall, der alles gleichermaßen verdunkelte, in der Bildstörung besteht die Hoffnung des Gegenaufklärers.

---

[480] Walter Benjamin: Der Erzähler. Betrachtungen zum Werk Nikolai Lesskows. In: Gesammelte Schriften. Bd. II.2. Frankfurt/M. 1980. S.446.

V. Im Portus. Zwischenzeit und Krise: Ein *Ithaka*-Kommentar

> „Aber sehen Sie um unsere Glieder das Morgenrot?
> Aus der Ewigkeit, aus dem Aufgang der Welt?
> Ein Jahrhundert ist zu Ende. Eine Krankheit ist gebrochen.
> Eine dunkle Fahrt, die Segel keuchten;
> nun singt die Heimat über das Meer."
> Gottfried Benn, *Ithaka*

> „Nous sommes embarqués"
> Wim Wenders und Peter Handke, *Der Himmel über Berlin*

In seinem jüngsten Theaterstück entwirft Strauß auf der Grundlage des homerischen Epos ein Krisen-Szenario, das in vielerlei Hinsicht den aktuellen Gegebenheiten entspricht, ohne doch lediglich deren antike oder vormoderne Illustration darzustellen. *Ithaka*, ausdrücklich ein „Schauspiel nach den Heimkehr-Gesängen der Odyssee", kommt – von einigen stilistischen Ausnahmen abgesehen – ohne augenfällige Hinweise auf eine mögliche Übertragbarkeit des Stoffes aus. Seine Gegenwartstauglichkeit wird vielmehr durch ein überzeitliches Thema verbürgt, dessen Kernaussage lautet: Übergangszeiten führen unweigerlich zum Sittenverfall. Das Stück variiert ein Phänomen, das in der *Odyssee* des Homer erstmals in epischer Form verhandelt wird und das durch seine implizite Tendenz zur Aktualisierung einen Anspruch auf überzeitliche Gültigkeit erhebt – auch wenn die Straußsche Bearbeitung nur einen geringen Teil des Epos adaptiert und etwa die im Original retrospektiv wiedergegebenen Etappen der Irrfahrt gänzlich ausspart. Seine zentrale Aussage besteht in der Restitution einer alten, zwischenzeitlich außer Kraft gesetzten Ordung. Mit der Heimkehr des Odysseus, deren Verlauf das Handlungsgefüge maßgeblich prägt, kommt ein Interregnum allgemeiner Indifferenz zum Abschluß, das unter den Zeichen des Verzichts, des Wartens und der Entwertung gültiger Sinnstrukturen stand. Indem die Heimkehr des legitimen Herrschers jenes Vakuum aufhebt, das seine langjährige Abwesenheit in der gesellschaftlichen und mentalen Disposition des Landes erzeugt hatte, wird zugleich die Kreisstruktur erkennbar, die dem Stück als wesentliches Element der mythischen Denkform zugrunde liegt. Wenn Odysseus am Ende auf göttlichen Ratschluß hin den Streit mit seinen Widersachern beilegt, tritt durch das vereinte Königspaar eine „heilige Ordnung wieder in Kraft" (Ith, 103), die, da sie aufgrund ihres sakralen Status' nicht modifikationsbedürftig ist, ein identisches, lediglich zeitversetztes Abbild des früheren Zustands darstellt und somit als dessen zyklische Wiederholung anzusehen ist.

Ithaka, nach Strauß' eigener Aussage „eine Übersetzung von Lektüre in Schauspiel" (ebd., 7), liest sich wie ein szenischer Kommentar zu den Krisenbefunden des *Anschwellenden Bocksgesang*s. Diese These, die im Verlauf des folgenden Kapitels erhärtet werden soll, basiert auf Strauß' Überzeugung, daß sich die gesellschaftlichen und mentalen Grunddispositionen seit der Antike nicht wesentlich verändert haben und die Gegenwart nach wie vor von denselben, überzeitlichen Antriebskräften reguliert wird. Es ist jene untilgbare Gemeinsamkeit zwischen Einst und Jetzt, die Strauß auch in der Moderne gute Gründe liefert, „die Alten zu fragen": Der „etymologische Wert, den man rechtens der archaischen Rede zuerkennt, impliziert (...) ein Verhältnis der Herleitung – um ihr höhere Autorität zu geben, müßte man im Prinzip zugestehen, daß alles, was zu Beginn gesagt wurde, die höchste mögliche Gültigkeit bewahrt habe"[481]. Eben diese „phylogenetische Erbschaft"[482] wird in *Ithaka* unter Beweis gestellt. Die antike Szenerie führt die genuine Verwandschaft vor Augen, die nach Strauß zwischen unserer „mythenvergessenen" Jetztzeit und ihren im Mythos verankerten Ursprüngen bestehen soll. Ithaka liefert den Musterfall für eine Zeit, die aus den Fugen geraten ist und deren ursprüngliches Ordnungsgefüge im Verlauf der Handlung erneuert wird.

„Mythen und Archetypen", betont Jean Starobinski in seiner aufschlußreichen Abhandlung über die rhetorischen Grundfiguren in Homers *Ilias* und in der *Odyssee*, beanspruchten den Status einer regenerativen Erinnerung an verbindliche, im Inneren bewahrte Bilder der Vergangenheit; „ihr Vorrang in der genetischen Ordnung scheint ihnen eine zentrale Position und Funktion in der strukturellen Ordnung sichern zu müssen. Man respektiert sie aufgrund ihrer Zugehörigkeit zur Vergangenheit der Spezies und hat daraus ausreichende Ansprüche gezogen, die Innerlichkeit (das Innen) des Individuums zu beschreiben. Wer immer von nun an auf archaische Rede hörte, der unternähme eine Reise nach innen und orientierte sich zu dem Kernpunkt seiner selbst, wo der Ursprung fortdauere. Ein verführerischer Gedanke, dessen Verführungskraft an ein Postulat gebunden ist, das sich jedem Beweis entzieht. Das Postulat ist das des universalen und fortzeugenden Charakters der archaischen Rede (oder Begebenheit). Andernfalls wäre es unverständlich, wie seine Erbschaft sich schließlich bei allen Individuen finden sollte. (Meist ist es ja die gegenwärtige, bei jedem unserer Mitmenschen als wirksam vermutete Disposition, von der aus wir auf die Suche nach ihren mythischen Präfigurationen gehen, die ihre Objektivität und Dauer beweisen sollen. Die Fabel sendet uns unser Echo zurück. Ein Logiker fände hierin ein schönes Beispiel für den Zirkelschluß.)"[483]

Haus ohne Hüter

Was Strauß über weite Strecken seines klassisch aus fünf Akten zusammengefügten Schauspiels vorführt, ist der verwahrloste Zustand eines Hauses ohne Hüter. Der größte Teil der Handlung ist im Innern des Königspalastes von Ithaka lokalisiert, der seit dem Ausbruch des Trojanischen Krieges verwaist steht. Odysseus' Gemahlin Penelope hat nach seiner inzwischen zwanzigjährigen Abwesenheit ihren Glauben an eine Rückkehr des Feldherrn und Ehegatten beinahe aufgegeben. Immer geringer wird ihr Protest gegen jene zahllosen Freier, die sich am Hofe eingenistet haben und das Erbe des verschwundenen Königs anzutreten trachten. Spielt Penelope bei Strauß die Rolle der tugendhaften Wartenden, die – anders als bei Homer – mit der Zeit ins Stadium der geistigen wie körperlichen Degeneration eingetreten ist und mit abneh-

---

481 Jean Starobinski: Statt eines Epilogs: „Verhaßt ist mir jener (...) wie des Hades Pforten". A.a.O., S.352.
482 Ebd.
483 Ebd., S.353.

mender Hoffnung an Leibesfülle sichtbar zugenommen hat, so fällt den Freiern die Funktion der subversiven Belagerer zu, deren Hoffnung im Schwinden der regulären Abwehrkräfte besteht. Ihr Dasein bei Hofe ist ein parasitäres, ihre Strategie liegt im Schauspiel der Lasterhaftigkeit, dessen fortdauernder Anblick die Fundamente witwenhafter Tugend untergräbt. Sinnfälliger Ausdruck dieses Aufweichungsprozesses sind die Hüftringe der Penelope, deren einstige Schönheit einer schleichenden Mimesis ans Formlose unterliegt.

„Ich halte mich gerade. Damit mir der Bauch nicht ans Kinn stößt. (...) Dabei wispert's in mir, drinnen bin ich eine kleine, zarte Person. Draußen fällt Licht auf meine speckige Haut. Ich glänze wie eine schwitzende Stute. Drinnen kauere ich, schleiche wie ein Schatten auf der Mauer ... Hat man aber einmal von mir den Koloß gesehen, so wird man nicht mehr nach dem zerbrechlichen Wesen fragen, das da drinnen lebt." (Ebd., 11) Aus dieser Selbstbeschreibung wird eine Strategie der Verschalung ersichtlich, die auf den Erhalt einer gefährdeten Substanz ausgerichtet ist. Penelopes Fettpolster, ihre äußerliche Unansehnlichkeit, repräsentieren eine Panzerung, die die Wartende um ihr zerbrechliches, von Erinnerungen zehrendes Wesen errichtet hat und die obsolet wird, sobald das getrennte Paar gegen Ende des Stücks wieder vereint ist. In seiner Eigenschaft als abgeschotteter Hort des Eingedenkens und der Erwartung kann Penelopes aufgedunsener Leib als körperliche Entsprechung jenes hortus conclusus bezeichnet werden, der weiter oben als Schutzzone der bedrohten kulturellen Überlieferung beschrieben wurde. Um diesen geheiligten Kern, der keinesfalls dem allgemeinen Entwertungsprozeß anheim fallen darf, bilden Penelopes Hüftringe eine fleischliche Umgrenzung, die nicht nur mit ihrer zweiten Bergungsstrategie des Schlafens und Träumens korrespondiert, von der noch die Rede sein wird, sondern darüber hinaus auch die während Odysseus' Abwesenheit zerbrochene mythische Kreisfigur auf körperlich direkter Ebene paraphrasiert.

„Die Philosophen haben es gesagt und die Biologen wiederholt", so erneut Starobinski über die schützende und identitätsstiftende Funktion des Körpers gegenüber äußeren Zudringlichkeiten, „ein Außen beginnt an dem Punkt, wo die Ausbreitung einer strukturierenden Kraft innehält. Man kann ebenso sagen: ein Innen bildet sich von dem Augenblick an, da eine Form sich geltend macht, indem sie ihre eigenen Grenzen festlegt. Ein Lebewesen existiert nur um den Preis der (durch den Raum, durch den genetischen Code diktierten) Abgrenzung, durch die es sich, indem es sich individualisiert, bestimmt, definiert und entgegensetzt: Grenze, Endlichkeit, Individualität und Kampf mit dem Außen sind Wechselbegriffe. So ist kein Innen denkbar ohne die Mitwirkung eines Außen, auf das es sich stützt. Eine Mitwirkung, die mit einer Gegenwirkung vermischt ist – das unfreundliche Außen nötigt die Haut, sich auszubreiten, um die Gleichmäßigkeit des 'inneren Milieus' gegen die Unregelmäßigkeit der 'Umwelt' zu halten und zu schützen."[484]

Kennzeichnend für die Situation bei Hofe ist bei Strauß, wie im übrigen auch in der *Odyssee*, die schleichende Auflösung tradierter gesellschaftlicher Prinzipien während der Abwesenheit des legitimen Regenten. „Drei Jahre nunmehr schaltet und waltet in deinem Haus die Versammlung der Freier und bietet sich dar der klugen Gemahlin zur Auswahl. Junge Adlige sind es vom Festland, von Ithaka und anderen Inseln. Sie wer-

---

[484] Ebd., S.366.

ben um die schöne ewig trauernde Fürstin und hoffen mit der Heirat dein Vaterland für sich zu gewinnen. Greuliches Interregnum" (Ith, 18)[485], das anhält, solange das Schicksal des rechtmäßigen Herrschers ungewiß und dessen Sohn und Erbe Telemach ein unreifer, wenngleich „verständiger" (passim), aufgeweckter Jüngling ist. Beides wird sich im Verlauf des Stückes modifizieren. Da einstweilen jedoch der Mann im Hause fehlt und unter den Sterblichen niemand abzusehen vermag, wann und ob überhaupt er jemals heimkehrt, ist das innere Gleichgewicht des Königshauses gestört. Ithaka ist in struktureller Hinsicht anfällig für die konspirativen Machenschaften eigennütziger Erbschleicher; ein Land im Stadium der Ermattung, ohne greifbare Perspektive und mithin ohne Zukunft.

Strauß benennt die Koordinaten eines undefinierten, ebenso konturlosen wie beklemmenden Interregnums, dessen Beendigung überfällig erscheint, ohne daß einer der Protagonisten von sich aus – das heißt hier wie bei Homer: ohne göttlichen Beistand – den Elan aufbrächte, entsprechende Maßnahmen zu ergreifen. „Schon murrt das Volk und drängt auf Entscheidung, es will nun wieder regiert sein, egal auch von wem, nur daß Ordnung herrsche über Haus und Arbeit. Denn das Land unter den wartenden Freiern ist völlig verwahrlost. Sie selber am meisten. Verprassen in Unmengen die Güter des Landes. Tag und Nacht wird sinnlos geopfert und geschlachtet, wird immer gehurt und gezecht." (Ebd., 21)[486]

Todsünden

Erscheinen die Freier im Königspalast zu Ithaka bei Homer als genußsüchtige, „üppige" Verschwender fremden Eigentums, deren trotzige Belagerung Penelopes durch deren Hinhaltetaktik legitimiert wird[487], so stattet sie Strauß mit sündhaften Verhaltensweisen aus, die nach neutestamentarischem Verständnis den definitiven Verlust des Gnadenstandes sowie ewigen Tod und Verdammnis nach sich ziehen. Von den erstmals in den Römerbriefen des Paulus registrierten Haupt- oder Todsünden (peccata mortalia) – Hoffart, Geiz, Unkeuschheit, Neid, Unmäßigkeit und Zorn[488] – finden sich sämtliche der sittlichen Delikte direkt oder indirekt in Strauß' Homerverarbeitung wieder (vgl. u.a. Ith, 21, 34). Ihre Verwendung veranschaulicht hier die allgemeine Abkehr von jeglicher Form idealer Bindung, von sinnstiftender Ordnung und rechtsstaatlichem Gemeinsinn zugunsten eines zügellosen subjektiven Hedonismus, dessen einziger und erklärter Vorsatz in der Untergrabung des Bestehenden liegt.

---

[485] In der Typoskriptfassung des Stücks findet sich vor „Greuliches Interregnum" der später gestrichene Zusatz: „Willkür herrscht statt Recht und Gesetz" (Typ., S.6).

[486] Der erste Satz des Zitats wird hier nach der Typoskriptfassung wiedergegeben. Er wurde für die Druckfassung gestrichen.

[487] Vgl. Homer: Ilias, Odyssee. In der Übertragung von Johann Heinrich Voß. München 1987. S.444, 447, 456 (I., 106-170, 225-251, II., 88-129). Zur Hinhaltetaktik Penelopes vgl. auch Egon Flaig: Tödliches Freien Penelopes Ruhm, Telemachs Status und die sozialen Normen. In: Historische Anthropologie 3 (1995), sowie die Rezension von Jürgen Paul Schwindt: Spinnenstrategie. Odysseus ein Massenmörder? In: Frankfurter Allgemeine Zeitung vom 8.5.1996. S.N5: „Indem (Penelope) die Freier ungebührlich lange hinhalte und so den materiellen Ruhm des Hauses riskiere, opfere sie 'männliches Gut' für 'weiblichen Ruhm'."

[488] Vgl. Herbert Vorgrimler: Geschichte der Hölle. München 1993. S.23f.; sowie grundsätzlich D. Kirn: Sünde. In: Realenzyklopädie für protestantische Theologie und Kirche. Hrsg. von D. Albert Hauck. Bd. 19. Leipzig 1907³. S. 132-148.

Kaum vorstellbar, daß derart verweichlichte Sprößlinge attischer Fürstenhäuser jemals zur Waffe griffen. Bei Strauß zumindest, der hier originalgetreu adaptiert, zeigen sie sich außerstande, den Bogen des Odysseus, der im Wettstreit der Thronanwärter entscheiden soll, auch nur zu spannen (vgl. ebd., 73ff.). „Unaufgeräumt liegt das liebe Haus und liederlich wohnen die Gäste. Auf Tischen und Bänken liegen die Reste vom unaufhörlichen Schmausen. In den Kammern quieken die Mägde beim Beischlaf. Welch wüstes Gesindel befiehlt die Geschicke von Ithaka! (...) Hier verdreht sich die Welt, als sähe man Herakles, bezwungen von einer Empuse. Als stimmte der Dichter ein Loblied an auf die Ratte. Die verlorene Unterscheidung befördert die Anbetung der Unverschämtheit. Die Kotfresser genießen die gleichen Rechte wie die Milchtrinker. Zaghafte Jünglinge erhalten Trophäen, weil sie sich niemals an einer Waffe vergriffen." (Ebd., 48)

Deutlicher als ihr Register unerläßlicher Sünden dokumentiert die eingebüßte Fähigkeit zur Unterscheidung als Symptom eines sündhaft-ausschweifenden Lebenswandels die geistes- und religionsgeschichtliche Zugehörigkeit (Herkunft) des Stückes. Denn wer von falschen oder „verlorenen" Unterscheidungen spricht, sollte zumindest von der Überzeugung getragen sein, die richtigen zu kennen. Strauß argumentiert vor dem Hintergrund eines stabilen überlieferten Wertekanons, dessen tragende Kategorien zwar zwischenzeitlich außer Kraft gesetzt sind, grundsätzlich jedoch nicht in Frage stehen. Dieser Kanon beruht auf mythologischen Grundlagen, er ist im kultischen (vorchristlichen) wie im christlich-theologischen Sinne religiös motiviert und er ist aufgrund seines überzeitlichen Status☐ aktualisierbar. Strauß liest und interpretiert den im Mythos verankerten Stoff augenfällig aus neuzeitlicher Perspektive, da er bei der Charakterisierung seines Personals (auch) auf monotheistische Kategorien zurückgreift. Vorzuwerfen ist ihm diese auf den ersten Blick unsystematische Denkhaltung indessen nicht: Seine Arbeit am Mythos zeichnet sich stets durch eine kategoriale Verfügungsgewalt aus, die deshalb so unbeschwert auftreten kann, weil sie durch die Unterstellung einer überzeitlichen Gegenwart mythologischer Wirkungs- und Einflußfaktoren legitimiert wird.

Daß den Freiern im Königspalast von Ithaka die Unterscheidungen verloren gingen, besagt zunächst, daß es einmal verläßliche gegeben haben muß. Der sündhafte Status, in dem sich die gottverlassene Gesellschaft von Ithaka zu Beginn des Stückes befindet, zeigt an, daß diese ehemaligen Unterscheidungen gut und richtig waren und ihre Reaktivierung mithin erstrebenswert ist. Die Fähigkeit zur richtigen Unterscheidung nach Maßgabe tragfähiger Normen und Kategorien ist die Voraussetzung zur Überwindung jener chaotischen Zustände, die vor der Etablierung mythologischer Ordnungs- und Systematisierungsschemata herrschten. Denn die mythologische Struktur, auf die Strauß rekurriert, markiert ja bereits ein entwicklungsgeschichtliches Stadium der Überwindung: Die begriffslose Unbestimmtheit wurde im Zuge einer kulturellen Leistung in nominale Bestimmtheit überführt und dadurch vertraut und ansprechbar gemacht.

Was wir hingegen in Ithaka vorfinden, gleicht im Grunde einem Rückfall in ein Stadium, da die Welt noch diffus und indifferent war: Ebenso gleichgültig, wie die von der Trägheit befallenen Bewohner des Königspalastes. Indem Strauß ihre Willenlosigkeit und geistige Erschlaffung in den Vordergrund stellt, erklärt er sie zu modernen Figuren. Denn ihre Sünde ist die gleiche, zu der in unserer Zeit „das Fernsehen verleitet": „die unauffälligste und gefährlichste" Sünde „von allen. Sie läßt die Energie versiegen. Der Zuschauer trifft nicht falsche Unterscheidungen wie der Geizige, der Zornige, der Neidische, die Stolze und der Verfressene. Indem das Fernsehen alles allem angleicht, läßt es den Menschen vielmehr alles mit allem verwechseln, am Ende Gott und die Welt. Und während sich ihm die Sendezeit zur Ewigkeit dehnt, läuft seine Lebenszeit ab"[489]. Die Freier der Penelope, die lustlos und aus purer Gewohnheit ein Bild belagern, dessen Kalkül in einer ausgewogenen Balance von Verlockung und Zurückweisung liegt und das im übrigen keiner näheren Prüfung standhält (vgl. ebd., 11f., 29), sind die Ahnen jener „matt Bestrahlten", „deren Welt-Bild vom Schnitt beherrscht wird wie die Eine-Mark-Peep-Show von der Schlitzblende. Hätte Mörike einmal zwischen sechs TV-Kanälen hin- und hergeschaltet, immer auf der Suche nach was Neuem!, die Skala der Kurzwellensender auf- und abgefahren, nie wäre ihm eine entwickelte Form geglückt..." (Pa, 178)

Vergangene Zukunft

Ihre begriffliche Engführung erhalten die von Strauß zusammengestellten Krisensymptome durch ihre Kennzeichnung als Erscheinungsformen einer „Zwischenzeit", die neben der allgemeinen Entwertung tradierter und kanonisierter Wertvorstellungen durch einen eklatanten „Zukunftsgewißheitsschwund" (Odo Marquard) definiert ist. Unter den Sterblichen Ithakas vermag niemand zu prognostizieren, wohin das ebenso führer- wie wehrlos gewordene Staatschiff treiben wird; die leidige „Zwischenzeit" (Ith, 32) ist eine Zeit der Ungewißheit, der Sorge und der Hoffnungslosigkeit. „Keiner hofft mehr auf die Rückkehr des Königs. Trifft die Fürstin nicht endlich die Wahl, so wird die Zuchtlosigkeit Land und Leute für immer verderben."[490]

Da die orientierungstiftende Kategorie der Zukunft, auf die hin die Jetztzeit gelesen und interpretiert werden könnte, im Verlauf der Zwischenzeit nicht besetzt ist, da mithin die wesentlichen Bezugsgrößen und Definitionsgrundlagen zur Ausbildung einer historischen Identität entfallen, gilt alle Aufmerksamkeit der Gegenwart. Einer trostlosen, selbstgenügsamen Gegenwart freilich, ohne konkrete Perspektive, deren Entwicklungspotential brach liegt, ja nicht einmal benannt werden kann. Die Zukunft gehört in dem von Strauß entworfenen Krisenszenario der Vergangenheit an, jener Zeit also, da Ithaka noch ein intaktes Gemeinwesen war. Und alle Erinnerungsarbeit der Protagonisten gilt im Grunde diesem zurückliegenden, noch uneingelösten Versprechen.

Keineswegs nur Penelope, deren Warten als zusehends sinnlos erscheint, sondern sämtliche der dramatis personae mit Ausnahme des jugendlichen Helden Telemach befinden sich in einem Zustand fortgeschrittener Lethargie. Die Genußsucht der Freier dient keinem anderen Zweck als sich selbst. Und lediglich passiv, durch die anhaltende Demonstration eines schlechten Beispiels, erscheint ihr Verhalten als „ein Vorspiel neuer Regierung" (ebd., 48f.). „Diese Prasser lehren das Volk", so der getarnte Odysseus in seiner Ansprache an die Freier, „stets mehr zu verzehren, als es erwirt-

---

[489] Patrick Bahners: Kein Verächter der Wollust sein. A.a.O.

[490] Das hier wiedergegebene Zitat folgt der Typoskriptfassung des Stücks (S.22). Die Sätze wurden für die Druckfassung gestrichen.

schaften kann, Kind und Kindeskinder nicht mehr bedenkend. So schleicht die Seuche gesetzloser Verschwendung vom Palast über die ganze Insel. (...) Niemanden siehst du, der noch der Nebenbuhler des anderen wäre, ein Widerstreiter nach alter Sitte. Längst sind die Schwächlinge untereinander verbündet und erstreben gemeinsame Macht, allen gleichen Vorteil bringende Macht über die Insel und weite Teile des Festlands. Das Erbe des Odysseus zu tilgen, haben sie dieses Bündnis gestiftet." (Ebd.48, 49) Kein Wertewandel steht im Verlauf dieser „Zwischenzeit" zur Debatte, keine radikale Umwertung des Überlieferten, sondern die ebenso mutwillige wie fruchtlose Unterbrechung einer sozialen und geistig-ideellen Kontinuität.

Lethargie: Die Wartenden

Bezeichnenderweise korrespondiert denn auch dem in Ithaka vorherrschenden psycho-physischen Ermattungszustand, der als 'Trägheit des Herzens' oder 'acedia' dem Register der übrigen Todsünden voranzustellen wäre, eine bezwingende körperliche Müdigkeit und Neigung zum Schlaf, der bisweilen weit mehr verheißt als lediglich Erholung und Regeneration. Betrachtet man das Stück aus dieser Perspektive, so changiert die Handlung insgesamt zwischen den Schwundstufen eines mehr oder minder hellsichtigen Bewußtseins: Tiefschlaf, Tagtraum und wacher Verstand lösen einander auf ähnliche Weise ab wie in Shakespeares Komödien und etablieren auf diese Weise gleichsam unter der Hand eine transparente Topographie der Weltflucht und der temporären Entlastung vom Diesseitigen.

Die Freier schlafen, weil sie unterm Diktat rauschhaft-sinnlicher Exzesse nicht anders können. Odysseus genießt die Segnungen „lindernden Schlafs" durch Athenes Zutun, denn „das Wachen macht dich verdrießlich, es schwächt deinen Mut" (ebd., 66). Darüber hinaus fungieren Schlaf und Traum bei ihm als antizipative Versuchsfelder zukünftiger Entwicklungsmöglichkeiten: „So geht es ja nächtens dem Menschen: durch zweierlei Tor treibt ihn der mächtige Schlaf: Heimfahrt oder Verbannung. Schickt ihn hinaus in Unrat und Wüste. Oder zurück in ein schwerelos richtiges Leben..." (Ebd., 41) Penelope hingegen schläft, weil allein Schlaf und Traum einen Ausweg aus den scheinbar unlösbaren Anforderungen des Tages bereithalten. Während die Gegenwart als zudringlich erscheint und überdies mit einem verschlossenen zeitlichen Horizont versehen ist, ermöglicht der Schlaf einen ungehinderten Zugang sowohl zum intakten Eheleben der Vergangenheit als auch zur Zukunft, die laut göttlicher Weissagung die gloriose Wiederkehr des ikonisierten Gemahls in Aussicht stellt. Ein Entkommen aus der „Zwischenzeit" ist, wie die Dinge liegen, über die kalkulierte Verschalung des „zerbrechlichen" Wesens in einer verfetteten Körperhülle hinaus einzig im Schlafe möglich. Und so schläft denn Penelope, so oft es die Dramaturgie des zur Auflösung drängenden Stückes ihr gestattet; schließlich verschläft sie sogar die Ermordung der Freier, um augenreibend ihren Traum als eingelösten zu erkennen, als Apotheose eines ungezwungenen Daseins post historialis.

„Schließ deine Augen eine Weile", so der Ratschlag einer der „fragmentarischen Frauen" an Penelope. „Leg dich und schließ die Augen. Schlaf wird dich verschönen. Deine Haut glätten. Deinen Gang leicht und anmutig machen. Schlaf, es ist viel Zeit." (Ebd., 53) Wenn mit irgend etwas im Ithaka der Zwischenzeit gewuchert werden kann, dann mit einem schier uferlosen Zeitkontingent. Rückt doch die lange Dauer des Wartens (Penelope) und Duldens (Odysseus[491]) in eben dem Maße in den Vordergrund, in dem die Vorstellung vom „schwerelos richtigen Leben", dessen Modell in ferner Vergangenheit und noch unbekannter Zukunft zu finden wäre, an Konkretion verliert. Gemessen daran, was von Strauß als „richtig" definiert wird, erscheint die Gegenwart als leer hinfließende Zeit zwischen 'nicht mehr' und 'noch nicht', eine entropische Leerstelle im regulären Verlauf der Geschichte(n). Ithaka vor der Heimkehr des Odysseus: das ist die gähnende Leere im doppelten Sinne des Wortes – die temporäre Dominanz der Langeweile über die sinnvolle Integration in ein mythologisches Kontinuum, ein prähistoriographischer Aufschub vor der Wiederherstellung der alten Ordnung.

Der Fremde

Nicht von ungefähr stellt Strauß bei der Skizzierung von Ithakas geistigem Klima eine keineswegs nur latente Aggressivität und Gewaltbereitschaft heraus, die sich zuerst allem „Fremden" und Andersartigen gegenüber Bahn bricht und sich – in zweiter Instanz – zum „Bürgerkrieg" (ebd., 21) auszuweiten droht. Der Verlust von Ruhe, Ordnung und „festen Gesetzen" (ebd.) führt unmittelbar zur Herausbildung eines rüden Abgrenzugsgebarens, dem sich ein aus taktischen Erwägungen in fremder Gestalt heimkehrender Odysseus ausgesetzt sieht. „Scher dich weg von der Schwelle. Ausländer und Lump" (ebd., 44), so die ultimative Anweisung an den getarnten Feldherrn, der sich zur Sondierung der Lage als Bettler unter die Freier gemischt hat. Fremdenfeindlichkeit ist hier der erste Indikator für den überreizten Zustand einer Gemeinschaft kurz vor der Implosion. Und die Figur des Fremden ist als Störenfried zugleich ihr idealer Beobachter, denn nur der Außenstehende vermag die Situation zu erkennen und aus innerlich distanzierter Warte zu beurteilen, in der sich eine nach außen abgeschlossene, ausschließlich auf sich selbst bezogene, monokausale Gesellschaft objektiv befindet.

In formaler Hinsicht prädestiniert ihn sein distanzierter, noch unkorrumpierter Blick für eine dramaturgische Schlüsselfunktion, deren Stellenwert Peter Szondi in seiner *Theorie des modernen Dramas* exemplarisch nachgewiesen hat: „Die dramatische Handlung", heißt es über Gerhart Hauptmanns soziologisch-naturalistisches Stück *Vor Sonnenaufgang*, „die diese Familie vorstellen soll, muß ihren Ursprung also außerhalb

---

[491] In Homers Odyssee wird der Held an verschiedener Stelle als „der herrliche Dulder" bezeichnet; die übrigen Persönlichkeitsmerkmale des Odysseus lauten in der Übersetzung von Johann Heinrich Voß: „der erfindungsreiche", „der vielgereiste" sowie „der Unglücklichste aller, die leben". Vgl. Homer: Ilias, Odyssee. A.a.O., passim; Jean Starobinski: Statt eines Epilogs. A.a.O., S.370f., faßt Odysseus' Eigenschaften wiefolgt zusammen: „Die vollständige Beherrschung seiner selbst, die vollständige Abstimmung der Beziehung mit den Feinden und Freunden besitzt Odysseus. Gewandt in der Rede, fähig zum Kampfe, fruchtbar an Listen, wacht er über das 'Gehege der Zähne', schützt seine Seele und zügelt seine Worte. Bei Gelegenheit versteht er es, seine gewaltsamen Absichten mit Verschlagenheit zu verstecken; vor allem jedoch vermag er seinen Zorn zu unterdrücken, den Augenblick der Handlung zu verschieben. (...) Die Virtuosität, mit der er seine Worte meistert, bald um den Gedanken zu verbergen, bald um seine Leidenschaft zu zähmen, setzt ihn in die Lage, dem schlimmsten Außen zu begegnen. (...) Die Meisterschaft des Odysseus ist es, in einer fast allgemein feindlichen Welt den veränderlichen Anteil dessen, was geäußert werden kann, zu ermessen; die Gefahr ist überall so bedrängend, daß man sich besser 'Niemand' nennt."

ihrer haben, sie muß zudem der Art sein, daß sie die Menschen in ihrer dinghaften Gegenständlichkeit beläßt und die Gleichförmigkeit und Zeitlosigkeit ihres Daseins nicht in ein formbedingt spannungsvolles Werden verfälscht. (...) All dem trägt Rechnung die Einbeziehung eines Fremden (...)", dem sich die Lage der Familie allmählich enthüllt. „Die Erscheinung des Fremden besagt (...), daß die Menschen, die durch ihn zu dramatischer Darstellung gelangen, von sich aus dazu nicht fähig wären. Schon seine Gegenwart drückt so die Krise des Dramas aus, und das Drama, dessen Entstehung er ermöglicht, ist kein echtes mehr."[492]

Zwar wird in *Ithaka* die Gestalt des Fremden inhaltlich durch den Rekurs auf das homerische Epos legitimiert, in dem die langsame Heimkehr des Odysseus von zahlreichen, göttlich verfügten oder listig ersonnenen Personalmetamorphosen begleitet ist. Die formale Begleiterscheinung jedoch, daß Odysseus aus der Perspektive des zur Handlung hinzukommenden Fremden die Mißstände im eigenen Hause rekapituliert und somit für uns vergegenwärtigt, kommt Strauß bei der Überführung des Stoffes ins dramatische Genre fraglos zugute. Gewiß, auch Penelopes monologisch-grüblerische Reflexionen tragen ihren Teil zur Transparenz jener außerszenischen Vorgänge bei, die die Voraussetzung des aktuellen Geschehens bilden; doch bringt ihr unaufhörliches, selbstquälerisches Raisonnieren die ins Stocken geratene Handlung inhaltlich wie formal keinen Deut voran. Im Gegenteil: Penelope muß in Ermangelung günstigerer Alternativen an der Ausdehnung der leidigen „Zwischenzeit" gelegen sein, deren Repräsentanten ihr eine Entscheidung abverlangen. Solange die „Zwischenzeit", die das eigentliche Thema des Stückes darstellt, andauert, ist zumindest noch alles möglich.

Erst das Auftreten des Odysseus verheißt Aufklärung – im emphatischen Sinne des Wortes – und Entwicklung durch Klärung der Verhältnisse: „Wir müssen schnell mit dem Ende beginnen" (ebd., 77); eine Wendung, die den Auftakt zu einem szenisch-dramatischen Endspiel markiert. In seiner Funktion als externer Handlungsbeschleuniger, der zunächst kommt und sieht, um anschließend zu siegen, wird aber auch das Dilemma ersichtlich, mit dem sich die moderne Dramatik bei der Erschließung genuin undramatischer Stoffe nach wie vor auseinanderzusetzen hat. Aus der Not der gestörten Dialoge macht sie die Tugend des modernen szenischen Monologs, der, da er der Vergangenheit zugewandt ist und deshalb im Grunde nicht auf die Bühne gehört, inhaltlich gerechtfertigt werden muß: Im Falle Penelopes mit der notwendigen Isolation einer bedrängten Witwe, die, sofern sie sich nicht schlafend aus der Handlung stiehlt, beinahe nur in Gegenwart ihrer Amme spricht. Aus der Not einer vor sich hin trudelnden Handlung ohne Sinn und Zweck entkommt sie durch ihre Ernennung zum zentralen Motiv: Zeichnet sich die „Zwischenzeit" doch gerade dadurch aus, daß ihr jeder Sinnbezug abhanden gekommen ist und zu ihrer Reaktivierung eines hinzukommenden, „fremden" Handlungsträgers bedarf.

Was nun die typologische Zuordnung der Figur des Fremden im Kontext des Werks von Botho Strauß betrifft, so fallen zunächst die Parallelen zur weiter oben vorgenommenen Standort- und Funktionsbestimmung des Dichters als notorischem Außenseiter ins Auge, zu dessen exzeptionellen Kennzeichen sein gesellschaftliches Außenseitertum und mithin seine Fremdheit zu zählen ist. Aufgrund seiner programmatischen Schwellen- oder Vermittlerposition zwischen dem unzugänglichen, elitären

---

[492] Peter Szondi: Theorie des modernen Dramas. A.a.O., S.65f.

Bezirk der Kunst und der Lebenswelt besteht seine Sonderstellung darin, sich weder ganz auf seine Umgebung einzulassen – um nicht wie Poes *Mann der Menge* unterschiedslos in ihr aufzugehen –, noch ihr gänzlich fernzubleiben. Der Fremde, über dessen Geburt aus dem Geist der Masse bereits gesprochen wurde, personifiziert in seiner Eigenschaft als Typus geradezu die Behauptung des Unterschieds gegenüber der gleichmacherisch-nivellierenden Öffentlichkeit. Sein exponierter Status wird bei Strauß als notwendiger Reflex auf die verwischten Konturen der Allgemeinheit, auf das „Verblassen der Charaktere" in der Moderne verstanden. „Die Zeit der Charaktere ist abgelaufen, Charakterologie eine Sparte der historischen Ästhetik geworden", stellt Gert Mattenklott in der Einleitung zu seinen *Physiognomischen Essais* fest. „Die Wahrheit des Charakters ist durch die Authentizität des Gefühlsausdrucks ersetzt (...). Die Geizigen und eingebildeten Kranken, selbst die Unbestechlichen und Schwierigen sind in das Schattenreich einer Vorgeschichte der Moderne zurückgeglitten. Für das psychologisch und historisch geprägte Verständnis menschlicher Individualität, das sich mit dem letzten Drittel des 18. Jahrhunderts durchsetzt, ist das alte Rollenspiel nur noch Mummenschanz."[493]

Doch genau um dieses alte Rollenspiel, um die Behauptung eines distinkten Begriffs von Individualität, geht es in Strauß' typologischen Restitutionsversuchen. Dies gilt für den Dichter in gleicher Weise wie für den Typus des Fremden, in dem ersterer Unterschlupf finden kann. Schon um der Aufrechterhaltung realer Differenzen willen dürfe der Fremde nicht dem Eigenen angeglichen, sondern müsse in seiner befremdlichen Andersartigkeit erhalten werden, wie Strauß in einem kurzen Abschnitt der *Isolationen* mit dem Titel *Der Fremde* einen besorgten Vater gegenüber seinen Töchtern ausführen läßt: „Er ist uns ein Fremder in jeder Wesensart. Daher hause er unbehelligt und ohne Verständigung unter uns. Wir haben nie etwas ärger von uns Unterschiedenes erblickt als diesen Fremden. (...) Wer also den Fremden möchte, begehrt sein Unheil. Wer ihn nur für sich gewähren läßt, beschwört Unheil langsam herauf. Wie also glaubt ihr, müssen wir uns richtig zu ihm verhalten, daß am Ende keins von beiden von seinem Wesen verliert, er ein Fremder bleibt und wir – ja, meine Töchter, wer denn nun wir? Sollen wir dieselben bleiben, die wir sind? So wird er uns durch Nachäffung bald unseres Wesens berauben. Sollen wir uns nicht vielmehr durch ihn, der in allem uns fremd ist, erst allmählich selbst erkennen und werden, was wir allein im Unterschied zu ihm sein können? Ich meine, daß wir den Fremden weder haben noch begehren oder gar gewähren lassen dürfen, sondern alles zu seiner Fremdheit Schutz tun müssen, was uns die Erfindungskraft und der eigene Überlebenswille eingeben." (Iso, 33, 34)

Es geht Strauß in solchen Bemerkungen, ebenso wie bei seiner Bestimmung und kategorialen Abgrenzung des Kunstbegriffs, um die Verteidigung wesentlicher kultureller Unterschiede und Differenzen, die der Fremde exemplarisch und für alle ersichtlich repräsentiert. Insofern kann seine genuine Nicht-Integrierbarkeit, das Inkommensurable seines Charakters, mittelbar auch zur Selbstwahrnehmung seiner Gastgeber beitragen. Seine Herkunft aus der Sphäre der Kunst ist etwa auch daran zu ersehen, daß der Begriff des Fremden in der ästhetischen Theorie für die prinzipielle Anderartigkeit, die Unvergleichbarkeit und rätselhafte Hermetik steht. „Fremdheit zur

---

[493] Gert Mattenklott: Blindgänger. Physiognomische Essais. Frankfurt/M. 1986. S.9.

Welt ist ein Moment der Kunst; wer anders denn als Fremdes sie wahrnimmt, nimmt sie überhaupt nicht wahr."[494] Demgegenüber hat sich eine literaturgeschichtliche Zuordnung des Fremden mit der Schwierigkeit auseinanderzusetzen, daß eine eindeutige stoffliche Begrenzung dieses Typus' schwerlich auszumachen ist. „Die Einheit des Stoffes", darauf hat Herman Meyer in seiner umfassenden Untersuchung über den Sonderling in der deutschen Literatur hingewiesen, „wird durch den Begriff 'Typus' suggeriert", lasse sich jedoch nicht so exakt definieren, „daß die Zugehörigkeit der jeweiligen literarischen Gestalten von vornherein feststünde."[495] Da der von Meyer entwicklungsgeschichtlich analysierte Typus des Sonderlings, der als eigenständige Variante des Außenseiters erst gegen Ende des 18. Jahrhunderts nachzuweisen ist[496], in charakterlicher Hinsicht markante Übereinstimmungen mit der Figur des Fremden aufweist, scheint hier einer summarischen Definition nichts im Wege zu stehen, besteht doch die entscheidende soziale Geste sowohl des Sonderlings als auch des Fremden in einer kalkulierten Absonderung von der Gemeinschaft. Man habe es, so Meyer unter Berufung auf Grimm, mit einem Menschen zu tun, „der sich in Urteil, Meinung, Geschmack, Lebenshaltung in wunderlicher, Lächeln oder gar Spott erregender Weise von den Mitlebenden absondert"[497] – eine Beschreibung, die sich ohne weiteres auf das Rollenschema übertragen ließe, dem Odysseus in *Ithaka* über weite Strecken folgt. Gerade am Beispiel des listenreichen Heimkehrers ist dabei zu dokumentieren, daß die Orientierung an einem Typus neben dem zentralen Aspekt der Distinktion von Strauß stets auch als Schutz- oder Tarnungsverhalten verstanden wird.

Sphären des „Zwischen"

Daß die formalen Anforderungen in Strauß' jüngstem Stück derart mit den inhaltlichen Gegebenheiten des Stoffes korrespondieren, ist nicht nur der epischen Herkunft und Struktur der Fabel geschuldet, der Auflagen wie Dialogstruktur oder Handlungsstau keinerlei Gattungsprobleme bereiten. Es dokumentiert darüber hinaus auch die Traditionslinie, in der Botho Strauß als moderner Adapteur einer antiken Erzählung steht, ohne sich noch auf die von Aristoteles vorgegebenen, in der Renaissance modifizierten Rahmenbedingungen dramatischer Produktion berufen zu können. Sein Thema ist ein modernes, auf die Gegenwart bezogenes. Der Autor schreibt als Zeitgenosse. Sein Stoff hingegen entstammt einer Zeit, in der ein Monolog kein Formproblem, sondern einen rhetorischen Sonderfall darstellte. „Ein Mensch ging ins Drama gleichsam nur als Mitmensch ein. Die Sphäre des 'Zwischen' schien ihm die wesentliche seines Daseins; Freiheit und Bindung, Wille und Entscheidung die wichtigsten seiner Bestimmungen. Der 'Ort', an dem er zu dramatischer Verwirklichung gelangte, war der Akt des Sich-Entschließens. Indem er sich zur Mitwelt entschloß, wurde sein

---

[494] Theodor W. Adorno: Ästhetische Theorie. A.a.O., S.274.
[495] Herman Meyer: Der Sonderling in der deutschen Dichtung. München 1963. S.15.
[496] Vgl. ebd., S.23.
[497] Ebd., S.22; vgl. Grimmsches Wörterbuch. Bd. 10. Bearbeitet von M. Heyne (1905). Sp. 1582f.; Grimms Definition deckt sich weitgehend mit der folgenden von Caspar Stierle, die Meyer (ebd.) nach dessen lexographischem Werk: Der deutschen Sprache Stammbaum und Fortwachs, Nürnberg 1691, wiedergibt: „homo singularis et peculiaris opinionis, alienus a consortio hominum, solitarius".

Inneres offenbar und dramatische Gegenwart. (...) Alle dramatische Thematik formulierte sich in dieser Sphäre des 'Zwischen'."[498]

Bei Strauß ist diese Sphäre, die ihren angemessenen Ausdruck im Widerstreit der Standpunkte auf offener Bühne findet, gleichsam in die Funktionale gerutscht: Anstelle des zwischenmenschlichen Dialoges steht die dramatische „Sphäre des Zwischen" nun für eine temporale Verfassung, in der das Stück insgesamt situiert ist. Diese Verlagerung zählt in gattungstypologischer Hinsicht zu den ersten Kennzeichen und Spezifika moderner Dramatik und ist dem Umstand geschuldet, daß zwischenmenschliche Konflikte unter den Vorzeichen der Moderne statt auf dem Wege des offenen Schlagabtauschs im Innern der dramatis personae ausgefochten werden. Jeder steht, jeder spricht für sich allein. Verständigung firmiert fortan als leicht durchschaubare Fiktion, die einem subjektiven Gemeinschaftsbedürfnis als Reflex auf die Erfahrung „transzendentaler Obdachlosigkeit" (Georg Lukács) und lebensweltlicher Vereinzelung entspringt. Die Frage lautet schlicht: Wie soll vor dem Hintergrund ganz anders gearteter Sprach- und Gegenwartsbefunde auf der Bühne noch glaubhaft kommuniziert werden? Die Lösungsansätze auf diese grundlegende „Krise des Dramas" (Peter Szondi) gehen allesamt von einer Umwertung und Neubesetzung der unter Rechtfertigungsdruck stehenden „Sphäre des Zwischen" aus: Nach dem Ende des Dialogs im Zeitalter seiner wissenschaftlichen wie poetologischen Entwertung liegt der Akzent nun auf der zeitlichen Grunddisposition, mit der sich das Personal der Stücke notgedrungen zu beschäftigen hat. „Zwischen" bezeichnet nicht mehr den Modus einer Ansprache, die auf Resonanz hoffen darf; es bezeichnet nunmehr eine szenische Topographie der Vereinsamung, der Enttäuschung, des Wartens und der Langeweile, die ihre Legitimationsgrundlage aus subjektiven Verlusterfahrungen bezieht.

Innerhalb eines zeitlichen Koordinatensystems aus Vergangenheitsfixierung und Utopieverlust erscheint die szenische Gegenwart als Zeit der Krise, als leere Zeit „zwischen" einst und irgendwann. Das heißt: gemessen am Anforderungsprofil moderner Dramatik kommt dem aktuellen und visualisierbaren Bühnengeschehen ohnehin nurmehr der Status einer Durchgangsstation zu, deren lebensweltliche Substanz und sinnhaltige Verankerung gegen Null tendiert. Die Gegenwart, das also, was hier und jetzt auf der Bühne zu sehen und zu hören ist, gleicht per se einem von Transitreisenden bevölkerten Vakuum, dessen Relationsverhältnis zum Bühnenpersonal die jeweilige Handlung darstellt. „Ihre Gegenwart wird erdrückt von Vergangenheit und Zukunft, ist Zwischenzeit, Zeit des Ausgesetztseins, in der die Rückkehr in die verlorene Heimat das einzige Ziel ist"[499], so Peter Szondi über Tschechows *Drei Schwestern*. Modern ist die szenische Gegenwart definiert als jener Erfahrungsraum, in dem sich in räumlicher wie zeitlicher Hinsicht vor allem das Abwesende Geltung verschafft. Der Mensch lebt hier „im Zeichen des Verzichts. Verzicht vor allem auf die Gegenwart und die Kommunikation (...): Verzicht auf das Glück in der realen Begegnung"[500].

So kommt dem modernen Dramatiker Botho Strauß bei der Ausgestaltung seiner vormodernen, achaischen Krisentopographie der Umstand entgegen, daß seinem eigenen Verändnis nach die Bühne ein transparenter, durchlässiger Ort für Zeitpassagen ist. „Den kleinen, unendlich tiefen Raum erfüllt eine beispiellose Wiedergängerei.

---

[498] Peter Szondi: Theorie des modernen Dramas. A.a.O., S.14.
[499] Ebd., S.32.
[500] Ebd.

In der Kammer unzähliger Schlachten, Morde, Kriege drängen Tote sich, die jeden Augenblick, von der Kugel der Wiederbelebung getroffen, zu uns hervortreten können." (Büch, 66) Da hier bereits in theoretischer Hinsicht eine „Zwischenzeit" ohne faktisches Eigengewicht dominiert, die als raumzeitliche Aussparung zwischen 'nicht mehr' und 'noch nicht' charakterisiert ist, kommt es in *Ithaka* zu einem aufschlußreichen, womöglich ungewollten Synergieeffekt: In diesem Schauspiel kommen ausnahmsweise theaterästhetische Intentionen und inhaltliche Motive zur Deckung. Sowohl in seiner Eigenschaft als moderne Bühnenadaption eines epischen Stoffes als auch inhaltlich, als kritisch intendierter Gegenwarts- oder Zeitbefund, steht das Stück im Zeichen der „Zwischenzeit", die sein beherrschendes Thema ist.

„Zwischenzeit" ist überall: ob dramaturgisch, als prägende temporale Kategorie der Bühnenhandlung als solcher, oder als konkrete Zeitspanne, die während des Wartens auf Odysseus überbrückt werden muß. Damit ist, anders als etwa bei Tschechow, immerhin ein Ende des leidigen Interregnums annonciert. Wer den Mythos kennt – und jede Variation des Mythos geht von der Bekanntheit seines erzählerischen Kerns aus –, weiß, wie die Geschichte endet. Pallas Athene faßt ihren Ausgang bündig zusammen: „Denn es kehrte zurück der große Odysseus und säuberte gründlich sein Haus." (Ith, 103) Damit ist alles Wesentliche gesagt. Und auch dies, die Beendigung der Krise, die Apotheose des Glücks durch die Wiederherstellung der alten Ordnung, ist einer der Vorzüge, die der Rückgriff auf einen vormodernen Stoff bereithält – sofern man sich denn an derartigen Lösungsansätzen interessiert zeigt. Im Gegensatz zur modernen Dramatik, in der die Zwischenzeit als unabsehbarer Dauerzustand vorgeführt wird, annulliert Strauß die neuzeitliche Kluft zwischen Erfahrungsraum und Erwartungshorizont, indem er ihre remythologische Schließung in Aussicht stellt: Die neuerliche Ankopplung an den „Regelkreis" des Mythos. „Geschichte", definiert Hans Blumenberg, „ist die Trennung von Erfahrung und Erwartung."[501] Durch diese Trennung wird in der Moderne die Krise notorisch. In *Ithaka* dagegen steht 'Krise' nicht mehr für eine universale Kategorie, sie kennzeichnet vielmehr eine temporäre Durststrecke, die durch göttlichen Ratschluß und Beistand überwunden werden kann.

Aufgrund dieser mythologischen Kreisschlüssigkeit, in die die Handlung zuguterletzt einlenkt, wäre es verfehlt, die hier zu ihrem Abschluß kommende Zeitspanne als „Sattelzeit" zu kategorisieren. Zwar ließen sich hinsichtlich der Krisensymptome einige Parallelen allgemeiner Art aufzeigen; im wesentlichen jedoch sind die von Strauß zugrunde gelegten zeitlichen Rahmenbedingungen mit der von Reinhart Koselleck zur Diskussion gestellten Begriffsprägung nicht vereinbar. Der Terminus „Sattelzeit" kennzeichnet historische Etappen, in deren Verlauf der Bedeutungsgehalt gängiger rhetorischer Wendungen „soweit feststeht, daß er keiner 'Übersetzung' mehr bedarf". Eine neue Form der sprachlichen Übereinkunft wird in solchen Abschnitten einem allgemeinem Konsolidierungsprozeß unterzogen, so daß sich gegen Ende der „Sattelzeit" ein grundlegend modifizierter Kanon abzeichnet. Die Herkunft, jener begriffliche Fundus also, dessen Signifikanz aufgrund historischer Entwicklungsschübe an Zuverlässigkeit eingebüßt hat, wandelt sich „zu unserer Präsenz. Begriffe dieser Zeit tragen ein Janusgesicht: rückwärtsgewandt meinen sie soziale und politische Sachverhalte, die uns ohne Übersetzung und Deutung der Worte nicht mehr verständlich sind, vor-

---

[501] Hans Blumenberg: Lebenszeit und Weltzeit. A.a.O., S.66.

wärts- und uns zugewandt haben sie Bedeutungen gewonnen, die einer Übersetzung nicht mehr bedürftig sind. Begrifflichkeit und Begreifbarkeit fallen seitdem zusammen"[502].

Der Begriff „Sattelzeit", der als „heuristischer Vorgriff" den Beginn der Neuzeit markiert, bezeichnet in kategorialer Hinsicht die Eröffnung eines neuen Erfahrungshorizontes[503] und somit einen Fortschritt in der Geschichte. Strauß dagegen operiert mit einer zirkulären Zeitvorstellung, deren Grundlage wesentlich in der Wiederholung besteht. Indem er in *Ithaka* die kathartische Restitution der alten Ordnung demonstriert, negiert er zugleich jeden Fortschrittsgedanken. Das Neue ist bei Strauß immer schon das Alte, im vorliegenden Fall sogar in personeller Hinsicht, denn immerhin besteigt nicht Telemach den vakanten Thron; der Regent kehrt lediglich zurück, wobei freilich die genealogische Abfolge der homerischen Vorgabe entspricht: Der junge Telemach ist einfach noch nicht an der Reihe. Deutlich wird damit aber auch, daß der „Zwischenzeit" in qualitativer Hinsicht keinerlei Schubkraft oder Eigenleistung zugebilligt wird. Als irreguläres Intermezzo, dessen überfälliger Beendigung wir beiwohnen, ist dieser Abschnitt des Wartens und des Verzichts selbst ohne Stellenwert und Bedeutung. Die „Zwischenzeit" ist ganz und gar verlorene Zeit, eine Art Zeitstau, in dem die Abwesenheit des regulären Herrschers, die widernatürliche Trennung des Regentenpaares, gleichsam mit angehaltenem Atem überbrückt werden muß. Seine finale Zusammenführung kommt einer Erlösung (um im Bild zu bleiben: einem Durchatmen) gleich, denn nun sind die Verhältnisse wieder genau so, wie sie sein sollten und wie sie ursprünglich intendiert waren.

Da der substanzlosen Phase der „Zwischenzeit" kein Eigengewicht zugesprochen wird, läßt sich festhalten: Zeit wird hier überhaupt nur in der Störung eines zeitlosen Kontinuums erfahrbar. Erst Langeweile, Agonie und Dämmerzustand, die Unterbrechung des Gleichgewichts, die Erfahrung des Verlustes, ermöglichen eine vage Vorstellung davon, wie es wäre, in der Geschichte (statt in Geschichten) zu leben. Denn Zeit ist eine historische Größe, die Vergänglichkeit intendiert und somit in Ithakas mythologischem Koordinatensystem keinerlei Bedeutung hat. Vor und nach der fatalen Abwesenheit des Odysseus ist die Erfahrung von Zeit mit der Erfahrung von Dauer identisch, deren Aufgabe und Funktion in der unaufdringlichen Vermittlung einer ungestörten und unbefragbaren Beständigkeit liegt. Eine solche Zeitordnung zeichnet sich durch einen hohen Grad an Verläßlichkeit, Stabilität und Sicherheit aus, während ihre Unterbrechung die gegenteiligen Erfahrungen auf den Plan ruft. Nur am Rande sei bemerkt, daß die Darstellung des gestörten Einklangs bei Homer wie auch bei Strauß an eine ursprüngliche Intention erinnert, die maßgeblich zur Ausprägung und Entfaltung der mythologischen Weltanschauung geführt haben dürfte: An den Aufbau eines stabilen Horizontes gegen den neuerlichen Einbruch jener chaotischen Zustände nämlich, die mit dem Mythos glücklich überwunden schienen.

Da Strauß in *Ithaka* die Erzählstruktur eines vormodernen Stoffs weitgehend unverändert übernimmt, bedarf es keiner weiteren Begründung oder Rechtfertigung für die kreisschlüssige Anlage der Fabel. Doch legen Bauform und Handlung des Stücks,

[502] Reinhart Koselleck: Richtlinien für das Lexikon politischsozialer Begriffe der Neuzeit. In: Archiv für Begriffsgeschichte. Bd. XI (1967). S.82; vgl. auch die Einleitung von O. Brunner, W. Conze, R. Koselleck (Hgg.): Geschichtliche Grundbegriffe. Bd. 1. Stuttgart 1972. Bes. S.XV.
[503] Vgl. ebd., S.91; Koselleck veranschlagt den Beginn der Neuzeit historisch zwischen 1750 und 1850.

die auf den ersten Blick lediglich an eine ebenso inspirierte wie distanzlose Neubearbeitung erinnern, bei näherem Hinsehen ganz andere Schlußfolgerungen nahe. Der Verzicht auf das im modernen ("offenen") Drama gerade bei der Adaption klassischer Textvorlagen gebräuchliche Stilmittel der ironischen Brechung etwa, offenbart die Intention dieses „Schauspiels nach den Heimkehr-Gesängen der Odyssee", zu deren Aufdeckung es keinerlei findiger Analysen bedarf: Diese Geschichte von Göttern und Menschen ist ernst gemeint. Alle Situationskomik, auf die Strauß als virtuoser Bühnenautor mit ausgeprägtem dramaturgischem Sinn für die Möglichkeiten szenischer Umsetzung des öfteren zurückgreift, bleibt eben situationsgebunden und steht im Dienste einer übergeordneten Aussage, deren Sinngehalt und Übertragbarkeit nun durch einen Vergleich mit dem Essay *Anschwellender Bocksgesang* herausgestellt werden sollen. Denn so unterschiedlich diese beiden Texte sowohl in formaler als auch in inhaltlicher Hinsicht erscheinen mögen – im Lichte einer parallelen Lektüre ist ihre gedankliche Struktur als erhellender Kommentar oder Subtext des jeweils anderen zu interpretieren.

Besonders augenfällig läßt sich die argumentative Verwandtschaft beider Texte an drei zentralen Motiven nachweisen:

Zivilisationskritik

Die beiweitem deutlichsten Parallelen zwischen *Ithaka* und *Anschwellender Bocksgesang* bestehen in einem beiden Texten zugrunde liegenden zivilisationskritischen Impetus, einer kritischen Bestandsaufnahme gesellschaftlicher Ermüdungs- und Degenerationserscheinungen, die trotz unterschiedlicher Gesellschaftsformationen ähnliche Symptome hervorrufen und – dies vor allem – auf vergleichbare Ursachen zurückzuführen sind. Im einen wie im anderen Fall erscheint ein ehemals ausgewogenes Kräfteverhältnis innerhalb des Staatskörpers „empfindlich gestört" (ABo, 30), die Zeitgenossen stehen jeweils „ohne eigene Stärke da. Weder der Einzelne noch die Menge unterhalten die geringste Verbindung zu Prinzipien der Entbehrung und des Dienstes oder zu anderen sogenannten preußischen Tugenden, die sich ein Hitler noch nutzbar machte. Eher würde diese Republik mit einem Wimmern enden als mit dem großen Knall, der Resurrektion des Führers. Es wird vermutlich so sein, daß die niedergehende Gesellschaft- ohne ihr System aufzugeben- in die Hände einer systemkonform arbeitenden Schattengesellschaft fällt. Daß hinter den schwachen Drahtziehern dann die stärkeren Drahtzieher auftauchen und diese in ihre Züge nehmen" (ebd., 30f.).

Perspektivlosigkeit sowie systemimmanente Instabilität und Anfälligkeit sind zwei Merkmale, die in der Logik beider Texte aus der Abwesenheit einer charismatischen, integrativen Führerpersönlichkeit resultieren. „Ich habe keinen Zweifel, daß Autorität, Meistertum eine höhere Entfaltung des Individuums befördert bei all jenen, die sich ihr zu verpflichten imstande sind, als jede Form der zu frühen leichtgemachten Emanzipation. Die herrenlose (und widerstandslose) Erziehung ist für niemanden gut gewesen, sie hat nur eine Vermehrung der Gleichgültigkeit hervorgebracht, eine jugendliche Müdigkeit." (Ebd., 32) Was Strauß an den antiautoritären Erziehungsmodellen seiner Generation zu monieren hat, ließe sich ohne weiteres auf Ithakas Jungvolk übertragen: Beiden Generationen gebricht es an aktuellen Vor- und Leitbildern. Entsprechend schwer fällt beiden in einem allgemeinen Klima der Nachgiebigkeit die Herausbildung einer distinkten Identität, die sich in Relation zum Kanon zu definieren hätte. Sowohl Telemach als auch den vandalierenden Jugendlichen der neunziger Jahre fehlt, so Strauß, eine Vaterfigur als Orientierungsstütze gegen die „Anfechtungen der Barbarei und der Indifferenz" (ebd.).

„Niemand ist mehr ganz bei der Sache" (ebd., 37), denn unter dem Einfluß der „telekratischen Öffentlichkeit", der im vorlegenen Ithaka eine Tendenz zur exzessiven Zerstreuung entspricht, „herrscht der Drill des Vorübergehenden, gegen den keine Instanz der Erde sich noch auflehnen kann" (ebd., 31). Die Verbindungsstränge zum Fundus des Tradierten und Überlieferten sind gekappt, eine Beobachtung, für die Strauß im *Anschwellenden Bocksgesang* eine bezeichnende, polisnahe räumliche Metapher findet: „Es ist schade, ganz einfach schade um die verdorbene Überlieferung. Ja, sie verdirbt draußen vor den Toren wie eine Fracht kostbarer Nahrung, auf die die Bevölkerung wegen irgendwelcher Zollstreitigkeiten verzichten muß. Die Überlieferung verendet vor den Schranken einer hybriden Überschätzung von Zeitgenossenschaft." (Ebd., 32) Ganz ähnlich wie der hedonistischen Gesellschaft der Freier von Ithaka sind auch den „Gegenwartsnarren" der Jetztzeit die Bewertungs- und Unterscheidungskriterien abhanden gekommen. Beide, die „High-Touch-Intelligenz" vor ihren Bildschirmen wie auch die Enthemmten im Königspalast, „unterscheide(n) nicht mehr", da in der Abfolge kurzer Stimulationen „letztlich alles mit allem in Berührung gerät" (ebd., 31). Wo die balsamischen Wirkungskräfte einer wohldosierten „Tiefenerinnerung" nicht mehr fruchten und der Wertekanon nicht mehr trägt, lautet der Befund auf Empfindungs- und Substanzverlust durch Reizüberflutung. Das gilt für Ithaka ebenso wie für die Bundesrepublik.

„Sind wenige reich, so herrscht Korruption und Anmaßung. Ist es das Volk insgesamt, so korrodiert die Substanz. Jedenfalls schützt Wohlhaben nicht vor der Demontage des Systems, dem es sich verdankt." (Ebd., 20) Die degenerativen Auswirkungen der Überflußgesellschaft, die Strauß essayistisch beklagt, findet im Vorwurf der bedenkenlosen Güterverschwendung ihre szenisch-dramatische Entsprechung. Beiden Gesellschaftsformen wird eine destruktive Mentalität des Aufzehrens und Verschleuderns bescheinigt, in beiden Fällen bezieht sich der Vorwurf sowohl auf eine materielle Sattheit im Überangebot als auch auf ein wohlstandskonformes Vergessen der eigenen Herkunft. Grundlos hybrid, lustlos vergnügt und dabei im Grunde konfliktunfähig haben die Repräsentanten beider Gemeinschaften jegliche Würde verloren: „Die Würde der bettelnden Zigeunerin sehe ich auf den ersten Blick. Nach der Würde – ach, Leitfloskel vom Fürstenhof! – meines deformierten, vergnügungslärmigen Landsmannes in der Gesamtheit seiner Anspruchsunverschämtheit muß ich lange, wenn nicht vergeblich suchen. (...) Sie haben offenbar das sinnliche Gespür – und das ist oft auch: ein sinnliches Widerstreben und Entsetzen – für die Fremdheit jedes anderen, auch der eigenen Landsleute, verloren." (Ebd., 24)

Wie wäre unter solchen Voraussetzungen erst die radikale Fremdheit jener „Götter" oder „Göttergleichen" zu erkennen, deren „Wiederkehr" in beiden Texten in Aussicht gestellt, respektive vorgeführt wird? „Wie heißen die Künftigen, und wer empfängt sie? Wer steht in 'fürchtigster Frömmigkeit' (Rilke) vor ihnen und kennt dann ihre Namen nicht? Und wenn sie sie bilden wollen auf ihren Lippen, kommen nur technische Floskeln heraus, Kürzel und Kauderwelsch. Solche Wiederkehrenden kämen dem Einbruch des Unbekannten gleich, unter Umständen sogar: des einmalig Fürchterlichen." (Ebd., 34) Derartige Prognosen lassen sich ohne weiteres mit dem Affekttableau der Freier bei der Rückkehr des als „göttergleich" angesehenen Odysseus in Verbindung bringen. Zunächst ruft seine kalkulierte Fremdheit ein Gewaltpotential auf den Plan, daß Strauß in seinem Essay im Sinne René Girards als „gefallene Kultleidenschaft" interpretiert. Ein tiefer, altertümlicher „Haß gegen Unbekannt", der seine „Nahrung aus primordialen Depots" (ebd., 39) bezieht, richtet sich in gesellschaftlichen Krisensituationen gegen den Fremden und Andersartigen. „Der Fremde, der Vorüberziehende wird ergriffen und gesteinigt, wenn die Stadt in Aufruhr ist." (Ebd.) Lediglich die Hunde erkennen instinktiv in der Gestalt des Bettlers ihren heimgekehrten Herrn. Anstatt jedoch als metabolisches Gefäß alles Übel auf sich zu ziehen, „um es dann in Stabilität und Fruchtbarkeit zu wandeln" (ebd.), übernimmt Odysseus, indem er sämtliche Freier zur Strecke bringt, die Rolle des „fürchterlichen" Rächers, der „dem Angerichteten" (ebd., 20) mit einem einmaligen Schlag ein Ende bereitet.

„Zwischen den Kräften des Hergebrachten und denen des ständigen Fortbringens, Abservierens und Auslöschens wird es Krieg geben." (Ebd., 22) Die rabiate, keinerlei Widerspruch duldende Art und Weise, die der Konfliktlösung in *Ithaka* zugrunde liegt, setzt letztlich nur szenisch in die Tat um, was im *Bocksgesang* theoretisch (und deshalb ohne Blutvergießen) antizipiert wird. Daß Odysseus und seine Gefolgsleute derart unversöhnlich mit der Überzahl der Freier zusammenprallen, dokumentiert die Unvereinbarkeit antagonistischer Prinzipien, für die beide Parteien bei Strauß wie bei Homer einstehen. Es genügt jedoch nicht, den homerischen Mythos als Legitimationsgrundlage des in jeder Hinsicht martialischen Finales – „Einpferchen. Abschlachten" (Ith, 82) – heranzuziehen. Strauß findet bei Homer vielmehr einen Modellfall des gleichen Szenarios vor, dessen Vorstadium im *Anschwellenden Bocksgesang* eindringlich geschildert wird. Bezeichnend für diesen Lösungsansatz sind neben der Bipolarität der beteiligten Lager seine dekonstruktiven Anteile: Ehe etwas Neues entstehen kann, muß das Bestehende zerstört und ausgerottet werden – ein Gedankengang, der in ähnlicher Form den zivilisationskritischen Reflexionen von Friedrich Nietzsche bis Heiner Müller zugrunde liegt. Allerdings, diese Abgrenzung gegenüber der Theorie des Dekonstruktivismus ist unverzichtbar, ist das Neue im vorliegenden Fall identisch mit dem Alten. Die „blutige Reinigung" (ebd., 49) dient ausschließlich der Restabilisierung eines vorübergehend gestörten gesellschaftlichen Kräfteverhältnisses. Im Modus eines kurzen, schockartigen Ausnahmezustands wird lediglich dem Normalzustand – und nichts grundsätzlich Neuem – zu neuerlichem Durchbruch verholfen. Die Tabula rasa wird paradoxerweise zum Instrument der gefährdeten Tradition; eine Art Selbstschutzmaßnahme des Überlieferten, das unter dem „Angerichteten" zu ersticken droht.

„Terror des Vorgefühls"

Damit ist ein zweites, weniger augenfälliges Motiv angedeutet, dem sowohl in *Ithaka* als auch in *Anschwellender Bocksgesang* eine zentrale Funktion zukommt: Die Antizipation eines drohenden, noch namenlosen Unheils, dessen „Einbruch" in naher Zukunft bevorsteht. Anders als bei der bestandsaufnehmenden Oberflächen- oder Symptomanalyse handelt es sich hierbei um einen rezeptiven Vorgang, der ausschließlich die Tiefenwahrnehmung betrifft. Es geht um eine Einschätzung des geistigen Klimas insgesamt, um signifikante atmosphärische Tendenzen oder Schwankungen, etwa denen vergleichbar, die Thomas Mann in seinem Roman *Der Zauberberg* von 1924 für die Situation vor Ausbruch des Ersten Weltkrieges verzeichnet. Die „hochgradige Verflossenheit" seiner Geschichte, so der Autor in seinem Vorsatz, rühre daher, „daß sie vor einer gewissen, Leben und Bewußtsein tief zerklüftenden Wende und Grenze" spiele, „oder, um jedes Präsens geflissentlich zu vermeiden, sie spielte und hat gespielt vormals, ehedem, in den alten Tagen, der Welt vor dem großen Kriege, mit dessen Beginn so vieles begann, was zu beginnen wohl kaum schon aufgehört hat"[504]. Gemäß der jeweiligen subjektiven Empfänglichkeit äußern sich solche kollektiven Gefühlslagen in Schwundstufen unterschiedlicher Schärfe und Prägnanz: Bei den tumben, sinnenbetäubten, desensibilisierten Freiern tritt dieser „Terror des Vorgefühls" (ABo, 26) als unbestimmte Angst in Erscheinung (vgl. Ith, 73f.), die als Aggressivität und Gewaltbereitschaft gerade noch kanalisiert und somit zwischenzeitlich sublimiert werden kann. Bei den Gefolgsleuten des Odysseus dagegen trägt die unbestimmte Ahnung seiner baldigen Rückkehr zur Festigung ihrer im Verborgenen gehegten Überzeugungen bei.

Odysseus selbst, der als distanzierter Sonderling im eigenen Land die Zeichen bevorstehenden Wandels am zuverlässigsten zu deuten versteht, befindet sich durch seine aktive Rolle als Vollstrecker nur bedingt unter dem paralysierenden Einfluß des „Vorgefühls". Wenngleich als ausführendes Organ göttlichen Ratschlusses weisungsgebunden, ist er es doch, der das Finale in *Ithaka* einleitet, indem er die Beseitigung der Freier generalstabsmäßig plant und durchführt. Etwaige Folgen der Bluttat werden nüchtern erwogen und einkalkuliert: „Selbst wenn ich sie alle bezwinge, weil du (Pallas Athene, S.D.) mir den Kampf führst: was kommt danach? Kann ich mich retten, mich und meine Familie? Wie entgehe ich der Rache der Königshäuser, die ihre Söhne beklagen? Das muß doch vor dem Ermorden gründlich bedacht sein. Sonst ziehe ich ewiges Unheil auf mein Geschlecht, es geht unter in Wahnsinn und Blut wie die Atriden." (Ith, 65f.) Odysseus, diese Eigenschaft bewahrt ihm seine mentale Resistenz gegenüber atmosphärischen Irritationen, repräsentiert die abwägenden Vernunft, die das Bevorstehende nicht nur analysiert, sondern zugleich auch personifiziert und durch eben diese Doppelkompetenz listig zu gestalten vermag. Seine perspektivischen Überlegungen (sinngemäß: 'Wie komme ich am günstigsten aus der Sache heraus?') verdeutlichen, daß er als einziger in *Ithaka* die Kategorie der Zukunft („Was kommt

---

[504] Thomas Mann: Der Zauberberg (1924). Frankfurt/M. 1952². S.7; Thomas Manns Roman enthält, über seine seismischen Vorzeichen auf die bevorstehende Krise hinaus, zahlreiche Hinweise auf den Stellenwert des mythologischen Zeitmaßes, z.B. der Dauer als endlos gedehnter (Frei-)Zeit, der rituellen Wiederholung des Gleichen (v.a. Kap. 5,1) oder der Zeitindifferenz, wie etwa der gebürtige Lübecker und passionierte Mann-Leser Hans Blumenberg in: Arbeit am Mythos. A.a.O., S.112, anmerkt: „Der 'Zauberberg' hatte das Thema der Zeit als Vernichtung des Zeitbewußtseins in der exotischen, in der ekstatischen Situation der Todgeweihten beschrieben." Einen „Pathologen der Zeit" indessen, habe selbst „die epochenweise krankhaft auftretende Langeweile" (S.112) noch nicht gefunden.

danach?") auf der Rechnung hat. Alle übrigen sind befangen „im Banne des Vorgefühls" (ABo, 36). Sie mögen das unweigerlich Eintretende fürchten oder begrüßen: Ihre Vorstellung von der Zukunft ist nicht konkret, sondern allenfalls dubios. Anders als Odysseus haben sie keinen Einfluß darauf; sie verspüren sie nur.

„Das jetzt vernehmbare Rumoren, die negative Sensibilität der feindlichen Reaktionen, die sofort Tollheit des Hasses werden, sind seismische Vorzeichen, Antizipationen einer größeren Bedrängnis, die durch jene hindurchläuft, die sie am ärgsten spüren werden. Das 'Deutsche', das sie meinen, ist nur ein Codewort, darin verschlüsselt: die weltgeschichtliche Turbulenz, der sphärische Druck von Machtlosigkeit, die parricide antiparricide Aufwallung in der zweiten Generation, Tabuverletzung und Emanzipation in später Abfolge und unter umgekehrten Vorzeichen, die Verunsicherung und Verschlechterung der näheren Lebensumstände, die Heraufkunft der 'teuren Zeit' im Sinne des Bibelworts; es ist der Terror des Vorgefühls." (Ebd., 26) Abgesehen von den rhetorischen Stimulanzwerten des „Deutschen", die Strauß als aktuelles Indiz eines latenten szenespezifischen Veränderungswillens deutet, lassen sich die hier zitierten Merkmale gesellschaftlicher Destabilisierung mühelos auf die Verhältnisse in *Ithaka* übertragen: Die Bereitschaft zur Gewaltanwendung (der geplante Anschlag auf den Thronfolger mit dem Ziel einer genealogischen 'Endlösung'; der Haß gegenüber dem 'Fremden' und Andersartigen) ist ein Reflex der Freier auf „seismische" Anfechtungen. Etwas liegt in der Luft, ohne daß genauer zu beschreiben wäre, worum es sich handelt; spürbar nähert sich ein illegitimer Interimsabschnitt seinem abrupten Ende. Indessen durchlaufen „katastrophische, destruktionshaltige Vorgefühle (...) den gesamten Organismus des Zusammenlebens und vergrößern sich dabei systemüberschattend. Den Verwerfungen innerhalb der Völkergemeinschaft folgen Verwerfungen im Gemüt eines Volks" (ebd., 36).

Die Halbwertzeit eines Intermezzos ist naturgemäß begrenzt, auch wenn dieser Umstand dem in seiner Zeit Befangenen verborgen bleiben muß. „Zwischenzeit" ist qua definitionem endlich, wie jeder weiß, der sie als solche bezeichnet. Sie endet für Strauß mit der „Heraufkunft der teuren Zeit", einem Zyklus, der schwerer wiegt, der sinnhaltiger und verbindlicher ausfällt, als „das Unsere, das Angerichtete", das keinerlei „Transformierbarkeit" (ebd., 21) mehr besitzt. „Wir fürchten es, wir wollen es mit aller verbleibender Macht verhindern und haben doch kein sicheres Mittel zur Abwehr, wenn in unsere abstrakte Welt Bromios, der laute Schrecken einschlägt und das angeblich so wirklichkeitsbezwingende Gefüge von Simulacren und Simulatoren von einem Tag zum anderen ins Wanken gerät. Die Wirklichkeit blutet wirklich jetzt." (Ebd., 40) Der zeitliche Modus, dem die vorausgesagte Katastrophe in Strauß' Essay unterliegt und dem auch Odysseus in *Ithaka* folgt, ist der denkbar unmittelbarste: Plötzlich, „von einem Tag zum anderen", mit einem einzigen unwiderstehlichen Schlag von tragischer Dimension werden die Dinge ins rechte Lot gerückt.

Und so gehören denn auch die Vorzeichen des baldigen Endes in den Zuständigkeitsbereich jener Gattung, auf die bereits der Titel des Essays rekurriert: Es ist Tragödiengetöse, das „aus dem Menschenraum im ganzen" (ebd., 37) vernehmlich anschwillt. „Von der Gestalt der künftigen Tragödie wissen wir nichts. Wir hören nur den lauter werdenden Mysterienlärm, den Bocksgesang in der Tiefe unseres Handelns. Die Opfergesänge, die im Innern des Angerichteten schwellen. Die Tragödie gab ein Maß zum erfahren des Unheils wie auch dazu, es ertragen zu lernen. Sie schloß die

Möglichkeit aus, es zu leugnen, es zu politisieren oder gesellschaftlich zu entsorgen. Denn es ist Unheil wie eh und je; die es trifft, haben nur die Arten gewechselt, es wahrzunehmen, es anzunehmen, es zu nennen mit abgetönten Namen." (Ebd., 38) Als „Tragödie" wird hier keineswegs nur eine bestimmten Regeln unterworfene dramatische Gattung bezeichnet. Der Begriff bezieht sich vielmehr in erster Instanz auf eine übergeordnete, jederzeit wirksame Qualität der Wirklichkeit. „Denn die Tragödie ist nicht bloßes Drama, und noch weniger bloßes Theater. Worum es in der Tragödie geht und wodurch sie immer von neuem dem Theater seinen höchsten Beruf wiederherstellt, das ist mit einem Worte: die Darstellung jenes Geschehens, das 'seltsamer ist als Prophetenlied'. Dieses Geschehen ist die Weise, wie am Menschen, an seinem edelverworrenen Tun, seinem großen Leiden, seinem Untergang sich die Wahrheit des Wirklichen bezeugt, das seiner Natur nach entzweit, amphibolisch ist – jener unergründliche, nur durch das ausgetragene Leiden zu bestehende Zwiespalt Gottes mit sich selbst im Sinne jenes geheimnisvollen Spruchs, daß 'Niemand gegen Gott ist als Gott selbst': Nemo contra Deum nisi Deus ipse."[505] Was sich in *Ithaka* wie in unserer Gegenwart vor aller Augen vollzieht, ist für Strauß seiner gesamten Beschaffenheit nach „tragisch". Aus diesem Grund, weil sich das Leben selbst aus „unheilvollen" Elementen zusammensetzt, habe man mit der Tragödie eine künstlerische Ausdrucksform gefunden, die dazu beschaffen sei, den Schrecken zu kategorisieren, abzumildern, zu filtern und dadurch erst zu einer begreifbaren Größe zu machen.

Darin besteht für Strauß eine der vordringlichen Aufgaben der Kunst insgesamt: eine Art Schutzschirm zu etablieren, in dessen Gestalt das Fremde oder Unheilvolle erhalten, zugleich jedoch abgefiltert und gebannt wird. Der Kunsthistoriker Aby Warburg hat diese Erfahrung einer nahen Ferne, die die auratische Daseinsweise der Kunst begründet, in der Formel „Du lebst und tust mir nichts"[506] zu fassen versucht. „Wir projizieren Leben in die Bilder der Kunst, aber wir brauchen vor ihnen keine Angst zu haben: sie wahren den Abstand."[507] Auf nichts anderes zielt im übrigen Rilkes Definition des Schönen als „des Schrecklichen Anfang, den wir noch gerade ertragen"[508]. Eben diese fundamentale Erfahrung wird nun für Strauß durch die Dominanz des „elektronischen Schaugewerbes" annulliert, „das seinem Publikum die Welt in dem äußersten Illusionismus" vorführt, „der überhaupt möglich ist" (ebd., 30). Deshalb rät er in seinem Essay zum medialen Entzug, denn nur wer sich erfolgreich absondere, nur wer sich jenseits des herrschenden, alles nivellierenden Kulturbegriffs ansiedle, vermöge den „Mysterienlärm" als solchen zu verstehen. Darüber hinaus hätte dieser für die Kategorien des Tragischen empfängliche „Sonderling" und „Gegenaufklärer" ein bewährtes Instrumentarium zur Hand, das es ihm ermöglichte, gesellschaftliche Mutationen zu deuten und sich selbst darin zu positionieren. Denn prinzi-

---

[505] Wolfgang Schadewaldt: Antike Tragödie auf der modernen Bühne. Zur Geschichte der Rezeption der griechischen Tragödie auf der heutigen Bühne. In: Antike und Gegenwart. Über die Tragödie. München 1966. S.89; zu Bauform, Funktion und Wirkungsgeschichte der Tragödie vgl. Gero von Wilpert: Sachwörterbuch der Literatur. A.a.O., S.850-854; zur Rezeption der Tragödie in der deutschen Literaturgeschichte vgl. David E. George: Deutsche Tragödientheorien vom Mittelalter bis zu Lessing. München 1972.
[506] Zit. nach Ernst H. Gombrich: Aby Warburg. Eine intellektuelle Biographie. Frankfurt/M. 1984. S.98.
[507] Ebd.
[508] Rainer Maria Rilke: Duineser Elegien (1912/22). In: Werke. Textfassung nach: Sämtliche Werke. Hrsg. vom Rilke-Archiv in Verbindung mit Ruth Sieber-Rilke, besorgt durch Ernst Zinn. Bd.I.2. Frankfurt/M. 1980. S.441.

piell sei es „überhaupt keine Frage, daß man glücklich und verzweifelt, ergriffen und erhellt leben kann wie eh und je" (ebd., 33) –sofern nur die weltanschaulichen Bezugsgrößen die richtigen seien; sofern Anschluß hergestellt werden könne zum tragischen Nährboden unserer Zivilisation. „Der Untergrund ist alle Zeit der gleiche Matsch." (Ebd.)

Dieser Mythenmatsch steht bei Strauß für „ein immer schon vorhandenes Potential (...), das sich in je verschiedener Weise aktualisiert"[509] und auf das, bei entsprechender Sensibilität, jederzeit rekurriert werden kann – ein untergründiges Potential mit Langzeitwirkung und abrufbarer Präsenz. Dabei bemächtigen sich Mythos und Tragödie nach wie vor der 'großen Dimension', „der Dimension also, die dem Menschen schlechthin oder jedenfalls dem Individuum entzogen ist"[510]. Es geht um Ereignisse, auf deren Verlauf der Mensch keinen Einfluß hat, die er als Spielball der Elemente (respektive der Götter) entweder erduldet oder genießt, die er „bald als Terror oder Zwang, bald als Spiel oder Freiheit"[511] erfährt. Aus diesem Zusammenhang wird ersichtlich, weshalb Strauß das „Vorgefühl" eines bevorstehenden Wandels von großer Tragweite mit dem Attribut des „Terrors" belegt. Der angekündigte „Leitbild-Wechsel" wird sowohl in der Diagnose des *Anschwellenden Bocksgesangs* als auch im Fokus der Homeradaption als Zwang erfahren, von jenen zumal, denen in ihrem „Aufklärungshochmut" (ebd., 24) die mythische Dimension und mit ihr die Fähigkeit zum Ertragen des Unheils verlorenging. „Wie blind und hilflos erscheinen jetzt die kritisch Aufgeklärten, die keinen Sinn für Verhängnis besitzen, die die dynamische Verkettung von Emanzipationen im Generationswechsel solange begrüßten, und jede aufständische und revolutionäre Potenz, bis sie, wie jetzt, ihren nackten, neutralen Kern entblößt: den brutalen Haß. (...) Verhängnisvoll ist es, keinen Sinn für Verhängnis mehr zu besitzen, unfähig zu sein, Formen des Tragischen zu verstehen."(Ebd., 26) In dieser Verblendungshaltung gleichen die Freier in *Ithaka* unseren Zeitgenossen. Beide erweisen sich als unzugänglich für die Zeichen der Zeit. So verstehen sie nicht, was über sie kommt.

Wiederherstellung der alten Ordnung

Die dritte Gemeinsamkeit zwischen dem Schauspiel *Ithaka* und dem Essay *Anschwellender Bocksgesang* betrifft den restaurativen Lösungsansatz, der beiden Texten zugrunde liegt. Jene projektive Sehnsucht nach Wiederanschluß an verschüttete Traditionslinien, nach einer Wiederherstellung der alten Ordnung, gedeiht nach Strauß in verborgenen Enklaven unterhalb des „Mainstream". Ihre 'Heimat' ist die „rechte Phantasie" des Dichters und Außenseiters, eines Typus' also, der sich gerade durch seinen exterritorialen, heimatlosen Status definiert. Wurzellos im 'hier und jetzt', tief verwurzelt in einer Vergangenheit, die hier und jetzt keine Bleibe mehr hat, repräsentiert der Rechte innerhalb der zur Flüchtigkeit tendierenden „problematischen Welt" (ebd., 25) den Fortbestand kardinaler Gedächtnisleistungen. „Anders als die linke, Heilsgeschichte

---

[509] Vgl. Manfred Fuhrmann: Vorbemerkung des Herausgebers. In: Terror und Spiel. Probleme der Mythenrezeption. A.a.O., S.9.
[510] Ebd.
[511] Ebd.

parodierende Phantasie malt sich die rechte kein künftiges Weltreich aus, bedarf keiner Utopie, sondern sucht den Wiederanschluß an die lange Zeit, die unbewegte, ist ihrem Wesen nach Tiefenerinnerung und insofern eine religiöse oder protopolitische Initiation. Sie ist immer und existentiell eine Phantasie des Verlustes und nicht der (irdischen) Verheißung. Eine Phantasie also des Dichters, von Homer bis Hölderlin." (Ebd.)

Abgesehen davon, daß vor diesem Hintergrund bereits die von Strauß angefertigte Bearbeitung des homerischen Epos als Geste eines Wahlverwandten verstanden werden darf, lassen sich auch innerhalb der Fabel markante Anknüpfungspunkte für eines der Leitmotive des *Anschwellenden Bocksgesangs* nachweisen. Das gesamte Heldenlied ist vielstimmig vom Grundgedanken der Apokathastasis durchzogen: „Die Guten bekommen ihren Lohn, die Schlechten ihre Strafe. Mitleid mit den Freiern wäre unangebracht; der Dichter prägt unermüdlich ein, daß sie selbst ihr Verderben heraufbeschworen haben. Die Götter sind gerecht geworden und weisen den Vorwurf zurück, sie brächten unverdientes Leid über die Menschen. (...) Sobald Odysseus in seiner Heimat die alte Ordnung wiederherstellt, wird in Griechenland allenthalben Wohlstand herrschen (denn auch im Reiche Agammemnons ist, wie wir hören, seit Orestes' Thronbesteigung die Zeit der Wirren vorbei): mit dieser angenehmen Zuversicht entläßt uns die Odyssee."[512]

Neben dieser von Strauß übernommenen „angenehmen Zuversicht", daß die Krise zuguterletzt überwunden, das tradierte Kräfteverhältnis wieder hergestellt ist, neben der Tatsache auch, daß der Dichter der *Odyssee* selbst für den „Wiederanschluß an die lange Zeit" einsteht[513], läßt auch der exzentrische Status der Protagonisten Rückschlüsse auf das von Strauß intendierte Rollenverständnis zu: Odysseus, der in Gestalt und Habitus eines Fremden ins eigene Land zurückkehrt, ist mit der neuerlichen Heraufkunft der Vergangenheit identisch. Seine treuesten Gefährten sind Schweinehirten, die in sozialer Hinsicht eine Randzone der Gesellschaft im Weichbild der Polis besetzen. Ihre Behausung, Odysseus' erster Unterschlupf, gleicht sowohl topographisch als auch weltanschaulich und rhetorisch einem „magischen Ort der Absonderung", der

---

[512] Wolf Hartmut Friedrich: Nachwort zu Homer: Ilias, Odyssee. A.a.O., S.817, 819. Friedrichs Ausführungen relativieren auch den jüngst geäußerten Vorwurf Egon Flaigs, der Odysseus unter Verwendung neuzeitlicher Kategorien als „Massenmörder" bezeichnet: Odysseus, Penelope und Telemachos setzten sich durch die Bluttat über tradierte Regeln ihrer Gesellschaft hinweg, indem sie das Wertesystem lokaler Gemeinschaften „transgredierten". Derartige Kritik läßt zwei Faktoren völlig außer acht: Zum einen ist die Odyssee als Produkt dichterischer Einbildungskraft insgesamt nur schwer auf reale gesellschaftliche und soziale Verhältnisse zu übertragen; es ist nicht einmal gesichert, „ob immer derselbe Dichter spricht" (vgl. Friedrich, a.a.O., S.787f). Zum anderen resultiert die Ermordung der Freier aus der immanenten Logik der Fabel, die keine Alternative zur Blutrache kennt.

[513] In diesem Zusammenhang sollte allerdings betont werden, daß die Odyssee anders als die Ilias durch ihre auffällige Betonung menschlicher (d.h. unheroischer) Verhaltensmuster, nicht zuletzt auch durch die rationale, beinahe schon aufgeklärte Skepsis und Spitzfindigkeit des Protagonisten an der Ablösung überlieferter Strukturen arbeitet. „Das Epos zeigt, zumal in seiner ältesten Schicht, an den Mythos sich gebunden: die Abenteuer stammen aus der volksmäßigen Überlieferung. Aber indem der homerische Geist der Mythen sich bemächtigt, sie 'organisiert', tritt er in Widerspruch zu ihnen." (Max Horkheimer, Theodor W. Adorno: Dialektik der Aufklärung. A.a.O., S.50) In diesem Sinne äußert sich auch Wolf Hartmut Friedrich, a.a.O., S.813: „Ist (Odysseus', S.D.) Mißtrauen, seine Schläue, seine Geschicklichkeit im Lügen des Helden noch würdig, den wir aus der Ilias kennen? Zeigt sich in ihnen der eigentliche Odysseus, oder handelt es sich hier nur um Masken, um Arrangements mit einer feindlichen Umwelt, ohne die auch der Beste nicht immer auskommt? In der Ilias gibt es in diesem Sinne keinen trügerischen Schein. (...) Die menschliche Existenz ist dort noch ungespalten. Die Odyssee", in der einfach auf nichts Verlaß ist, in der man nie weiß, mit wem man es zu tun hat, „weist mit ihrer Unterscheidung in die Zukunft".

„ein versprengtes Häuflein von inspirierten Nichteinverstandenen" beherbergt. Sie steht für einen Ort, „der für den Erhalt des allgemeinen Verständigungssystems unerläßlich ist" (ebd., 29). Ähnlich wie der Obstgarten des Laertes, in dem der verlorene Sohn bei seiner Heimkehr „alles wie einst" (Ith, 98) vorfindet, im 13. und letzten Bild von *Ithaka* den Rahmen für die Zusammenführung dreier bis dahin getrennter Generationen (Laertes, Odysseus, Telemach) bildet, erfüllt die Hütte des Sauhirten Eumaios alle Voraussetzungen der „Sezession", der „Abkehr vom Mainstream" (ABo, 28). Strauß erinnert daran, „daß in verschwätzten Zeiten, in Zeiten der sprachlichen Machtlosigkeit, die Sprache neuer Schutzzonen bedarf; und wär's allein im Garten der Befreundeten, wo noch etwas Überlieferbares gedeiht, hortus conclusus, der nur wenigen zugänglich ist und aus dem nichts herausdringt, was für die Masse von Wert wäre" (ebd., 29). Die in Eumaios' Hütte erzählten Geschichten handeln, wo nicht von der Sorge um den scheinbar noch immer abwesenden Odysseus, beinahe ausschließlich von vergangenen, besseren Zeiten.[514] Der Anschlag, der ihre Wiederbelebung herbeiführen soll, wird im Verborgenen geplant. Und auch Penelope hegt zurückgezogen – bis ins „Denk- und Empfindungsresrevat" (ebd., 33) ihrer Träume hinein – das Andenken an eine unterbrochene Tradition.

Beide Texte variieren die gemeinsame Intention eines reinstallierten gesellschaftlichen Gleichgewichts: Der Essay auf der abstrakt-theoretischen Ebene eines mahnenden Appells, das heißt: vor der eigentlichen Katastrophe, die als unvermeidbar dargestellt wird; das Schauspiel auf der Ebene einer konkreten Vision, also vor, während und nach dem finalen antagonistischen Showdown. Sinngemäß hieße das: Homer – Nestor der versprengten Gemeinschaft der Gegenaufklärer – hat vorgezeichnet, was uns erst noch bevorsteht. Solches Unheil ist nichts wesentlich Neues, was sich unterscheidet sind allein die modifizierten gesellschaftlichen Rahmenbedingungen, in die es ebenso unvermittelt „einschlägt", wie seinerzeit der „Lärmer" Bromios als barbarischanimalische Erscheinungsform des Dionysos: Seine „ungestüme Lautäußerung bleibt an die ekstatisch-bestialische Offenbarung der Naturkraft geknüpft. (...) Der 'Lärmer' und der 'Taumler' (...) ist daher nicht verschieden von dem Seher und Kündergott Dionysos"[515]. Strauß beruft sich implizit auf eine im Mythos fundierte Verbindung von zerstörerischen und zukunftsweisenden Elementen; bestialische Offenbarung und Sehertum fallen in seiner Referenzfigur des Bromios exemplarisch zusammen. Vor der ersehnten Wiederherstellung der alten Ordnung – dem Movens und Telos der dramatischen Handlung in *Ithaka*, dem Leitmotiv des *Anschwellenden Bocksgesangs* – steht nach mythologischem Schema ein gewaltiger Kehraus, der dem „Angerichteten" gilt.

Vor diesem Hintergrund fällt es nicht schwer, den zu Beginn des *Bocksgesangs* als „Jemand" bezeichneten namenlosen Beobachter oder Seismographen inmitten der Krisentopographie Ithakas anzusiedeln: „Mitunter (...) will es ihm scheinen, als hörte er jetzt ein letztes knisterndes Sich-Fügen, hauchdünne Lamellen klimpern in den natürlichsten Vibrationen, und so, als sähe er gerade noch die Letzten, denen die Flucht in ein Heim gelang, vernähme ein leises Einschnappen, wie ein Schloß, ins

---

[514] Robert von Ranke-Graves: Griechische Mythologie. Quellen und Deutung. Reinbek 1984, weist darauf hin, daß im früheuropäischen Mythos „Schweinehirt" für Wahrsager oder Magier stand, „obwohl im Klassischen Zeitalter Schweinehirten ihre prophetische Kunst nicht mehr ausübten". „So wird Eumaios ('der erfolgreich Suchende'), der Schweinehirt des Odysseus, als dios ('gottähnlich') bezeichnet". (S.82)
[515] Vgl. Der Kleine Pauly. Lexikon der Antike. Bd.2. A.a.O., S.82.

Gleichgewicht. Danach: nur noch das Reißen von Strängen, gegebenen Händen, Nerven, dinglichen Kohäsionen, Kontrakten, Netzen und Träumen. Sogar von Schulterschlüssen und Marschkolonnen." (Ebd., 19) Was hier als Vorahnung metaphorisch umschrieben wird, ist die Figur einer idealen Paßform, bei der die getrennten Teile stimmig und daher beinahe lautlos ineinander greifen. Da sie aus einem Guß stammen, erscheint ihre Zusammenfügung nur konsequent, ja beinahe naturwüchsig. Strauß stellt in diesen Eingangspassagen die Rekonstruktion einer zerbrochenen Form in Aussicht, und um nichts anderes geht es ihm in *Ithaka*. Der Name steht ein für vollkommenes, in sich stimmiges und auf sich selbst bezogenes formales Gebilde, in dem sich gleich einem Vakuum die Zeit staut. Irgendwann jedoch „zerbricht jede Form, die Krüge zerbrechen und die Zeit läuft aus" (ebd., 20) – eine Formulierung, die auf metaphorischer Ebene dem Interregnum der Freierherrschaft entspricht. Odysseus' Leistung besteht im wesentlichen in der Reorganisation der Fragmente zu einem harmonischen Ganzen. Indem er die Bruchstücke als Elemente des alten und neuen Ordnungsgefüges einsetzt, enttarnt sich der „Listenreiche" als Anti-Modernist.

Heimkehr

Daß Strauß in solchen traditionalistisch inspirierten Bildern denkt, geht nicht zuletzt aus der Grundbewegung des Heimkehrenden hervor, der am Ende seiner Irrfahrt in den Heimathafen einlenkt. Läßt man die durch Poseidon mutwillig verfügten Winde und Kursänderungen einmal außer acht, so korrespondiert der Zustand freien Flottierens mit den Bedingungen und Bedingtheiten 'moderner' Existenz. Er führt in aller Deutlichkeit sowohl die reale Ferne lebensweltlicher Bezugsgrößen als auch die Abwesenheit von Maß und Ziel vor Augen. „Zwei Voraussetzungen bestimmen vor allem die Bedeutungslast der Metaphorik von Seefahrt und Schiffbruch: einmal das Meer als naturgegebene Grenze des Raumes menschlicher Unternehmungen und zum anderen seine Dämonisierung als Sphäre der Unberechenbarkeit, Gesetzlosigkeit, Orientierungswidrigkeit."[516] Die offene See böte also ausreichenden Anlaß, um vor dem Horizont einer übermächtig erscheinenden Natur die Endlichkeit irdischer Bestrebungen zu konstatieren. Dafür jedoch bedürfte es als Voraussetzung einer Entmachtung Poseidons, das heißt der göttlichen Verfügungsgewalt und damit einer neuzeitlichen Aufwertung des eigenmächtig handelnden Subjekts. Denn ohnmächtig und in transzendentaler Hinsicht 'obdachlos' fühlt sich auf offenem Meer ja nur, wer den Glauben an die universale Zuständigkeit der Götterwelt über Bord geworfen hat. Davon ist Odysseus zumindest in Strauß'scher Auslegung weit entfernt. Hier bestimmt nicht moderne Kontingenz den Ausgang des Geschehens, hier ist die Welt noch voller Götter, deren Entscheidungen zwar willkürlich getroffen werden, die aber immerhin angerufen, beim Namen genannt und zur Verantwortung gezogen werden können. Es ist eben Poseidon, der sich aufgrund eines bestimmten Vergehens (der Blendung seines Sohnes, des Kyklopen Polyphemos) speziell Odysseus gegenüber nachtragend verhält, nicht der zufällige Einfluß ungünstiger Strömungen und Winde. Dieser See-

---

[516] Hans Blumenberg: Schiffbruch mit Zuschauer. Paradigma einer Daseinsmetapher. Frankfurt/M. 1979. S.10.

fahrer ist ganz und gar in der Gedankenwelt des Mythos zu Hause und daher nie allein.

So kommt dem Hafen von Ithaka innerhalb der topographisch-weltanschaulichen Struktur des Stückes eine Schlüsselfunktion zu: Als Ausgangspunkt und Ziel der Irrfahrt markiert er die Stelle, an der das Getrennte sich erneut zusammenfügt. Mit Odysseus' Rückkehr und neuerlichen Inthronisierung schließt sich ein Kreis, der zwanzig Jahre zuvor mutwillig unterbrochen wurde. Im Sinne eines „leisen Einschnappens, wie ein Schloß, ins Gleichgewicht", wird eine als schmerzhaft erfahrene Lücke geschlossen, das krisenhafte Interregnum überwunden. „Eine lange Geschichte" nimmt ihren Fortgang, hinter deren kreisschlüssigem Horizont jene Geschichtlichkeit des Menschen beginnt, die bekanntlich zum Tode führt. „Eine lange Geschichte! Die Sonne, die Blitze, der Donner oben am Himmel, und unten auf der Erde die Feuerstellen, die Luftsprünge, die Rundtänze, die Zeichen, die Schrift. Danach brach einer plötzlich aus dem Kreis und lief geradeaus. (...) Mit seiner Flucht begann eine andere Geschichte, die Geschichte der Kriege. Sie dauert noch an."[517] *Ithaka*, so läßt sich aus dieser, der gleichen Denkhaltung geschuldeten Passage von Wim Wenders und Peter Handke folgern, steht für eine geschlossene, mythologisch fundierte Zirkulationssphäre vor und außerhalb historischer Zeitläufte. Der Ort verbürgt Dauer, zeitloses Sein, Verbindlichkeit – und so kommt der befristeten Öffnung seines Horizonts einem irritierenden Einbruch von Zeitlichkeit gleich. Erst die Öffnung des Vakuums, für das Ithaka im Verlauf des beendeten Interregnums einstand, läßt die Erfahrung von Zeit als einer vergänglichen Größe, als schwindende Lebenszeit, die in Rivalität zur Weltzeit steht, überhaupt zu. Daß diese Phase überwunden ist, geht unter anderem aus der blendenden körperlichen Verfassung Odysseus' hervor, der zum Abschluß des Schauspiels in der gleichen Gestalt erscheint wie zur Zeit seines Aufbruchs. „Schon Penelope hat sich in zwanzig Jahren kaum verändert; bei Odysseus selbst wird das rein körperliche Altern verschleiert durch das häufige Eingreifen Athenes, die ihn alt oder jung erscheinen läßt, wie es jeweils die Lage erfordert. Über das Körperliche hinaus ist vollends nichts auch nur angedeutet, und im Grunde ist Odysseus bei der Heimkehr ganz derselbe, der, zwei Jahrzehnte vorher, Ithaka verließ."[518]

Die strukturelle Kreisschlüssigkeit, in die die Erzählung an ihrem Ende einlenkt, wird darüber hinaus durch ein Motiv bestätigt, das innerhalb der Fabel als Beweisstück für die wahre Identität des Heimkehrers fungiert. „Odysseus muß (und das ist seine letzte Probe) sagen, auf wie einzigartige Weise er das eheliche Gemach gebaut hat. So vollendet sich die Rückkehr, das Ende kommt mit dem Anfang zusammen; genauer, das Ende, der wiedergefundene Besitz der Gattin und des Bettes, wird um den Preis der erzählenden Wiederholung der Handlung, die das eheliche Gemach geschaffen hat, erlangt."[519] Bedeutsamkeit fällt in diesem Zusammenhang auch der aufwendig gefertigten Schlafstätte selbst zu, deren Bauprinzip das Motiv der räumlichen Verschalung aufnimmt und tektonisch variiert. Denn Odysseus „baut eine Einfriedung innerhalb der Einfriedung – das Bild ist das einer konzentrischen Struktur, eines ge-

---

[517] Wim Wenders und Peter Handke: Der Himmel über Berlin. Frankfurt/M. 1987. S.83f.
[518] Erich Auerbach: Die Narbe des Odysseus. In: Mimesis. Dargestellte Wirklichkeit in der abendländischen Literatur. Bern 1988[8]. S.20.
[519] Jean Starobinski: Statt eines Epilogs. A.a.O., S.377.

schlossenen Ortes, eines geschützten Innen"[520], das sich darüber hinaus durch seine Unverrückbarkeit auszeichnet: „In unserem Hof wuchs ein Ölbaum, der blühte, war dick wie ein Pfeiler. Um diesen Ölbaum baute ich einst die Kammer. Ich kappte die Äste und hieb mir den Stumpf zurecht und schnitzte den Bettfuß." (Ith, 94) Das aus der Erde wachsende, fest verwurzelte Bett, das von Penelope während der Abwesenheit ihres Gatten als natürliches Zeichen eines stabilen, unantastbaren Zentrums bewahrt wurde, ermöglicht nach seiner Rückkehr „die Wiederholung des vergangenen Glücks"[521].

Auf bezeichnende Weise klaffen während Odysseus' Abwesenheit Erfahrung und Erwartung auseinander, denn Ithaka ist mythologisch definiert als „eine Sphäre ständiger Anwesenheit"[522]. Die „Spaziergangsgröße des Ganzen" (Hans Blumenberg) schloß bis zum Ausbruch des Trojanischen Krieges das Unerwartete, selbst das nicht jederzeit Anwesende, kategorisch aus. Die „Zwischenzeit" dagegen führt neuzeitliche, postmythologische Existenzbedingungen in die vertraute Welt ein. Mit ihnen wächst das „Unbehagen am Zeitlauf"[523] – eine Gefühlslage, die Strauß' Werk nicht erst seit *Ithaka* inspiriert. In der Terminologie seines Prosa- und Aphorismenbandes *Beginnlosigkeit* etwa stünde Ithaka für „Fleck" (Mythos), das Interregnum der Freierherrschaft für „Linie" (Geschichte): „Die Geschichte ist offen, der Mythos geschlossen." (Beg, 107) Mit dieser bündigen Definition sind die raumzeitlichen Konstanten vorgegeben, die Strauß auch seinem jüngsten Schauspiel zugrunde legt. In der Rückkehr des Odysseus manifestiert sich beispielhaft die im Kern mythologische, antimodernistische Zeitauffassung einer zyklischen Wiederholung des Gleichen: „Alles geblieben, wie / ich es niemals verließ." (Ebd., 19) War weiter oben von der Bildstörung als Hoffnung und Intention des Gegenaufklärers die Rede, so wäre hier von einer Reparaturleistung aus umgekehrter Perspektive – doch in der gleichen Absicht – zu sprechen. Zur Erinnerung: Die Unterbrechung im Medienzeitalter repräsentiert für Strauß eine als notwendig angesehene Abweichung von der Norm; im Mythos hingegen, auf dessen stabilisierendes Potential der Gegenaufklärer setzt, ist sie in ihrer Eigenschaft als geschichtlicher Erfahrungswert ausgeblendet. Wie die Frequenzüberlagerung verschiedener Rundfunksender beim Verlassen des Sendegebiets verschiebt die Bildstörung die Aufmerksamkeit des Zuschauers von der „heilen Welt des Schmunzel-Moderators" (ABo, 23) auf ihre Konstruiertheit, auf das konstante Rauschen jenseits des Schirms. Dieses Rauschen, das immer gleich bleibt, kommt aus Ithaka.

---

[520] Ebd., S.378.
[521] Ebd.
[522] Hans Blumenberg: Lebenszeit und Weltzeit. A.a.O., S.34.
[523] Ebd., S.26.

Bibliographie

Werk- und Siglenverzeichnis

Nachfolgendes Verzeichnis enthält in chronologischer Abfolge die bisher erschienenen Schriften von Botho Strauß (eigenständige Publikationen sowie Beiträge für Zeitungen, Zeitschriften, Periodika, Aufsatzsammlungen), einschließlich der von ihm angefertigten Textbearbeitungen und Übersetzungen. Den in der vorliegenden Untersuchung zitierten Titeln ist eine entsprechende Sigle vorangestellt. Mit Ausnahme der Bühnentexte *Das Gleichgewicht* (1991 als eigenständige Publikation erschienen) und *Ithaka* (1996) werden sämtliche *Theaterstücke* aus der gleichnamigen zweibändigen Ausgabe des Hanser-Verlags von 1991 zitiert, die inzwischen auch als Taschenbuch (dtv) erschienen ist. Sofern nicht anders vermerkt, wird bei den 1967-1971 entstandenen Theaterkritiken für die Monatszeitschrift Theater heute auf den 1987 im Verlag der Autoren erschienenen Sammelband *Versuch, ästhetische und politische Ereignisse zusammenzudenken* zurückgegriffen.

Die vertierte Vernunft und ihre Zeit. Zu Ödön von Horváths Stück „Sladek, der schwarze Reichswehrmann". In: Theater heute 8 (1967). S. 52-53.

Paul Verhoeven als Baugeschäftsinhaber Otto Laiper. (Zu Martin Sperrs Stück „Landhuter Erzählungen"). In: Theater heute 11 (1967). S. 34.

Lust...spiel. Traugott Krischkes „Die Liebenden von Vouvray". In: Theater heute 11 (1967). S. 41.

Die Kraft der Diskretion. Peter Stein inszeniert „Kabale und Liebe" am Bremer Theater. In: Theater heute 12 (1967). S. 32-34.

Luther als Luther. Leopold Ahlsen, „Der arme Mann Luther". Schloßtheater Celle. In: Theater heute 12 (1967). S. 46.

Dreckige Dritte Welt. Roger Blin inszeniert „Die Wände" von Jean Genet in Essen. In: Theater heute 1 (1968). S. 12-15.

Viele Francos. In Kassel wurde Armand Gattis „General Francos Leidenswege" uraufgeführt. In: Theater heute 1 (1968). S. 17-18.

Den Traum alleine tragen. Versuch über „Die Trauung" von Vitold Gombrowicz und die deutsche Erstaufführung am Schiller-Theater Berlin. In: Theater heute 2 (1968). S. 24-29.

Arrabal und Arrabaleskes. „Der Architekt und der Kaiser von Assyrien" in Bochum. In: Theater heute 4 (1968). S. 26-29.

Ein Stück ist ein System. Bonds „Gerettet" in Dortmund, Hannover, Kassel und Ulm. In: Theater heute 5 (1968). S.36-39.

„Kaspar"-Aufführungen in Frankfurt und Oberhausen. In: Theater heute 6 (1968). S. 30-31.

Bond ohne Milieu. Edward Bonds „Gerettet". In: Theater heute 8 (1968). S. 38.

Schicksalspossen. Wolfgang Deichsels „Agent Bernd Etzel". Uraufführung am Deutschen Theater Göttingen. In: Theater heute 8 (1968). S. 39.

Neue Stücke. In: Theater heute 9 (1968). S. 41-42.

Verhör über Widersprüche. Armand Gatti, „Die Schlacht der sieben Tage und Nächte". In: Theater heute 10 (1968). S. 45-46.

Das Ende einer Clique. Zu Wolfgang Bauers „Magic Afternoon" und der hannoverschen Uraufführung. In: Theater heute 10 (1968). S. 57-58.

Profis und Amateure. Vier Gastspiele in drei Sprachen. In: Theater heute 11 (1968). S. 18-22.

„Sládek, der schwarze Reichswehrmann" von Horváth in Kassel. In: Theater heute 11 (1968). S. 34-35.

Die Einsamkeit des Herrenmenschen. Zu „Böse Tierchen" von Norbert Herholz. In: Theater heute 12 (1968). S. 77-78.

Bilderbuch der Schauspiel-Saison 1967/68. In: Theater heute. Jahressonderheft 1968. S. 39-67.

Anläßlich „Kaspar". In: Theater heute. Jahressonderheft 1968. S. 68.

Beckett unser Zeitgenosse? In: Theater heute. Jahressonderheft 1968. S. 109.

Ist das Chaos aufgebraucht? Imaginäres Gespräch über Aufführungen von „Trommeln in der Nacht" und „Im Dickicht der Städte". In: Theater heute 1 (1969). S. 10-12.

Wenn Theaterleute Zeitungen machen. In: Theater heute 1 (1969). S. 59-60.

Stücke nach der Revolte. Sechs neue Theaterstücke, vorgestellt in Textproben und Kommentar. In: Theater heute 2 (1969). S. 45-52.

Kunst[2]. „Philoktet" von Heiner Müller in München, Frankfurt und Hannover. In: Theater heute 3 (1969). S. 12-14.

Peter Handke, „Das Mündel will Vormund sein", Theater am Turm Frankfurt. In: Theater heute 3 (1969). S.40-43.

Albee, der Broadway und der Tod. Die deutschen Erstaufführungen von „Alles im Garten" und „Kiste Worte des Vorsitzenden Mao Tse Tung Kiste". In: Theater heute 3 (1969). S. 44-47.

Maß für Masse. Peter Terson, „Zicke Zacke" in Heidelberg. In: Theater heute 4 (1969). S. 26-29.

Alsob Action. Gombrowicz, „Yvonne". Wuppertaler Bühne. In: Theater heute 5 (1969). S. 9.

Das schöne Umsonst. Peter Stein inszeniert „Tasso" in Bremen. In: Theater heute 5 (1969). S. 12-16.

Versammlungsverbot. Marginalie zu „Frauenvolksversammlung" von Aristophanes. In: Theater heute 5 (1969). S. 17.

Überdruck. Triana, „Nacht der Mörder". Braunschweig. In: Theater heute 6 (1969). S. 7.

Bilderbuch-Horváth. Horváths „Dorf ohne Männer". In: Theater heute 6 (1969). S. 8-9.

Peter Handkes Drinnen- und Draußenwelt. In: Theater heute 7 (1969). S. 4.

Ein Autor korrigiert sich selbst. Armand Gatti, „Die Geburt" in Kassel. In: Theater heute 8 (1969). S. 9-10.

Die Liebe zu Stalltieren. Neue Stücke von Owens und Mercer in Bremen. In: Theater heute 8 (1969). S. 15-17.

Für Gombrowicz. In: Theater heute 9 (1969). S. 5.

Ein Traum von einem Stück und böse kleine Leute. (Über Fassbinders Bearbeitung von Goldonis „Kaffeehaus"). In: Theater heute 10 (1969). S. 16-21; der Text erschien zuerst in der Stuttgarter Zeitung vom 3.10.1969. Für Theater heute wurde der erste Absatz verändert.

Menschendarstellung. Peter Luke, „Hadrian VII" in Hamburg. Romulus Linney, „Armer alter Fritz" in Düsseldorf. In: Theater heute 11 (1969). S. 14.

Bad Trip. „Dantons Tod" in Heidelberg. In: Theater heute 11 (1969). S. 22.

Melodram und Mikropsychologie. Wolfgang Bauers „Change". In: Theater heute 11 (1969). S. 39-40.

Swifting Gulliver. Kenny / Frow „Gullivers Reisen". Hamburg, Deutsches Schauspielhaus. In: Theater heute 12 (1969). S. 12.

Geschichte ist nicht, was geschah. (Über Tankred Dorsts Stück „Toller"). In: Theater heute. Jahressonderheft 1969. S. 42-44.

Anschauung oder Erster Versuch, neue Spielweisen und Darstellungsformen zu rezipieren. In: Theater heute. Jahressonderheft 1969. S. 99-106.

Das emotionslose Glück der Geschicklichkeit. Martin Benrath als Arrabals „Kaiser von Assyrien". In: Theater heute 1 (1970). S. 32-33.

Die schönen und die schlechten Szenenbilder: sie hängen alle schief... Aufzeichnungen nach einer längeren Theaterreise. In: Theater heute 1 (1970). S. 24-28.

Erinnerung an ein Stück von heute. Wolfgang Bauers „Magic Afternoon" in Berlin und Hamburg. In: Theater heute 2 (1970). S. 12-13.

Die neuen Grenzen. Anarchismus-Kritik und Theater-Aktion. In: Theater heute 2 (1970). S. 26-31.

Theater außerhalb des Theaters. (Zu Alfred Panous „Black Power", Tuli Kupferbergs „Ficknam", Philippe Adriens „Offenbarung"). In: Theater heute 3 (1970). S. 17-18.

Bürgerdämmerung auf der Bühne. Fleißer, „Pioniere in Ingolstadt", Canetti, „Hochzeit", Erdman, „Der Selbstmörder", Gombrowicz, „Operette". In: Theater heute 4 (1970). S. 18-25.

„Wenn ein Stein nur ein Stein wäre, so würden wir ihn nicht Stein nennen". Über Lars Gustafsson, sein Stück „Die nächtliche Huldigung" und dessen Zürcher Uraufführung. In: Theater heute 6 (1970). S. 41-44.

Archaik und Empfindsamkeit. Zu „Feraï" von Odin Teatret. In: Theater heute 8 (1970). S. 28-29.

Komödie aus Todesangst. Thomas Bernhard, „Ein Fest für Boris" in Hamburg. In: Theater heute 8 (1970). S. 32.

Versuch, ästhetische und politische Ereignisse zusammenzudenken. Neues Theater 1967-1970. In: Theater heute 11 (1970). S. 61-68.

Zehn unfertige Absätze über Tschechow, Noelte und das realistische Theater. In: Theater heute. Jahressonderheft 1970. S. 65.

Weltflucht und Mord. Edward Bond und sein frühes Stück „Hochzeit des Papstes". In: Theater heute. Jahressonderheft 1970. S. 89.

Über Rührung und Emphase. Was die vierte Experimenta wirklich wert war. In: Theater heute 7 (1971). S. 46-47.

Schützenehre. Erzählung. Mit acht farbigen Linolschnitten von Axel Hertenstein. Düsseldorf 1974/75.

MS Marlenes Schwester. Zwei Erzählungen. München 1975.

Un Unüberwindliche Nähe. 7 Gedichte. In: Tintenfisch. Jahrbuch für Literatur 9 (1976). Hrsg. von Michael Krüger. Berlin 1976. S. 57-63; aufgenommen in: Botho Strauß Symposium. Dokumentatieboek. Amsterdam 1981. S. 82-86.

Trilogie des Wiedersehens. Theaterstück. München 1976 (Stuttgart 1978; Trilogie des Wiedersehens / Groß und klein. Zwei Theaterstücke. München 1980).

W Die Widmung. Eine Erzählung. München 1977.

Groß und klein. Szenen. München 1978.

Die Hypochonder. Bekannte Gesichter, gemischte Gefühle. Zwei Theaterstücke. München 1979.

R Rumor. München 1980.

Pa Paare, Passanten. München 1981.

Kalldewey, Farce. München 1981.

Der Park. Schauspiel. München 1983.

DjM Der junge Mann. Roman. München 1984.

Er Diese Erinnerung an einen, der nur einen Tag zu Gast war. München 1985.

Der Geheime. Über Dieter Sturm, Dramaturg an der Berliner Schaubühne. In: Die Zeit, vom 23.5.1986.

Die Fremdenführerin. Stück in zwei Akten. München 1986.

Na Niemand anderes. München 1987.

Vers Versuch, ästhetische und politische Ereignisse zusammenzudenken. Texte über Theater 1967-1986. Frankfurt/M. 1987.

Besucher. Komödie; Die Zeit und das Zimmer; Sieben Türen. Bagatellen. Drei Stücke. München 1988.

Iso Isolationen. In: Der Pfahl. Jahrbuch aus dem Niemandsland zwischen Kunst und Wissenschaft. III (1989). S. 19-34.

Büch Die Erde – ein Kopf. Rede zum Büchner Preis 1989. In: Die Zeit, Nr. 44, vom 27.10.1989. S. 65-66.

FdU Fragmente der Undeutlichkeit. München 1989.

K Kongreß. Die Kette der Demütigungen. München 1989.

Auf Der Aufstand gegen die sekundäre Welt. Bemerkungen zu einer Ästhetik der Anwesenheit. Nachwort zu George Steiner: Von realer Gegenwart. Hat unser Sprechen Inhalt? München 1990. S. 303-320.

Schlußchor. Drei Akte. München 1991.

Angelas Kleider. Nachtstück in zwei Teilen. München 1991.

T I/II Theaterstücke. 2 Bde., München 1991.

ABo Anschwellender Bocksgesang. In: Der Spiegel, Nr.6 (46. Jg.), vom 8.2.1993. S. 202-207; vollständige Fassungen in: Der Pfahl. Jahrbuch aus dem Niemandsland zwischen Kunst und Wissenschaft. VII (1993). S. 9-25; Heimo Schwilk, Ulrich Schacht (Hgg.): Die selbstbewußte Nation. „Anschwellender Bocksgesang" und weitere Beiträge zu einer deutschen Debatte. Frankfurt/M., Berlin 1994. S. 19-40.

Ein Platz für Walter Benjamin. In: Der Tagesspiegel vom 20.3.1993. S. 13.

Gl Das Gleichgewicht. Stück in drei Akten. München 1993.

Wo Wohnen Dämmern Lügen. München 1994.

Brief an Heimo Schwilk (Titel: Kardinal Ratzinger ist der Nietzsche unserer Zeit). In: Frankfurter Allgemeine Zeitung vom 27.10.1994. S. 37.

Ant „Der eigentliche Skandal". Botho Strauß antwortet seinen Kritikern. In: Der Spiegel, Nr. 16 (47. Jg.) 1994. S. 168-169.

Bek Bekenntnisse eines Unpolitischen? Ein Briefwechsel mit Botho Strauß. In: Theater heute 12 (1994). S. 15. (Die Veröffentlichung erfolgte gegen den Willen des Autors.)

Ref Refrain einer tieferen Aufklärung. In: Günter Figal, Heimo Schwilk (Hgg.): Magie der Heiterkeit. Ernst Jünger zum Hundertsten. Stuttgart 1995. S. 323-324.
Ith Ithaka. Schauspiel nach den Heimkehr-Gesängen der Odyssee. München 1996.

Übersetzungen und Bearbeitungen:

Ibs Henrik Ibsen: Peer Gynt. 1. und 2. Teil, gemeinsam mit Peter Stein. In: Peer Gynt. Ein Schauspiel aus dem 19. Jahrhundert. Dokumentation der Schaubühneninszenierung. Berlin 1971.
Heinrich von Kleist: Prinz Friedrich von Homburg. Gemeinsam mit Peter Stein. In: Kleists Traum vom Prinzen Homburg. Dokumentation der Schaubühneninszenierung. Berlin 1972.
Sommergäste. Nach Maxim Gorkij. Fassung der Schaubühne am Halleschen Ufer von Peter Stein und Botho Strauß. Berlin 1974. Textfassung in: Theaterstücke, Bd.I. München 1991. S. 221-310.
Eugène Labiche: Das Sparschwein. Übersetzung und Bearbeitung von Botho Strauß. Frankfurt/M. 1981. Textfassung in: Theaterstücke, Bd.I. München 1991. S. 111-219.
Molières Misanthrop. Fassung von Botho Strauß. Schaubühneninszenierung von Luc Bondy, Berlin 1987. Textfassung in: Theaterstücke, Bd.II. München 1991. S. 213-259.

Literaturverzeichnis

Adorno, Theodor W.: Ästhetische Theorie. Frankfurt/M. 1973.

Adorno, Theodor W.: Minima Moralia. Reflexionen aus dem beschädigten Leben. Frankfurt/M. 1987.

Adorno, Theodor W.: Noten zur Literatur. Frankfurt/M. 1981.

Alewyn, Richard: Das große Welttheater. Die Epoche der höfischen Feste. München 1989. (Nachdr. der 2. erw. Aufl. der Originalausgabe).

Ammann, Jean-Christophe: Abstieg vom Feldherrenhügel. Die Chancen zeitgenössischer Kunst. Eine Entgegnung. In: Frankfurter Allgemeine Zeitung vom 27.7.1993.

Amelunxen, Hubertus von: Sprünge: Zum Zustand gedanklicher Unabhängigkeit in der Photographie. In: Sprung in die Zeit. Bewegung und Zeit als Gestaltungsprinzipien in der Photographie von den Anfängen bis zur Gegenwart. Berlin 1992. S. 25-35.

Anz, Thomas: Die neue Überheblichkeit. Der Dichter als Priester und Prophet Anmerkungen zu Botho Strauß und Peter Handke. In: Frankfurter Allgemeine Zeitung vom 17.4.1982.

Anz, Thomas / Michael Stark (Hgg.): Expressionismus. Manifeste und Dokumente zur deutschen Literatur 1910-1920. Stuttgart 1982.

Ariès, Philippe: Geschichte des Todes. München 1993[6].

Assheuer, Thomas: Die Ornamente der Ordnung.Antimoderne und politischer Mythos im Königsdrama: Botho Strauß und Peter Handke suchen den Souverän. In: Die Zeit, Nr.10 vom 28.2.1997. S. 47f.

Auerbach, Erich: Mimesis. Dargestellte Wirklichkeit in der abendländischen Literatur. Bern 1988[8].

Bahners, Patrick: Die Ordnung der Geschichte. Über Hayden White. In: Merkur 6 (1992). S. 506521.

Bahners, Patrick: Die Zukunft einer Illusion. Vertrauenskrisenfolgenminimierung: H. Lübbe besänftigt. In: Frankfurter Allgemeine Zeitung vom 19.4.1994.

Bahners, Patrick: Kein Verächter der Wollust sein. Falsche und echte Verführer: „Tutti frutti" (RTL), „Herzblatt" (ARD). In: Frankfurter Allgemeine Zeitung vom 14.12.1992.

Barck, Karlheinz u.a. (Hgg.): Aisthesis. Wahrnehmung heute oder Perspektiven einer anderen Ästhetik. Leipzig 1990.

Barolsky, Paul: Warum lächelt Mona Lisa? Vasaris Erfindungen. Berlin 1995.

Barthes, Roland: Das Reich der Zeichen. Frankfurt/M. 1981.

Barthes, Roland: Die helle Kammer. Bemerkung zur Photographie. Frankfurt/M. 1985.

Baudrillard, Jean: Videowelt und fraktales Subjekt. In: Aisthesis. Wahrnehmung heute oder Perspektiven einer anderen Ästhetik. Hrsg. von Karlheinz Barck u.a. Leipzig 1990. S. 252-264.

Baumgart, Reinhard: Das Theater des Botho Strauß. In: Botho Strauß. Text + Kritik 81 (1984). S. 6-19.

Baumgart, Reinhard: Über „Paare, Passanten". In: Die Zeit, Nr.40 vom 26.9.1981.

Bayerdörfer, Hans-Peter: Raumproportion. Versuch einer gattungsgeschichtlichen Spurensicherung in der Dramatik von Botho Strauß. In: Gerhard Kluge (Hg.): Studien zur Dramatik in der Bundesrepublik Deutschland. Amsterdam 1983. S. 31-68.

Beaucamp, Eduard: Ausbruch aus der Fortschrittskarawane. Die moderne Kunst am Ende ihres Jahrhunderts. Eine kunstkritische Bußpredigt. In: Frankfurter Allgemeine Zeitung vom 17.7.1993. Tiefdruckbeilage, S. 12.

Becher, Martin Rhoda: Poesie der Unglücksfälle. Über den Schriftsteller Botho Strauß. In: Merkur 6 (1978). S. 625-638.

Becker, Peter von: Die Minima Moralia der achtziger Jahre. Notizen zu Botho Strauß' „Paare, Passanten" und „Kaldewey, Farce". In: Merkur 2 (1982). S. 150-160; aufgenommen in: Ders.: Der überraschte Voyeur. München 1982. S. 132-146.

Becker, Peter von: Platos Höhle als Ort der letzten Lust. Das Motiv der Liebe, am Abend der Aufklärung Zu den neueren (Theater-)Texten von Botho Strauß. In: Michael Radix (Hg.): Strauß lesen. München, Wien 1987. S. 10-36

Beicken, Peter: Neue Subjektivität: Zur Prosa der siebziger Jahre. In: Paul Michael Lützeler und Egon Schwarz (Hgg.): Deutsche Literatur in der Bundesrepublik seit 1965. Königstein/Ts. 1980. S. 164-181.

Belting, Hans: Bild und Kult. Eine Geschichte des Bildes vor dem Zeitalter der Kunst. München 1991[2].

Benjamin, Walter: Das Kunstwerk im Zeitalter seiner technischen Reproduzierbarkeit. In: Gesammelte Schriften. Hrsg. von Rolf Tiedemann und Hermann Schweppenhäuser. Bd.I.2. Frankfurt/M. 1980. S. 431-469 (1.Fassg.), 471-508 (2.Fassg.).

Benjamin, Walter: Das Passagen-Werk. Hrsg. von Rolf Tiedemann. Frankfurt/M. 1983.

Benjamin, Walter: Denkbilder. In: Gesammelte Schriften. Hrsg. von Rolf Tiedemann und Hermann Schweppenhäuser. Bd.IV.1. Frankfurt/M. 1980. S. 305-438.

Benjamin, Walter: Der Erzähler. Betrachtungen zum Werk Nikolai Lesskows. In: Gesammelte Schriften. Hrsg. von Rolf Tiedemann und Hermann Schweppenhäuser. Bd.II.2. Frankfurt/M. 1980. S. 438-465.

Benjamin, Walter: Deutsche Menschen. In: Gesammelte Schriften. Hrsg. von Rolf Tiedemann und Hermann Schweppenhäuser. Bd.IV.1. Frankfurt/M. 1980. S. 149-233.

Benjamin, Walter: Einbahnstraße. In: Gesammelte Schriften. Hrsg. von Rolf Tiedemann und Hermann Schweppenhäuser. Bd.IV.1. Frankfurt/M. 1980. S. 83-148.

Benjamin, Walter: Gottfried Keller. Zu Ehren einer kritischen Gesamtausgabe seiner Werke. In: Gesammelte Schriften. Hrsg. von Rolf Tiedemann und Hermann Schweppenhäuser. Bd.II.1. Frankfurt/M. 1980. S. 283-295.

Benjamin, Walter: Kleine Geschichte der Photographie. In: Gesammelte Schriften. Hrsg. von Rolf Tiedemann und Hermann Schweppenhäuser. Bd.II.1. Frankfurt/M. 1980. S. 368-385.

Benjamin, Walter: Über einige Motive bei Baudelaire. In: Gesammelte Schriften. Hrsg. von Rolf Tiedemann und Hermann Schweppenhäuser. Bd.I.2. Frankfurt/M. 1980. S. 605-653.

Benjamin, Walter: Ursprung des deutschen Trauerspiels. In: Gesammelte Schriften. Hrsg. von Rolf Tiedemann und Hermann Schweppenhäuser. Bd.I.1. Frankfurt/M. 1980.

Benn, Gottfried: Gesammelte Werke. Hrsg. von Dieter Wellershoff. Bd.III. Gedichte. Stuttgart 1986[6].

Benn, Gottfried: Ithaka. In: Gesammelte Werke. Hrsg. von Dieter Wellershoff. Bd.II. Prosa und Szenen. Stuttgart 1986[6]. S. 293-303.

Berka, Sigrid: MythosTheorie und Allegorik bei Botho Strauß. Wien 1991.

Berka, Sigrid: Botho Strauß und die Debatte um den „Bocksgesang". In: Dies. (Gasthrsg.): Weimarer Beiträge 2 (1994). S. 165-178.

Bernardi, Eugenio: Wechselspiele der Einbildung und der Entzauberung. Einige Beobachtungen an Werken des Büchnerpreis-Trägers Botho Strauß. In: Frankfurter Rundschau vom 21.10.1989. S. ZB2.

Blase, Christoph: Ein Mann auf den Photos. Warum sollte er nicht dabeigewesen sein? Matthias Wähner inszeniert sein Gedächtnis. In: Frankfurter Allgemeine Zeitung vom 13.5.1994. S. 37.

Bleinagel, Bodo: Absolute Prosa. Ihre Konzeption und Realisierung bei Gottfried Benn. Bonn 1969.

Bloch, Ernst: Atheismus und Christentum. Zur Religion des Exodus und des Reichs. In: Werkausgabe. Bd.14. Frankfurt/M. 1968.

Bloch, Ernst: Das Prinzip Hoffnung. In: Gesamtausgabe. Bd.5. Frankfurt/M. 1959.

Bloch, Ernst: Erbschaft dieser Zeit. Frankfurt/M. 1985.

Bloch, Ernst: Lichtenbergisches herauf, herab. In: Werkausgabe. Bd.9. Literarische Aufsätze. Frankfurt/M. 1965. S. 201-208.

Blöcker, Günter: Zwei Fußbreit über der Leere. Botho Strauß' Prosaband „Paare, Passanten". In: Michael Radix (Hg.): Strauß lesen. München, Wien 1987. S. 258-262; zuerst in: Frankfurter Allgemeine Zeitung vom 26.9.1981.

Blumenberg, Hans: Arbeit am Mythos. Frankfurt/M. 1990[5].

Blumenberg, Hans: Die Lesbarkeit der Welt. Frankfurt/M. 1986.

Blumenberg, Hans: Gleichgültig wann? Über Zeitindifferenz. In: Frankfurter Allgemeine Zeitung vom 30.12.1987. S. III.

Blumenberg, Hans: Höhlenausgänge. Frankfurt/M. 1989.

Blumenberg, Hans: In freier Variation: Identität (Begriffe in Geschichten). In: Frankfurter Allgemeine Zeitung vom 31.1.1990.

Blumenberg, Hans: Kontingenz. In: Die Religion in Geschichte und Gegenwart. Bd.3. Tübingen 1959[3]. Sp. 1793-1794.

Blumenberg, Hans: Lebenszeit und Weltzeit. Frankfurt/M. 1986[3].

Blumenberg, Hans: Licht als Metapher der Wahrheit. Im Vorfeld der philosophischen Begriffsbildung. In: Studium Generale 7 (1957). S. 432-447.

Blumenberg, Hans: Matthäuspassion. Frankfurt/M. 1988.

Blumenberg, Hans: Schiffbruch mit Zuschauer. Paradigma einer Daseinsmetapher. Frankfurt/M. 1979.

Blumenberg, Hans: Wirklichkeiten, in denen wir leben. Aufsätze und eine Rede. Stuttgart 1986.

Blumenberg, Hans: Wirklichkeitsbegriff und Wirkungspotential des Mythos. In: Manfred Fuhrmann (Hg.): Terror und Spiel. Probleme der Mythenrezeption. (Poetik und Hermeneutik IV). München 1971. S. 11-66.

Bobrowski, Johannes: Gedichte. Mit einem Nachwort von Eberhard Haufe. Leipzig 1990.

Bohrer, Karl Heinz: Das absolute Präsens. Die Semantik ästhetischer Zeit. Frankfurt/M. 1994.

Bohrer, Karl Heinz: Die Grenzen des Ästhetischen. In: Wolfgang Welsch (Hg.): Die Aktualität des Ästhetischen. München 1993. S. 48-64; zuerst in gekürzter Fassung in: Die Zeit, Nr.37 vom 4.9.1992. S. 56-57.

Bohrer, Karl Heinz: Friedrich Schlegels Rede über die Mythologie. In: Ders. (Hg.): Mythos und Moderne. Begriff und Bild einer Rekonstruktion. Frankfurt/M. 1983. S. 52-82.

Bohrer, Karl Heinz (Hg.): Mythos und Moderne. Begriff und Bild einer Rekonstruktion. Frankfurt/M. 1983.

Bohrer, Karl Heinz: Plötzlichkeit. Zum Augenblick des ästhetischen Scheins. Frankfurt/M. 1981.

Bollmann, Stefan: Kaum noch etwas – Zur Poetik von Botho Strauß. In: J. Hörisch / H. Winkels (Hgg.): Das schnelle Altern der neuesten Literatur. Düsseldorf 1985.

Bollmann, Stefan: Schrift verlangt nach Schrift. Botho Strauß: „Die Widmung". In: Michael Radix (Hg.): Strauß lesen. München, Wien 1987. S. 237-249.

Bolz, Norbert: Am Ende der Gutenberg-Galaxis. Die neuen Kommunikationsverhältnisse. München 1993.

Bolz, Norbert: Das kontrollierte Chaos. Vom Humanismus zur Medienwirklichkeit. Düsseldorf 1994.

Bolz, Norbert: Die Welt als Chaos und als Simulation. München 1992.

Bolz, Norbert: Eine kurze Geschichte des Scheins. München 1991.

Bolz, Norbert / David Bosshart: Kult-Marketing. Die neuen Götter des Marktes. Düsseldorf 1995.

Bolz, Norbert: Theorie der neuen Medien. München 1990.

Bolz, Norbert / Willem van Reijen: Walter Benjamin. Frankfurt/M., New York 1991.

Bondy, Francois: Undeutliche Menschen, erlesene Gefühle. Zum Erfolg des Erzählers und Stückeschreibers Botho Strauß. In: Weltwoche vom 18.10.1978; aufgenommen in: Andreas Werner (Hg.): Fischer-Almanach der Literaturkritik 1978/79. Frankfurt/M. 1980. S. 256-259.

Bondy, Luc: Der Alchimist. Lobrede auf Botho Strauß. In: Die Zeit, Nr.44 vom 27.10.1989. S. 66.

Bondy, Luc: „Die haben einen Regisseur gesucht für Kalldewey...". Ein Gespräch mit Peter Krumme in Berlin am 6. September 1986. In: Michael Radix (Hg.): Strauß lesen. München, Wien 1987. S. 217-226.

Botho Strauß Symposium. Dokumentatieboek. Amsterdam 1981. CREA-Dokumentatieboek 7.

Botho Strauß. Text + Kritik 81 (1984). Hrsg. von Heinz Ludwig Arnold.

Bubner, Rüdiger: Ästhetische Erfahrung. Frankfurt/M. 1989.

Buch, Hans Christoph: Die Nähe und die Ferne. Bausteine zu einer Poetik des kolonialen Blicks. Frankfurt/M. 1991.

Buch, Hans Christoph: Gerechtigkeit für Bosnien. Ohne Medien: Eine spätwinterliche Reise nach Mostar und Sarajevo. In: Frankfurter Allgemeine Zeitung vom 25.4.1996.

Buddecke, Wolfram / Helmut Fuhrmann: Das deutschsprachige Drama seit 1945. München 1981.

Burkert, Walter: Mythos und Mythologie. In: Propyläen Geschichte der Literatur. Bd.I. Berlin 1988. S. 11-35.

Burkhardt, Jacob: Die Kultur der Renaissance in Italien. Ein Versuch. Stuttgart 1988[11].

Busch, Bernd: Belichtete Welt. Eine Wahrnehmungsgeschichte der Fotografie. München, Wien 1989 (Frankfurt/M. 1995).

Cassirer, Ernst: Philosophie der symbolischen Formen. Zweiter Teil: Das mythische Denken. Darmstadt 1987[8].

Cioran, Emile M.: Lehre vom Zerfall. Frankfurt/M. 1978.

Cosic, Bora: Nachbar, euer Fläschchen. Gespräch über den abwesenden Herrn Handke. In: Frankfurter Allgemeine Zeitung vom 2.2.1996.

Crary, Jonathan: Techniken des Betrachters. Sehen und Moderne im 19. Jahrhundert. Dresden, Basel 1996.

Damien, Robert: Bibtèque et Etat. Naissance d'une raison politique dans la France du XVIIe siècle. Paris 1995.

Damm, Steffen: Der Passagier. Henrik Ibsens „Peer Gynt" auf dem Weg in die Moderne. In: Blätter des Deutschen Theaters 18 (1991). S. 591-597.

Damm, Steffen: Ein Helmut geht, ein Helmut kommt. Ansonsten alles wie gehabt: Ernst Jüngers Aufzeichnungen „Siebzig verweht III". In: Copernicus 2 (1994). S. 26-27.

Damm, Steffen: Ein Visionär aus Sarmatien. Zum 75. Geburtstag des Dichters Johannes Bobrowski. In: Der Tagesspiegel vom 11.4.1992.

Damm, Steffen: „Lose schreiten Einsamkeiten im Tiegerknie". Anmerkungen zu Dichtern und Tieren. In: Ders. (Hg.): Der Poet im Affenhaus. Zoogeschichten. Berlin 1994. S. 134-141.

Denkler, Horst: Botho Strauß: Trilogie des Wiedersehens. In: Michael Radix (Hg.): Strauß lesen. München, Wien 1987. S. 101-116; zuerst in: Harro Müller-Michaelis (Hg.): Deutsche Dramen. Königstein/Ts. 1981. S. 220-235.

Der kleine Pauly. Lexikon der Antike. Bearbeitet und herausgegeben von Konrat Ziegler und Walther Sontheimer. München 1979.

Diderot, Denis: Ästhetische Schriften. Hrsg. von Friedrich Bassenge. Bd.1. Berlin, Weimar 1967.

Dönhoff, Marion Gräfin: Ein Stück über die deutsche Einheit? Anmerkungen zu Botho Strauß' „Schluß-chor". In: Die Zeit, Nr.26 vom 21.6.1991.

Doerry, Martin: „Lehrmeister des Hasses". Über Botho Strauß als wortführer eines „konservativen Mani-fests". In: Der Spiegel 42 (1994). S. 239-243.

Dössel, Christine: Anschwellende Aufregung. Kammerspielschauspieler Griem will nicht in Strauß' „Ithaka" spielen. In: Süddeutsche Zeitung vom 22.5.1996.

Dohrn van Rossum, Gerhard: Die Geschichte der Stunde. Uhren und moderne Zeitordnungen (1992). München 1995.

Dubiel, Helmut: Der Fundamentalismus in der Moderne. In: Merkur 9/10 (1992). S. 747-762.

Einem, Herbert von: Das Auge, der edelste Sinn. In: Goethe-Studien. München 1972. S. 11-24.

Einstein, Carl: Bebuquin oder die Dilettanten des Wunders (1906/09). In: Werke. (Berliner Ausgabe). Hrsg. von Hermann Haarmann und Klaus Siebenhaar. Bd.1. Berlin 1994. S. 92-132.

Eliade, Mircea: Das Heilige und das Profane. Vom Wesen des Religiösen. Frankfurt/M. 1990.

Eliade, Mircea: Kosmos und Geschichte. Der Mythos der ewigen Wiederkehr. Frankfurt/M. 1986.

Elias, Norbert: Über die Zeit. Arbeiten zur Wissenssoziologie II. Hrsg. von Michael Schröter. Frankfurt/M. 1988.

Eliot, T.S.: Beiträge zum Begriff der Kultur. Frankfurt/M. 1949; wieder in: Werke. Bd.II. (Essays 1). Frank-furt/M. 1988.

Emrich, Elke: „Der Mensch verliert das Bild vom Menschen". Wahnsinn und Gesellschaft in Botho Strauß' „Groß und klein". In: Michael Radix (Hg.): Strauß lesen. München, Wien 1987. S. 117-142; zuerst in: Sprache im technischen Zeitalter 87 (1983). S. 225-241.

Enzensberger, Hans Magnus: Aussichten auf den Bürgerkrieg. Frankfurt/M. 1993.

Enzensberger, Hans Magnus: Die große Wanderung. Dreiunddreißig Markierungen. Mit einer Fußnote 'Über einige Besonderheiten bei der Menschenjagd'. Frankfurt/M. 1992.

Enzensberger, Hans Magnus: Mittelmaß und Wahn. Gesammelte Zerstreuungen. Frankfurt/M. 1988.

Enzensberger, Hans Magnus: Wanderzirkus, Veranstaltungstaumel. Eine kleine Pfingstpredigt über das Entbehrliche. In: Frankfurter Allgemeine Zeitung vom 29.5.1993. Tiefdruckbeilage, S. 1.

Eörsi, István: „Massaker als Sinnsuche". In: Der Spiegel 37 (1994). S. 215-220.

Faber, Marlene: Stilisierung und Collage. Sprachpragmatische Untersuchung zum dramatischen Werk von Botho Strauß. Frankfurt/M. 1994.

Figal, Günter / Heimo Schwilk (Hgg.): Magie der Heiterkeit. Ernst Jünger zum Hundertsten. Stuttgart 1995.

Flaig, Egon: Tödliches Freien Penelopes Ruhm, Telemachs Status und die sozialen Normen. In: Historische Anthropologie 3 (1995).

Flusser, Vilém: Für eine Philosophie der Fotografie. Göttingen 1983.

Flusser, Vilém: Gesten. Versuch einer Phänomenologie. Düsseldorf, Bensheim 1991.

Foerster, Heinz von: Sicht und Einsicht. Versuche zu einer operativen Erkenntnistheorie. Braunschweig, Wiesbaden 1985.

Foerster, Heinz von: Wahrnehmen wahrnehmen. In: Ars Electronica (Hg.): Philosophien der neuen Tech-nologie. Berlin 1989. S. 27-40.

Fontane, Theodor: Der Stechlin. In: Werke und Schriften. Hrsg. von Walter Keitel und Helmuth Nürnber-ger. Bd.19. Frankfurt/M., Berlin 1990[7].

Fontane, Theodor: Effi Briest. In: Werke und Schriften. Hrsg. von Walter Keitel und Helmuth Nürnberger. Bd.17. Frankfurt/M., Berlin 1992[18].

Foucault, Michel: Archäologie des Wissens. Frankfurt/M. 1981.

Frank, Manfred: Der kommende Gott. Vorlesungen über die neue Mythologie. I. Teil. Frankfurt/M. 1982.

Frank, Manfred: Die Aufhebung der Anschauung im Spiel der Metapher. In: Neue Hefte für Philosophie 18/19 (1980). S. 58-78.

Frank, Manfred: Die Dichtung als „Neue Mythologie". In: Karl Heinz Bohrer (Hg.): Mythos und Moderne. Begriff und Bild einer Rekonstruktion. Frankfurt/M. 1983. S. 15-40.

Frank, Manfred: Gott im Exil. Vorlesungen über die neue Mythologie. II. Teil. Frankfurt/M. 1988.

Friedell, Egon: Kulturgeschichte der Neuzeit. München 1991[9].

Fuhrmann, Manfred: Mythos als Wiederholung in der griechischen Tragödie und im Drama des 20. Jahrhun-derts. In: Ders. (Hg.): Terror und Spiel. Probleme der Mythenrezeption. (Poetik und Hermeneutik IV). München 1971. S. 121-143.

Gadamer, Hans-Georg: Anschauung und Anschaulichkeit. In: Neue Hefte für Philosophie 18/19 (1980). S. 1-14.

Gadamer, Hans-Georg: Die Zeitanschauung des Abendlandes. In: Kleine Schriften IV. Variationen. Tübingen 1977. S. 17-33.

Gadamer, Hans-Georg: Hegel und der geschichtliche Geist. In: Kleine Schriften III. Idee und Sprache. Tübingen 1972. S. 118-128.

Gadamer, Hans-Georg: Mythos und Vernunft. In: Kleine Schriften IV. Variationen. Tübingen 1977. S. 48-53.

Gadamer, Hans-Georg: Rainer Maria Rilkes Deutung des Daseins (zu dem Buch von Romano Guardini). In: Kleine Schriften II. Interpretationen. Tübingen 1979. S. 178-187.

Gadamer, Hans-Georg: Wahrheit und Methode. Gesammelte Werke, Bd.1. Hermeneutik I. Tübingen 1990[6].

Gauger, Hans-Martin: Kramen im Wort. Von Bocksgesang und Etymologie. In: Frankfurter Allgemeine Zeitung vom 26.4.1995.

Gebhard, Walter: „Der Zusammenhang der Dinge". Weltgleichnis und Naturverklärung im Totalitätsbewußtsein des 19. Jahrhunderts. Tübingen 1984.

Geertz, Clifford: Die künstlichen Wilden. München 1992.

Gehlen, Arnold: Anthropologische und sozialpsychologische Untersuchungen. Reinbek 1986.

Gehlen, Arnold: Der Mensch, seine Natur und seine Stellung in der Welt (1940). Frankfurt/M. 1978[12].

Geist, Johann Friedrich: Passagen, ein Bautyp des 19. Jahrhunderts. München 1982[4].

George, David E.: Deutsche Tragödientheorien vom Mittelalter bis zu Lessing. München 1972.

Gerdes, Ludger: Raus aus der Fortschrittskarawane aber was dann? Eine freie und fließende Kunst kann der Gesellschaft keinen Sinn geben, und Erlösung ist von ihr nicht zu erwarten. In: Frankfurter Allgemeine Zeitung vom 19.8.1993.

Gerlach, Amadeus: Inszenierte Erinnerung. Ein Gespräch mit Botho Strauß. In: Ders. (Hg.): Inszenierungen in Moll. Der Regisseur Rudolf Noelte. Berlin 1996. S. 25-39; zuerst in leicht gekürzter Fassung in: Frankfurter Rundschau vom 24.2.1994. S. ZB3.

Girard, René: Ausstoßung und Verfolgung. Eine historische Theorie des Sündenbocks. Frankfurt/M. 1992.

Girard, René: Das Heilige und die Gewalt. Frankfurt/M. 1992.

Goethe, Johann Wolfgang von: Die Wahlverwandtschaften. In: Werke (Hamburger Ausgabe). Hrsg. von Erich Trunz. Bd.6. München 1981.

Goethe, Johann Wolfgang von: Entwurf einer Farbenlehre. In: Werke (Hamburger Ausgabe). Hrsg. von Erich Trunz. Bd.13. München 1981. S. 314-536.

Gombrich, Ernst H.: Aby Warburg. Eine intellektuelle Biographie. Frankfurt/M. 1984.

Grack, Günther: Der Kampf mit der Klarsichtfolie. Luc Bondy inszeniert Botho Strauß mit einer neuen Lösung für den Schluß: „Schlußchor" in der Schaubühne am Lehniner Platz. In: Der Tagesspiegel vom 6.2.1992.

Grack, Günther: Mummenschanz mit alten Stoffen. Leander Haußmann inszeniert Botho Strauß: „Angelas Kleider" in Graz uraufgeführt. In: Der Tagesspiegel vom 6.10.1991. S. 26.

Grack, Günther: Schwankender Boden. Die Strauß-Uraufführung in Salzburg. In: Der Tagesspiegel vom 28.7.1993.

Graff, Bernd: Wirklichkeit ist das, was wirkt. Oder: Die Schaubühne als 'neutraler Boden der Nation' – Überlegungen zu Botho Strauß' „Park" und „Besucher". In: Weimarer Beiträge 2 (1994). S. 222-244.

Grafton, Anthony: Die tragischen Ursprünge der deutschen Fußnote. Berlin 1995.

Greenblatt, Stephen: Wunderbare Besitztümer. Die Erfindung des Fremden: Reisende und Entdecker. Berlin 1994.

Greiner, Bernhard: „Beginnlosigkeit" – „Schlußchor" – „Gleichgewicht". Der 'Sprung' in der deutschen Nachkriegsgeschichte und Botho Strauß' Jakobinische Dramaturgie. In: Weimarer Beiträge 2 (1994). S. 245-265.

Greiner, Ulrich: Der Seher auf dem Markt. Botho Strauß, Ernst Nolte, die FAZ und der Rechtsintellektualismus: Auf der Suche nach dem richtigen Rechten. In: Die Zeit, Nr.17 vom 22.4.1994. S. 53.

Gritschke, H.K.: Abwesenheit. In: Historisches Wörterbuch der Philosophie. Bd.1. Hrsg. von Joachim Ritter. Darmstadt 1971. S. 70-72.

Gronau, Dietrich: Gemischte Gefühle. Über den Autor Botho Strauß und seine Stücke. In: Bühne und Parkett 1 (1980). S. IIII.

Gundolf, Friedrich: Anfänge der deutschen Geschichtsschreibung von Tschudi bis Winckelmann. Aufgrund nachgelassener Schriften Friedrich Gundolfs bearbeitet und herausgegeben von Edgar Wind. Frankfurt/M. 1992.

Habermas, Jürgen: Die neue Unübersichtlichkeit. Kleine politische Schriften V. Frankfurt/M. 1985.

Habermas, Jürgen: Eine Art Schadensabwicklung. Kleine politische Schriften VI. Frankfurt/M. 1987.

Habermas, Jürgen: Theorie des kommunikativen Handelns. Frankfurt/M. 1982.

212

Hage, Volker: Das Ende vom Anfang. Botho Strauß' aufregender Versuch über „Beginnlosigkeit", seine „Reflexionen über Fleck und Linie". In: Die Zeit, Nr.16 vom 10.4.1992. S. L2.

Hage, Volker: Der Dichter nach der Schlacht. Eine Begegnung mit Botho Strauß im Sommer 1993. In: Weimarer Beiträge 2 (1994). S. 179-189.

Hage, Volker: Schreiben ist eine Séance. Begegnungen mit Botho Strauß. In: Michael Radix (Hg.): Strauß lesen. München, Wien 1987. S. 188-216. Teilabdruck in: Frankfurter Allgemeine Zeitung, Magazin, vom 21.3.1980.

Hagestedt, Lutz: Botho Strauß: Literatur als Erkenntnis? Reflexionen aus dem beschädigten Leben der Postaufklärung. In: Weimarer Beiträge 2 (1994). S. 266-281.

Handke, Peter / Wim Wenders: Der Himmel über Berlin. Frankfurt/M. 1987.

Handke, Peter: Die Wiederholung. Frankfurt/M. 1986.

Handke, Peter: Eine winterliche Reise zu den Flüssen Donau, Save, Morawa und Drina oder Gerechtigkeit für Serbien. Frankfurt/M. 1996; zuerst unter dem Titel „Gerechtigkeit für Serbien. Eine winterliche Reise zu den Flüssen Donau, Save, Morawa und Drina" in: Süddeutsche Zeitung vom 5./6. und 13./14.1.1996.

Handke, Peter: Mein Jahr in der Niemandsbucht. Frankfurt/M. 1994.

Handke, Peter: Publikumsbeschimpfung und andere Sprechstücke. Frankfurt/M. 1966.

Haverkamp, Anselm: Lichtbild. Das Bildgedächtnis der Photographie: Roland Barthes und Augustinus. In: Ders. / Renate Lachmann (Hgg.): Memoria. Vergessen und Erinnern. (Poetik und Hermeneutik XV). München 1993. S. 47-66.

Haverkamp, Anselm / Renate Lachmann (Hgg.): Gedächtniskunst. Raum Bild Schrift. Studien zur Mnemotechnik. Frankfurt/M. 1991.

Hegel, Georg Wilhelm Friedrich: Die Vernunft in der Geschichte. Hrsg. von G. Lasson. Hamburg 1955.

Hegel, Georg Wilhelm Friedrich: Vorlesungen über die Ästhetik. In: Ästhetik I/II. Hrsg. von Friedrich Bassenge. Berlin 1985.

Heidegger, Martin: Sein und Zeit. Tübingen 1993[17].

Henrichs, Benjamin: Deutschland vor! Noch ein Chor! Dieter Dorn inszeniert das neue Stück von Botho Strauß: „Schlußchor". In: Die Zeit, Nr.7 vom 8.2.1991. S. 57.

Henrichs, Benjamin: Die Plauderflöten oder Der heiße Stuhl des Friseurs. Ein Rückblick auf die Kulturkrawalle dieses Winters. In: Die Zeit, Nr.9 vom 24.2.1995. S. 53-54.

Henrichs, Benjamin: Ich, meiner, mir, mich. Bekannte Gesichter, gemischte Gefühle. In: Michael Radix (Hg.): Strauß lesen. München, Wien 1987. S. 97-100; zuerst in: Die Zeit, vom 12.9.1975.

Henrichs, Benjamin: Redet für Deutschland. Die Talk-Show – unsere zweite Heimat. In: Die Zeit, Nr.22 vom 28.5.1993. S. 51.

Hensel, Georg: Spielplan. Schauspielführer von der Antike bis zur Gegenwart. Frankfurt/M., Berlin, Wien 1978.

Hensel, Georg: Vereinigungen da und dort. „Schlußchor" in Berlin, mit Rückblicken nach München. In: Frankfurter Allgemeine Zeitung vom 6.2.1992.

Herwig, Henriette: Der Zusammenbruch der profanen Eschatologie. Zum Begriff der Gegenaufklärung bei Botho Strauß. In: Weimarer Beiträge 2 (1994). S. 282-287.

Herwig, Henriette: „Romantischer Reflexions-Roman" oder erzählerisches Labyrinth? Botho Strauß: „Der junge Mann". In: Michael Radix (Hg.): Strauß lesen. München, Wien 1987. S. 267-282.

Herwig, Henriette: Verwünschte Beziehungen, verwebte Bezüge. Zerfall und Verwandlung des Dialogs bei Botho Strauß. Tübingen 1986.

Herzinger, Richard: Die Heimkehr der romantischen Moderne. Über „Ithaka" und die kulturphilosophischen Transformationen von Botho Strauß.In: Theater heute 8 (1996). S. 6-12.

Herzinger, Richard: Werden wir alle Jünger? Über die Renaissance konservativer Modernekritik und die postmoderne Sehnsucht nach der organischen Moderne. In: Kursbuch 122 (1995). S. 93-117.

Hessel, Franz: Ein Flaneur in Berlin. Berlin 1984.

Hinck, Walter: Deutsche Dramatik in der Bundesrepublik seit 1965. In: Paul Michael Lützeler und Egon Schwarz (Hgg.): Deutsche Literatur in der Bundesrepublik seit 1965. Königstein/Ts. 1980. S. 62-84.

Hinz, Klaus-Michael: Der schwatzhafte Physiognomiker. Bemerkungen über ein Leitbild. In: Botho Strauß. Text + Kritik 81 (1984). S. 80-86.

Hofe, Gerhard vom / Peter Pfaff: Das Elend des Polyphem. Königstein / Ts. 1980; der Abschnitt Botho Strauß und die Poetik der Endzeit (S.109-137) wurde aufgenommen in Michael Radix (Hg.): Strauß lesen. München, Wien 1987. S. 37-63.

Hofmannsthal, Hugo von: Ein Brief (1902). In: Gesammelte Werke in zehn Bänden. Hrsg. von Bernd Schoeller. Erzählungen, erfundene Gespräche und Briefe, Reisen. Frankfurt/M. 1979. S. 461-472.

213

Holthusen, Hans Egon: Abschied von den Siebziger Jahren. Zur Krise der neuen Aufklärung in der deutschen Literatur der Gegenwart. In: Wissenschaftskolleg zu Berlin (Institute for Advanced Studies). Jahrbuch 1981/82. Berlin 1983. S. 165-184.

Homer: Ilias, Odyssee. In der Übertragung von Johann Heinrich Voß. Mit einem Nachwort von Wolf Hartmut Friedrich. München 1987.

Horkheimer, Max / Theodor W. Adorno: Dialektik der Aufklärung. Philosophische Fragmente (1944). Frankfurt/M. 1969.

Iden, Peter: Die Schaubühne am Halleschen Ufer 1970-1979. München, Wien 1979.

Iden, Peter: Es ist alles ganz anders. Botho Strauß: Die Hypochonder. In: Michael Radix (Hg.): Strauß lesen. München, Wien 1987. S. 94-96; zuerst in: Frankfurter Rundschau vom 28.11.1972.

Iden, Peter: Überall lauert das Zwiefache. Botho Strauß' „Gleichgewicht" in Luc Bondys Regie. In: Frankfurter Rundschau vom 28.7.1993. S. 7.

Jabès, Edmond: Es nimmt seinen Lauf. Frankfurt/M. 1981.

Jäger, Lorenz: Gelassenes Studium eines Verwirrten. Durch die Diskurse gedriftet: Ein Symposion über Botho Strauß in Bonn. In: Frankfurter Allgemeine Zeitung vom 24.5.1996. S. 43.

Jauß, Hans Robert: Ästhetische Erfahrung und literarische Hermeneutik. Frankfurt/M. 1991.

Jauß, Hans Robert: Der fragende Adam. Zur Funktion von Frage und Antwort in literarischer Tradition. In: Ders. / Manfred Fuhrmann / Wolfhart Pannenberg (Hgg.): Text und Applikation. Theologie, Jurisprudenz und Literaturwissenschaft im hermeneutischen Gespräch. (Poetik und Hermeneutik 9). München 1981. S. 551-560.

Jauß, Hans Robert: Studien zum Epochenwandel der ästhetischen Moderne. Frankfurt/M. 1989.

Jauß, Hans Robert: Überlegungen zur Abgrenzung und Aufgabenstellung einer literarischen Hermeneutik. In: Ders. / Manfred Fuhrmann / Wolfhart Pannenberg (Hgg.): Text und Applikation. Theologie, Jurisprudenz und Literaturwissenschaft im hermeneutischen Gespräch. (Poetik und Hermeneutik 9). München 1981. S. 459-482.

Jauß, Hans Robert: Über religiöse und ästhetische Erfahrung. Zur Debatte um Hans Beltings „Bild und Kult" und George Steiners „Von realer Gegenwart". In: Merkur 9/10 (1991). S. 934-946.

Jauß, Hans Robert: Zeit und Erinnerung in Marcel Prousts „A la Recherche du temps perdu". Ein Beitrag zur Theorie des Romans. Frankfurt/M. 1986.

Jessen, Jens: Lust am Atomgewitter. Frank Castorf will „faschistoide Gedankengänge". In: Frankfurter Allgemeine Zeitung vom 7.1.1995.

Jost, Roland: Botho Strauß' „regressive Universalpoesie". Von der Erzählung „Die Widmung" bis zum Roman „Der junge Mann". In: Ders. / Hansgeorg Schmidt-Bergmann (Hgg.): Im Dialog mit der Moderne. Zur deutschsprachigen Literatur von der Gründerzeit bis zur Gegenwart. Frankfurt/M. 1986. S. 481-500.

Kämper van den Boogaart, Michael: Ästhetik des Scheiterns. Studien zu Erzähltexten von Botho Strauß, Jürgen Theobaldy, Uwe Timm u.a. Stuttgart 1992.

Kafiz, Dieter: Die Problematisierung des individualistischen Menschenbildes im deutschsprachigen Drama der Gegenwart (Franz Xaver Kroetz, Thomas Bernhard, Botho Strauß). In: Basis. Jahrbuch für deutsche Gegenwartsliteratur. Bd.10. Frankfurt/M. 1980. S. 93-126.

Kaiser, Gerhard: Gottfried Keller. Das gedichtete Leben. Frankfurt/M. 1981.

Kamper, Dietmar / Christoph Wulf (Hgg.): Das Heilige. Seine Spur in der Moderne. Frankfurt/M. 1987.

Kant, Immanuel: Beantwortung der Frage: Was ist Aufklärung? (1783). In: Erhard Bahr (Hg.): Was ist Aufklärung? Thesen und Definitionen. Stuttgart 1974. S. 9-17.

Kant, Immanuel: Kritik der Urteilskraft. In: Werkausgabe. Hrsg. von Wilhelm Weischedel. Bd.X. Frankfurt/M. 1974.

Kaulbach, F.: Anschauung. In: Historisches Wörterbuch der Philosophie. Bd.1. Hrsg. von Joachim Ritter. Darmstadt 1971. S. 340-347.

Kaußen, Helga: Der Sündenbock als Gärtner. Oder: Warum verstiegenem Blöken nicht mit Begriffen beizukommen ist. In: Weimarer Beiträge 2 (1994). S. 288-296.

Kazubko, Katrin: Der alltägliche Wahnsinn. Zur „Trilogie des Wiedersehens". In: Botho Strauß. Text + Kritik 81 (1984). S. 20-30.

Keller, Gottfried: Der grüne Heinrich. In: Gesammelte Werke. Bd.13. Stuttgart, Berlin 1908.

Kemp, Friedhelm: Annäherungen an ein Gedicht. Botho Strauß: „Diese Erinnerung an einen, der nur einen Tag zu Gast war. In: Michael Radix (Hg.): Strauß lesen. München, Wien 1987. S. 166-170; zuerst gekürzt in: Neue Zürcher Zeitung vom 19.7.1985.

Kienzle, Rudi (Bearb.): Vom Schreiben 4. Im Caféhaus oder Wo schreiben? Marbacher Magazin 74 (1996).

Kilb, Andreas: Anschwellende Geistesfinsternis. In: Die Zeit, Nr.14 vom 2.4.1993. S. 57-58.

Kilb, Andreas: Spleen und Ideal. Ein „Kongreß", viele Fragmente. Neues von Botho Strauß. In: Die Zeit, Nr.41 vom 6.10.1989. S. 73.

Kimpel, Dieter: Historismus, Realismus und Naturalismus in Deutschland. In: Propyläen Geschichte der Literatur. Bd.5. Frankfurt/M., Berlin, Wien 1984. S. 303-334.

Kirchmann, Julius Hermann von: Ästhetik auf realistischer Grundlage. Bd.1. Berlin 1868.

Kirn, D.: Sünde. In: Realenzyklopädie für protestantische Theologie und Kirche. Hrsg. von D. Albert Hauck. Bd.19. Leipzig 1907[3]. S. 132-148.

Kleinspehn, Thomas: Der flüchtige Blick. Sehen und Identität in der Kultur der Neuzeit. Reinbek 1989.

Klossowski, Pierre: Das Bad der Diana. Reinbek 1970.

Klotz, Heinrich: Kunst im 20. Jahrhundert. Moderne, Postmoderne, Zweite Moderne. München 1994.

Klotz, Volker: Ausverkauf des Abenteuers. Karl Mays Kolportageroman „Das Waldröschen". In: Fritz Martini (Hg.): Probleme des Erzählens in der Weltliteratur. Festschrift für Käte Hamburger zum 75.Geburtstag. Stuttgart 1971. S. 159-194.

Kluge, Alexander: Der Angriff der Gegenwart auf die übrige Zeit. Das Drehbuch zum Film. Frankfurt/M. 1985.

Knodt, Reinhard: Das Prinzip „Mall". In: Merkur 2 (1992). S. 114-124.

Koebner, Thomas: Apokalypse trotz Sozialismus. Anmerkungen zu neueren Werken von Günter Kunert und Heiner Müller. In: Gunter E. Grimm / Werner Faulstich / Peter Kuon (Hgg.): Apokalypse. Weltuntergangsvisionen in der Literatur des 20. Jahrhunderts. Frankfurt/M. 1986. S. 268-293.

Koebner, Thomas / Gerhart Pickerodt (Hgg.): Die andere Welt. Studien zum Exotismus. Frankfurt/M. 1987.

Koebner, Thomas (Hg.): Tendenzen der deutschen Gegenwartsliteratur. Stuttgart 1984.

Kohl, Karl-Heinz: Entzauberter Blick. Das Bild vom Guten Wilden und die Erfahrung der Zivilisation. Frankfurt/M. 1986.

Koltès, Bernard-Marie: Kampf des Negers und der Hunde. Die Nacht kurz vor den Wäldern. Zwei Stücke. Frankfurt/M. 1990.

Koltès, Bernard-Marie: Rückkehr in die Wüste. Frankfurt/M. 1988.

Koschorke, Albrecht: Die Geschichte des Horizonts. Grenze und Grenzüberschreitung in literarischen Landschaftsbildern. Frankfurt/M. 1990.

Koselleck, Reinhart: Der Zufall als Motivationsrest in der Geschichtsschreibung. In: Hans Robert Jauß (Hg.): Die nicht mehr schönen Künste. Grenzphänomene des Ästhetischen. (Poetik und Herme-neutik 3). München 1968. S. 129-141.

Koselleck, Reinhart / Wolf-Dieter Stempel (Hg.): Geschichte – Ereignis und Erzählung. (Poetik und Hermeneutik 5). München 1973.

Koselleck, Reinhart / O. Brunner / W. Conze (Hgg.): Geschichtliche Grundbegriffe. Bd.1. Stuttgart 1972.

Koselleck, Reinhart: Kritik und Krise. Eine Studie zur Pathogenese der bürgerlichen Welt. Frankfurt/M. 1973.

Koselleck, Reinhart: Richtlinien für das Lexikon politisch-sozialer Begriffe der Neuzeit. In: Archiv für Begriffsgeschichte. Bd.XI (1967). S. 81-99.

Koselleck, Reinhart: Vergangene Zukunft. Zur Semantik geschichtlicher Zeiten. Frankfurt/M. 1979.

Koselleck, Reinhart: Wie neu ist die Neuzeit? Von der Beschleunigung und von der Wiederholung politischer Prozesse. In: Frankfurter Allgemeine Zeitung vom 30.6.1990. Tiefdruckbeilage, S. 1.

Kracauer, Siegfried: Die Photographie. In: Das Ornament der Masse. Essays. Frankfurt/M. 1977. S. 21-39.

Kracauer, Siegfried: Ginster. Frankfurt/M. 1972.

Krajenbrink, Marieke: Das Mißverständliche als Privileg des Kunstwerks. Botho Strauß als „Zeitgenosse" und als „Porträtist". In: Weimarer Beiträge 2 (1994). S. 297-308.

Krause, Tilman: Der Sehnsüchtige im Fahndungsraster. Nach dem „Bocksgesang" bringt sein neues Buch „Wohnen Dämmern Lügen" die Gesinnungsbehörden erst recht in Rage: Der Starautor Botho Strauß wird zum Opfer einer überpolitisierten Literaturkritik. In: Der Tagesspiegel vom 25.9.1994.

Krause, Tilman: Die gescheiten Schäfchen. Bewundert viel und viel gescholten – Botho Strauß unter der Lupe der Germanisten: Hilfreiche Handreichungen für das Verständnis von Textstellen, doch kein Gespür für das Artistische. In: Der Tagesspiegel vom 22.5.1996.

Krause, Tilman: Endzeit. In: Der Tagesspiegel vom 7.1.1995.

Krause, Tilman: Serbien selber sehen. In: Der Tagesspiegel vom 15.1.1996.

Kross, Matthias: Der Künstler als heiliger Seher oder als politischer Theologe. Wen betört der Bocksgesang? Die kulturpolitische Kontroverse um Strauß hält unvermindert an. In: Der Tagesspiegel vom 28.8.1994.

Kurz, Gerhard: Neue literarische Gnosis. Zum Werk von Botho Strauß. In: duitse kroniek 4 (1982). S. 2-8.

215

Kurzke, Hermann: Mit zwölf Zylindern in den Abgrund. Aus deutschen Zeitschriften: Die Internationale der Querdenker und das Weltende. In: Frankfurter Allgemeine Zeitung vom 7.12.1991.

Lämmert, Eberhard: Bauformen des Erzählens. Stuttgart 1991[8].

Lämmert, Eberhard: Zum Wandel der Geschichtserfahrung im Reflex der Romantheorie. In: Reinhart Koselleck / Wolf-Dieter Stempel (Hgg.): Geschichte – Ereignis und Erzählung. (Poetik und Hermeneutik 5). München 1973. S. 503-515.

Laemmle, Peter: Von der Notwendigkeit, böse zu sein. Botho Strauß: „Rumor". In: Michael Radix (Hg.): Strauß lesen. München, Wien 1987. S.253-257; zuerst in: Die Zeit, vom 28.3.1980.

Lau, Jörg: Letzte Welten, umgrenztes Ich. In: Merkur 5 (1996). S. 427-433.

Lehmann, Hans-Thies: Mythos und Postmoderne Botho Strauß und Heiner Müller. In: Akten des VII. internationalen Germanisten-Kongresses. Bd.10. Göttingen 1985. S. 249-255.

Leiris, Michel: Das Auge des Ethnographen (1930). Frankfurt/M. 1978.

Leiser, Erwin: Angst vor der eigenen Courage. Botho Strauß und die Öffentlichkeit. In: Theater heute 2 (1995). S. 1.

Leonardo da Vinci: Der Nußbaum im Campanile. München 1989.

Leroux, Gaston: Das Phantom der Oper. Mit einem Nachwort von Richard Alewyn. München 1980.

Lévi Strauss, Claude: Mythos und Bedeutung. Vorträge. Frankfurt/M. 1980.

Lévi Strauss, Claude: Traurige Tropen (1955). Frankfurt/M. 1989[2].

Lichtenberg, Georg Christoph: Schriften und Briefe. Hrsg. von Wolfgang Promies. Bd.1 (Sudelbücher). München 1968.

Lilla, Mark: Was ist Gegenaufklärung? In: Merkur 5 (1996). S. 400-411.

Lindner, Ines: Kalldewey: Dionysos. Geschichte als Wiederholungszwang Über Mythenzitate in „Kalldewey, Farce". In: Michael Radix (Hg.): Strauß lesen. München, Wien 1987. S. 143-152; zuerst in: Theater heute 10 (1983). S. 58-61.

Lochner, Kaspar T.: Gottfried Keller. Welterfahrung, Werkstruktur und Stil. Berlin 1985.

Lübbe, Hermann: Geschichtsinteresse in einer dynamischen Zivilisation. In: Kursbuch 91 (1988). S. 18-22.

Lübbe, Hermann: Im Zug der Zeit. Verkürzter Aufenthalt in der Gegenwart. Berlin 1992.

Lübbe, Hermann: Über die Vergangenheitsbezogenheit unserer Gegenwart. Hrsg. von der Stiftung „Freunde des Zuger Kunsthauses" 5 (1986).

Lüdke, Martin W.: Die Physiognomie dieser Zeit. In: Frankfurter Rundschau vom 17.10.1981. S. 4.

Luhmann, Niklas: Soziologische Aufklärung. Konstruktivistische Perspektiven. Bd.5. Opladen 1990.

Lukács, Georg: Die Theorie des Romans. Ein geschichtsphilosophischer Versuch über die Formen der großen Epik (1920). Darmstadt, Neuwied 1971.

Lukács, Georg: Schriften zur Literatursoziologie. Neuwied 1961.

Maar, Michael: Das Angerichtete. Botho Strauß oder die Unfähigkeit zum Stil. In: Frankfurter Allgemeine Zeitung vom 9.3.1993.

Mann, Thomas: Der Zauberberg (1924). Frankfurt/M. 1952[2].

Marquard, Odo: Abschied vom Prinzipiellen. Philosophische Studien. Stuttgart 1991.

Marquard, Odo: Aesthetica und Anästhetica. Philosophische Überlegungen. Paderborn 1989.

Marquard, Odo: Apologie des Zufälligen. Philosophische Studien. Stuttgart 1986.

Marquard, Odo: Die Geschichtsphilosophie und ihre Folgelasten. In: Reinhart Koselleck / Wolf-Dieter Stempel (Hgg.): Geschichte – Ereignis und Erzählung. (Poetik und Hermeneutik 5). München 1973. S.463-469.

Marquard, Odo: Kunst als Kompensation ihres Endes. In: Willi Oelmüller (Hg.): Kolloquium Kunst und Philosophie. Bd.1. Ästhetische Erfahrung. Paderborn, München, Wien, Zürich 1981. S. 159-199.

Marquard, Odo: Skepsis und Zustimmung. Philosophische Studien. Stuttgart 1994.

Marquard, Odo: Verspätete Moralistik. Bemerkungen zur Unvermeidlichkeit der Geisteswissenschaften. In: Kursbuch 91 (1988). S. 13-22; zuerst in Frankfurter Allgemeine Zeitung vom 18.3.1987.

Marschall, Susanne: Mythen der Metamorphose – Metamorphose des Mythos bei Peter Handke und Botho Strauß. Mainz 1994.

Mattenklott, Gert: Blindgänger. Physiognomische Essais. Frankfurt/M. 1986.

Mattenklott, Gert: Der übersinnliche Leib. Beiträge zur Metaphysik des Körpers. Reinbek 1982.

Mattenklott, Gert: Tödliche Langeweile. In: Merkur 2 (1987). S. 91-103.

Mattenklott, Gert: Über Geilheit. Eine Erinnerung. In: Dietmar Kamper / Christoph Wulf (Hgg.): Transfigurationen des Körpers. Spuren der Gewalt in der Geschichte. Berlin 1989. S. 185-193.

Mc Gowan, Moray: „Die schwache Stimme in der Höhle unter dem Lärm". Gedanken zur Büchnerpreisrede von Botho Strauß (1989) und zur Politik des Unpolitischen. In: Weimarer Beiträge 2 (1994). S. 190-202.

Mc Gowan, Moray: Schlachthof und Labyrinth. Subjektivität und Aufklärungszweifel in der Prosa von Botho Strauß. In: Botho Strauß. Text + Kritik 81 (1984). S. 55-71

Mc Luhan, Marshall / Quentin Fiore: Das Medium ist Massage. Frankfurt/M., Berlin, Wien 1984.

Menninghaus, Winfried: Schwellenkunde. Walter Benjamins Passage des Mythos. Frankfurt/M. 1986.

Meyer, Herman: Der Sonderling in der deutschen Dichtung. München 1963.

Meyer, Martin: Vergeblichkeit des Orts ... Botho Strauß: „Paare, Passanten". In: Michael Radix (Hg.): Strauß lesen. München, Wien 1987. S. 263-266; zuerst in: Neue Zürcher Zeitung vom 18.9.1981.

Michaelis, Rolf: Der Bogen des Botho. Uraufführung an den Münchner Kammerspielen: „Ithaka" von Botho Strauß ein zähes „Schauspiel nach den Heimkehr-Gesängen der 'Odyssee',,. In: Die Zeit, Nr.31 vom 26.7.1996. S. 39-40.

Michaelis, Rolf: Die Liebe? Kein Spiel. Botho Strauß: „Die Fremdenführerin". In: Michael Radix (Hg.): Strauß lesen. München, Wien 1987. S. 160-165; zuerst in: Die Zeit, vom 21.2.1986.

Michaelis, Rolf: Oberlehrer überall. In: Die Zeit, Nr.3 vom 13.1.1995.

Michaelis, Rolf: Stimmen – Meer im Kopf. „Marlenes Schwester" – Botho Strauß debütiert als Erzähler. In: Michael Radix (Hg.): Strauß lesen. München, Wien 1987. S. 228-231; zuerst in: Die Zeit, vom 21.3.1975.

Michel, Wilhelm: Der Blick. Erhaltendes und zerstörendes Bewußtsein. In: Die Kreatur. 2.Jg. (1927/28). S. 181-199.

Mignot, Claude: Architektur des 19. Jahrhunderts. Köln 1994.

Missac, Pierre: Walter Benjamins Passage. Frankfurt/M. 1991.

Modick, Klaus: Das Fragment als Methode. Zum Bauprinzip von „Paare, Passanten". In: Botho Strauß. Text + Kritik 81 (1984). S. 72-79.

Mönninger, Michael: Das geordnete Chaos. Tokio: Die Architektur der posturbanen Stadt. In: Frankfurter Allgemeine Zeitung vom 16.11.1991.

Müller, Heiner: Die Küste der Barbaren. Glosse zum deutschen Augenblick. In: Frankfurter Rundschau vom 30.9.1992.

Müller, Heiner: Jenseits der Nation. Heiner Müller im Gespräch mit Frank M. Raddatz. Berlin 1991.

Müller, Heiner: Krieg ohne Schlacht. Leben in zwei Diktaturen. Köln 1992.

Müller, Heiner: Material. Texte und Kommentare. Leipzig 1992.

Müller, Heiner: Titelloser Beitrag zum Begleitbuch von Robert Wilsons und David Byrnes Inszenierung „The Forrest" an der Freien Volksbühne Berlin. Berlin 1988. Kap.II., o.S.

Müller, Heiner: Zur Lage der Nation. Heiner Müller im Interview mit Frank M. Raddatz. Berlin 1990.

Müller, Lothar: Die Großstadt als Ort der Moderne. Über Georg Simmel. In: Klaus R. Scherpe (Hg.): Die Unwirklichkeit der Städte. Großstadtdarstellungen zwischen Moderne und Postmoderne. Reinbek 1988. S. 14-36.

Musil, Robert: Der Mann ohne Eigenschaften. Reinbek 1978.

Nietzsche, Friedrich: Die fröhliche Wissenschaft. In: Kritische Studienausgabe. Hrsg. von Giorgio Colli und Mazzino Montinari. Bd.3. München 1980.

Nietzsche, Friedrich: Die Geburt der Tragödie. In: Kritische Studienausgabe. Hrsg. von Giorgio Colli und Mazzino Montinari. Bd.1. München 1980.

Nietzsche, Friedrich: Werke. Hrsg. von Paul Schlechta. Bd.1. München 1969[6].

Nordhofen, Eckhard: Vor der Bundeslade. George Steiner über Gottes Erscheinen im Museum. In: Frankfurter Allgemeine Zeitung vom 13.11.1990. S. L10.

Nordhofen, Eckhard: Vor der Bundeslade des Bösen. In: Die Zeit, Nr.15 vom 9.4.1993. S. 61-62.

Norfolk, Lawrence: Lemprière's Wörterbuch. München 1992.

Nozick, Robert: Vom richtigen, guten und glücklichen Leben. München 1993.

Oettermann, Stephan: Das Panorama. Die Geschichte eines Massenmediums. Frankfurt/M. 1980.

Ophüls, Marcel: Handke liefert den Mitläufern ein Alibi. In: Frankfurter Allgemeine Zeitung vom 31.1.1996.

Ovid: Metamorphosen. Übers. von Erika Rösch. München 1992[2].

Palm, Reinhard: Sich vielerlei Gestalt bewußt zu sein. In: Michael Radix (Hg.): Strauß lesen. München, Wien 1987. S. 153-159; zuerst als Beilage zum Programmheft des Wiener Burgtheaters zur Inszenierung von „Der Park", Heft 3, Spielzeit 1984/85.

Pauli, Wilhelm: Gebeutelte Aufklärer. In: Freitag, Nr.11 vom 12.3.1993. S. 13.

Pikulik, Lothar: Mythos und „New age" bei Peter Handke und Botho Strauß. In: Wirkendes Wort 38 (1988). S. 235-252.

Platon: Parmenides. In: Sämtliche Werke. Neu hrsg. von Ursula Wolf. Bd.3. Reinbek 1994. S. 91-146.

Platon: Politeia. In: Sämtliche Werke. Neu hrsg. von Ursula Wolf. Bd.2. Reinbek 1994. S. 195-537.

Plümer, Verena: Zur Entwicklung und Dramaturgie der Dramen von Botho Strauß. Frankfurt/M. 1987.

Plumpe, Gerhard: Der tote Blick. Zum Diskurs der Photographie in der Zeit des Realismus. München 1990.

217

Plumpe, Gerhard (Hg.): Theorie des bürgerlichen Realismus. Stuttgart 1985.

Poser, Hans (Hg.): Philosophie und Mythos. Ein Kolloquium. Berlin 1979.

Poulet, Georges: Metamorphosen des Kreises in der Dichtung. Frankfurt/M., Berlin, Wien 1985.

Proust, Marcel: Auf der Suche nach der verlorenen Zeit. Bd.1 (In Swanns Welt). Frankfurt/M. 1979.

Raddatz, Fritz J.: Agee in Worten. Eine Überlegung zu Botho Strauß. In: Litfass 27 (1983). S. 129-138.

Raddatz, Fritz J.: Die Nachgeborenen. Leseerfahrungen mit zeitgenössischer Literatur. Frankfurt/M. 1983.

Radisch, Iris: Der alte Mann. „Dämmern Wohnen Lügen" – ein neuer Miniaturen-Kranz von Botho Strauß. In: Die Zeit, Nr.33 vom 12.8.1994. S. 40.

Radix, Michael (Hg.): Strauß lesen. München, Wien 1987.

Randow, Gero von: Postmodernes Wortgeklingel. Wie Botho Strauß seiner „Beginnlosigkeit" den rechten wissenschaftlichen Anstrich verpaßte. In: Die Zeit, vom 30.12.1994. S. 25.

Ranke-Graves, Robert von: Griechische Mythologie. Quellen und Deutung. Reinbek 1984.

Rath, Claus Dieter: Die öffentliche Netzhaut: Das fernsehende Auge. In: Dietmar Kamper / Chrisoph Wulf (Hgg.): Das Schwinden der Sinne. Frankfurt/M. 1984. S. 59-74.

Raulff, Ulrich: Caliban in der Bücherwelt. Lehrjahre in den Bibliotheken von Paris. In: Frankfurter Allgemeine Zeitung vom 18.5.1996. Tiefdruckbeilage, S. 1.

Reich-Ranicki, Marcel: Gleicht die Liebe einem Monolog? „Die Widmung", eine Erzählung von Botho Strauß. In: Michael Radix (Hg.): Strauß lesen. München, Wien 1987. S. 232-236; zuerst in: Frankfurter Allgemeine Zeitung vom 10.8.1977, sowie in: ders.: „Entgegnung". Zur deutschen Literatur der siebziger Jahre. Stuttgart 1981. S. 412-417.

Reif, Wolfgang: Zivilisationsflucht und literarische Wunschträume. Der exotische Roman im ersten Viertel des 20. Jahrhunderts. Stuttgart 1975.

Riemer, Willy: Problematik des Ursprungs. Kosmos und Chaos in Botho Strauß' „Beginnlosigkeit". In: Weimarer Beiträge 2 (1994). S. 316-320.

Rilke, Rainer Maria: Duineser Elegien (1912/22). In: Werke. Textfassg. nach Sämtliche Werke. Hrsg. vom Rilke Archiv in Verbindung mit Ruth Sieber-Rilke, besorgt durch Ernst Zinn. Bd.I.2. Frankfurt/M. 1980. S. 439-482.

Rinke, Moritz: Im großen Nebel. In: Der Tagesspiegel vom 17.1.1995.

Ritter, Henning: Was kostet die Freiheit? Ein Symposion über die Krise nach dem Ende des Sozialismus. In: Frankfurter Allgemeine Zeitung vom 28.6.1993.

Ritter, Henning: Wider den Pessimismus. Hat die intellektuelle Linke noch eine Zukunft? In: Frankfurter Allgemeine Zeitung vom 19.10.1992.

Rötzer, Florian (Hg.): Digitaler Schein. Ästhetik der elektronischen Medien. Frankfurt/M. 1991.

Rossmann, Andreas: Rätsel gelöst, Rätsel zerstört. Minks inszeniert „Schlußchor" in Düsseldorf. In: Frankfurter Allgemeine Zeitung vom 20.6.1991.

Rügert, Walter: Die Vermessung des Innenraums. Zur Prosa von Botho Strauß. Würzburg 1991.

Rumler, Fritz: Im rechten Licht. Streit um Botho Strauß: Die Zeitschrift Theater heute veröffentlichte Strauß-Briefe gegen den Willen des Urhebers. In: Der Spiegel 2 (1995). S. 163.

Sartre, JeanPaul: Das Sein und das Nichts. Reinbek 1962.

Schadewaldt, Wolfgang: Antike und Gegenwart. Über die Tragödie. München 1966.

Schelling, Friedrich: Sämtliche Werke. Hrsg. von K.W.F. Schelling. 1.Abt., Bd.3. Stuttgart 1856.

Scherpe, Klaus R. / Andreas Huyssen (Hgg.): Postmoderne. Zeichen eines kulturellen Wandels. Reinbek 1986.

Scherpe, Klaus R./ Hans-Ulrich Treichel: Vom Überdruß leben: Sensibilität und Intellektualität als Ereignis bei Handke, Born und Strauß. In: Monatshefte 2 (1981). S. 187-206.

Schiller, Friedrich: Über den Gebrauch des Chors in der Tragödie. In: Vom Pathetischen und Erhabenen. Ausgewählte Schriften zur Dramentheorie. Hrsg. von Klaus L. Berghahn. Stuttgart 1970. S. 104-114.

Schirrmacher, Frank: Die Zeit über den Ufern. Gipfeltreffen in Wilflingen: Jünger, Mitterand und Kohl. In: Frankfurter Allgemeine Zeitung vom 22.7.1993.

Schirrmacher, Frank: Einleitung zu: Das Prinzip Handwerk. Zurück zur Kunst: Bestandsaufnahme nach Jahrzehnten des Dilettantismus. In: Frankfurter Allgemeine Zeitung vom 5.3.1994. Tiefdruckbeilage. S. 1-2.

Schivelbusch, Wolfgang: Lichtblicke. Zur Geschichte der künstlichen Helligkeit im 19. Jahrhundert. München, Wien 1983.

Schlegel, Friedrich: Kritische Ausgabe. Hrsg. von Ernst Behler. Bd.III. München, Paberborn, Wien 1958.

Schmalenbach, Werner: Kein Land in Sicht? Eine polemische Intervention. In: Frankfurter Allgemeine Zeitung vom 30.7.1993.

Schmidt, Thomas E.: Wen betört der Bocksgesang? Über Botho Strauß' metaphysische Kulturkritik. In: Merkur 8 (1994). S. 736-739.

Schmidt-Biggemann, Wilhelm: Geschichte als absoluter Begriff. Der Lauf der neueren deutschen Philosophie. Frankfurt/M. 1991.

Schmitz, Matthias / Thomas Assheuer: Vom Menschen zum Staatsbürger. In: Frankfurter Rundschau vom 10.7.1993.

Schneider, Irmela: Reiz und Reaktion. In: Weimarer Beiträge 2 (1994). S. 309-315.

Schneider, Michael: Botho Strauß, das bürgerliche Feuilleton und der Kultus des Zerfalls. In: Den Kopf verkehrt aufgesetzt oder die melancholische Linke. Aspekte des Kulturverfalls in des siebziger Jahren. Darmstadt, Neuwied 1981. S. 234-259; zuerst in: Wespennest 41 (1980). S. 29-41.

Schödel, Helmut: Ästhetik des Verlustes. In: Theater heute. Jahressonderheft 1976. S.104-106; aufgenommen in: Spectaculum 26. Frankfurt/M. 1977. S. 298-303.

Schödel, Helmut: Botho Strauß. In: Herbert Wiesner (Hg.): Lexikon der deutschsprachigen Gegenwartsliteratur. München 1981. S. 470.

Schulze, Gerhard: Die Erlebnisgesellschaft. Kultursoziologie der Gegenwart. Frankfurt/M., New York 1993.

Schulze, Gerhard: Gehen ohne Grund. Eine Skizze zur Kulturgeschichte des Denkens. In: Andreas Kuhlmann (Hg.): Philosophische Ansichten der Kultur der Moderne. Frankfurt/M. 1994. S. 79-130.

Schweizer, Michael: Archaische Bocksgesänge. Was hat Botho Strauß mit alten Nazis und neuen Faschisten zu tun? In: Freitag, Nr.8 vom 19.2.1993. S. 10.

Schwilk, Heimo / Ulrich Schacht (Hgg.): Die selbstbewußte Nation. „Anschwellender Bocksgesang" und weitere Beiträge zu einer deutschen Debatte. Frankfurt/M., Berlin 1994.

Schwilk, Heimo: Geistlose Brandstifter. Die Kritiker von Botho Strauß proben das ideologische Rollback. In: Frankfurter Allgemeine Zeitung vom 13.1.1995. S. 34.

Schwindt, Jürgen Paul: Spinnenstrategie. Odysseus ein Massenmörder? In: Frankfurter Allgemeine Zeitung vom 8.5.1996. S. N5.

Seibt, Gustav: Der beinerne Gast. Schaugewerbe: Die Historiker in Hannover. In: Frankfurter Allgemeine Zeitung vom 28.9.1992.

Seibt, Gustav: Die Ohnmacht der Schriftsteller. In: Frankfurter Allgemeine Zeitung vom 6.10.1993. S. 1.

Seibt, Gustav: Echo des Bocksgesangs. Was die Rechten lasen oder Woran ist Botho Strauß schuld? (II) In: Frankfurter Allgemeine Zeitung vom 16.4.1994.

Seibt, Gustav: Leere Truhen: Die Krisen des Botho Strauß. In: Frankfurter Allgemeine Zeitung vom 20.8.1994. Tiefdruckbeilage.

Seibt, Gustav: Wahn von Krieg und Blut und Boden. Serbien ist Deutschland: Zu Peter Handkes beunruhigendem Reisebericht. In: Frankfurter Allgemeine Zeitung vom 16.1.1996.

Seibt, Gustav: Wer mit dem Meißel schreibt, hat keine Handschrift. Ein neuer Anfang lyrischen Sprechens am Ausgang einer Epoche. Aus Anlaß eines Gedichts von Heiner Müller. In: Frankfurter Allgemeine Zeitung vom 1.6.1993. S. L1.

Sennett, Richard: Civitas. Die Großstadt und die Kultur des Unterschieds. Frankfurt/M. 1991.

Sennett, Richard: Verfall und Ende des öffentlichen Lebens. Die Tyrannei der Intimität. Frankfurt/M. 1983.

Siebenhaar, Klaus: Aprèslude. Abschiedsgesten in der Prosaliteratur des 19. Jahrhunderts: Storm, Raabe, Fontane. In: Internationales Archiv für Sozialgeschichte der deutschen Literatur 2 (1994). S. 76-95.

Siebenhaar, Klaus: Lichtenbergs Schaubühne. Imaginarium und kleines Welttheater. Opladen 1994.

Simmel, Georg: Das Individuum und die Freiheit. Essais. (Neuausgabe von „Brücke und Tür", 1957). Berlin 1984.

Simmel, Georg: Die Philosophie des Geldes. Hrsg. von David P. Frisby und Klaus Christian Köhnke. Gesamtausgabe, Bd.6. Frankfurt/M. 1989.

Sontag, Susan: Über Fotografie. München, Wien 1978.

Sontheimer, Kurt: Botho Strauß – der unnachsichtige Physiognomiker dieser Zeit. In: Ders.: Zeitenwende? Die Bundesrepublik Deutschland zwischen alter und alternativer Politik. Hamburg 1983. S. 159-164.

Spengler, Tilman: Der Ekelpegel sinkt. Die stumme Rechte wird laut. Ihr neuer Rufer heißt Botho Strauß. In: Die Woche, Nr.1 vom 18.2.1993. S. 25.

Sprung in die Zeit. Bewegung und Zeit als Gestaltungsprinzipien in der Photographie von den Anfängen bis zur Gegenwart. Berlin 1992.

Stadelmaier, Gerhard: Herzphantomschmerzen. „Das Gleichgewicht" von Botho Strauß in Luc Bondys Regie. In: Frankfurter Allgemeine Zeitung vom 28.7.1993.

Stadelmaier, Gerhard: König Kinderleicht. Schwerer Held als Mythenlausbub: „Ithaka" von Botho Strauß in München uraufgeführt. In: Frankfurter Allgemeine Zeitung vom 22.7.1996.

Stadelmaier, Gerhard: Ode an die Meute. Komödie der Deutschen: „Schlußchor" von Botho Strauß in München uraufgeführt. In: Frankfurter Allgemeine Zeitung vom 4.2.1991.

Stadelmaier, Gerhard: Zittern und sagen. Szene Deutschland: Woran ist Botho Strauß schuld? (I) In: Frankfurter Allgemeine Zeitung vom 11.4.1994. S. 31.

Stadelmaier, Gerhard: Zwischen Kraut und Mythen. Zitatschneiderei: „Angelas Kleider" von Botho Strauß beim „steirischen herbst" uraufgeführt. In: Frankfurter Allgemeine Zeitung vom 7.10.1991.

Starobinski, Jean: Das Rettende in der Gefahr. Kunstgriffe der Aufklärung. Frankfurt/M. 1990.

Stein, Peter: „Ein Autofahrerfaun. Das ist doch etwas Schönes". Ein Gespräch mit Peter Krumme in Berlin am 4. Juli 1986. In: Michael Radix (Hg.): Strauß lesen. München, Wien 1987. S. 172-187.

Steiner, George: In Blaubarts Burg. Anmerkungen zur Neudefinition der Kultur. Frankfurt/M. 1972.

Steiner, George: Von realer Gegenwart. Hat unser Sprechen Inhalt?. München 1990.

Sternberger, Dolf: Panorama oder Ansichten vom 19. Jahrhundert (1938). Frankfurt/M. 1974.

Stierle, Caspar: Der deutschen Sprache Stammbaum und Fortwachs. Nürnberg 1691.

Stierle, Karlheinz: Der Mythos von Paris. Zeichen und Bewußtsein der Stadt. München 1993.

Sucher, C. Bernd: Botho Strauß – kein Ende. Anmerkungen zur Diskussion in „Theater heute". In: Süddeutsche Zeitung vom 1.2.1995.

Sucher, C. Bernd (Hg.): Theaterlexikon (Personen). München 1995.

Szondi, Peter: Tableau und coup de théâtre. Zur Sozialpsychologie des bürgerlichen Trauerspiels bei Diderot. Mit einem Exkurs über Lessing. In: Schriften. Bd.II. Hrsg. von Jean Bollack. Frankfurt/M. 1978. S. 205-232.

Szondi, Peter: Theorie des modernen Dramas (18801950). Frankfurt/M. 1963.

Taubes, Jacob: Geschichtsphilosophie und Historik. In: Reinhart Koselleck / Wolf-Dieter Stempel (Hgg.): Geschichte – Ereignis und Erzählung. (Poetik und Hermeneutik 5). München 1973. S. 490-499.

Theunissen, Michael: Augenblick. In: Historisches Wörterbuch der Philosophie. Hrsg. von Joachim Ritter. Bd.1. Darmstadt 1971. S. 649-650.

Theunissen, Michael: Freiheit von der Zeit. Ästhetisches Anschauen als Verweilen. In: Wieland Schmied (Hg.): GegenwartEwigkeit. Spuren des Transzendenten in der Kunst unserer Zeit. Berlin 1990. S. 35-40.

Theunissen, Michael: Negative Theologie der Zeit. Frankfurt/M. 1991.

Töteberg, Michael: „Denn das Auge des Schauspielers belichtet den Film". Kino und Film bei Botho Strauß. In: Michael Radix (Hg.): Strauß lesen. München, Wien 1987. S. 85-92.

Treichel, Hans-Ulrich: Brocken aus unserer Urzeit. Auf vertrautem Terrain: Botho Strauß' neue Prosa. In: Der Tagesspiegel vom 18.9.1994. S. W5.

Türcke, Christoph: Auferstehung als schlechte Unendlichkeit. Theologisches bei Botho Strauß. In: Frankfurter Hefte 4 (1982). S. 50-56; zuerst unter dem Titel: Die Auferstehung als schlechte Unendlichkeit. Zu einem besonderen Motiv bei Botho Strauß. In: Theater heute 4 (1979). S. 22-24.

Valéry, Paul: Cahiers / Hefte. Hrsg. von Hartmut Köhler und Jürgen Schmidt-Radefeldt. Bd.1. Frankfurt/M. 1987.

Valéry, Paul: Mein Faust. In: Werke. (Frankfurter Ausgabe). Bd.2. Hrsg. von Karl Alfred Blüher. Frankfurt/M. 1990. S. 251-402.

Valéry, Paul: Monsieur Teste (1895ff.). In: Werke. (Frankfurter Ausgabe). Bd.1. Hrsg. von Karl Alfred Bühler und Jürgen Schmidt-Radefeldt. Frankfurt/M. 1992. S. 209-372.

Vogel, Joachim: Tragödie eines Einzelgängers. In: Der Spiegel, Nr.10 vom 8.3.1993. S. 236-241.

Vollmers Wörterbuch der Mythologie aller Völker. Neu bearbeitet von Dr. W. Binder. Stuttgart 1874. Reprint der Originalausgabe: Leipzig o.J.

Vorgrimler, Herbert: Geschichte der Hölle. München 1993.

Wagner, Thomas: Der Hund von Mediaville. Die Bilder leben und sind doch tot: Die Hamburger „Mediale" – ein Spektakel im Hauptstrom elektronischer Bilderwelten. In: Frankfurter Allgemeine Zeitung vom 12.2.1993. S. 35.

Wagner, Thomas: Wir leugnen den Urknall. Botho Strauß im Geäder des Bewußtseins. In: Frankfurter Allgemeine Zeitung vom 1.8.1992.

Wefelmeyer, Fritz: Pan als Allegoriker. Erinnerung und Überbietung im Werk von Botho Strauß. In: Michael Radix (Hg.): Strauß lesen. München, Wien 1987. S. 64-84.

Wefelmeyer, Fritz: Worauf bei Botho Strauß zu blicken wäre. Hinweise zur Rezeption. In: Botho Strauß. Text + Kritik 81 (1984). Hrsg. von Heinz Ludwig Arnold. S. 87-95.

Weilnböck, Harald: Die frühen Untertöne des „Bocksgesangs" in Botho Strauß' „Der Park". Zur psychoanalytischen Disposition der Literatur eines neukonservativen Revolutionärs. In: Weimarer Beiträge 2 (1994). S. 203-221.

Weinzierl, Ulrich: Handkes heilige Schriften. Die Jünger des Meisters auf einem Symposion in Graz. In: Frankfurter Allgemeine Zeitung vom 19.10.1992. S. 37.

Weinzierl, Ulrich: Treiber und Wächter. Botho Strauß wird durch den „steirischen herbst" geführt. In: Frankfurter Allgemeine Zeitung vom 22.10.1991.

Welsch, Wolfgang: Ästhetisches Denken. Stuttgart 1980.

Welsch, Wolfgang (Hg.): Die Aktualität des Ästhetischen. München 1993.

Wendorff, Rudolf: Zeit und Kultur. Geschichte des Zeitbewußtseins in Europa. Opladen 1985³.

Wendt, Ernst: Botho Strauß: Rumor. In: Michael Radix (Hg.): Strauß lesen. München, Wien 1987. S. 250-252.

White, Hayden: Metahistory. Die historische Einbildungskraft im 19. Jahrhundert. Frankfurt/M. 1991.

Wille, Franz: Ein Ich, zwei Lieben. Botho Strauß' „Gleichgewicht" am Ort der Handlung: Berlin. In: Frankfurter Allgemeine Zeitung vom 21.2.1994. S. 36.

Wilpert, Gero von: Sachwörterbuch der Literatur. Stuttgart 1979⁶.

Winkels, Hubert: Selbstheilung des Fragments. Zur Krise des Sinns bei Botho Strauß und Peter Handke. In: Sprache im technischen Zeitalter 85 (1983). S. 89-92.

Wolfschütz, Hans: Bibliographie zu Botho Strauß. In: Botho Strauß. Text + Kritik 81 (1984). S. 96-109.

Wolfschütz, Hans: Botho Strauß. In: Kritisches Lexikon zur deutschsprachigen Gegenwartsliteratur. Hrsg. von Heinz Ludwig Arnold. München 1979.

Wunberg, Gotthard: Rondell und Poetenstieg. Topographie und implizite Poetik in Fontanes Stechlin. In: Literaturwissenschaft und Geistesgeschichte. Tübingen 1981. S. 458-473.

Zadek, Peter: Das wilde Ufer. Ein Theaterbuch. Zusammengestellt von Laszlo Kornitzer. Köln 1990.

Zadek, Peter: „Den Killern ein Alibi". In: Der Spiegel 4 (1995). S. 183.

Zimmermann, Harro: Die Ahnen des Botho Strauß. Stefan Breuers bestechende „Anatomie der konservativen Revolution". In: Die Zeit, Nr.23 vom 4.6.1993. S. 12.

Konkordanz

Die folgende Zusammenstellung registriert die Belegstellen der für die vorliegende Untersuchung zentralen Begriffe, Kategorien und Motive in sämtlichen Prosa- und Theatertexten von Botho Strauß. Da einige der aufgeführten Begriffe inhaltlich miteinander korrespondieren, wurde auf ein lexikalisches Verweisungssystem zurückgegriffen, durch das mögliche Doppelnennungen minimiert werden konnten. Die angegebenen Belegstellen verweisen sowohl auf wörtliche als auch auf sinngemäße Entsprechungen im Werk des Autors. Hinsichtlich der Prosatexte beziehen sich sämtliche Angaben auf die Paginierung der Erstausgaben. Die einzige Ausnahme bildet der Text *Anschwellender Bocksgesang* (ABo), dessen Erstveröffentlichung im Spiegel eine Kurzfassung darstellt und der hier nach einer der beiden vollständigen Fassungen in dem Aufsatzband *Die selbstbewußte Nation* bearbeitet wurde. Bei den *Theaterstücken* schien aufgrund der leichteren Handhabbarkeit der Bezug auf die beiden 1991 im Hanser Verlag erschienenen Sammelbände (T I und T II) sinnvoll. Bei allen nach 1991 erschienenen Theaterstücken entsprechen die Angaben der Paginierung der Erstausgaben. Das gleiche gilt für Strauß' insgesamt achtundfünfzig Theaterkritiken aus den Jahren 1967-1971, von denen eine Auswahl von neunundzwanzig Kritiken (ergänzt um den 1986 erschienenen Aufsatz *Der Geheime*) 1987 in dem Band *Versuch, ästhetische und politische Ereignisse zusammenzudenken* vorgelegt wurden. Die in diesem Band gesammelten Beiträge sind im folgenden mit der Sigle Vers gekennzeichnet, alle übrigen werden unter eigenen Siglen geführt. Die verwendeten Siglen entsprechen dem Abkürzungsschema des Werkverzeichnisses (vgl. S. 204-207).

Adler (Greif / Schwingen): Beg: 12 (Vogel) DjM: 126f., 150, 165 FdU: 11, 46 Gl: 39 (Nestbau) Ith: 26 (Sturmvögel), 24 R: 193 (Krähenflügel) TI: 419 (Raubvögel) TII: 102, 293 (Vogel), 399, 418 (Vogel), 453, 461-464, 484, 508 Un: 62f. (Amsel) Vers: 153 (Geier) Wo: 30f. (Möwe), 85-87 (Kranich)

Apokatastasis (Wiederherstellung): ABo: 25, 27 DEr: 37 (des reinen Ansehens der Person) Gl: 48 Ith: 76 (der alten Ordnung), 99, 103 Na: 133, 204 Vers: 106, 237

Ästhetik (> Form / Kunst): Auf: 307, 309, 317 Beg: 15, 18, 32, 123 Büch: 65f. DjM: 385f Iso: 24 MS: 62 Na: 148 Pa: 14f., 27, 56, 104, 108-114, 118, 120-122, 153f., 167f., 171, 185f. Ref: 324 (kommende Kunst; > Dichtung) TII: 75, 100, 160, 223, 271, 274, 429, 500 Vers: Titel, 9f., 12, 16, 18, 21, 23, 25, 32, 36-40 (Grenze), 48, 50-52, 57-60, 63, 65, 67, 69, 71, 88, 107f., 112, 124, 127, 135f., 138, 150, 155, 160, 164-166, 169f., 173, 176-178, 186, 188, 194, 204f., 207, 215, 218, 221f., 225, 232, 237, 239, 242f., 252f., 254 W: 24, 63f.

Andere, das / der (> Gott) / die anderen: ABo: 23, 24 Beg: 69 DjM: 137 MS: 54, 65 Na: 137 TI: 91 Vers: 40

Anschauung (> Sehen / Sichtbarkeit): Beg: 50, 58, 67 DEr: 41 DjM: 191, 264 Na: 183 Pa: 50, 114 TII: 114, 131 Vers: 9, 18, 31, 45, 51, 60, 112, 136, 187, 207, 210, 215, 231, 234, 239 Wo: 35

Aufklärung (> Licht), auch Gegenaufklärung: ABo: Beg: 102, 104 Büch: 66 DEr: 60 (Nicht-Wissen), 66, 69 Iso: 19 Pa: 25, 52, 116, 136, 180, 183 Ref: 323f. TI: 238, 478 Vers: 18, 28, 37, 42, 54, 62, 69, 99, 124, 135, 249f.

Auge (> Blick / > Sehen / Sichtbarkeit): Beg: 10, 18, 22, 27, 29, 32f., 35, 39, 51, 57, 59f., 63f., 67f., 73f., 86, 90f., 94, 109f., 112f., 115, 118, 126, 131f. Büch: 65 DEr: 11, 14, 19, 33, 34, 42, 46, 64, 65, 66, 69, 73 DjM: 246, 264, 369, 371, 373 FdU: 11, 39, 42, 45 Gl: 12, 30, 40f., 74, 80 Iso: 23 MS: 14, 28, 51, 65 Na: 41, 50, 100, 131, 173 Pa: 10, 12f., 20, 27, 32, 34, 45, 65, 67-70, 76, 78f., 82, 112, 114, 126, 147, 155, 157, 193, 204 R: 6, 10, 12f., 24-26, 38, 44f., 47, 54f., 58f., 62f., 71, 76, 82, 84f., 90, 94 (>Licht / > Sehen), 98, 105f., 118, 120, 123, 128, 134, 152, 154, 157, 161, 169, 171, 174, 177-180, 182, 184-186, 195, 202f., 215, 217, 220f., 229 TI: 12, 17, 20, 30, 40, 60 (Augenlicht), 70, 80, 94, 132, 172 (des Gesetzes), 184, 192, 195, 198, 227, 229, 244, 261 (> Licht), 271, 278, 284, 287, 289, 313, 320, 336f. (Augenlicht), 345, 367, 383, 395, 398, 423, 431f., 452, 460, 477, 483 TII: 25, 41, 44, 50, 60, 86, 90, 92, 96, 98, 106, 111, 119, 128, 130, 141, 157f., 160f., 169f., 190, 193, 198, 217, 219, 226,

237f., 241, 245, 283, 289, 304, 307, 313, 326, 329, 397, 399f., 406, 409, 415, 417, 421, 424, 429, 439, 458, 461f., 479, 484, 488, 490, 493, 496f., 506, 512 Un: 5961 Vers: 19, 22, 47, 120, 130, 132, 146 W: 69 Wo: 47, 52, 91, 191, 195

Augenblick (> Blick / > Plötzlichkeit / > Schock): Beg: 10, 59, 74, 76f., 79, 81, 87, 103f., 109f., 112, 129 Büch: 66 DEr: 8, 44 DjM: 10, 167, 359f., 369 Gl: 37, 45, 56, 68, 75 Iso: 19, 32 Ith: 102 (Unterbrechung), 108 MS: 11, 51, 62, 101, 102 Na: 12 (Kürze), 44, 166 Pa: 10, 54, 59, 64, 69, 78, 81, 84, 112, 117, 139, 170, 188, 198, 204 R: 6, 25, 43, 54, 59, 73f., 81, 88, 98, 115, 117, 128, 134, 143, 157, 201, 220 TI: 16, 29 (der Gefahr), 48, 57, 62, 64, 65, 81, 119, 126, 165, 170 (der >Krise), 184, 196, 198 (> Lebenszeit, vgl. 204), 200 (der Gefahr), 202 (der passende), 255, 273, 298, 307, 320, 330, 336, 343, 347, 350, 359 (der Schwäche), 360, 369, 391, 397, 398, 428, 439f, 442, 457, 497 TII: 10, 21, 23, 39, 40, 58 (der Wahrheit), 81, 104, 115, 128, 139, 142, 153f. (der letzte), 167, 180, 182, 201, 203, 206, 227, 235, 244, 246f., 254, 257, 259, 263, 269, 277, 279, 281, 283, 303, 313f., 317, 350, 355, 366, 369, 371, 385, 387, 413-415, 421, 423f., 434, 436, 438, 443, 445, 451, 467, 479f., 510f. Un: 59 Vers: 12, 14, 43, 47, 49, 66, 79, 162, 169, 178, 186, 193, 202, 206f., 236, 238, 242f. W: 30, 89, 106 Wo: 10, 47f., 91

Ausgleich (> Gleichgewicht): ABo: 22 (Apologie der Schwebe), 30 Beg: 101, 123 (Fügung) Büch: 66 DEr: 50 DjM: 11, 14, 135-140 Gl: 34 Iso: 30 Na: 139, 144, 148, 150, 153, 167 R: 74 (Gegenschwinge), 170 TI: 76, 82, 399 TII: 42 (Ergänzung), 91, 379 Un: 62 Vers: 108 Wo: (86), 101 (Apologie der Schwebe)

Bild: ABo: 38 (Weltbild) Beg: 10f., 24, 43, 53, 55f., 75f., 78, 97f., 118 DjM: 122, um 264 Gl: 69, 71 (Idol), 83 Ith: 39, 94 Na: 147f., 152, 160 Pa: 113, 118, 127, 143f., 167, 173, 196f. R: 57, 142, 165 TI: 120, 184, 232, 286, 295, 315f. (Betrachtung), 321f. (Blidgedächtnis), 339f., 351, 356, 370 (Weltbild), 372, 382f., 387, 393, 402, 411, 422f. (Idol) TII: 85f., 182, 230 (Porträts), 237, 257 (Porträt), 286, 289, 348, 378, 429, 442, 458 Un: 62 Vers: 13, 17, 22f., 27, 31f., 35 (Idol), 43, 83, 95, 153, 166 (Tableau), 177, 186f., 192 (Tableau), 199, 204, 215, 224, 226, 231, 236 Wo: 186

Blick (Anblick / > Augenblick / > Sehen / Sichtbarkeit):
allg.: Beg: 10, 15, 31f., 56, 73, 90, 9496, 103-105, 109, 113-115, 125f., 131 DEr: 37, 42f., 45, 65, 71 DjM: 264, 370 FdU: 27 Gl: 20, 22, 37, 76 (> Identität) Iso: 19, 27f., 32, 34 MS: 65 Na: 48 (> Spiegel) Pa: 12, 20, 23, 28, 30, 32, 39, 45f., 51, 64f., 67f., 70f., 75, 80f., 83, 86, 112, 114,

134, 149f., 153, 158, 178, 184, 199, 204 R: 5, 41, 72, 82, 84, 86, 93f., 98f., 107, 115, 123f., 129, 135, 163, 164166, 170, 180, 197, 199, 202, 208, 217 TI: 69, 114, 183, 185, 229, 245, 284, 301, 383, 447, 450, 452, 472 TII: 22, 33, 63, 81, 84, 87, 99, 104, 114, 118, 135, 141f., 165, 168f., 177, 203, 205, 217, 219f., 229, 240, 246f., 249, 269, 276, 296, 301, 314, 337, 362, 365, 394, 422, 424, 428f., 449, 461, 468, 474, 496, 499, 502 Un: 57, 60 Vers: 12, 43, 50, 81, 95 (der historische), 108, 124, 129, 154 W: 19, 30, 54

der böse (kalte, kritische) Blick: Beg: 27, 74 (gierig) Iso: 27, 32 R: 26 (mit Blicken töten), 46 (klar, antik), 134 (argwöhnisch), 172 (kalt), 211, 228 (unversöhnlich) TI: 18 TII: 60 Vers: 199

der entsetzliche Anblick: Beg: 87 R: 82, 150, 184f. TI: 81, 158 (Zumutung)

der erste (ursprüngliche) Blick: DjM: 96 Ith: 94 Na: 40, 41f., 46 R: 43, 77, 108, 124 TI: 372, 428 TII: 37, 65, 72 Vers: 134 W: 54

Fensterblick: Iso: 20 Pa: 97 R: 51f., 173f. TI: 442, 447 TII: 45 (Ausblick), 152f., 321f., 329f., 341 Vers: 105, 185

der fremde Blick: R: 16, 46 TI: 496

der letzte Blick: Ith: 95 (Abschied) R: 59, 97, 110

der teilnahmslose (abwesende) Blick: R: 60 TI: 320 (Durchblick), 490 Vers: 192 W: 19

der unklare Blick: R: 61 (schiefe), 154 (unsichere), 221 (abschweifende) TI: 350, 392 (Blickfeldrand)

Blick zurück: DEr: 21, 69 Pa: 202 R: 178 TII: 416 Vers: 96

Chaos (> Rauschen): ABo: 37 (Unheil) Beg: 10, 13f., 65, 84, 114, 125 Gl: 17 Pa: 16, 119 R: 87, 145, 149 TI: 487 TII: 204, 449, 460, 476, 504 Vers: 43, 144, 149, 168, 225

Deutschland: ABo: 23 (Selbsthaß), 34, 35, 36 Beg: 121f., 125 DEr: 46-48 DjM: 77-93, 149, 206, 296-298, 302 FdU: 54 Gl: 58f. Na: 59 Pa: 61, 163, 167, 171-174, 179-183 R: 29-31, 72-76, 93, 154-157 (die Deutschen), 196, 213 (Vaterland), 215 TI: 381, 408, 474f. (Sozialstaat) TII: 10f. (deutsch essen), 108, 140, 142, 197, 270, 287, 304, 416, 423, 435, 445, 448, 456-461 Un: 59, 62 Vers: 65, 79, 138, 203, 226, 251, 254 W: 6, 32, Wo: 19f., 200f.

Dichtung / Dichter (Poetik): ABo: 25, 28, 32f., 35, 38 Auf: 308, 309, 310 Beg: 1214, 23f. (episch / lyrisch), 26, 28, 54 (Roman), 58f., 61, 67, 81f., 90, 96, 116, 121 Büch: 65f. DEr: 9, 20, 21, 22, 23, 26-29 (Tour des), 39, 55, 58, 59, 60, 65, 67 DjM: 10, 204f., 208, 283, 303f., 357 FdU: 13, 36, 44ff. Iso: 26f. Ith: 48 MS: 45, 76, 98 Na: 149, 150, 152, 153, 193ff, 200, 203, 213 Pa: 15, 25, 53, 60, 97, 101-110, 116f., 119f., 178 R: 192 (Brettldichtung) Ref: 323f. TI: 226f., 236f., 242,

243, 244f., 251, 256, 263, 271, 280, 282, 284f., 286, 296, 304, 337f., 358-360, 363, 369, 388, 394f. TII: 75, 175f., 222-225, 233, 240, 242, 252, 256, 280, 297, 313, 331, 340, 371, 452, 456, 480f., 483f., 491, 499 Un: 58-60 Vers: 11, 13, 17, 22, 32, 39, 50, 53, 55, 61-64, 66f., 78f., 83, 105, 124f., 139-141, 143, 146, 152, 156, 160, 162f., 167-169, 175, 182, 189, 200, 207, 209, 228, 233, 238, 240, 248-250, 252 W: 65f, 74

Engel: FdU: 59 Gl: 53f. Na: 143, 145 Pa: 122, 192f. R: 39f. (der Zucht), 215 TI: 395, 481, 497 TII: 288, 442, 476f., 488, 492 Vers: 205

Erfahrung: Auf: 307, 317 Gl: 52 MS: 12, 62 Na: 128, 145, 207, 211 TII: 275, 389 Vers: 9, 44f., 50, 59f., 63, 81, 100, 107, 137, 174, 177, 221f., 227, 229, 233, 242, 247 W: 65

Erinnerung (Gedächtnis / Memoria / > Vergessen): ABo: 24, 25, 33 Auf: 316, 318 Beg: 25f., 28, 34, 36, 49, 51, 53-56, 61, 69, 71, 77, 80, 88, 92, 102f., 110, 112, 116, 121 (kollektive), 126 Büch: 65f. DEr: Titel, 9, 10, 12, 14, 15, 23, 33, 37, 49, 50, 53 (Geruch), 54, 64, 72, 73 DjM: 32, 206, 214, 241 Gl: 28, 33, 46, 50, 58, 73, 76f. Iso: 19, 25f. Ith: 21, 27, 76, 95, 103 MS: 70, 104 Na: 35, 86, 113, 147 Pa: 10, 18f., 39f., 46, 50-53, 57f., 60, 75, 77, 81, 87, 96f., 110, 118, 129, 158, 171f., 178f., 193-196, 204 R: 5, 16, 28f., 32, 37, 63, 67, 77, 78 (mémoire involontaire), 88, 92, 99, 107, 134-136, 207f. TI: 14, 38 (erinnerter Duft), 48, 102, 272, 285, 286, 295, 317, 321, 328, 330, 336f., 373, 409, 423, 433, 446, 449f., 471, 478 (Tiefenschichten) TII: 28, 40 (zurückdenken), 45, 49, 66f., 105, 126, 138, 155, 198 (Proust), 204, 224, 240, 253, 263-267, 269, 277, 279, 297, 309f., 314f., 318, 323, 327f., 331f., 340, 342, 380, 392f., 418, 440, 450, 454f., 459, 495f., 501 Un: 61 Vers: 16, 18, 20, 47, 49, 51, 54, 95, 97, 100, 102, 105, 149, 162, 189, 206, 209, 212f., 234, 237, 240, 242, 247f., 250 Wo: 34, 85, 130, 185, (188), 191, 198 W: 12, 20, 32, 64, 85, 114

Erwartung (> Warten): Auf: 318, 319 Beg: 120 DjM: 353 Gl: 46, 50 Na: 113, 147, 182 Pa: 30, 52, 155, 179 TII: 191, 268, 291 Vers: 33, 105, 124, 209, 213, 218 W: 48 Wo: 100f. (drohenden Unheils)

Eschatologie: ABo: 23 (profane) Na: 133f., 153 Vers: 85, 226

Form (Gestalt / Ordnung / > Ästhetik): ABo: 20 Auf: 317 Beg: 7, 10, 13, 14, 19f. (Umriß), 22 (Fassung), 48, 50, 56, 60-62, 65, 73, 123, 129 Büch: 66 DjM: 38, 167, 360 Iso: 32 Ith: 18 (Unordnung), 46 Na: 72, 143 Pa: 33, 54, 92, 119, 178, 183 R: 143f. (Sinn), 152 (Formverstand) TI: 114f., 175 (Unordnung), 236 TII: 193, 334, 423, 504 Vers: 13, 22-24, 28, 37, 45, 50, 61, 69f., 77, 83, 86, 103, 105, 108, 137, 146f.,

168, 171, 180, 185-188, 201, 209, 226, 230-232, 242f., 251 W: 69 Wo: 199f.

Fortschritt (Progress / > Entwicklungsgeschichte): Beg: 26, 28, 108 Büch: 66 Pa: 109, 182, 194, 197 TI: 93 TII: 115 Un: 62 Vers: 9, 13, 29, 35, 37, 57, 62f., 71, 199, 206, 208, 219, 241, 249

Film (Kino): Beg: 131 Büch: 66 DEr: 63 DjM: 373 Gl: 11 (Video), 16 (Video) Pa: 33-35, 46, 57-60, 91-93, 109, 113f., 118, 128, 137, 154, 158-160, 165, 172, 186-188 R: 50, 57f., 89, 127, 138, 151, 204 TI: 351, 395, 455, 498 (Autokino) TII: 28f., 38, 112, 119, 271, 291, 331, 354, 385, 484 Un: 59 Vers: 17f., 3134, 37, 47f., 50, 54, 67, 70, 83, 119, 140f., 159, 166f., 172, 188f., 194, 230, 238f., 250, 252 Wo: 53f., 179-181, 186

Fotografie: Beg: 15, 35 DEr: 51 DjM: 368, 371 Gl: 17, 39 Iso: 19, 27 Na: 159-172 Pa: 64f., 113, 154, 157f., 204 R: 80, 167-169 (Röntgenfotos), 199 TI: 118, 121, 295, 298, 315, 318, 324f., 326 (als Beweismittel), 353, 377, 387 (Fotorealismus), 446, 448-454 TII: 14f., 19, 44, 66, 294, 349, 395-399, 405-410, 413-425 Vers: 33 (Dia), 50, 97, 206, 223 W: 58, 102 Wo: 34f.

Gedächtnis: > Erinnerung

Geschichte:

allg.: ABo: 22, 32 Auf: 305 Beg: 28, 47, 50f., 78, 81, 92, 104, 107, 116f., 120, 122, 127, 129 Büch: 66 DEr: 25, 30, 48, 49, 55 (Geschichtstrug) DjM: 10, 131, 182, 245, 296, 349 FdU: 36, 57 Gl: 28 (der Ernüchterungen), 53, 60 Iso: 27, 33 MS: 28, 63 Na: 129, 207, 215 Pa: 17, 26, 94, 111, 113, 120f., 167, 171, 181-183, 197, 201-203, 205 R: 36-38, 70, 134, 143 TI: 170 (> Krise), 176, 327, 373 TII: 46, 64, 71, 90, 104f., 147, 157, 169, 173, 179, 182, 187, 206, 331, 334f., 397, 435, 502 Vers: 18, 36, 50f., 59, 79, 95, 107, 149f., 164, 179-184, 197, 199, 206, 221-223, 226-233, 240f., 254f. W: 65 Wo: 130, 181f., 186

Entfremdungsgeschichte: Vers: 223, 226

Entstehungsgeschichte (Ursprung / > Urzeit): DjM: 136f., 182, 210 FdU: 18, 63 Na: 101, 135 R: 168 Vers: 46, 124, 186

Entwicklungsgeschichte (Evolution): Beg: 28 DEr: 47 Pa: 66, 194, 196f. R: 10, 140-146 TI: 93, 94, 223 (Emanzipation), 238 (Evolution), 280, 486 TII: 368

Heilsgeschichte: ABo: 25 Auf: 306 DEr: 29 Na: 133, 135

Literatur- / Kunstgeschichte: Büch: 65f. Iso: 26 Pa: 113 Ref: 323 Vers: 59, 139, 168, 221

Naturgeschichte: DEr: 67 Pa: 118 R: 140-146 TI: 93, 94, 256, 379, 482 TII: 115 (Atavismus), 218 (menschl. Natur), 369 Vers: 80-82, 223, 232

Schöpfungsgeschichte: Beg: 8, 10, 12, 38, 107 R: 64, 143 TI: 345 TII: 72, 476f.

Weltgeschichte: ABo: 26 Beg: 17 (Weltgeschehen), 80 DEr: 29 R: 36, 143 TI: 440 TII: 104, 219, 459

Wissenschaftsgeschichte (Ideengeschichte): Beg: 37, 118 TI: 440 Wo: 197f.

Zeitgeschichte: Gl: 49 (Wirtschaft), 52f. Iso: 26 Pa: 27, 37, 120, 165 R: 93 TI: 424 (Zeitgeschehen) TII: 270, 272, 297, 308, 313, 416f., 448, 454-461 Vers: 52-73, 78f., 81, 136, 149, 164, 172, 180-184, 222, 228, 248f.

Zerfallsgeschichte: ABo: 27 Auf: 305, 313 Beg: 71, 120f. DEr: 47 (zerfallende Sage) DjM: 11, 32, 133, 381 TI: 159 (zurück zur Erde, > Lebenszeit), 237, 304, 413f. TII: 435f. Vers: 185, 221, 226, 254 Wo: 129

Geschichten (Erzählung / > Dichtung): Beg: 33, 54f. DEr: 15, 36 Gl: 68, 83 Iso: 33 Ith: 26f., 38f. (Argos-Episode), 42 (Erzähler), 58, 95f. Pa: 36, 46, 50-53, 57, 60, 79, 88, 92, 116f., 136 R: 16, 47, 88, 144, 155f., 181, 192-195 TI: 227, 328, 385, 424, 431 (Storia), 434, 445, 459, 461, 499 TII: 86, 91, 102, 105f., 132, 147, 152, 157, 177, 182, 184, 191f., 197, 203f., 212, 237, 250, 257f., 280, 292, 295, 299, 307, 317, 324, 332, 380, 428, 433, 448f., 455, 457f., 480, 509 Vers: 25f., 69, 71f. (Fabel), 87, 96, 111, 124f., 133, 145, 159, 161, 195, 233, 237f., 252

Gleichgewicht (> Ausgleich): ABo: 19, 30 Beg: 37 Büch: 66 (> Form) DEr: 24, 50 Gl: Titel, 45, 54, 62, 67, 73, 79 R: 130, 170 (Politik) TI: 51 (Ergänzung), 76 (Harmonie), 78f. (gehobene Vereinigung), 81, 82, 399 TII: 218, 352, 495, 498 Vers: 156 (Albee)

Gott (Gottheit): Auf: 308, 314 Beg: 911, 29 (ER), 38, 45f., 50, 58, 105, 107, 116, 125 Büch: 66 DEr: 14 (Christus), 19, 26 (Christus), 30, 31, 67 Gl: 33, 38, 53, 56 Iso: 23f. Na: 150, 177 Pa: 22, 48, 138f., 166, 177, 192 R: 28, 45, 64, 145 Ref: 324 TI: 208, 248, 295, 328-330, 345f., 347, 352 (Christus), 383, 391 (verlassen), 405, 410, 414, 422, 431f., 451f., 472, 484, 487f., 498f., 501 TII: 9, 25, 26, 29 (göttlicher Irgendwer), 60, 72 (wie 29), 100, 109, 114, 122, 126, 129, 147f., 164, 205, 218, 220, 257, 284, 377, 379, 389, 391, 398, 422, 434, 454, 477, 501 Un: 59 Vers: 25, 44, 89, 100, 108, 120, 163, 166, 190, 227 W: 9 Wo: 31, (172), 195

Götter: ABo: 34 (Wiederkehr der) Beg: 24, 58, 107, 127 DEr: 30 Ith: 107 Pa: 128, 132, 193 TII: 60, 79, 82, 173, 212, 335, 476f.

Hortus conclusus: ABo: 20 (Rosenkreuzerschaft), 27, 29, 33 (Denk- und Empfindungsreservate) Beg: 62f., 108f. Büch: 65 DEr: 32 (Gemeinde, passim „Wir"), 39 Na: 149 Pa: 105f. TII: (486) Vers: 247f., 251f. Wo: 149, (176f.)

Idee (>Vernunft): Beg: 16, 19, 29, 51, 60-62, 65, 81, 83, 88, 101 Büch: 66 DEr: 41 Gl: 53 Na:

151, 221 Pa: 154, 186, 193, 195 R: 190 TI: 359, 480 TII: 97, 129, 180f., 229, 271, 326, 351, 363, 423, 426, 455, 500 Vers: 86, 93, 172, 182, 229 W: 33

Identität (Ich / Person): Beg: 11, 13, 32, 36, 59, 65, 88, 90, 94, 96, 100f., 107, 114, 127 Büch: 66 DEr: 9, 13, 23, 37, 38, 41, 65 Gl: 73, 76 Pa: 43, 102, 110, 120, 170, 175-177, 189, 198 R: 10-12, 142f. TI: 91 (Spaltung, vgl. 105), 320 (> Blick, der teilnahmslose), 327f. (alias), 344, 402, 456 TII: 13 (Ego), 44, 203, 280, 301, 421, 502 Vers: 31, 47, 58, 73, 114, 125, 133, 182, 185, 221, 223, 254 (Typus)

Information: Beg: 16 Na: 129, 130, 136, 149 Pa: 37-39, 114, 195, 200 Vers: 38, 55, 69f., 136, 199, 203

Intelligenz (Intellekt / > Vernunft): ABo: 23 (linke), 25, 31 Beg: 26, 77, 116 DjM: 168 (linke) Gl: 19, 31 Na: 59, 129, 148f., 151 Pa: 20, 34, 68, 71, 109, 116, 118, 152f., 163, 195 R: 6 TI: 300, 346, 387 TII: 34, 62, 275, 279, 470 Vers: 29, 32, 142, 183, 194

Journalismus: ABo: 23, 24 (Talk-Show) Auf: 310, 313 Beg: 80 DEr: 40 Gl: 36 MS: 74 Na: 75 Pa: 105, 109 Ref: 324 TI: 233 (Zeitungen), 237, 242 TII: 12, 44, 50 (>Licht, der Öffentlichkeit), 63, 69, 234, 240, 266 (Reporter), 443 Vers: 55, 58, 113, 201, 203, 222, 252

Kontingenz (> Versehen): Beg: 20, 37f., 55, 59, 79f., 112 Gl: 46, 68 Iso: 19, 31, 34 MS: 25 Na: 108 Pa: 70, 85 R: 141 TI: 10, 61, 90, 146, 158, 169, 187, 239, 309, 457, 499 TII: 189, 236, 239, 278, 323f., 347, 419, 421, 455, 469 Vers: 36, 105, 133, 194, 229, 233, 254

Krise: Beg: 13 Gl: 69 Iso: 23 Pa: 38, 181 TI: 170 TII: 112, 478 Vers: 20, 31, 56, 139 (> Dichtung), 158, 221, 223

Kreis (-förmigkeit; vs. Linie / Kugel / > Wiederholung): Beg: 32, 41, 55, 105-107, 115, 133 DEr: 26, 64 (Reigen), 67 (Zusammenhang) Gl: 25, 82 Iso: 34 Ith: 11f. (Leibesfülle) Pa: 11f., 25, 41, 125, 133, 145, 171, 181, 185, 203 R: 8, 42, 190, 222 TI: 26, 89, 484 TII: 40, 68 (formal; > Wiederholung), 99, 128 (Gesichtskreis), 166, 168, 205, 216, 236f., 257, 297, 418 Vers: 15, 19, 61, 108 (Ganzheit), 129, 142, 159, 234, 247, 252 Wo: 143, 144

Langeweile (> Warten): Beg: 20, 92 Büch: 65 DEr: 44 DjM: 111f., 340f. Na: 139, 210 Pa: 42, 50 R: 143, 183, 219 (lange Weile) TI: 44, 138, 145, 225, 230, 231, 236, 241, 258, 261, 272, 282 (> Lesen), 299, 302, 364, 393f. 400f. TII: 132, 179, 193, 229, 234, 238, 323, 384, 391 Vers: 99, 108, 111, 118, 139, 141f., 146, 154, 165, 210-212, 255 W: 5 Wo: 188f.

Lesen: Beg: 17, 58, 60f., 80, 92f., 100, 108, 114, 116, 126 Büch: 66 Iso: 23 MS: 13 Na: 136 (212)

Pa: 79, 83, 101, 115, 134f. R: 101f., 153, 212, 223 TI: 113, 120 (Wdhlg.), 121, 236, 249 (Rezitat.), 258f. (Melodeklamation), 263, 271 (der neue Leser), 282 (> Langeweile), 300 (vs. Leben), 303, 325, 327, 330f., 343, 345, 369, 389, 394, 424, 431, 490f. TII: 49, 105, 116, 186, 212, 249, 252, 255f., 297f., 307, 340, 349, 377, 447f., 451, 453, 458, 471, 473f., 486, 489, 493, 506 Un: 59, 61 Vers: 22, 111, 122, 124, 148, 171f., 189, 199, 205, 230, 250 Wo: 5355

Licht: ABo: 38 Beg: 10, 26, 29, 57, 59, 62, 64, 73 (> Vergessen), 101f., 106, 113, 116, 119, 132-134 DEr: 8, 21, 45, 52, 55, 67, 69, 71 (> Blick) FdU: 35 Gl: 29, 82 Iso: 32 Ith: 11, 31 (Kerze der Erwartung), 54 (> Aufklärung), 57, 93 Na: 134, 150, 173, 192, 207 Pa: 20, 29f., 34, 101, 130, 136, 193, 202 R: 28, 35, 60f., 69, 92, 94, 142, 149, 151-153, 174, 178, 181, 183, 189, 205 Ref: 323 TI: 34 (Tageslicht; Aufklärung), 80, 83, 89, 113, 120 (Wdhlg.), 182 (vgl. 113), 261 (>Auge), 287, 330, 337 (Augenlicht), 351, 372, 407, 418, 426, 444, 499 TII: 9, 50 (der Öffentlichkeit), 77, 118f., 153, 195, 197, 199, 204, 206f., 209, 211, 253, 408 (> Fotografie), 423, 426, 428, 476, 483 Un: 59 Vers: 15, 17, 19, 26, 60, 64, 85, 97, 110, 130, 141, 172f., 197, 208, 219

Medien: Beg: 16f., 26 Büch: 66 DjM: 9f., 302 (passim) Iso: 23 R: 193-195 (Rundfunk) Pa: 37, 103f., 118, 154f., 164, 167f., 171, 180, 200, 204 TI: 432 (Radio), 499 (Rundfunk) TII: 65, 71, 80, 292 (Rundfunk), 310, 456 Vers: 16f., 20, 22, 34, 37, 55, 59, 64, 131, 171-173 (> Theater), 203, 219, 230, 250, 252

Melancholie (Schwermut): Beg: 26, 120 Büch: 66 DEr: 24 Na: 113 Pa: 36, 139 (> Gott), 187, 192, 203 R: 56 TI: 117, 184, 226, 303 TII: 217 Vers: 87 (Ennui), 193

Metamorphose (Verwandlung): Beg: 46, 66f. DEr: 22, 55 DjM: 11, 86ff. 132, 185ff. 194, 345, 368 Gl: 57f. Iso: 20 Ith: 16 (Pallas Athene), 19, 42 (der Götter), 53, 83, 101f. MS: 108 Pa: 23, 132, 171 R: 127, 224 TI: 20f. (Schlafhaut), 42, 98, 347 TII: 19, 75, 102, 119, 125, 127f., 164f., 206, (483f.), 489 Vers: 27, 96, 106, 147, 156 Wo: 30f., 102

Metapher: Beg: 14, 41, 45, 59, 92f. DjM: 214 FdU: 58 Na: 142, 144, 145 Pa: 106 TI: 36, 219, 300 TII: 224 Vers: 13, 48, 61, 73, 92, 123, 148, 152, 171, 176, 216, 218, 231 Wo: 191

Mnemosyne (> Erinnerung): Beg: 126 DEr: 53 DjM: 51, 132 MS: 22 TI: 445 (Gedächtniskunst) W: 12 Wo: 130, 198

Museum (Archiv / > Hortus conclusus / Speicher): DEr: 54 DjM: 204, 264-267 FdU: 44f. Na: 200 Pa: 104, 154, 193-196, 201, 204 TI: 69 (der Leidenschaften), 329, 386, 394 TII: 47

226

(Fundus), 102, 116, 482-485 Un: 57 Vers: 101
Wo: 192 (Sprache)

Mythos: ABo: 38 (Stier des Phalaris) Auf: 314
Beg: 29, 38, 58, 61f., 75, 80, 96 (Artemis), 107,
118f., 122, 129 Büch: 66 DEr: 14 (Sibylle), 22
(Mystik), 30, 38 (Mysten), 47 (Sage), 58 (Sirenen) DjM: 32, 9399 (Diana; vgl. 308, Teich),
115, 122, 206, 210, 214 FdU: 24, 39 Gl: 23
(Penelope), 62 (Achill und Hektor) Iso: 27
(Mysterium) Ith: 39 (alte Kulte) Na: 130f., 133f.,
153, 215 Pa: 102, 118, 128, 160 R: 23 (Unterwelt), 172 (Ikarus), 211 TI: 183 u. 185 (Jupiter
und Alkmene), 323, 339, 343, 387 TII: 75, 135,
147 (Apollon und Daphne), 212, 429f. (Diana
und Aktaion), 476f., 506 (Daphne) Vers: 2528,
31f., 45, 47f., 63, 90f., 95-97, 147, 159, 186f.,
225f., 231f. W: 65, 69, 88 Wo: 61, 63, 94, 102f.,
(128), 184 (Mystik)

Name (benennen / umtaufen): ABo: 34, 38, 39
Auf: 311 Beg: 9, 11, 23, 41f., 107 DEr: 22, 45,
46, 48, 51, 63, 72 DjM: 167 FdU: 44 Gl: 13, 24,
30, 37, 52, 68, 71, 74, 76, 80 Ith: 99 Pa: 22, 75,
91, 103 (im Namen), 148, 154f., 178, 180 R: 7,
34, 44, 61, 106, 119, 198, 200, 207 TI: 18, 69,
81, 180, 184, 219, 296, 320, 327, 354f., 408, 412,
457, 468, 503f. TII: 35, 42, 45, 64, 69f., 71, 100,
124, 130, 209f., 212, 215, 217, 224, 229, 249,
265, 279, 313, 322, 335f., 345, 383, 469, 484 Un:
61 Vers: 78, 81, 89, 102, 107, 159, 251 W: 13

Öffentlichkeit: Büch: 65 DjM: 10, 296-302 Gl:
17 MS: 65 Na: 58, 129, 131f., 149, 155 Pa: 153f.,
202 Ref: 324 TII: 113, 237, 299f. (Publikum),
310, 435 Vers: 13, 24, 52, 56f., 60, 65, 83, 95,
107, 109, 112, 127, 174f., 182, 213, 238, 247f.,
252 W: 30

Plötzlichkeit (> Augenblick / Schock / Blitz):
ABo: 35, 40 Auf: 305, 319 Beg: 7, 18, 36-38,
40f., 44, 80, 94, 97, 99, 110, 121, 128, 130-132
DEr: 10, 13, 51, 60 (Blitz) Gl: 18, 24, 31, 35, 38,
40, 53, 57 (Nu), 67, 82, 84 MS: 51 Pa: 9, 17,
19f., 24, 28, 45, 61, 65, 68, 71, 82, 84, 87, 112,
114, 119, 138, 150, 154, 166, 172, 179, 181,
183f. (> Schock), 189, 198 R: 6, 12-14, 34, 40,
42, 44, 46, 50, 54, 61, 63, 71, 78, 87f., 91, 96,
102105, 114, 117, 119, 128-130, 133, 143, 145f.,
169, 173f., 177f., 183, 186, 190, 193f., 198,
201f., 207f., 220, 222, 227-229 TI: 9 (Gedankenblitz), 10, 14, 38, 55, 78, 126, 264, 299, 303,
320, 329, 342 (Tod), 373, 395, 402, 447, 481,
487, 495, 497 TII: 9, 16, 23, 29f., 31, 45, 52f, 67,
70, 81f., 112, 114, 116, 118f., 123, 128-130, 159,
181, 215, 229, 236, 241, 267, 272, 283, 289, 294,
303, 316, 330, 334, 350, 382, 395, 427, 434, 437,
441, 444, 446, 454, 474, 478, 489f., 503, 509
Vers: 14, 53, 61, 103, 118, 147, 154, 195f. (Nu),
200f., 206, 216, 234, 237f. W: 64 (Lektüre) Wo:
10, 84

Rauschen (Rumor / Vermischung / Formlosigkeit / > Chaos): Beg: 100, 110 DEr: 19
(Tosen), 65 DjM: 303 FdU: 52, 60 Gl: 63
(Summen) MS: 12f. 23, 53 Na: 13, 44, 132, 133,
142f., 150, 154f., 206 Pa: 30, 90, 101, 191 R: 40,
50, 109, 145f., 194 TI: 37, 77 (Lärm wie von
stürzenden Gewässern), 81 (Mischmasch), 92,
229 (Geräusche der Unendlichkeit), 259, 476
TII: 197, 290, 473 Vers: 28, 64, 113, 133 W: 6,
51, 74 Wo: 69f., 184, 192

Realismus: Pa: 104, 112, 118, 160 Ref: 323 TI:
226, 315 (photographischer), 317, 348, 363, 387
(photographischer, mythischer), 402 TII: 271,
287 Vers: 11, 50, 60f., 63, 68, 83, 85f., 91, 101,
103, 107, 111f., 123, 130, 146, 175, 195, 197,
200f., 221, 225-227, 234, 240-243 W: 67

Schaltkreis: ABo: 25 (Wiederanschluß), 30
Beg: 11, 28, 112, 118 Büch: 66 DEr: 23 (Anschluß), 33 (freudlose Vernetzung) DjM: 11,
204 (Rückkopplung) Gl: 30 (Netzwerk) Na: 132
Pa: 26, 193, 200 R: 10 (Systemverschwèung),
37 (Verknüpfungen), 150 (Anschluß) TI: 384
(Verbindung herstellen) Wo: 102

Schein: Auf: 316, 319 Beg: 11, 18, 25, 59, 68
Büch: 65 DEr: 23, 55 DjM: 308 Gl: 27 Na: 94,
150 Pa: 66, 72, 111, 171 TI: 266, 320 TII: 82f.,
85, 131, 274, 442, 501 Vers: 162 W: 54

Schock (> Augenblick / > Plötzlichkeit): ABo:
25 (Kulturschock) DjM: 193 Pa: 184 R: 72 TI:
78 TII: 98, 236, 275, 334 W: 68 Wo: 10f.

Schönheit: Beg: 14, 29, 40, 60f. (> Dichtung),
65, 68, 73, 80, 82, 89, 91, 96, 101, 124 Büch: 65
FdU: 29 Gl: 7, 17, 22, 27, 30, 33, 39, 50, 76, 80
Iso: 25f., 32 Ith: 11f., 34, 40, 53, 58, 60 Na: 53,
128, 146, 221 Pa: 17, 27, 45-48, 72, 110, 119,
126 R: 14, 61, 68, 164 Ref: 323 TI: 60, 81, 92,
102, 117 (herbe), 140, 204, 236 (der Verzweiflung des > Dichters), 237, 248, 250, 260, 263f.,
339, 343, 346, 359 (schöne Tage), 397, 418, 420-
422 TII: 84, 97, 112, 116, 118, 123, 127, 148,
150, 168, 181, 187, 196, 207, 219f., 224, 231f.,
244, 258, 292, 324, 326, 338, 342f., 418, 421,
429f., 435, 442, 461, 463, 475, 483, 490, 497,
500, 504f. Un: 60 Vers: 33, 41, 67 (der Misere),
91f., 106, 135, 151, 155, 165f., 189, 193f., 199,
201, 204f., 213, 230 Wo: 88, 92, 128, 177, 188

Schweigen: ABo: 20 (kraftvolle Verborgenheit)
Beg: 8, 28, 59 DEr: 12 (Stille), 16 FdU: 35, 36,
44 Gl: 69f. Ith: 48, 95 Na: 46, 48, 87, 154 Pa: 27,
29, 32, 60, 67, 79, 131 R: 23, 47, 51, 117, 129,
136, 139, 212, 218, 223 TI: 129, 229, 258, 259,
284, 293, 300, 301, 414, 440, 464, 469, 475-477,
503 TII: 59, 90, 198 (Stille), 218f., 241, 254, 257,
273, 291, 296, 329, 341f., 364 Un: 60 Vers: 69,
163

Schrift (Schreiben / > Dichtung): ABo: 29 Auf:
311 Beg: 17, 19f., 24, 70, 76, 82, 108 Büch: 66

DEr: 66 (Urschrift) FdU: 52 MS: 13, 28, 45, 70, 73, 76f., 98f., 100 Na: 63, 186, 193 Pa: 102-107, 113f., 117f., 120, 178 R: 139 (Lebensschrift) TI: 271, 484, 486, 488, 490, 494 TII: 223, 239, 244, 246, 250, 255, 276, 378, 398, 417, 453, 486 Un: 61f. Vers: 139f., 163, 190, 197, 247f., 250, 255 W: 13, 17, 20, 22, 27, 34, 46, 64 Wo: 183, 186, 189

Sehen (Sichtbarkeit / > Auge): ABo: 20 (Blindheit des Unseren) Beg: 7, 23, 31f., 35, 50, 60, 74, 79, 90, 94-96, 107, 109, 114, 118, 120, 133 DEr: 9, 10, 21, 26, 37 (reines Ansehen), 38, 45, 46, 53, 67, 73, 74 DjM: 138, 385 FdU: 27, 38, 49 Gl: 37, 57, 69-72, 74 Iso: 1923, 28 Ith: 17, 33, 38, 65, 91-96 MS: 100, 102 Na: 36, 50, 94, 100, 131, 168, 173-74, 204 Pa: 10, 24, 27, 33f., 61, 65, 82f., 114, 121, 132, 143, 152, 158, 204 R: 23, 48, 68, 71, 76, 92, 96, 100, 108, 165, 213, 219, 221 Ref: 323 TI: 12, 17, 20, 40, 60 (Wiedersehen), 195, 199, 229, 232, 239, 315, 319, 321, 337, 367, 381 (Wiedersehen), 383, 398 (Wiedersehen), 406f., 419, 422, 444, 463, 476f., 493, 496, 498 TII: 9, 12, 24-26, 29, 36, 41, 44, 46, 50, 53, 57, 81f., 84, 96, 119f., 141, 147, 150, 153, 163, 198, 203, 205, 209, 217, 246, 286, 291-293, 295f., 298, 322, 356f., 360, 373, 392, 405, 407, 413, 416, 422f., 427, 436, 442, 449, 451, 475, 485, 491, 497f., 502, 512f. Un: 57, 59-61 Vers: 10, 16, 19f., 34, 107, 196, 214, 218, 239, 242, 247, 255 W: 10, 67, 88 Wo: 183, 186, 189

Spiegel: Auf: 319 Beg: 26f., 91, 133 Büch: 65 DEr: 52 DjM: 244 Gl: 40 Iso: 27 MS: 108 Na: 48 Pa: 159, 167 (Spiegelung), 185, 198 R: 35, 45, 185f. TI: 18, 50, 204, 254, 255, 318, 320, 321, 471 TII: 83, 137, 204, 289, 301, 329, 426, 430-446, 472f., 478, 490 Un: 57, 61 Vers: 19, 103, 122, 130, 211-213 Wo: 77, 96

Sprache: ABo: 30, 31, 36 Auf: 308, 312, 316, 318 Beg: 14, 17, 27, 29, 32, 35f., 43, 45, 50, 62, 67, 73, 75f., 78f., 93, 102, 108, 117, 128 DEr: 19, 41, 42, 46 (Wörter), 59, 60, 74 DjM: 148, 210, 360 FdU: 27f., 43, 46, 58 Gl: 27f., 34, 84 Iso: 28 MS: 53 Na: 41, 44-47, 66, 75, 77, 130, 137, 144f., 152, 154f., 168 Pa: 12, 23, 29, 60, 63f., 86-90 (Interjektionen), 93, 101f., 132, 136, 163f., 174, 185, 190f., 199 R: 29-31, 70, 75, 106, 114 (Fachsprachen), 118, 141-144, 146, 154-156, 176 Ref: 323f. TI: 22, 36, 57, 339 (Begriff), 343, 359, 433, 462, 464f., 494 TII: 79, 99, 117, 178, 225, 247, 313 (> Theater): 432f., 438, 459, 496, 502 Vers: 9, 12, 26, 32f., 35, 39, 45, 61-64, 69f., 72, 82f., 86f., 91f., 94, 97f., 101, 109f., 114-117, 124-127, 130-134, 136, 141, 146f., 151f., 155, 166, 176, 189, 192, 204, 210f., 223, 230, 234, 238, 250, 254 W: 9, 18, 38, 65, 74, 81, 93 Wo: 25, 32f., 136, 191-194

Sprechen (Rede): ABo: 22 (Worte), 27, 29 Auf: 312 Beg: 8, 11, 14, 16-18, 23f., 30, 32-36, 97-100 (semantisches sfumato), 104, 106, 114f., 124, 130 Büch: 65f. DEr: 9, 20, 29 (Gekakel), 37, 42, 58 DjM: 151 FdU: 45 Gl: 15f., 21, 23, 28, 30f., 34, 36f., 52, 55f., 67-69, 72f., 76-78, 83f. Iso: 19f., 28f., 31, 33 Ith: 15f. (Geschwätzigkeit; Täuschung), 33, 60, 62, 92 MS: 53, 102 Na: 13, 45, 46f., 129, 146, 154 Pa: 9, 12, 14-18, 20, 23f., 27-32, 38f., 42, 45, 48, 55, 62f., 67f., 79, 86-90, 102, 105, 114, 130f., 143f., 148, 155f., 163f., 190, 192 R: 6, 16f., 25, 29-31, 39, 42f., 51, 55, 64, 75, 81 (üble Nachrede), 87f., 90, 95f., 124f., 129f., 136, 148, 153-156, 168, 172 (Stinkspur), 176, 181, 183, 192, 194f., 201f., 205, 211215, 221, 225 TI: 15, 17, 19, 22, 35, 43, 57, 58, 61f (geborgte Rede), 168, 225, 229, 240, 248, 250, 256, 257, 263, 270, 274, 282f., 285, 287, 291, 294f., 299, 300, 301, 302, 303, 305, 308, 309, 322, 333, 337, 343f., 384f. (Geschwätz), 392, 397, 398 (Palaver), 409f., 415, 417 (im Schlaf), 419f., 424f., 441, 445, 452, 463, 465, 471, 472 (bildlich), 476f., 480, 485, 487f., 494, 503 TII: 9, 21f., 24f., 31, 3437, 41, 46, 50-52 (Versprecher, 51), 54, 62 (brabbeln), 65f., 68 (das letzte Wort), 82, 88-90, 92, 102, 124, 129f., 137, 140-142, 146, 150, 156, 161, 164, 175, 188, 191, 195, 200, 202, 210, 212, 216, 221, 225f., 228f., 231, 233, 248f., 254, 257, 266, 272, 276f., 288, 305, 313, 315-317, 322, 325f., 328f., 333, 341, 343f., 348, 364, 381, 386f., 393, 398f., 408, 413, 419, 428, 433f., 437, 440, 442-445, 453, 459, 469-471, 496, 502 Un: 57f., 61 Vers: 13, 16, 22, 25, 45-47, 51, 61, 77, 80, 83, 86-88, 92, 98, 101, 103, 107, 109f., 114-117, 119, 130-134, 139, 151f., 162, 169, 172, 180, 186, 189f., 192f., 200, 204, 210f., 217, 224, 234, 247, 250f., 255 W: 6f., 23, 30, 52, 75f., 103 Wo: 30f. (Möwe), 32f., 91, 135, 153, 188

Stillstand (Stagnation / Entropie): Auf: 312 Beg: 29, 64, 110 DEr: 31 DjM: 61 (rasender), 308, 340 Na: 123, 167, 172 Pa: 183 (statische Epoche), 198 R: 169, 219 TI: 94 (Hitze), 349, 359, 444f. TII: 292, 331 Vers: 129, 161 W: 29 Wo: 13, 34

Television (> Medien / >Film): ABo: 29f., 31, 34, 35, 36 Beg: 68 (Bildschirm), 124 Büch: 65 DEr: 23 (Schirme) DjM: 193, 203 Gl: 22 Na: 130f. Pa: 13, 25, 36, 43, 55f., 65, 87, 93, 106, 110, 157, 167f., 178, 184, 188f., 192, 195, 200 R: 5 (Werbestreifen), 37, 45, 68, 76, 92 (Videowabenwand), 99-101, 146, 150, 192, 216, 224f. TI: 77, 80, 96, 100f., 104, 360 (Moderator), 391, 427, 436f., 443f., 447, 500f. TII: 36, 56-60, 268 (>Theater): 273, 275, 279, 286, 315, 321f., 346f., 366, 372, 394, 471 Un: 60 Vers: 19, 47, 111, 115f., 122, 255 W: 31f., 36, 52, 53f., 80f., 99, 114

Theater (Szene / Schauspieler): Beg: 25, 35, 50, 82, 94f., (115), 125 (Stanislawski) Büch: 65f. DEr: 12 (Bühne), 48 (Bühne der > Geschichte), 64 DjM: 52, 38, 58 Iso: 26 Pa: 32, 42, 54, 56f., 110, 139, 155f., 171, 185-187, 202f. (Stadt als Szene) R: 32-34, 40, 87, 162 TI: 149, 202, 222-224, 226, 231, 239f., 248, 253, 258f. (Theater im Theater), 299 (Einheit der Zeit), 308 (Vaude-ville), 322 (spielen), 335, 389, 400f. TII: 46, 53f. (selbstreferentiell), 230 (falsches Schauspiel), 234, 244, 263-275, 277-291, 293-300, 303f., 307-318, 396f., 400, 486513 Un: 60 Vers: 9-36, 38-73, 77-243, 247-255 W: 64, 79

Tragödie: ABo: 26, 30, 38 Beg: 30, 101 Büch: 66 Gl: 27 Na: 208-210 (Lear) Pa: 56f., 126f. (Chor) R: 13f. (Kothurn, Gorgo, antike Kämp-fer), 26-28, 106 (Chor) TI: 76, (157, Schlachten), 219, 285, 320 (Chor), 385 (Schicksal) TII: 65 u. 71 (tragischer Alltag), 143 (Chor), 269, 280, 339-341, 384, 422-425 (Chor) Vers: 191, 239 Wo: 99f., (159)

Traum (Schlaf): ABo: 19 Beg: 27, 30, 52f., 64, 75, 94, 101, 115, 118, 126, 132 Büch: 65 DEr: 9, 10, 21, 24, 25, 37, 44, 46, 52, 63, 66, 70 Gl: 21, 23, 30, 40, 77 Iso: 20 Ith: 41, 53, 63f., 66, 73, 84, 86, 91, 96f. Pa: 22, 34, 46, 58, 66f., 84, 93, 96, 111, 116, 119, 128, 136, 139, 164, 179, 193, 198, 202, 205 R: 47, 79, 90f., 108, 115, 121-124, 129, 141f., 176, 179, 187-190, 204, 215, 217, 223 TI: 9, 20f., 22, 25, 29 (Fiebertraum), 43, 45, 56, 84, 95, 100, 105, 106, 116, 118, 124, 130 (ver-träumte Zeit), 139, 204, 266, 267, 274 (Traum-gestalt), 275, 286, 297, 321, 343, 392, 395, 397, 405, 409f., 416-418, 425, 437, 442, 451, 460f., 463, 482 TII: 9 (Motto), 18, 70, 75, 80f., 87f., 98, 101, 116f., 119, 123, 128, 130, 137f., 150, 161, 184, 186, 199f., 206, 212, 227, 229, 272, 289, 291, 296, 314, 317, 323, 326f., 332, 385-387, 402, 413, 417, 447, 456, 472f., 479, 493, 510 Un: 60-63 Vers: 72, 99, 104-107, 144, 159, 181, 188, 193, 196f., 202, 223, 231, 236, 247

Utopie: ABo: 30 Büch: 65 MS: 51 Pa: 10, 174, 191 R: 72 TI: 94 (künftige Aquakultur), 279, 298f. Vers: 13, 36, 99, 137, 160, 177f., 184, 251

Vergessen (> Erinnerung): ABo: 25, 26, 34 Auf: 316 Beg: 20, 28, 46, 49-51, 55, 73 (> Licht), 129f. Büch: 65 DEr: 12, 13, 15, 16, 50, 57, 72 DjM: 359 Gl: 47, 77 Iso: 24, 33f. MS: 22, 70 Na: 141 Pa: 35 (Ritus), 109, 139, 166, 168 (> Television), 178 R: 22, 34, 37, 40f., 102, 137, 156, 173, 184, 212 TI: 12, 13, 19, 21 (Selbst-verg.), 23, 40, 47, 57, 80, 100f., 106, 127, 129, 180, 184, 186, 207 (>Zeitgeist), 263, 287, 292, 293, 296, 297, 320, 328-330 (der Erzählung), 369, 380, 389, 401, 446, 448, 462, 478, 483, 485, 487, 491, 498 TII: 9, 31f, 39f, 45f., 68, 104, 132, 138, 141, 179, 181, 185, 201, 205, 257, 273, 275,

290, 300, 314-317, 341, 348, 350, 352, 356, 388, 417, 424, 442, 461f., 469, 485, 497 Un: 61f.
Vers: 95, 105, 159, 185, 190, 239, 248, 254

Vernunft (Kognition / Verstand / > Aufklä-rung / > Idee / > Intelligenz): ABo: 25 (aufge-klärte), 37 Beg: 7, 13, 14f., 20, 29-31, 36, 40, 62, 65, 67, 83, 107, 110, 119 DEr: 11, 36, 41, 58, 65 (diskrete des Gedichts) DjM: 120 FdU: 28, 49 Ith: 65f. (Zögern der), 73, 81 Na: 125, 132, 134, 145 Pa: 10, 34, 52, 116, 118, 138, 149, 176f., 190, 199 R: 810, 37, 75, 113, 142, 144, 152 (Formverstand), 178 Ref: 323 (Logik) TI: 10 (wissenschaftliches Wissen), 24, 29, 51 (aufgelö-ste), 54, 57, 89, 102, 108, 135, 203 (Herz und Verstand), 239 (politische), 264, 284, 286, 300, 309, 345 (nicht Wissen), 406-411 (Logiker), 439, 494 TII: 62, 94, 111, 128, 180, 185, 194, 203, 218, 244, 247, 256, 271, 292, 325, 328, 364f., 374, 385, 406f., 409, 442, 497, 512 Vers: 15, 29, 31, 50, 64, 72f., 77, 80, 87, 132, 135, 157, 193, 199, 201, 207, 235f., 240 Wo: 13

Versehen: Beg: 104 FdU: 41 Gl: 68 MS: 101 R: 141, 179, 224 TI: 359 (Abschweifung des Gedankens) TII: 215, 333, 368f., 426-430, 434, 445, 449, 502 Un: 57

Verstehen (Mißverstehen / > Vernunft): Beg: 44, 52, 58f., 75, 79, 125, 132f. DEr: 59 Gl: 27, 74 Pa: 191, 204 R: 90, 160, 164 (Verkennen) TI: 115, 237, 264, 270, 271, 277, 284, 286, 291, 296, 373f. (ansteckender Irrtum), 389, 413, 418, 424, 465, 488, 496 TII: 89f., 102, 119, 129, 138, 143, 155, 159, 162, 180, 184f., 189, 210, 224, 254, 258, 287, 289, 295, 304, 315, 341, 343, 361, 368f., 385, 397, 449f., 459, 462, 480, 482, 492, 512 Un: 58, 63 Vers: 30, 55, 82

Verwechseln: Gl: 70 TI: 21, 456 TII: 106, 146, 149, 272, 278, 287, 298, 324, 385

Wald (Park): DEr: 56 Gl: 59 Iso: 19 Ith: 101-106 (Garten / > Hortus) TI: 266, 270-289, 273-275, 306 TII: 77, 97, 102, 104, 106, 113, 120, 405-410, 464, 488 Vers: 18, 33, 130 Wo: 50-52

Warten (> Erwartung / > Langeweile): (DEr: 65; vgl. Odyssee) Gl: 47, 83, 86 Ith: 58f., 94 Pa: 114, 133 R: 159, 175f., 179, 218 TI: 108, 116, 121, 122, 127, 180, 189, 243, 244, 286, 406, 456f., 465f., 503 TII: 180, 192, 199, 209, 211, 223, 280, 300, 302, 304f., 317, 344, 395, 402f., 451, 473, 495 Un: 62 Wo: 7f., 28

Wiederholung (> Sehen, Wiedersehen / Wiederkehr / Zyklus): ABo: 32 (Geschichte), 34 (der > Götter) Beg: 16, 19, 24f., 30, 41, 49, 84, 104f., 108, 119, 121, 126f. Büch: 66 DEr: 7 (immer wieder), 10, 42 DjM: 20 FdU: 18 Gl: 23, 47, 71 Iso: 26f. Ith: 25 (endlose) MS: 66 Na: 12 Pa: 9, 19, 39f., 44, 47, 59, 76, 96, 109, 131, 182, 199, 203f. R: 6, 15, 36, 43, 77, 138, 146, 154, 194 TI: 13, 60, 94, 120, (des gleichen Ge-

sprächs), 367, 369, 381, 398 TII: 9 (noch einmal), 11, 46, 64, 68 (formal; > Kreis) 71, 137,
163, 178, 274, 295, 316, 318 (vgl. 263), 323, 325,
330, 348, 352 (vgl. 321), 355 (vgl. 328), 393, 414,
429f., 445f. (vgl. 426), 476, 488 Un: 57, 63 Vers:
109, 126, 131, 136, 156, 159, 162, 199 (Redun-
danz), 232, 234 W: 61 Wo: 143f.

Zeit:

allg.: ABo: 20, 26 (nie wieder), 29f. (Sendezeit)
Auf: 308 Beg: 33, 36f., 39, 41, 43, 45, 49, 51f.,
54, 56, 58, 77, 82, 111, 115 Büch: 65f. DEr: 10,
16, 19, 50 DjM: 716, 38, 60, 91, 96, 140, 162,
181, 194, 202f., 210, 228, 231, 235, 272, 302,
330, 341, 359f., 369 FdU: 11, 13, 18, 27, 35, 48
Gl: 19, 21, 25, 29, 32, 51, 57, 67, 75, 82 Iso: 22,
25, 30, 32 Ith: 80 (Zeitlupe), 93, 98 MS: 58, 63,
104 Na: 63f., 135, 165, 177, 182, 200 Pa: 9, 11,
13f., 16, 21, 27, 59, 75, 97, 104, 111, 113, 119,
121f., 125, 165f., 181, 196, 200, 204 R: 59, 72,
90, 93, 95 (Zeitnot), 99, 148f., 150, 165, 171
(Zeitgenosse), 182, 221 Ref: 324 TI: 19, 40, 57,
65, 69, 92, 93, 94, 164, 167, 206, 254, 256, 263,
281, 282, 284, 290, 293, 296, 299, 349, 359, 369,
372f., 392, 442, 474, 497 TII: 9, 19f (jederzeit),
20, 31, 40, 47, 62, 68, 78, 83, 87, 98, 102, 109,
114, 127, 135, 144, 154, 179f., 184, 187, 197,
199, 204, 206f., 209, 218, 222, 237f., 252, 257,
270, 287 (Redezeit), 293, 305, 311, 316f., 327f.,
341f., 360, 381, 388, 390, 399, 424, 442, 455,
468, 471, 481, 488, 492, 504 W: 9, 12, 25 Un: 59
Vers: 12, 17f., 23f., 27, 50, 61, 77f., 80-83, 86,
94-96, 100, 104, 132, 140, 146, 149, 159, 175,
195-197 (Regiezeit, Schreibzeit, vorgespielte
Zeit; > Theater), 219, 221, 224, 234, 239, 254f
Wo: 34, 104, 130, 143, 180, 195, 196, 200, 202
Anachronismus: Na: 124 Pa: 112 Vers: 228f., 252,
254 W: 62 (zu Unzeit)
Aufschub: Pa: 132 TI: 295, 296 Wo: 13
Endzeit: Auf: 313 DEr: 12, 64 (Ende der Zeit)
DjM: 7 Na: 133, 147 TI: 65 (Ende der Vorge-
schichte) Vers: 47, 137
Freizeit: Gl: 34, 59 Pa: 38, 114, 200 TI: 79
(Ferienzeit), 227, 248, 339, 341, 442, 502 TII:
61, 346, 390, 467, 469 Vers: 35 Wo: 187f.
Frühzeit (>Ursprung / Vorzeit): Pa: 10f., 57 R:
165 TII: 135, 169, 180, 356 Wo: 188
Gleichzeitigkeit: ABo: 22 Auf: 308 Beg: 117
Büch: 66 DjM: 96 Gl: 21 (Doppelleben) Na:
141, 150 Pa: 27, 183, 196 R: 37, 221 TI: 19, 337
(der Gespräche) TII: 47, 203, 366 Vers: 53, 55f.,
62, 71f., 85, 139, 161, 164, 227 Wo: 130
Jetztzeit (Gegenwart): ABo: 24 (Totalherrschaft
der) Beg: 79, 129 Büch: 65 Ith: 101 Pa: 26, 49,
105, 195, 202, 204 R: 23 (Gegenwart der Unterwelt), 72, 221 TI: 92f., 238, 320, 372 (Befund), 442 (Heutzeit) TII: 40, 62, 201 Vers: 43,
47, 61, 108, 135f., 165, 191

Lebenszeit: Beg: 37, 79, 94, 106, 111, 120f., 124
DEr: 7 (und Weltzeit), 11f., 32 (Jugend), 39, 43,
44, 48, 49, 69, 70, 73 FdU: 61, 65 Gl: 18f., 21,
40, 46, 59, 61, 67, 81 Iso: 19f., 25 Ith: 27, 57, 60,
62, 82, 94f. Na: 113, 195f., 207, 220 Pa: 39f., 50-
53, 172, 179, 203 R: 5f., 19, 39, 49f. (Jugendbe-
wegung), 54, 60, 67, 74, 84, 88, 92, 98, 108, 118,
133, 135, 183, 194, 213, 215, 226f. TI: 15, 48,
55, 56 (Alterung), 64, 114, 127, 135, 152, 153,
159, 171, 176, 185, 194, 198 (> Augenblick, vgl.
204), 205, 228, 238, 252, 255, 257, 271, 272,
273, 274, 278, 279, 305, 320, 330, 334f. (Deh-
mel), 340, 342, 362, 364f., 369, 379f., 399f., 402,
407, 412, 429, 444, 493 (Werdegang), 498 TII:
39, 44, 72 (mit den Jahren), 127, 157f., 168, 178,
185, 191, 216, 238, 257f., 272, 301 (> Licht),
313, 326, 335, 346f., 367, 395, 441, 483, 494
Vers: 102, 108, 121, 254 W: 7f., 9, 11 Wo: 34,
70, 105, 130
Neuzeit: DjM: 7 Vers: 124, 186 (> Theater)
Rechtzeitigkeit (> zu früh / > zu spät): Beg: 64
Na: 92 R: 199 TI: 364 TII: 505 Vers: 194 W: 12
Tiefenzeit: TI: 362 (hinab) Wo: 70
Uhrzeit (Tageszeit / Jahreszeit): Beg: 25, 52-54,
85, 129 DEr: 10, 11, 16, 23, 55, 70 DjM: 11 Gl:
13, 17, 19f. Iso: 24, 34 Pa: 30, 32, 44, 57, 128,
178, 202 R: 35, 68, 97, 148, 191 TI: 60, 74, 113,
116, 122, 132, 139, 160, 164 (Uhr, corpus
delicti), 167, 169, 207, 239, 315, 335, 349 (>
Stillstand), 359, 373, 383, 385, 417, 437, 441,
473-475, 493 TII: 17 (Zeitansage), 19f., 29, 38,
40, 56, 86f., 98, 109, 169, 184, 189, 222, 250,
277, 323f., 326f., 382f., 437, 500, 504 Un: 58f.,
63 Vers: 199
Ungleichzeitigkeit: DjM: 231 MS: 104 Na: 148 R:
148f., 151 TI: 48 TII: 200 Vers: 62, 198 W: 39,
62, 63, 65, 114 Wo: 129
Urzeit (Vorzeit): Beg: 36, 107, 116 DjM: 136f.
FdU: 18, 35, 63 Na: 41, 139, 192 R: 37 (Wurzel,
Tiefe), 108, 165 TII: 169 Wo: 61f.
Unzeit: DEr: 49 (unzeitgemäß) DjM: 61 Wo:
61, 63, 182, 197, 200
Unzeitigkeit:
allg.: DEr: 13 (nicht bald, nicht einst) TII: 493
zu früh (vorzeitig): Beg: 20, 25, 28 Gl: 30 R: 98
TI: 39, 266 TII: 334, 428, 506f., 510 Vers: 196
W: 68 (das zu früh Gewußte)
zu spät: Beg: 25, 28 DEr: 20 DjM: 64, 386 Ith:
32 Na: 108 R: 58, 80f., 209 TI: 33, 38, 54, 58 (zu
lange), 120, 122, 146, 185, 194, 280, 295, 364,
385 TII: 21, 59 (über die Zeit), 108, 144, 184,
210, 281, 324, 334, 337, 342, 350, 390, 402, 431,
455 W: 12 Wo: 42, 188
vergangene Zeit (Vergangenheit / > Erinnerung):
ABo: 24, 39 Beg: 32, 131 DEr: 8, 21, 30, 33
(beginnende V.), 50, 51, 54 (> Dauer) DjM: 7,
202, 228, 329 Gl: 13, 29, 59f., 83 Na: 50, 118,

151 Pa: 17f., 26, 50-53, 172, 179, 203 R: 16, 32, 153 (einst) TI: 13 (Verlustformen), 70, 171, 238, 244, 346, 380, 485 TII: 29 (seinerzeit), 45, 47, 66, 103, 135, 198f., 218, 327, 332, 356, 418, 453, 504 Vers: 53 Wo: 188

vergehende Zeit: DEr: 55 DjM: 113 Ith: 25 Na: 34, 146, 201, 207 (Alter), TI: 247, 407 TII: 45 W: 93f.

verlorene (vergeudete) Zeit: Beg: 77 (> Zeiterfahrung) TI: 108 (Zeitverschwendung), 122, 130 (> Traum), 170, 212, 214 TII: 127, 397 Un: 62

Zeiterfahrung (-bewußtsein): ABo: 26 (Antizipation, Vorgefühl) Beg: 47 (Geschichtsgefühl), 77 DEr: 8 DjM: 96, 111, 203, 359 MS: 58, 69f. R: 123, 162f. TI: 16 (Vorgefühl), 17, 30 (Vorgefühl), 93 Vers: 11, 79, 138, 200, 206, 241 W: 25

Zeitgeist: Ith: 43f. (Quiz) Na: 124 R: 67 TI: 207 (> Vergessen) TII: 25, 65, 71, 100f., 216-218, 220, 371 Un: 60 Vers: 81

Zeitindifferenz: Beg: 9 DEr: 48 Gl: 11 Iso: 22f. R: 34, 229 TI: 21, 57, 85, 392 TII: 182, 199, 390

Zeitlosigkeit (Dauer / Ewigkeit / Kontinuität / Ständigkeit / Unvergänglichkeit / mythische Zeit / lange Zeit / teure Zeit): ABo: 24, 25, 26

Beg: 9, 18f., 27f., 37, 107, 117, 128f., 131 Büch: 66 DEr: 8, 49, 54, 55 (Jemals), 56, 68 (kein Ende), 71, 74 DjM: 114, 136, 151, 210, 235, 258, 313 FdU: 37 Gl: 71 Iso: 22, 24, 34 MS: 63, 101 Na: 33, 35, 151, 167, 201, 213 Pa: 97, 104, 137, 181f., 191, 196, 200 R: 138 TI: 21 (aus der Zeit gefallen), 114 (wie immer), 347 (tausendjähriges Murmeln), 370, 405, 415, 422 (heute wie damals) TII: 10, 47, 75 (> Dichtung), 199, 201, 350, 384f., 387, 398, 415, 417, 460 Un: 60, 62 Vers: 23, 25, 27, 63, 138 (> Ästhetik), 152, 204, 232 (> Naturgeschichte), 240 W: 12f. Wo: 13, 64, 96 (zeitloser Instinkt), 130, 149, 181

Zukunft: ABo: 39 Beg: 93f., 108, 119f. DEr: 58, 59 (Eines Tages), 73 DjM: 360 Gl: 82 Iso: 30 Ith: 41, 61 Na: 125, 153, 212 Pa: 19, 38, 119, 164f., 181, 184 R: 21, 57, 72, 178, 198, 221 TI: 90, 93f., 171, 176, 247, 272, 274, 278, 298f., 442 TII: 40, 111, 275, 281, 369, 393 Vers: 29, 43, 95, 108, 127, 191, 231, 241, 252 Wo: 90, 185, 200

Zwischenzeit: Beg: 13 (Schwellenepochen) Gl: 33 Ith: 32, 81, 99 R: 9, 157 TI: 150 (währenddessen), 200, 253, 321, 393 TII: 417 Vers: 54, 64

Aus dem Programm
Literaturwissenschaft

Thomas Doktor /Carla Spies
Gottfried Benn - Rainald Goetz
Medium Literatur zwischen Pathologie
und Poetologie
1997. 277 S. Kart. DM 59,–
ISBN 3-531-12837-X
Zwei literarische Debüts, beide mit dem Konnotat des Skandals versehen, stehen im Zentrum dieser Untersuchung. Dabei werden zunächst die medialen und systematischen Funktionen und Prozesse beobachtet, in denen sich die Konstituierung der Autorschaften Gottfried Benns und Rainald Goetz' sowie ihrer Werke insbesondere als kommunikative und mediale Ereignisse vollziehen.

Thomas Hecken (Hrsg.)

DER REIZ DES TRIVIALEN

KÜNSTLER, INTELLEKTUELLE
UND DIE POPKULTUR

Westdeutscher Verlag

Hans-Peter Schwander
Alles um Liebe?
Zur Position Goethes im modernen Liebesdiskurs
1997. 385 S. (Historische Diskursanalyse
der Literatur) Kart. DM 62,–
ISBN 3-531-13021-8
Goethe hat als literarischer Wegbegleiter des modernen Liebesdiskurses das emphatische Gefühlserlebnis zum zentralen Lebenssinn erhoben, neben dem alle anderen Aktivitäten und Beziehungen zweitrangig werden. Diese Aufwertung des Liebeserlebens gilt bis heute ungebrochen. Eine andere Grundstruktur der von Goethe gestalteten Liebesbeziehungen, die nicht so offen zu Tage liegt, läuft jedoch dem gegenwärtigen Verständnis von Liebe zuwider und wird konsequent überlesen: Goethe verweigert den Liebenden das Erleben von Gemeinsamkeit und weist der Liebe als Ort die Einbildungskraft des je einzelnen zu.

Thomas Hecken (Hrsg.)
Der Reiz des Trivialen
Künstler, Intellektuelle und die Popkultur
1997. 241 S. Kart. DM 62,–
ISBN 3-531-12883-3
In diesem Band wird erstmalig im deutschen Sprachraum ein Überblick über die intellektuelle Rezeption (von Adorno bis zu den Cultural Studies) von unterhaltenden Werken vorgelegt – und über die Nähe von Pop und Avantgarde, für die in den einzelnen Gattungen, von denen die Beiträge des Buches handeln, Namen wie Andy Warhol, Frank Zappa, Rolf Dieter Brinkmann, Helmut Newton und Quentin Tarantino stehen.

Änderungen vorbehalten. Stand: Januar 1998.

 WESTDEUTSCHER VERLAG
Abraham-Lincoln-Str. 46 · 65189 Wiesbaden
Fax (06 11) 78 78 - 400